普通高等教育“十四五”规划教材

管理运筹学

主　编◎冯　娜　武可心

副主编◎李靖丰

中国铁道出版社有限公司
CHINA RAILWAY PUBLISHING HOUSE CO., LTD.

内容简介

本书是一本注重实际应用又兼顾理论要求的运筹学教材，主要介绍管理运筹学在科学研究、工程技术、管理决策中各种实际问题的数学模型、求解方法、应用实例。全书共14章，主要包括线性规划基础、线性规划问题、线性规划的应用、对偶问题、灵敏度分析、整数规划、运输问题、图与网络、网络的流、排序与统筹方法、排队论、存储论和决策论等内容。基本概念与基本理论阐述清晰透彻，密切联系实际，各种算法推导翔实，配有丰富实用的例题，且各章均附有习题。

本书适合作为高等院校管理科学与工程类各专业及其他相关专业的本科生教材，也可作为广大工程技术人员、管理人员的参考用书。

图书在版编目(CIP)数据

管理运筹学/冯娜，武可心主编. —北京：中国铁道出版社有限公司，2021.9(2026.1 重印)
普通高等教育"十四五"规划教材
ISBN 978-7-113-28283-7

Ⅰ.①管… Ⅱ.①冯… ②武… Ⅲ.①管理学-运筹学-高等学校-教材 Ⅳ.①C931.1

中国版本图书馆 CIP 数据核字(2021)第163643号

书　　名：管理运筹学
作　　者：冯　娜　武可心

策　　划：侯　驰　　**编辑部电话**：(010)83527746
责任编辑：张松涛　包　宁
封面设计：郑春鹏
责任校对：苗　丹
责任印制：赵星辰

出版发行：中国铁道出版社有限公司(100054，北京市西城区右安门西街8号)
网　　址：https://www.tdpress.com/51eds
印　　刷：北京联兴盛业印刷股份有限公司
版　　次：2021年9月第1版　2026年1月第4次印刷
开　　本：787 mm×1 092 mm 1/16　**印张**：17.5　**字数**：436千
书　　号：ISBN 978-7-113-28283-7
定　　价：49.00元

前　言

管理运筹学是一门交叉学科，涉及现代数学、计算机科学等，主要为管理决策提供科学依据，是管理类的专业核心基础课程。根据教育部 2019 年 7 月公布的数据，高等教育 2018 年入学率达到 48.1%，中国高等教育即将从大众化阶段向普及化阶段过渡，我国社会也会相应地从学历社会走向能力社会，应用型人才培养显得越发重要。如何在课时有限的情况下，最大限度地发挥学生的主观能动性和创造性，提高管理运筹学课程的教学效果，是相关理论研究者和实践工作者密切关注的问题。本书以贴近学生生活的真实问题为主题进行课程设计与实践，激发学生学习兴趣，培养其运用运筹学知识解决实际问题的能力。

管理运筹学主要内容包括线性规划、对偶问题、灵敏度分析、整数规划、运输问题、图与网络、网络的流、排序与统筹方法、排队论、存储论和决策论。本书在例题和习题的选编上，收录了较多不同专业的案例背景，这些案例大多用于训练学生建立数学模型的能力，体现了理论和实践相结合的特色。

本书由西安交通工程学院交通运输学院的教师编写，具体分工如下：冯娜、武可心任主编，李靖丰任副主编，王玮、张瑞参与编写，董晓刚和梁雷收集整理相关资料。其中，冯娜编写第 2、4、5、7、8 章，武可心编写第 9 ~ 11 章，李靖丰编写第 1、13、14 章，王玮编写第 3、6 章，张瑞编写第 12 章。

编写过程中，参阅了部分运筹学教材及文献，在此向有关作者一并致谢。

由于编者水平有限，不妥之处在所难免，希望专家及读者指正。

编　者

2023 年 12 月

目　　录

第1章 绪　论

1.1 运筹学简史

运筹学作为科学名词出现在20世纪30年代末。当时,英、美应对德国的空袭,雷达作为防空系统的一部分,从技术上是可行的,但实际运用时却并不好用。为此,一些科学家就如何合理运用雷达,开始了一类新问题的研究。因为它与研究技术问题不同,所以称之为“运用研究”。

运筹学的英文名词Operational Research是英国人最早在20世纪30年代末提出的,很快美国也跟上,但用了Operations Research,它们的英文简写都是OR。我国在1956年曾用过运用学的名词,1957年正式定名为运筹学。

为了进行运筹学研究,在英、美的军队中成立了一些专门小组,开展了护航舰队、保护商船队的编队问题,以及当船队遭受德国潜艇攻击时如何使船队损失最少的问题研究。研究了反潜深水炸弹的合理爆炸深度后,使德国潜艇被摧毁数增加400%;研究了船只在受敌机攻击后,大船应急速转向和小船应缓慢转向的逃避方法,研究结果使船只在受敌机攻击时,中弹数由47%降到29%。当时研究和解决的问题都是短期的和战术性的。第二次世界大战后,在英、美军队中相继成立了更为正式的运筹研究组织。

由于这门学问当时与军事有关,因此有些内容处于保密状态。20世纪40年代末50年代初,其中一些与军事密切相关的内容才逐渐公开,其中莫尔斯(P. M. Morse)与金博尔(G. E. Kimball)1951年出版的《运筹学方法》(*Methods of Operations Research*)一书可以作为那段时期重要工作的总结。后来以兰德公司(RAND)为首的一些部门开始着重研究战略性问题、未来武器系统的设计和其可能合理运用的方法。例如,为美国空军评价各种轰炸机系统,讨论了未来的武器系统和未来战争的战略。他们还研究了苏联的军事能力及未来的预报,分析苏联政治局计划的行动原则和将来的行动预测。20世纪50年代,由于开发了各种洲际导弹,对于到底发展哪种导弹,运筹学界也参与了争论。兰德公司接着提出了系统分析(Systems Analysis,SA)的名词及其相应技术和方法,其应用开始更偏重于战略方面。他们参与了战略力量的构成和数量问题研究。除军事方面的应用研究以外,相继在工业、农业、经济和社会问题等各领域都有应用,后来也有人把这两个词放在一起叫SA/OR。与此同时,运筹数学有了飞快的发展,并形成了运筹学的许多分支,如数学规划(线性规划、非线性规则、整数规划、目标规划、动态规划、随机规划等)、图论与网络、排队论(随机服务系统理论)、存储论、对策论、决策论、维修更新理论、搜索论、可靠性和质量管理等。运筹学的早期工作可追溯到1914年,军事运筹学中的兰彻斯特(Lanchester)战斗方程是在1914年提出的。排队论的先驱者——丹麦工程师爱尔朗(Erlang),1917年在哥本哈根电话公司研究电话通信系统时,提出了排队论的一些著名公式。存储论的最优批量公式是在20世纪20年代初提出的。在商业方面,列温孙在20世纪30年代已用运筹思想分析商业广告、顾客心理。线性规划是由丹捷格(G. B. Dantzig)在1947年发表的成果,所解决的问题是美国制定空军军事规划时提出的,并提出了求解线性规划问题的单纯形法。而早在1939年,苏联学者康托洛维奇在解决工业生产组织和计划问题时,已提出了类似线性规划的模型,并给出了"解乘数法"的求解方法。由于当时未被重视,直到1960年康托洛维奇再次出版《最佳资源利用的经济计算》一书后,才受到国内外的一致重视。为此康托洛维奇获得了诺贝尔奖。值得一提的是,丹捷格认为线性规划模型的提出是受到了列昂节夫的投入产出模型(1932年)的影响;后来列昂节夫的投入产出模型也获得了诺贝尔奖。关于线性规划的理论是受到了冯·诺依曼(von Neumann)的帮助。冯·诺依曼和摩根斯特恩(O. Morgenstern)合著的《博弈论与经济行为》(1944年)是对策论的奠基之作,同时该书已隐约地指出了对策论与线性规划对偶理论的紧密联系。线性规划提出后很快受到经济学家的重视,如在第二次世界大战中从事运输模型研究的美国经济学家库普曼斯(T. C. Koopmans),他很快看到了线性规划在经济中应用的意义,并呼吁年轻的经济学家要关注线性规划。库普曼斯在1975年获得诺贝尔经济奖。其后,阿罗、萨谬尔逊、西蒙、多夫曼和胡尔威茨等都获得了诺贝尔奖,并在运筹学某些领域中发挥过重要作用。回顾一下最早投入运筹学领域工作的诺贝尔奖获得者、美国物理学家勃拉凯特(Blackett)领导的第一个以运筹学命名的小组是有意义的。该小组的成员复杂,是一个由各方面专家组成的交叉学科小组。从以上简史可见,为运筹学的建立和发展做出贡献的有物理学家、经济学家、数学家、其他专业的学者、军官和各行业的实际工作者。

最早建立运筹学会的国家是英国(1948年),接着是美国(1952年)、法国(1956年)、日本和印度(1957年)等。我国的运筹学会成立于1980年。1959年,由英、美、法三国的运筹学会发起成立了国际运筹学联合会(IFORS),以后各国的运筹学会纷纷加入,我国于1982年加入该会。此外还有一些地区性组织,如欧洲运筹学协会(EURO)成立于1975年,亚太运筹学协会(APORS)成立于1985年。

20世纪50年代中期,钱学森、许国志等教授将运筹学由西方引入我国,并结合我国的特点在国内推广应用。

他们最早在中国科学院力学所建立了运筹室,在运筹学多个领域开展研究和应用工作,其中在经济数学方面,特别是投入产出表的研究和应用开展较早。质量控制(后改为质量管理)的应用也很有特色。在此期间,以华罗庚教授为首的一大批数学家加入到运筹学的研究队伍,在中国科学院数学所也建立了运筹室,使运筹数学的很多分支很快跟上当时的国际水平。

1.2 运筹学的性质和特点

运筹学是一门应用科学,至今还没有统一且确切的定义。有以下几个定义来说明运筹学的性质和特点。莫尔斯和金博尔曾对运筹学下的定义是:"为决策机构在对其控制下业务活动进行决策时,提供以数量化为基础的科学方法。"它首先强调的是科学方法,含义不单是某种研究方法的分散和偶然的应用,而是可用于整个一类问题上,为决策者提供可以量化方面的分析,指出定性因素的力度。它强调以量化为基础,必然要用到数学。但任何决策都包含定量和定性两方面,而定性方面又不能简单地用数学表示,如政治、社会等因素,只有综合多种因素的决策才是全面的。运筹学工作者的职责是为决策者提供可以量化方面的分析,指出那些定性因素的力度。另一定义是:"运筹学是一门应用科学,它广泛应用现有的科学技术知识和数学方法,解决实际中提出的专门问题,为决策者选择最优决策提供定量依据。"该定义表明运筹学具有多学科交叉的特点,如综合运用经济学、心理学、物理学、化学中的一些方法。运筹学是强调最优决策,"最"是过分理想了,在实际生活中往往用次优、满意等概念代替最优。因此,运筹学的又一定义是:"运筹学是一种给出问题坏的答案的艺术,否则问题的结果会更坏。"

为了有效地应用运筹学,前英国运筹学学会会长托姆林森提出以下六条原则:

(1)合伙原则。运筹学工作者要和各方面人,尤其是同实际部门工作者合作。

(2)催化原则。在多学科共同解决某问题时,要引导人们改变一些常规的看法。

(3)互相渗透原则。要求多部门彼此渗透地考虑问题,而不是只局限于本部门。

(4)独立原则。在研究问题时,不应受某人或某部门的特殊政策所左右,应独立从事工作。

(5)宽容原则。解决问题的思路要宽,方法要多,而不是局限于某种特定的方法。

(6)平衡原则。要考虑各种矛盾的平衡、关系的平衡。

1.3　运筹学的工作步骤

运筹学在解决大量实际问题过程中形成了自己的工作步骤。

(1)提出和形成问题。要弄清问题的目标、可能的约束、问题的可控变量以及有关参数,搜集有关资料。

(2)建立模型。把问题中可控变量、参数和目标与约束之间的关系用一定的模型表示出来。

(3)求解。用各种手段(主要是数学方法,也可用其他方法)将模型求解。解可以是最优解、次优解、满意解。复杂模型的求解需用计算机,解的精度要求可由决策者提出。

(4)解的检验。首先检查求解步骤和程序有无错误,然后检查解是否反映现实问题。

(5)解的控制。通过控制解的变化过程决定对解是否要作一定的改变。

(6)解的实施。将解用到实际中必须考虑到实施的问题,如向实际部门讲清解的用法,在实施中可能产生的问题和修改。

以上过程应反复进行。

1.4　运筹学的模型

运筹学在解决问题时,按研究对象不同可构造各种不同的模型。模型是研究者对客观现实经过思维抽象后用文字、图表、符号、关系式以及实体模型描述所认识到的客观对象。模型的有关参数和关系式是较容易改变的,这样有助于问题的分析和研究。利用模型可以进行一定预测、灵敏度分析等。

阿可夫等对运筹学的模型分类、构模等有较完整的描述。

模型有三种基本形式:①形象模型;②模拟模型;③符号或数学模型。目前用得最多的是符号或数学模型。构造模型是一种创造性劳动,成功的模型往往是科学和艺术的结晶,构模的方法和思路有以下五种:

(1)直接分析法。按研究者对问题内在机理的认识直接构造出模型。运筹学中已有不少现存的模型,如线性规划模型、投入产出模型、排队模型、存储模型、决策和对策模型等。这些模型都有很好的求解方法及求解软件,但用这些现存的模型研究问题时,要注意不能生搬硬套。

(2)类比法。有些问题可以用不同方法构造出模型,而这些模型的结构性质是类同的,这就可以互相类比。如物理学中的机械系统、气体动力学系统、水力学系统、热力学系统及电路系统之间就有不少类同的现象。甚至有些经济系统、社会系统也可以用物理系统来类比。在分析一些经济、社会问题时,不同国家之间有时也可以找出某些类比的现象。

(3)数据分析法。对有些问题的机理尚未了解清楚,若能搜集到与此问题密切相关的大量数据,或通过某些试验获得大量数据,就可以运用统计分析法建模。

(4)试验分析法。当有些问题的机理不清,又不能做大量试验来获得数据时,只能通过做局部试验的数据加上分析来构造模型。

(5)想定(构想)法。当有些问题的机理不清,又缺少数据,又不能做试验来获得数据时,例如一些社会、经济、军事问题,人们只能在已有的知识、经验和某些研究的基础上,对于将来可能发生的情况给出合乎逻辑的设想和描述,然后运用已有的方法构造模型,并不断修正完善,直至比较满意为止。在研究社会问题时,有人提出人工社会的构思,与这条建模思路有相似之处,人们可以利用计算机先在人工社会中进行大量的计算机试验,然后在真实社会得到验证,或者通过人工社会获得在真实社会一时未能预知的方案和结果。

模型的一般数学形式可用下列表达式描述:

目标的评价准则 $U=f(x_i,y_j,\xi_k)$

约束条件 $g(x_i,y_j,\xi_k)\geqslant 0$

式中 x_i——可控变量;

y_j——已知参数;

ξ_k——随机因素。

目标的评价准则一般要求达到最佳(最大或最小)、适中、满意等。准则可以是单一的,也可以是多个的。约束条件可以没有,也可以有多个。当 g 是等式时,即为平衡条件。当模型中无随机因素时,则为确定性模型,否则为随机模型。随机模型的评价准则可用期望值,也可用方差,还可用某种概率分布来表示。当可控变量只取离散值时,称为离散模型,否则称为连续模型。也可按使用的数学工具将模型分为代数方程模型、微分方程模型、概率统计模型、逻辑模型等。用求解方法来命名时,有直接最优化模型、数字模拟模型、启发式模型。也有按用途来命名的,如分配模型、运输模型、更新模型、排队模型、存储模型等。还可以用研究对象来命名,如能源模型、教育模型、军事对策模型、宏观经济模型等。

1.5 运筹学的应用

在介绍运筹学简史时,已提到运筹学在早期主要应用于军事领域。第二次世界大战后,运筹学的应用转向民用,这里对某些重要领域给予简述。

(1)市场销售。主要应用在广告预算和媒介的选择、竞争性定价、新产品开发、销售计划的制订等方面。如美国杜邦公司从20世纪50年代起就非常重视将运筹学用于研究如何做好广告工作、产品定价和新产品的引入。通用电气公司对某些市场进行模拟研究。

(2)生产计划。在总体计划方面主要用于总体确定生产、存储和劳动力的配合等计划，以适应波动的需求计划，一般采用线性规划和模拟方法。如某一重型制造厂用线性规划安排生产计划，节省了10%的生产费用。还可用于生产作业计划、日程表的编排等。此外，还有在合理下料、配料问题、物料管理等方面的应用。

(3)库存管理。主要应用于多种物资库存量的管理，确定某些设备的能力或容量，如停车场的大小、新增发电设备的容量大小、电子计算机的内存量、合理的水库容量等。美国某机器制造公司应用存储论后，节省了18%的费用。目前，国外新动向是将库存理论与计算机的物资管理信息系统相结合，如美国西电公司，从2009年起至今用时12年，建立了仓储管理系统"玄武系统"，使物流环节优化，节省了大量储费，缩短了物流时效。

(4)运输问题。这涉及空运、水运、公路运输、铁路运输、管道运输、厂内运输。空运问题涉及飞行航班和飞行机组人员服务时间安排等，为此在国际运筹学协会中设有航空组，专门研究空运中的运筹学问题。水运有船舶航运计划、港口装卸设备的配置和船到港后的运行安排。公路运输除了汽车调度计划外，还有公路网的设计和分析、市内公共汽车路线的选择和行车时刻表的安排、出租汽车的调度和停车场的设立。铁路运输方面的应用就更多了。

(5)财政和会计。这里涉及预算、贷款、成本分析、定价、投资、证券管理、现金管理等。用得较多的方法是统计分析、数学规划、决策分析。此外还有盈亏点分析法、价值分析法等。

(6)人事管理。这里涉及六个方面：第一，人员的获得和需求估计；第二，人才的开发，即进行教育和训练；第三，人员的分配，主要是各种指派问题；第四，各类人员的合理利用；第五，人才的评价，其中包括如何测定一个人对组织、社会的贡献；第六，工资和津贴的确定。

(7)设备维修、更新和可靠性，项目选择和评价。

(8)工程的优化设计。这在建筑、电子、光学、机械和化工等领域都有应用。

(9)计算机和信息系统。可将运筹学用于计算机的内存分配，研究不同排队规则对磁盘工作性能的影响。有人利用整数规划寻找满足一组需求文件的寻找次序，利用图论、数学规划等方法研究计算机信息系统的自动设计。

(10)城市管理。涉及各种紧急服务系统的设计和运用，如救火站、救护车、警车等分布点的设立。美国曾用排队论方法来确定纽约市紧急电话站的值班人数。加拿大曾研究一城市的警车配置和负责范围，出事故后警车应走的路线等。此外，还有城市垃圾的清扫、搬运和处理，城市供水和污水处理系统的规划，等等。

值得提出的是应用方面新的动向。例如，存储理论的应用已经从车间、工厂规模转向整个从用户、零售、批发、中间运输一直到工厂生产供应，形成供应链的设计、管理和应用。在武器和大型装置方面，不单研究其运用，更转向设计和规划等。此外，在银行、医院、经济、运输、信息系统、电子商务和电子政务等领域也都有了新的应用。

由于涉及面太多，在此只用美国运筹学和管理学研究协会组织举办的埃德曼奖的几个例子供大家参考。该奖由世界著名的运筹和管理科学家埃德曼(F. Edelman)于1971年创立，每年评选一次，先评出一批候选奖，然后选出5～6名提名奖，最后从中评出一个最佳奖。埃德曼奖的评选原则包括：运筹学和管理科学理论和方法的创新、应用工作对企业创造的直接经济效益，以及对社会和人类生活所做的积极贡献。

例如,2002 年有 30 多个项目进入了初评。经过严格的筛选,法国标致汽车公司、美国糖果制造巨商玛氏公司、美国大陆航空公司、德国 Rhenania catalog house、美国迅达电梯公司,以及美国先正达农业企业得到提名,并进入最终决赛。这六个项目组在经过激烈的角逐后,于刚领导的项目小组由于在大陆航空公司等民用航空企业所创造的实实在在的经济效益,以及对社会和人们生活所做出的贡献,成为 2002 年度大奖的获得者。于刚提交的项目内容主要是当民航班机受到各种干扰之后,航班机组人员如何以最快的时间和最佳的组合来使航班恢复正常运营。他领导开发的实时决策支持系统已在美国的联合航空公司、大陆航空公司、西北航空公司和西南航空公司运行多年。此系统在一系列影响航班正常运营的重大事件中起到了极大的效果。例如,2000 年12 月和 2001 年 3 月的美国北部暴风雪,2001 年休斯敦的大洪水,这些对航班运营和管理所造成的重大影响都在此系统的支持下,将损失降低到了最低程度。特别是对于 2001 年 9・11 事件所造成的影响,该系统为美国大陆航空公司挽回了至少 3 000 万美元的损失。而其在 2001 年全年为该公司所创造的实际价值超过了 6 000 万美元。

下面再介绍 2008 年度的由六个最终提名奖中选出的该年度大奖获得者荷兰铁路及其主要成果。

所提出报奖项目:荷兰火车新时刻表。

问题:截至 2006 年,荷兰的铁路从 1970 年的 80 亿人・千米增加到 154 亿人・千米。在不改变时刻表的结构情况下,要求有更大的客运周转量。2006 年荷兰铁路要求开发一个新的时刻表。

运筹学解决方法:构建了一个改进的、循环的时刻表,它每一小时可以重复。构造这样的时刻表需要求解一个复杂的组合优化问题。为此设计了四个求解程序:

(1)CADANS 求解网络时刻表问题。

(2)STATIONS 找出火车通过各个站时详细的路径。

(3)ROSA 处理铁路车辆的周转。

(4)TURNI 对乘员的时刻表安排。

价值:从 2007 年对旅客数进行全时的记录。随着最大的时刻表的改进,旅客数增加了 10%～15%。在规定时刻表的时间内,火车准点到达率(指误差在 3 min 之内)从 2006 年的 84.8% 提高到了 2007 年的 87.0%。调查表明,公众意见很快从负面批评转向正面肯定。每年增加了 4 000 万欧元的利润。在现有网络下还有可能减少拥堵和污染。

我国运筹学的应用是在 1957 年始于建筑业和纺织业。在理论联系实际的思想指导下,从 1958 年开始在交通运输、工业、农业、水利建设、邮电等方面都有应用。尤其是在运输方面,从物资调运、装卸到调度等都有应用。在粮食部门为解决合理粮食调运问题,提出了"图上作业法"。我国的运筹学工作者从理论上证明了它的科学性。在解决邮递员合理投递路线时,管梅谷提出了国外称之为"中国邮路问题"的解法。在工业生产中推广了合理下料、机床负荷分配。在纺织业中曾用排队论方法解决细纱车间劳动组织、最优折布长度等问题。在农业中研究了作业布局、劳力分配和麦场设置等。从 20 世纪 60 年代起,我国的运筹学工作者在钢铁和石油部门开展了较全面和深入的应用;投入产出法在钢铁部门首先得到应用。从 1965 年起,统筹法的应用在建筑业、大型设备维修计划等方面取得可喜的进展。从 1970 年起,在全国大部分省份和部门推广优选法。其应用范围有配方和配比的选择、生产工艺条件的选择、工艺参数的确定、工程设计参数的选择、仪器仪表的调试等。在 20 世纪 70 年代中期,最优化方法在工程设计界得到广泛的重视,在光学设计、船舶设计、飞机设计、变压器设计、电子线路设计、建筑结构设计和化工过程设计等方面都有成果。同样在 20 世纪 70 年代中期,排队论开始应用于研究矿山、港口、电信和计算机的设计等方面。图论曾用于线路布置和计算机的设计、化学物品的存放等。存储论在我国应用较晚,20 世纪 70 年代末在汽车工业和其他部门取得成功。近年来,运筹学的应用已趋向研究规模大和复杂的问题,如部门计划、区域经济规划等,并已与系统工程难以分解。

国际运筹学联合会为了表彰发展中国家运筹学应用于好的项目,设立了运筹学进展奖,下面列举近年来中国曾获该奖的项目。

(1)中国国家经济信息系统的项目评价系统(章祥荪;崔晋川,中科院应用数学所,1996)。

(2)长江上游生态、经济、发展的最优化(刘光中、徐玖平,成都科技大学,1996)。

(3)中国粮食产量预测研究(陈锡康,潘晓明,杨翠红,中科院系统科学所,1999)。

(4)运筹学在中国农业管理中应用(赵庆祯,山东师范大学,曲阜师范大学,1999)。

(5)北京公共交通区域运营组织模式的公共汽车运营总调度管理(沈吟东,武汉科技学院,2005)。

中国运筹学会 2008 年颁发了中国运筹学会首届科学技术奖,越民义(中科院应用数学所)荣获首届中国运筹学科学技术奖,祁力群(中国香港理工大学)荣获第二届(2010 年)该奖项。

中国科学院大学郭田德教授团队获得第 21 届国际运筹学联合会大会(英文缩写 IFORS)二等奖,IFORS 是每三年举办一届的全球性学术大会,会议的一项重要议程是评选国际运筹学联合会运筹学发展奖。该届大会共评出一等奖 1 项,二等奖 1 项。

1.6 运筹学的展望

关于运筹学将往哪个方向发展,从 20 世纪 70 年代起西方运筹学工作者有种种观点,至今还未说清。这里提出某些运筹学界的观点,供研究参考。美国前运筹学会主席邦特(S. Bonder)认为,运筹学应在三个领域发展——运筹学应用、运筹科学和运筹数学,并强调发展前两者,从整体讲应协调发展。事实上,运筹数学到 20 世纪 70 年代已形成一系列强有力的分支,数学描述相当完善,这是一件好事。正是这一点使不少运筹学界的前辈认为,有些专家钻进运筹数学的深处,而忘掉了运筹学的原有特色,忽略了多学科的横向交叉联系和解决实际问题的客观需求。近几年出现一种新的批评,指出有些人只迷恋于数学模型的精巧、复杂化,使用高深的数学工具,而不善于处理大量新的、不易解决的实际问题。现代运筹学工作者面临的大量新问题是经济、技术、社会、生态和政治等因素交叉在一起的复杂系统。因此,从 20 世纪 70 年代末至 80 年代初,不少运筹学家提出:要注意研究大系统,注意与系统分析相结合。美国科学院国际开发署写了一本书,其书名就把系统分析和运筹学进行了并列。有的运筹学家提出"要从运筹学到系统分析"。由于研究新问题的时间跨度很长,因此必须与未来学紧密结合。由于面临的问题大多是涉及技术、经济、社会、心理等综合因素的研究,在运筹学中除常用的数学方法以外,还引入一些非数学的方法和理论。曾在 20 世纪 50 年代写过《运筹学的数学方法》的美国运筹学家沙旦(T. L. Saaty),他在 20 世纪 70 年代末提出了层次分析法(AHP),并认为过去过分强调细巧的数学模型,可是它很难解决那些非结构性的复杂问题,因此,宁可使用看起来是简单和粗糙的方法,加上决策者的正确判断,却能解决实际问题。切克兰特(P. B. Checkland)把传统的运筹学方法称为硬系统思考,它适用于解决那种结构明确的系统以及战术和技术性强的问题,而对于结构不明确的、有人参与活动的系统就不太胜任了。这就应采用软系统思考方法,相应的一些概念和方法都应有所变化,如将过分理想化的“最优解”换成“满意解”。过去把求得的“解”看作精确的、不能变的、凝固的东西,而现在要以“易变性”的理念看待所得的“解”,以适应系统的不断变化。解决问题的过程是决策者和分析者发挥其创造性的过程,这就是进入20世纪70年代以来人们越来越对人机对话的算法感兴趣的原因。在20世纪80年代中一些重要的与运筹学有关的国际会议中,大多数认为决策支持系统是使运筹学发展的一个好机会。进入20世纪90年代和21世纪初期,发生两个很重要的趋势。一个趋势是软运筹学崛起。主要发源地是在英国。1989年英国运筹学学会召开了一个会议,会后由罗森汉特(J. Rosenhead)主编了一本论文集,里面提到了不少新的属于软运筹的方法,如软系统方法论(SSM:Checkland)、战略假设表面化与检验(SAST:Mason & Mitroff)、战略选择(SC:Friend)、问题结构法(PSM:Bryant & Rosenhead)、超对策(hypergame:Benett)、亚对策(metagame:Howard)、战略选择发展与分析(SODA:Eden)、生存系统模型(VSM:Beer)、对话式计划(IP:Ackoff)、批判式系统启发(CSH:Ulrich)等。2001年该书推出修订版,增加了很多实例。另一个趋势是与优化有关的,即软计算。这种方法不追求严格最优,具有启发式思路,并借用来自生物学、物理学和其他学科的思想来解寻优方法。其中最著名的有遗传算法(GA:Holland)、模拟退火(SA:Metropolis)、神经网络(NN)、模糊逻辑(FL:Zadeh)、进化计算(EC)、禁忌算法(TS)、蚁群优化(ACO:Dorigo)等。目前,国际上已有世界软计算协会,并召开国际会议。但都是在网络上开会,并且出版杂志*Applied Soft Computing*。此外,在一些老的分支方面,如线性规划也出现了新的亮点,如内点法;图论中出现无标度网络(Scale-free Network)等。总之,运筹学还在不断发展中,新的思想、观点和方法不断涌现。本书作为一本教材,所提供的一些运筹学思想和方法都是基本的,是作为学习运筹学的读者必须掌握的知识。近几年,运筹学作为一门关于决策的交叉学科,在互联网、大数据、人工智能等现代信息技术飞速发展的背景下有了更为广阔的应用场景。

习 题

一、填空题

1. 运筹学的主要研究对象是________。

2. 运筹学的核心主要是运用________研究各种系统的优化途径及方案,为决策者提供科学决策的依据。

3. 模型是一件实际事物或现实情况的________或________。

4. 通常对问题中变量值的限制称为________,它可以表示成一个等式或________的集合。

5. 运筹学研究和解决问题的基础是________,并强调系统整体优化功能。运筹学研究和解决问题的效果具有________。

6. 运筹学用________的观点研究功能之间的关系。

7. 运筹学研究和解决问题的优势是应用各学科交叉的方法,具有典型________特性。

8. 运筹学的发展趋势是进一步依赖于________的应用和发展。

9. 运筹学解决问题时首先要观察待决策问题所处的________。

10. 用运筹学分析与解决问题,是一个________的过程。

11. 运筹学的主要目的在于求得一个合理运用人力、物力和财力的________。

12. 用运筹学解决问题的核心是建立________，并对________求解。

13. 用运筹学解决问题时，要________待决策的问题。

14. 运筹学的系统特征之一是用________的观点研究功能关系。

15. 数学模型中，s. t. 表示________。

16. 建立数学模型时，需要回答的问题有________________。

17. 运筹学的主要研究对象是各种有组织系统的________问题及经营活动。

18. 1940 年 8 月，英国管理部门成立了一个跨学科的运筹学小组，该小组简称为________。

二、单选题

1. 建立数学模型时，考虑可以由决策者控制的因素是(　　)。

A. 销售数量　　B. 销售价格　　C. 顾客的需求　　D. 竞争价格

2. 可以通过(　　)来验证模型最优解。

A. 观察　　B. 应用　　C. 试验　　D. 调查

3. 建立运筹学模型的过程不包括(　　)阶段。

A. 观察环境　　B. 数据分析　　C. 模型设计　　D. 模型实施

4. 建立模型的一个基本理由是去揭晓那些重要的或有关的(　　)。

A. 数量　　B. 变量　　C. 约束条件　　D. 目标函数

5. 模型中要求变量取值(　　)。

A. 可正　　B. 可负　　C. 非正　　D. 非负

6. 运筹学研究和解决问题的效果具有(　　)。

A. 连续性　　B. 整体性　　C. 阶段性　　D. 再生性

7. 运筹学运用数学方法分析与解决问题，以达到系统的最优目标。这个过程是一个(　　)。

A. 解决问题过程　　B. 分析问题过程　　C. 科学决策过程　　D. 前期预策过程

8. 从趋势上看，运筹学的进一步发展依赖于一些外部条件及手段，其中最主要的是(　　)。

A. 数理统计　　B. 概率论　　C. 计算机　　D. 管理科学

9. 用运筹学解决问题时，要对问题进行(　　)。

A. 分析与考察　　B. 分析和定义　　C. 分析和判断　　D. 分析和实验

三、多选题

1. 模型中目标可能为(　　)。

A. 输入最少　　B. 输出最大　　C. 成本最小　　D. 收益最大　　E. 时间最短

2. 运筹学的主要分支包括(　　)。

A. 图论　　B. 线性规划　　C. 非线性规划　　D. 整数规划　　E. 目标规划

四、简答题

1. 简述运筹学的计划法包括的步骤。

2. 运筹学分析与解决问题一般要经过哪些步骤？

3. 运筹学的数学模型有哪些优缺点？

4. 运筹学的系统特征是什么？

第 2 章　线性规划基础

线性规划(Linear Programming,LP)是运筹学的一个重要分支,研究最早、发展最快、应用广泛、方法成熟。它是辅助人们进行科学管理的一种数学方法,研究线性约束条件下线性目标函数极值问题的数学理论和方法。线性规划广泛应用于军事作战、经济分析、经营管理和工程技术等方面,为合理利用有限的人力、物力、财力等资源做出最优决策,提供科学的依据。

2.1　线性规划概述

在生产管理经营活动中,通常需要对“有限的资源”寻求“最佳”的利用或分配,任何资源如劳动力、原材料、设备、时间或资金等都是有限的,因此,必须进行合理的配置,寻求最佳的利用方式。把有限资源进行合理配置可以归纳为两类问题:一类是如何合理地使用有限的资源,使生产经营的效益达到最大;另一类是在生产或经营任务确定的条件下如何合理地组织生产,安排经营活动,使所消耗的资源数量最少。这是最常见的两类规划问题。

与规划问题有关的数学模型由两部分组成:一部分是约束条件,反映了有限资源对生产经营活动的种种限制,或者生产经营必须完成的任务;另一部分是目标函数,反映生产经营在有限资源条件下希望达到的生产或经营目标。

一、线性规划问题的引入

【例 2.1】 某工厂在计划期内要安排生产两种产品Ⅰ、Ⅱ,已知生产单位产品所需的 A、B、C 三种原材料的消耗量见表 2-1。该工厂每生产一件产品Ⅰ可获利 2 元,每生产一件产品Ⅱ可获利 3 元。应如何安排生产计划使该工厂获得的利润最大?

表　2-1

产品	Ⅰ	Ⅱ	资源限量
原材料 A(kg)	1	2	8
原材料 B(kg)	4	0	16
原材料 C(kg)	0	4	12

用数学语言来描述生产计划,建立数学模型。

分析:该问题主要是将有限的生产资源即原材料进行合理分配,以期望获得利润最大化,安排产品的数量是企业应做的决策,即决策变量。

决策变量：设 x_1, x_2 分别表示在计划期内产品Ⅰ、Ⅱ的生产量。

目标函数：该工厂的生产目标是在不超过所有资源限量的条件下，确定生产得到的利润最大，若用 Z 表示总利润，则有

$$\text{Max } Z = 2x_1 + 3x_2$$

约束条件满足资源的限量：

对原材料 A 的限制：　$x_1 + 2x_2 \leqslant 8$

对原材料 B 的限制：　$4x_1 \leqslant 16$

对原材料 C 的限制：　$4x_2 \leqslant 12$

决策变量自身性质的约束：$x_1 \geqslant 0, x_2 \geqslant 0$

综合上述，该生产计划问题可用数学模型表示为

$$\text{Max } Z = 2x_1 + 3x_2$$

$$\text{s. t.} \begin{cases} x_1 + 2x_2 \leqslant 8 \\ 4x_1 \leqslant 16 \\ 4x_2 \leqslant 12 \\ x_1, x_2 \geqslant 0 \end{cases}$$

式中，s. t. 是英文 subject to（受约束于）的缩写。

【例 2.2】某加工厂在计划组装甲、乙、丙、丁四种机器，分别需要在三台设备上加工，相关的加工数据见表 2-2。加工厂应如何合理安排生产？

表　2-2

每件机器占用的时数(h/件)	机器甲	机器乙	机器丙	机器丁	可利用的工时(h)
设备 A	1.5	1.0	2.4	1.0	2 000
设备 B	1.0	5.0	1.0	3.5	8 000
设备 C	1.5	3.0	3.5	1.0	5 000
利润(元/件)	5	7	8	4	

分析：该问题主要是将有限的工时资源合理地分配到产品加工中，以期望获得利润最大化。安排产品的数量是企业应做的决策，即决策变量。设变量 x_i 为第 i 种产品的生产件数（$i = 1,2,3,4$），根据每件产品的工时定额以及每种设备的工时限量，列出有效的关系。例如，产品甲的生产量为 x_1，则它在设备 A、B、C 设备的占用工时分别为 $1.5x_1$、$1.0x_2$、$1.5x_3$，产品甲的利润为 $5x_1$。

决策变量：x_i（$i = 1,2,3,4$）分别表示甲、乙、丙、丁四种产品的产量。

目标函数：产品生产效益最大化，我们用 Z 表示四种产品的总利润，则有

$$\text{Max } Z = 5x_1 + 7x_2 + 8x_3 + 4x_4$$

约束条件：整个加工过程受设备工时的限制及变量本身性质约束即生产量不能为负值：

$$1.5x_1 + 1.0x_2 + 2.4x_3 + 1.0x_4 \leqslant 2\,000 \text{（设备 } A \text{ 工时限制）}$$

$$1.0x_1+5.0x_2+1.0x_3+3.5x_4\leqslant 8\,000$$（设备 B 工时限制）

$$1.5x_1+3.0x_2+3.5x_3+1.0x_4\leqslant 5\,000$$（设备 C 工时限制）

$$x_1\geqslant 0,x_2\geqslant 0,x_3\geqslant 0,x_4\geqslant 0$$（变量自身性质约束）

综上所述得到生产计划问题的数学模型为

$$\text{Max } Z=5x_1+7x_2+8x_3+4x_4$$

$$\text{s.t.}\begin{cases}1.5x_1+1.0x_2+2.4x_3+1.0x_4\leqslant 2\,000\\1.0x_1+5.0x_2+1.0x_3+3.5x_4\leqslant 8\,000\\1.5x_1+3.0x_2+3.5x_3+1.0x_4\leqslant 5\,000\\x_i\geqslant 0(i=1,2,3,4)\end{cases}$$

上述数学模型具有以下几个特点：

(1)目标函数为变量的线性函数，约束条件也为变量的线性等式或不等式。

(2)资源确定的情况下：如何合理利用、合理规划，使得完成的任务最大。

(3)计划任务确定的情况下：如何统筹安排、精心筹划，用最少的资源来实现。

研究和应用的内容是实现系统的投入和产出问题，用最少的资源消耗，获利更多更好的社会需求产品，此项研究即为规划问题。

二、线性规划模型

对于求取一组变量 $x_j(j=1,2,\cdots,n)$，使之既满足线性约束条件，又能使具有线性表达式的目标函数取得最大值或最小值的一类最优化问题称为线性规划问题，简称线性规划。规划就是利用某种数学方法有效地利用资源；线性就是用来描述变量之间应满足的关系为线性函数。

1. 线性规划模型的特点

(1)都用一组决策变量 $X=(x_1,x_2,\cdots,x_n)^{\mathrm{T}}$表示某一方案，且决策变量取值非负。

(2)都有一个要达到的目标，并且此目标要求可以表示成决策变量的线性函数。

(3)根据目标要求的不同，可以是求最大，也可以是求最小。

(4)都有一组约束条件，这些约束条件可以用决策变量的线性等式或线性不等式来表示。

2. 线性规划的三要素

(1)决策变量：

①决策问题待定的量值；

②取值要求非负。

(2)约束条件：

①任何管理决策问题都是限定在一定的条件下求解；

②把各种限制条件表示为一组等式或不等式，称为约束条件；

③约束条件是决策方案可行的保障；

④约束条件是决策变量的线性函数。

(3)目标函数：

①衡量决策优劣的准则，如时间最省、利润最大、成本最低；

②目标函数是决策变量的线性函数；

③有的目标要实现最大，有的则要求最小。

3. 线性规划建模步骤

(1)明确问题，确定决策变量，即需要做出决策或选择的量。它们是问题中所要解决的未知量，表明规划中用数量表示的方案、措施，可由决策者决定和控制。

(2) 写出目标函数，即问题所要达到的目标，是决策变量的线性函数，按问题目标的不同分别在这个函数前加上 Max 或 Min。

(3)找出所有限定条件，即决策变量受到的所有的约束，由一组含决策变量的等式或不等式组成，表明决策变量取值时所受到的各种资源条件的限制。

2.2　线性规划模型的标准型

一、线性规划模型的一般形式：

$$\text{Max (Min)} Z = c_1x_1 + c_2x_2 + \cdots + c_nx_n$$

$$\text{s.t.}\begin{cases} a_{11}x_1 + a_{12}x_2 + \cdots + a_{1n}x_n \geqslant (=, \leqslant) b_1 \\ a_{21}x_1 + a_{22}x_2 + \cdots + a_{2n}x_n \geqslant (=, \leqslant) b_2 \\ \vdots \qquad \vdots \qquad \vdots \\ a_{m1}x_1 + a_{m2}x_2 + \cdots + a_{mn}x_n \geqslant (=, \leqslant) b_m \\ x_j \geqslant 0, j = 1, 2, \cdots, n \end{cases}$$

式中　b_i——第 i 种资源的拥有量($i=1,2\cdots,$m)；

x_j——n 个决策变量($j=1,2,\cdots,n$)；

c_j——目标函数中的价值系数($j=1,2,\cdots,n$)；

a_{ij}——技术系数或工艺系数，即第 j 种单位产品消耗第 i 种资源的数量。

线性规划模型的形式是多样的：

(1)对于目标函数来说，分为求 Max(Min)。

(2)对于约束条件来说，包括等式约束和不等式约束。

(3)变量不一定满足非负要求。

以上多样性为理论探讨线性规划模型带来了困难，为了寻找一般线性规划问题的统一解法，我们需要寻找到一种统一形式，即标准式。

二、线性规划模型的标准型

标准型的要求：

(1)对于目标函数来说，分为求 Max(Min)，本书默认标准型中目标函数是 Max。

(2)约束条件为等式。

(3)右端常数非负。

(4)决策变量非负。

$$\text{Max } Z = c_1x_1 + c_2x_2 + \cdots + c_nx_n$$

$$\text{s. t.} \begin{cases} a_{11}x_1 + a_{12}x_2 + \cdots + a_{1n}x_n = b_1 \\ a_{21}x_1 + a_{22}x_2 + \cdots + a_{2n}x_n = b_2 \\ \vdots \qquad \vdots \qquad \vdots \\ a_{m1}x_1 + a_{m2}x_2 + \cdots + a_{mn}x_n = b_m \\ x_1, x_2, \cdots, x_n \geqslant 0 \end{cases}$$

用矩阵向量表示线性规划模型的标准型为

$$\text{Max } \boldsymbol{Z} = \boldsymbol{CX}$$

$$\text{s. t.} \begin{cases} \boldsymbol{AX} = \boldsymbol{b} \\ \boldsymbol{X} \geqslant \boldsymbol{0} \end{cases}$$

式中:

$$\boldsymbol{A} = \begin{pmatrix} a_{11} & \cdots & a_{1n} \\ \vdots & & \vdots \\ a_{m1} & \cdots & a_{mn} \end{pmatrix} = (\boldsymbol{P}_1, \boldsymbol{P}_2, \cdots, \boldsymbol{P}_n)$$

$$\boldsymbol{b} = (b_1, b_2, \cdots, b_n)^{\mathrm{T}}$$

$$\boldsymbol{C} = (c_1, c_2, \cdots, c_n)$$

$$\boldsymbol{X} = (x_1, x_2, \cdots, x_n)^{\mathrm{T}}$$

式中,各矩阵代表的含义如下:

$\boldsymbol{C}$——价值系数矩阵;

$\boldsymbol{X}$——决策变量矩阵;

$\boldsymbol{A}$——约束条件的系数矩阵;

$\boldsymbol{b}$——资源限量矩阵。

在用单纯形法求解线性规划问题时,为了使探讨的问题方便,需将线性规划模型化为统一的标准形式。当线性规划为一般形式,不满足标准型要求时,可采用以下方法:

(1)目标函数为 Min 型:Min $\boldsymbol{Z} = \boldsymbol{CX}$,这时只需将目标函数最小化变换求目标函数最大化,即令 $\boldsymbol{Z}' = -\boldsymbol{Z}$,于是得到 Max $\boldsymbol{Z}' = -\boldsymbol{CX}$,这就同标准型目标函数的形式一致了。即:

$$\text{Min } Z = \boldsymbol{CX} \Leftrightarrow \text{Max}(-Z) = -\boldsymbol{CX}$$

注意:变化后求出的最优解不变,最优解的目标函数值却相差一个符号。

(2)约束条件不是等式问题:

当约束条件为"≤"时,需将约束条件左端加松弛变量 X_{n+i}。

当约束条件为"≥"时,需将约束条件左端减去剩余变量(多余变量)X_{n+k}。

$$\sum_{j=i}^{n} a_{ij}x_j \leqslant b_i \Leftrightarrow \begin{cases} \sum\limits_{j=i}^{n} a_{ij}x_j + x_{n+i} = b_i, \\ x_{n+i} \geqslant 0。 \end{cases}$$

$$\sum_{j=i}^{n} a_{ij}x_j \geqslant b_i \Leftrightarrow \begin{cases} \sum\limits_{j=i}^{n} a_{ij}x_j - x_{n+k} = b_i, \\ x_{n+k} \geqslant 0。 \end{cases}$$

(3)右端项 $b_i<0$,只需将等式或不等式两端同时乘以 -1,则等式右端项必大于零。

(4)非正变量与符号无限制变量(自由变量)的处理:

若 $x_k \leqslant 0$,令 $x_k' = -x_k$,其中 $x_k' \geqslant 0$;

若 x_i 为符号无限制变量,则 $x_i = x_i' - x_i''$,其中 $x_i', x_i'' \geqslant 0$。

【例 2.3】将下述线性规划化为标准形式。

$$\text{Min } Z = x_1 + 2x_2 + 3x_3$$

$$\text{s.t.}\begin{cases} -2x_1 + x_2 + x_3 \leqslant 9 \\ -3x_1 + x_2 + 2x_3 \geqslant 4 \\ 4x_1 - 2x_2 - 3x_3 = -6 \\ x_1 \leqslant 0, x_2 \geqslant 0, x_3 \text{ 取值无约束} \end{cases}$$

解　上述问题中,令:

(1)$Z' = -Z$ 得到 Max $Z' = -$Min Z。

(2)$x_1 = -x_1'$。

(3)$x_3 = x_3' - x_3''$。

(4)在第一个约束条件的左端加入一个松弛变量 $x_4(x_4 \geqslant 0)$。

(5)在第二个约束条件是左端减去一个剩余变量 $x_5(x_5 \geqslant 0)$。

(6)将第三个约束条件两端同乘 -1。

则该问题的标准形式为

$$\text{Max } Z' = x_1' - 2x_2 - 3x_3' + 3x_3''$$

$$\text{s.t.}\begin{cases} 2x_1' + x_2 + x_3' - x_3'' + x_4 = 9 \\ 3x_1' + x_2 + 2x_3' - 2x_3'' - x_5 = 4 \\ 4x_1' + 2x_2 + 3x_3' - 3x_3'' = 6 \\ x_1', x_2, x_3', x_3'', x_4, x_5 \geqslant 0 \end{cases}$$

【例 2.4】将下列线性规划化为标准型。

$$\text{Min } Z = -x_1 + x_2 - 3x_3$$

$$\text{s.t.}\begin{cases} 2x_1 + x_2 + x_3 \leqslant 8 \\ x_1 + x_2 + x_3 \geqslant 3 \\ -3x_1 + x_2 + 2x_3 \leqslant -5 \\ x_1 \geqslant 0, x_2 \geqslant 0, x_3 \text{ 无符号要求} \end{cases}$$

分析:

(1)因为 x_3 无符号要求,即 x_3 可取正值也可取负值,标准型中要求变量非负,所以令 $x_3 = x_3' - x_3''$。

(2)第一个约束条件是"≤"号,在"≤"号左端加入松弛变量 x_4,$x_4 \geqslant 0$。

(3)第二个约束条件是"≥"号,在"≥"号左端减去剩余变量 x_5,$x_5 \geqslant 0$。

(4)第三个约束条件是"≤"号且常数项为负数,因此在"≤"左边加入松弛变量 x_6,$x_6 \geqslant 0$,同时两边乘以 -1。

(5)目标函数是最小值,为了化为求最大值,令 $Z' = -Z$,得到 Max $Z' = -Z$,即当 Z 达到最小

值时 Z' 达到最大值。

综合起来得到下列标准型：

$$\text{Max}\ Z' = x_1 - x_2 + 3x_3' - 3x_3''$$

$$\text{s.t.}\begin{cases}2x_1 + x_2 + x_3' - x_3'' + x_4 = 8\\ x_1 + x_2 + x_3' - x_3'' - x_5 = 3\\ 3x_1 - x_2 - 2(x_3' - x_3'') - x_6 = 5\\ x_1, x_2, x_3', x_3'', x_4, x_5, x_6 \geqslant 0\end{cases}$$

2.3 线性规划的图解法

对于只包含两个决策变量的线性规划问题,可以用图解法来求最优解。图解法是求解线性规划模型的一种重要方法,线性规划中一些重要的性质、概念和求解思想都来源于此。图解法简单直观,有助于理解线性规划的基本原理和单纯形法思路,且得出的一些重要结论适用于多个变量的线性规划问题。

一、图解法

为了给后面的线性问题的基本理论提供比较直观的几何说明,先介绍线性规划问题的图解法。我们把满足约束条件和非负约束条件的一组解称为可行解,所有可行解组成的集合称为可行域。

求解思路:先图解约束条件,求得满足约束条件的解的集合(即可行域),然后结合目标函数的要求从可行域中找出最优解。

1. 图解法的求解步骤

(1)建立平面直角坐标系:在直角平面坐标系中画出所有的约束等式,并找出所有约束条件的公共部分,称为可行域,可行域中的点称为可行解。若无公共部分,则无可行域,从而无可行解。

(2)画出可行域。

(3)画出目标函数等值线及其法线。

(4)法线方向移动目标函数等值线至可行域的边缘,寻求问题最优解,若该问题存在最优解,则在可行域的边缘即可得到。

一个二维的线性规划问题,可以在平面图上求解,三维的线性规划则要在立体图上求解,这就比较麻烦,而维数再高以后就不能图示了。

2. 图解法求解线性规划问题解的几种情况

(1)唯一最优解,如图 2-1(a)所示。

$$\text{Max}\ Z = 2x_1 + 3x_2$$

$$\text{s.t.}\begin{cases}x_1 + 2x_2 \leqslant 8 & ①\\ 4x_1 \leqslant 16 & ②\\ 4x_2 \leqslant 12 & ③\\ x_1 \geqslant 0, x_2 \geqslant 0\end{cases}$$

此时在 $Q_2(4,2)$ 处取到最优解。

(2)无穷多最优解,如图 2-1(b)所示。

$$\text{Max } Z=2x_1+4x_2$$

$$\text{s.t.}\begin{cases}x_1+2x_2\leqslant 8 & ①\\ 4x_1\leqslant 16 & ②\\ 4x_2\leqslant 12 & ③\\ x_1\geqslant 0,x_2\geqslant 0\end{cases}$$

此时线性规划模型的最优解为线段 Q_2Q_3上的所有点 ,Q_2,Q_3的坐标分别为 $Q_2(4,2)$,$Q_3(2,3)$。

(3)无界解,如图 2-1(c)所示。

$$\text{Max } Z=x_1+x_2$$

$$\text{s.t.}\begin{cases}-2x_1+x_2\leqslant 4 & ①\\ x_1-x_2\leqslant 2 & ②\\ x_1\geqslant 0,x_2\geqslant 0\end{cases}$$

从图中可以发现,可行域无界。

(4)无解,如图 2-1(d)所示。

$$\text{Max } Z=2x_1+3x_2$$

$$\text{s.t.}\begin{cases}x_1+2x_2\leqslant 8 & ①\\ 4x_1\leqslant 16 & ②\\ 4x_2\leqslant 12 & ③\\ -2x_1+x_2\geqslant 4 & ④\\ x_1\geqslant 0,x_2\geqslant 0\end{cases}$$

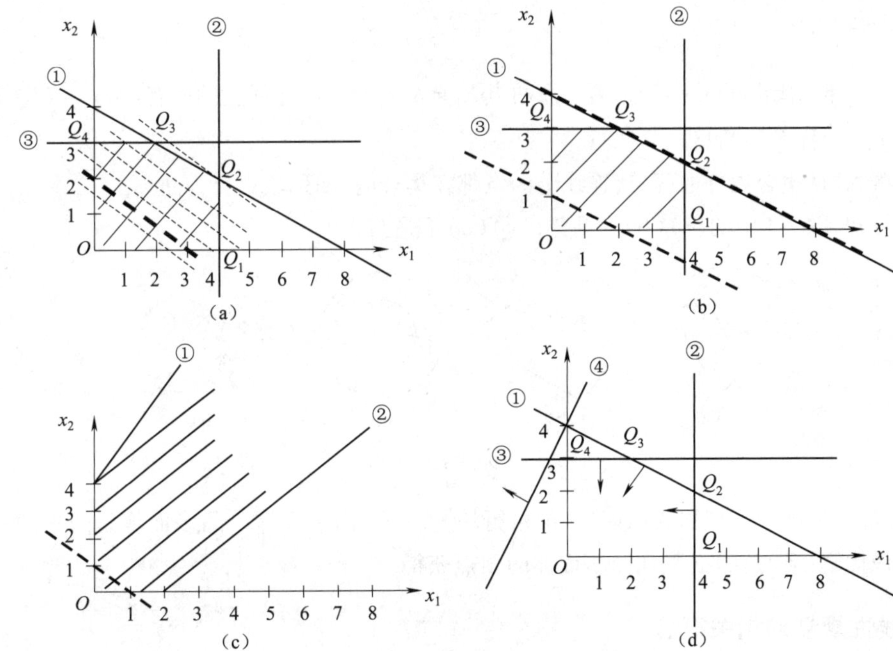

图 2-1

从图中可以发现无可行域,即无解。

二、图解法的基本结论

由图解法可知,只有当目标直线平移到边界时,才能使目标函数值 Z 达到最大限度的优化,若线性规划模型存在最优解,则一定可以在可行域的顶点上达到。

线性规划解的几种情况:

(1)可行域为封闭的有界区域:

①有唯一的最优解;

②有多重最优解。

(2)可行域为非封闭的无界区域:

①有唯一的最优解;

②有多重最优解;

③目标函数无界(即虽有可行解,但在可行域中,目标函数可以无限增大或无限减小),因而没有最优解。

(3)可行域为空集,因而没有可行解:

①无可行解:约束条件相互矛盾;

②无界解:约束条件不足。

2.4 线性规划的有关概念

一、凸集

设 K 是 n 维欧氏空间的一点集,若任意两点 $X_1 \in K, X_2 \in K$ 的连线上的所有点 $\alpha X_1 + (1-\alpha) X_2 \in K (0 \leqslant \alpha \leqslant 1)$,则称 K 为凸集。

几何概念:从集合内任取两点,连线上的点都在集合内,则称该集合为凸集。

由此可知,图 2-2 中的(a)(b)为凸集,(c)(d)不是凸集。

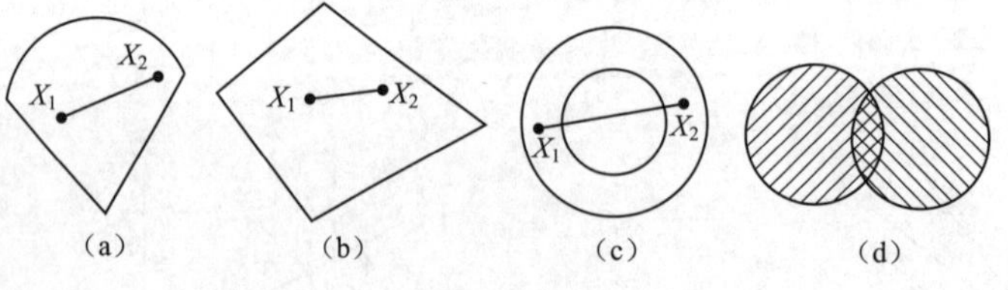

图 2-2

由图解法可知,线性规划的约束集(即可行域)是一个凸多面体。凸多面体是凸集的一种,线性规划的最优解(若存在)必能在凸多面体的顶点获得。

二、线性规划的相关概念

考虑标准型线性规划:

$$\text{Max}\ \boldsymbol{Z}=\boldsymbol{CX} \tag{2-1}$$

$$\text{s. t.}\begin{cases}\boldsymbol{AX}=\boldsymbol{b} & (2\text{-}2)\\ \boldsymbol{X}\geqslant \boldsymbol{0} & (2\text{-}3)\end{cases}$$

$$\boldsymbol{A}=\begin{pmatrix} a_{11} & a_{12} & \cdots & a_{1n}\\ a_{21} & a_{22} & \cdots & a_{2n}\\ \vdots & \vdots & & \vdots\\ a_{m1} & a_{m2} & \cdots & a_{mn}\end{pmatrix}=(\boldsymbol{P}_1,\boldsymbol{P}_2,\cdots,\boldsymbol{P}_n)。$$

可行解：满足约束条件(2-2)、(2-3)式的解，即满足所有约束条件(包括非负条件)的解；可行解的集合称为可行集，或可行域。

m 个线性独立的列向量，称为线性规划问题的一组基，不妨取前 m 个变量的列向量，假设 $\boldsymbol{A}=(a_{ij})_{m\times n}$是满秩阵，且秩为 $r(\boldsymbol{A})=m<n$，将其系数矩阵 $\boldsymbol{A}$ 记为

$$\boldsymbol{A}=(\boldsymbol{a}_1,\boldsymbol{a}_2,\cdots,\boldsymbol{a}_m,\boldsymbol{a}_{m+1},\cdots,\boldsymbol{a}_n)$$

则有下述定义：

1. 基矩阵

设 $\boldsymbol{B}$ 为 $\boldsymbol{A}$ 的一个 m 阶子矩阵，若其行列式 $|\boldsymbol{B}|\neq 0$，则称 $\boldsymbol{B}$ 为方程组 $\boldsymbol{AX}=\boldsymbol{b}$(2-2)或此线性规划的一个基矩阵，$\boldsymbol{AX}=\boldsymbol{b}$ 是用矩阵形式表示的方程组。

2. 基变量

不失一般性，设基矩阵为：$\boldsymbol{B}=(\boldsymbol{a}_1,\boldsymbol{a}_2,\cdots,\boldsymbol{a}_m)$($|\boldsymbol{B}|\neq 0$)，则 $\boldsymbol{B}$ 中的 m 个向量 $\boldsymbol{a}_1,\boldsymbol{a}_2,\cdots,\boldsymbol{a}_m$ 为基向量，矩阵 $\boldsymbol{A}$ 中其余 $n-m$ 个向量 $\boldsymbol{a}_{m+1},\boldsymbol{a}_{m+2},\cdots,\boldsymbol{a}_n$ 为非基向量，将所有非基向量构成的矩阵记为 $\boldsymbol{N}=(\boldsymbol{a}_{m+1},\boldsymbol{a}_{m+2},\cdots,\boldsymbol{a}_n)$，则系数矩阵 $\boldsymbol{A}$ 可改写为 $\boldsymbol{A}=(\boldsymbol{B},\boldsymbol{N})$。

基变量：对应的 m 个变量 $x_1,x_2,\cdots,x_m$(以 $\boldsymbol{B}$ 为基的)。

非基变量：对应的 $n-m$ 个变量 $x_{m+1},x_{m+2},\cdots,x_n$(以 $\boldsymbol{B}$ 为基的)。

3. 基变矢

将所有基变量构成的向量记为 $\boldsymbol{X}_B$，称为基变矢，将所有非基变量构成的向量记为 $\boldsymbol{X}_N$，称为非基变矢，则变矢 $\boldsymbol{X}$ 可写为

$$\boldsymbol{X}=\begin{pmatrix}\boldsymbol{X}_B\\ \boldsymbol{X}_A\end{pmatrix}$$

而约束条件 $\boldsymbol{AX}=\boldsymbol{b}$ 可改写为$(\boldsymbol{B},\boldsymbol{N})\begin{pmatrix}\boldsymbol{X}_B\\ \boldsymbol{X}_A\end{pmatrix}=\boldsymbol{b}$，即 $\boldsymbol{BX}_B+\boldsymbol{NX}_N=\boldsymbol{b}$。

4. 基(本)解

对应于一个基阵 $\boldsymbol{B}$，令所有的非基变量等于 0，求解基变量得出一组解 $\boldsymbol{X}=(x_1,x_2,\cdots,x_m,0,\cdots,0)^{\mathrm{T}}$，即为一个基解。

基解个数最多为 C_n^m 个。

基解中非零分量个数不大于方程个数 m。

基解对应于可行域的顶点，以及约束条件各延长线上的交点。

5. 基本可行解

既是基本解，又是可行解，就是基本可行解，满足非负约束的基本解为基本可行解。线性规划

问题的最优解一定可以在某个基本可行解中找到。若线性规划模型存在最优解,则一定在可行域的顶点上达到。

6. 最优基本解

满足(2-1)式,能使目标函数 $\boldsymbol{Z}=\boldsymbol{CX}$ 取得最大值的基本可行解,称为标准型线性规划问题的最优基本解,记为 $\boldsymbol{X}^*$,它所对应的目标函数值称为最优值,记为 $\boldsymbol{Z}^*=\boldsymbol{CX}^*$。

7. 可行基与最优基

基本可行解对应的基称为可行基,最优基本解对应的基称为最优基,记为 $\boldsymbol{B}^*$。

8. 退化基本(可行)解

如果一个基本(可行)解中,有一个或更多个基变量取值为0,则称之为退化基本(可行)解。

【例2.5】基及其相关概念。

$$\text{Max } Z=7x_1+12x_2 \qquad\qquad \text{Max } Z=7x_1+12x_2$$

$$\text{s. t.}\begin{cases}9x_1+4x_2\leqslant 360\\4x_1+5x_2\leqslant 200\\3x_1+10x_2\leqslant 300\\x_1,x_2,x_3\geqslant 0\end{cases}\xrightarrow{\text{化标准型}}\text{s. t.}\begin{cases}9x_1+4x_2+x_3=360\\4x_1+5x_2+x_4=200\\3x_1+10x_2+x_5=300\\x_1,x_2,x_3,x_4,x_5\geqslant 0\end{cases}$$

式中,m 为约束方程的个数;n 为变量的个数;约束方程组的系数矩阵为 $\boldsymbol{A}(m\times n)$,且 $m<n$;m 为矩阵 $\boldsymbol{A}$ 的秩。

(1)基。

$$\begin{matrix} & x_1 & x_2 & x_3 & x_4 & x_5\end{matrix}$$

$$\boldsymbol{A}=\begin{pmatrix}9&4&1&0&0\\4&5&0&1&0\\3&10&0&0&1\end{pmatrix}$$

设 $\boldsymbol{B}$ 为 $\boldsymbol{A}$ 的一个 m 阶满秩子矩阵,且 $|\boldsymbol{B}|\neq 0$($\boldsymbol{B}$ 中的行或列向量线性无关)这时,$\boldsymbol{B}$ 就为该线性规划的一个基。

取 $\boldsymbol{B}_1=\begin{pmatrix}9&4&1\\4&5&0\\3&10&0\end{pmatrix}$,$|\boldsymbol{B}_1|\neq 0$。

(2)基向量、基变量。

基向量:对应于上述基 $\boldsymbol{B}$,组成 $\boldsymbol{B}$ 的向量称为基向量,记作 $\boldsymbol{P}_j(j=1,2,\cdots,m)$。

基变量:基向量对应的决策变量 x_j 为基变量,记作 $\boldsymbol{X}_B$,如 $\boldsymbol{X}_{B1}=(x_1,x_2,x_3)^{\mathrm{T}}$。

$$\boldsymbol{P}_1=\begin{pmatrix}9\\4\\3\end{pmatrix},\quad \boldsymbol{P}_2=\begin{pmatrix}4\\5\\10\end{pmatrix},\quad \boldsymbol{P}_3=\begin{pmatrix}1\\0\\0\end{pmatrix}$$

(3)非基向量、非基变量。

非基向量:基向量以外的其他向量为非基向量(即 $\boldsymbol{N}_{m+1},\cdots,\boldsymbol{N}_n$),以 $\boldsymbol{N}$ 表示。

$$\boldsymbol{N}_4=\begin{pmatrix}0\\1\\0\end{pmatrix},\quad \boldsymbol{N}_5=\begin{pmatrix}0\\0\\1\end{pmatrix}$$

非基变量:非基向量对应的决策变量 x_j 为非基变量,记作 $\boldsymbol{X}_N$。

例如,$\boldsymbol{X}_N=(x_4,x_5)^{\mathrm{T}}$。

【例 2.6】求解下面线性规划问题的基解。

$$\text{Max } Z=2x_1+3x_2 \qquad\qquad \text{Max } Z=2x_1+3x_2$$

$$\text{s. t.}\begin{cases}x_1+2x_2\leqslant 8\\4x_1\leqslant 16\\4x_2\leqslant 12\\x_1,x_2\geqslant 0\end{cases}\xrightarrow{\text{化标准型}}\text{s. t.}\begin{cases}x_1+2x_2+x_3=8\\4x_1+x_4=16\\4x_2+x_5=12\\x_1,x_2,x_3,x_4,x_5\geqslant 0\end{cases}$$

$$\begin{matrix}x_1 & x_2 & x_3 & x_4 & x_5\\ ① & ② & ③ & ④ & ⑤\end{matrix}$$

$$\boldsymbol{A}=\begin{pmatrix}1 & 2 & 1 & 0 & 0\\4 & 0 & 0 & 1 & 0\\0 & 4 & 0 & 0 & 1\end{pmatrix}$$

从中寻找能够构成 $m\times m$ 阶非奇异子矩阵,可能的矩阵为

①②③　①②④　①②⑤　①③④　①③⑤　①④⑤

②③④　②③⑤　②④⑤　③④⑤

判断:以①③④为例,其行列式为 $\begin{vmatrix}1 & 1 & 0\\4 & 0 & 1\\0 & 0 & 0\end{vmatrix}=0$,不是基矩阵,因此此题目中有两组不是基解:①③④和②③⑤。

其基解见表 2-3。

表　2-3

非基变量	基变量			对应的解
x_4, x_5	$x_1=4$	$x_2=3$	$x_3=-2$	基解
x_3, x_5	$x_1=2$	$x_2=3$	$x_4=8$	基可行解
x_3, x_4	$x_1=4$	$x_2=2$	$x_5=4$	基可行解(最优解)
x_2, x_4	$x_1=4$	$x_3=4$	$x_5=12$	基可行解
x_2, x_3	$x_1=8$	$x_4=-16$	$x_5=12$	基解
x_1, x_5	$x_2=3$	$x_3=2$	$x_4=16$	基可行解
x_1, x_3	$x_2=4$	$x_4=16$	$x_5=-4$	基解
x_1, x_2	$x_3=8$	$x_4=16$	$x_5=12$	基可行解

【例 2.7】求解下面线性规划问题的基解。

$$\text{Max } Z=2x_1+3x_2 \qquad\qquad \text{Max } Z=2x_1+3x_2$$

$$\text{s.t.}\begin{cases}5x_1+x_2-x_3\leqslant 3\\-10x_1+6x_2+2x_3\leqslant 2\\x_1,x_2\geqslant 0\end{cases}\xrightarrow{\text{化标准型}}\text{s.t.}\begin{cases}5x_1+x_2-x_3+x_4=3\\-10x_1+6x_2+2x_3+x_5=2\\x_1,x_2,x_3,x_4,x_5\geqslant 0\end{cases}$$

约束方程的系数矩阵为 2×5 矩阵

$$\boldsymbol{A}=\begin{pmatrix}5&1&-1&1&0\\-10&6&2&0&1\end{pmatrix}$$

约束方程的系数矩阵为 2×5 矩阵。

容易看出，$r(\boldsymbol{A})=2$，2 阶子矩阵有 $C_5^2=10$ 个，基阵只有 9 个，即

$$\boldsymbol{B}_1=\begin{pmatrix}5&1\\-10&6\end{pmatrix},\quad \boldsymbol{B}_2=\begin{pmatrix}5&1\\-10&0\end{pmatrix}$$

$$\boldsymbol{B}_3=\begin{pmatrix}5&0\\-10&1\end{pmatrix},\quad \boldsymbol{B}_4=\begin{pmatrix}1&-1\\6&2\end{pmatrix}$$

$$\boldsymbol{B}_5=\begin{pmatrix}1&1\\6&0\end{pmatrix},\quad \boldsymbol{B}_6=\begin{pmatrix}1&0\\6&1\end{pmatrix}$$

$$\boldsymbol{B}_7=\begin{pmatrix}-1&0\\2&1\end{pmatrix},\quad \boldsymbol{B}_8=\begin{pmatrix}-1&1\\2&0\end{pmatrix}$$

$$\boldsymbol{B}_9=\begin{pmatrix}1&0\\0&1\end{pmatrix}$$

在此例中 $\boldsymbol{B}_1$ 的基向量是 $\boldsymbol{A}$ 中的第一列和第二列，其余列向量是非基向量，x_1，x_2 是基变量，x_3，x_4，x_5 是非基变量。基变量、非基变量是针对某一确定基阵而言的，不同的基对应的基变量和非基变量也不同。以基阵 $\boldsymbol{B}_1$ 为例，令非基变量 $x_3=x_4=x_5=0$，则约束条件为 $\text{s.t.}\begin{cases}5x_1+x_2=3\\-10x_1+6x_2=2\end{cases}$，此时 x_1，x_2 有唯一解，$x_1=2/5$，$x_2=1$，则基解为：$\boldsymbol{x}^{(1)}=\left(\dfrac{2}{5},1,0,0,0\right)^{\mathrm{T}}$，是基可行解。

$\boldsymbol{B}_2=\begin{pmatrix}5&1\\-10&0\end{pmatrix}$，在此例中 $\boldsymbol{B}_2$ 的基向量是 $\boldsymbol{A}$ 中的第一列和第四列，其余列向量是非基向量，x_1，x_4 是基变量，x_2，x_3，x_5 是非基变量，令非基变量 $x_2=x_3=x_5=0$，则约束条件为 $\begin{cases}5x_1+x_4=3\\-10x_1=2\end{cases}$，此时 x_1，x_4 有唯一解，$x_1=1/5$，$x_4=4$，则基解为 $\boldsymbol{x}^{(2)}=\left(-\dfrac{1}{5},0,0,4,0\right)^{\mathrm{T}}$，不是基可行解。

三、线性规划的基本定理

定理 1 线性规划的可行域 $\boldsymbol{R}$ 是一个凸集，且有有限个顶点。

定理 2 $\boldsymbol{X}$ 是线性规划可行域 $\boldsymbol{R}$ 上的一个顶点的充要条件是 X 是线性规划的一个基本可行解。

线性规划的每一个基本可行解对应凸集的每一个顶点。

定理 3 若线性规划有最优解，则必有基本可行解。

若线性规划有最优解，则一定在凸集的某个(些)顶点上达到最优。

定理 4 若线性规划在可行域的两个顶点上达到最优,则在两个顶点的连线上也达到最优。

若线性规划在两个或两个以上的顶点达到最优,则一定有无穷多个最优解。

最优解一定是基本可行解,但基本可行解不一定是最优解。

四、线性规划解之间的关系

(1)可行解与最优解:最优解一定是可行解,但可行解不一定是最优解。

(2)可行解与基本解:基本解不一定是可行解,可行解也不一定是基本解。

(3)可行解与基本可行解:基本可行解一定是可行解,但可行解不一定是基本可行解。

(4)基本解与基本可行解:基本可行解一定是基本解,但基本解不一定是基本可行解。

(5) 最优解与基本解:最优解不一定是基本解,基本解也不一定是最优解。

上述定理和关系给我们的启示:若线性规划问题有最优解,必在某顶点上得到。虽然顶点数目是有限的,若采用“枚举法”找所有基可行解,然后一一比较,最终必然能找到最优解。但当 n,m 较大时,这种办法是行不通的,所以要继续讨论如何有效寻找最优解。本书将主要介绍单纯形法。

单纯形法的求解思路:线性规划问题可以有无数个可行解,而有限个顶点对应的解都是基可行解,最优解只可能在顶点(基可行解)上或顶点的连线上达到,故只要在有限个基可行解中寻求最优解即可;方法是从一个顶点出发找到一个可行基,得到一组基可行解,用目标函数做尺度衡量看是否最优;如若不是,则向邻近的顶点转移,换一个基再行求解、检验,如此迭代循环使目标函数值逐步改善,直至求得最优解。

习　　题

一、填空题

1. 线性规划问题是求一个________在一组________条件下的极值问题。

2. 图解法适用于含有________变量的线性规划问题。

3. 线性规划问题的可行解是指满足________的解,可行解的集合为________。

4. 在将线性规划问题的一般形式转化为标准形式时,引入的松弛数量在目标函数中的系数为________。

5. 将线性规划模型化成标准形式时,“≤”的约束条件要在不等式的________端加入________变量;如果某个约束条件是“≥”情形,若化为标准形式,需要引入一________变量。

6. 线性规划模型包括________、________、________三个要素。

7. 线性规划问题可分为目标函数求________和________两类。

8. 线性规划问题的标准形式中,约束条件取________,目标函数求________,而所有变量必须________,右端常数项必须________。

9. 在用图解法求解线性规划问题时,如果取得目标函数的等值线与可行域的一段边界重合,则________。

10. 求解线性规划问题可能的结果有________、________、________、________四种情况。

11. 若 $x_j \leqslant 0$,则引入一个非负变量的同时令 $x_j =$ ________;若某个变量 x_j 为自由变量,则应引进两个非负变量,同时令自由变量________。

二、单选题

1. 线性规划模型不包括下列(　　)要素。

A. 目标函数　　B. 约束条件　　C. 决策变量　　D. 状态变量

2. 线性规划模型中增加一个约束条件,可行域的范围一般将(　　)。

A. 增大　　B. 缩小　　C. 不变　　D. 不定

3. 线性规划问题有可行解且凸多边形无界,这时目标函数值(　　)。

A. 有唯一最优解　　B. 没有可行解

C. 无解　　D. 有最优解或无界解

4. 若目标函数为求 Max,一个基可行解比另一个基可行解更好的标志是(　　)。

A. 使 Z 更大　　B. 使 Z 更小

C. 绝对值更大　　D. Z 绝对值更小

5. 如果线性规划问题有可行解,那么该解必须满足(　　)。

A. 所有等式要求　　B. 变量取值非负

C. 所有约束条件　　D. 所有不等式要求

6. 线性规划问题是针对(　　)求极值问题。

A. 约束　　B. 决策变量　　C. 秩　　D. 目标函数

7. 如果第 K 个约束条件是"≤"情形,若化为标准形式,需要(　　)。

A. 左边增加一个松弛变量　　B. 右边增加一个多余变量

C. 左边减去一个松弛变量　　D. 右边减去一个多余变量

8. 如果第 K 个约束条件是"≥"情形,若化为标准形式,需要(　　)。

A. 左边增加一个松弛变量　　B. 左边增加一个多余变量

C. 左边减去一个松弛变量　　D. 左边减去一个多余变量

9. 若某个 $b_k \leqslant 0$, 化为标准形式时原不等式(　　)。

A. 不变　　B. 左端乘 -1　　C. 右端乘 -1　　D. 两边乘 -1

10. 为化为标准形式而引入的松弛变量或多余变量在目标函数中的系数应为(　　)。

A. 0　　B. 1　　C. 2　　D. 3

11. 若线性规划问题没有可行解,可行解集是空集,则此问题(　　)。

A. 有无界解　　B. 没有最优解

C. 无解　　D. 有无界解

12. 下列模型中,属于线性规划问题的标准形式的是(　　)。

A. $\text{Max } Z = 3x_1 + 2x_2$

$$\text{s.t.}\begin{cases} 2x_1 - 2x_2 \leqslant 2 \\ 2x_1 + 3x_2 \geqslant 3 \\ x_1, x_2 \geqslant 0 \end{cases}$$

B. $\text{Max } Z = 3x_1 + 2x_2$

$$\text{s.t.}\begin{cases} 2x_1 - 2x_2 = -2 \\ 2x_1 + 3x_2 \geqslant 3 \\ x_1, x_2 \geqslant 0 \end{cases}$$

C. $\text{Max } Z = 3x_1 + 2x_2$

$$\text{s.t.}\begin{cases} 2\text{x}_1 - 2\text{x}_2 = 2 \\ 2\text{x}_1 + 3\text{x}_2 = 3 \\ \text{x}_1 \geqslant 0, \text{x}_2 \geqslant 0 \end{cases}$$

D. $\text{Max } Z = 3x_1 + 2x_2$

$$\text{s.t.}\begin{cases} 2x_1 - 2x_2 = 2 \\ 2x_1 + 3x_2 = 3 \\ x_1 \geqslant 0, x_2 \leqslant 0 \end{cases}$$

13. 若目标函数为求 Min Z，则转化成标准型时 Min Z'时，最优解和最优值的关系(　　)。

A. 最优解不变，最优值也不变　　B. 最优解不变，最优值相反

C. 最优解相反，最优值也相反　　D. 最优解相反，最优值不变

三、多选题

1. 下列选项中符合线性规划模型标准形式要求的有(　　)。

A. 目标函数求极小值　　B. 右端常数非负　　C. 变量非负

D. 约束条件为等式　　E. 约束条件为"≤"的不等式

2. 若线性规划问题的可行域是无界的，则该问题可能(　　)。

A. 有无界解　　B. 有有限最优解　　C. 有唯一最优解

D. 有无穷多个最优解　　E. 无解

3. 下列数学模型中为线性规划模型(模型中 a、b、c 为常数)的是(　　)。

A. $\text{Min } Z = -3x_1 + cx_2$

$$\text{s.t.}\begin{cases}4x_1^2 - 2x_2 \leqslant 2\\ bx_1 + 3x_2 = a\\ x_1, x_2 \geqslant 0\end{cases}$$

B. $\text{Min } Z = -3x_1 + cx_2$

$$\text{s.t.}\begin{cases}4x_1 - 2x_2 \leqslant 2\\ bx_1 + 3x_2 = a\\ x_1, x_2 \geqslant 0\end{cases}$$

C. $\text{Min } Z = -3x_1 + cx_2$

$$\text{s.t.}\begin{cases}4x_2 \leqslant 2\\ bx_1 + 3x_2 = a\\ x_1, x_2 \geqslant 0\end{cases}$$

D. $\text{Min } Z = -3x_1 + cx_2$

$$\text{s.t.}\begin{cases}4x_2 + 6x_2 \leqslant 2 + a + b + c\\ bx_1 + 3x_2 = a\\ x_1, x_2 \geqslant 0\end{cases}$$

E. $\text{Max } Z = -3x_1 + cx_2 + x_3$

$$\text{s.t.}\begin{cases}4x_1 - 2x_2 \leqslant \dfrac{2}{x_1}\\ bx_1 + 3x_2 = a\\ x_1, x_2 \geqslant 0\end{cases}$$

D　　E

4. 线性规划模型包括的要素有(　　)。

A. 目标函数　　B. 约束条件　　C. 决策变量　　D. 状态变量　　E. 环境变量

5. 由线性规划的图解法可以得出线性规划问题的解可能存在的情况(　　)。

A. 有唯一最优解　　B. 有多重最优解　　C. 无解　　D. 有无界解　　E. 有退化解

6. 在线性规划的一般表达式中，线性约束的表现有(　　)。

A. <　　B. >　　C. ≤　　D. ≥　　E. =

四、把下列线性规划问题化成标准形式

1. $\text{Min } Z = 6x_1 - 3x_2$

$$\text{s.t.}\begin{cases}2x_1 - 3x_2 \geqslant 5\\ -2x_1 + 6x_2 \leqslant 1\\ x_1 \geqslant 0, x_2 \leqslant 0\end{cases}$$

2. $\text{Min } Z = 2x_1 - x_2 + 3x_3$

$$\text{s.t.}\begin{cases}-x_1 + 3x_2 + 2x_3 = 8\\ -2x_1 + x_2 - 2x_3 \leqslant 10\\ x_1 \geqslant 0, x_2 \leqslant 0, x_3 \text{ 为自由变量}\end{cases}$$

3. Min $Z=2x_1+x_2+3x_3+x_4$

$$\text{s.t.}\begin{cases}x_1+3x_2+2x_3+x_4\leqslant 8\\2x_1-3x_2+5x_3=-5\\x_1-2x_2+2x_3\geqslant 1\\x_{1,2}\geqslant 0,x_3\leqslant 0,x_4\text{ 为自由变量}\end{cases}$$

4. Min $Z=9x_1-3x_2+5x_3$

$$\text{s.t.}\begin{cases}|6x_1+7x_2-4x_3|\leqslant 20\\x_1\geqslant 5\\x_1+8x_2=-8\\x_1\geqslant 0,x_2\geqslant 0,x_3\geqslant 0\end{cases}$$

5. max $Z=2x_1+3x_2$

$$\text{s.t.}\begin{cases}1\leqslant x_1\leqslant 5\\-x_1+x_2=-1\\x_1\geqslant 0,x_2\geqslant 0\end{cases}$$

五、按各题要求,建立线性规划数学模型

1. 某工厂生产甲、乙、丙三种产品,每种产品的原材料消耗量、机械台时消耗量以及这些资源的限量,单位产品的利润见表2-4。

表 2-4

资源	产品			资源限量
	甲	乙	丙	
原材料	1	2	4	2 000
设备	2	2	1	1 000
单位利润	10	15	12	

根据客户订货,三种产品的最低月需要量分别为200件、250件和100件,最大月销售量分别为250件、280件和120件。如何安排生产计划,可以使总利润最大?

2. 某运输公司在春运期间需要24小时昼夜加班工作,需要的人员数量见表2-5。

表 2-5

起运时间	人员数
2:00～6:00	4
6:00～10:00	8
10:00～14:00	10
14:00～18:00	7
18:00～22:00	12
22:00～2:00	4

每个工作人员连续工作8小时,且在时段开始时上班。如何安排,可以使得既满足以上要求,又使上班人数最少?

第3章 线性规划问题

3.1 线性规划求解方法简介及发展

一、图解法

图解法是求解线性规划模型的一种重要方法,线性规划中一些重要的性质、概念和求解思想都来源于此。当只有两个决策变量时,可以用图解法求解,它具有简单直观的特点。

由第2章的知识可知,图解法得出线性规划解的几种情况见表3-1。

表 3-1

解的几种情况	约束条件图形特点	方程特点
唯一最优解	一般围成有限区域,最优值只在一个顶点达到	—
多重最优解	在围成的区域边界上,至少有两个顶点处达到最优	目标函数和某一约束方程变量系数对应成比例
无可行解(无解)	无可行域	有矛盾方程
无界解(无最优解)	围成无界区域,且无有限最优值	缺少必要条件的约束方程

二、单纯形法

1. 单纯形法的发展

线性规划模型的通用解法——单纯形法是由美国的G. B. Dantzig在1947年研究空军军事规划时提出的;法国数学家傅里叶和瓦莱-普森分别于1832年和1911年独立地提出线性规划的想法,但未引起人们注意;1939年,苏联数学家康托洛维奇在《生产组织与计划中的数学方法》一书中提出线性规划问题,也未引起人们重视;1947年,美国数学家丹齐克提出线性规划的一般数学模型和求解线性规划问题的通用方法——单纯形法,为这门学科奠定了基础;1947年,美国数学家诺伊曼提出对偶理论,开创了线性规划的许多新的研究领域,扩大了它的应用范围和解题能力;1951年,美国经济学家库普曼斯把线性规划应用到经济领域,为此与康托洛维奇一起获1975年诺贝尔经济学奖。20世纪50年代后,人们对线性规划进行了大量的理论研究,并涌现出一大批新的算法,例如:1954年莱姆基提出对偶单纯形法;1954年加斯和萨迪等解决了线性规划的灵敏度分析和参数规划问题;1956年塔克提出互补松弛定理;1960年丹齐克和沃尔夫提出分解算法;1979 年苏联数学家提出解线性规划问题的椭球算法,并证明它是多项式时间算法;1984 年印度数学家 N. 卡马卡提出解线性规划问题的新的多项式时间算法,用这种方法求解线性规划问题在变量个数为5 000时只需单纯形法所用时间的 1/50,现已形成线性规划多项式算法理论。

线性规划的研究成果还直接推动了其他数学规划问题(包括整数规划、随机规划和非线性规划)的算法研究。由于计算机技术的发展,出现了许多线性规划问题的求解软件,如 MPSX、OPHEIE、UMPIRE 等,可以很方便地求解几千个变量的线性规划问题。

2. 单纯形法的基本思路

简单地说,单纯形法就是一种数学迭代方法,求解的基本过程是从一个基本可行解跳到另一个基本可行解的逐步替代,从而使目标函数不断得到改善。它的理论根据是:线性规划问题的可行域是 n 维向量空间 R_n 中的多面凸集,其最优值如果存在必在该凸集的某顶点处达到。

单纯形法的基本思路是:根据线性规划问题的标准型,从可行域中某个基本可行解(一个顶点)开始,转换到另一个基本可行解(顶点),当目标函数达到最大值时,问题就得到了解决,其基本思路的框架如图 3-1 所示。

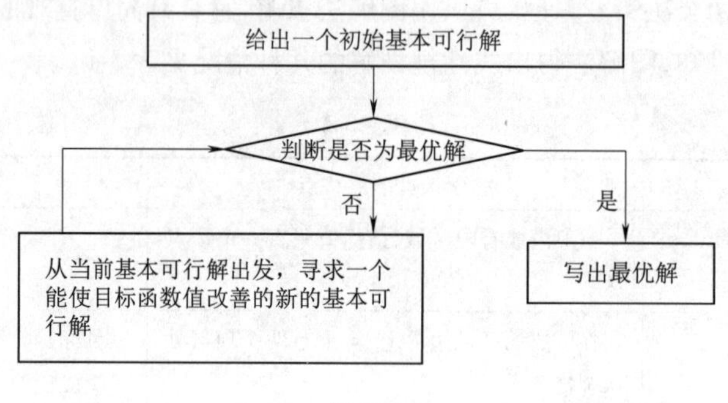

图 3-1

【**例 3.1**】用单纯形法讨论例 2.1 的求解。

解 已知例 2.1 的标准型为

$$\text{Max } Z = 2x_1 + 3x_2 + 0x_3 + 0x_4 + 0x_5 \tag{3-1}$$

$$\text{s. t.}\begin{cases} x_1 + 2x_2 + x_3 = 8 \\ 4x_1 + x_4 = 16 \\ 4x_2 + x_5 = 12 \\ x_j \geqslant 0, j = 1,2,\cdots,5 \end{cases} \tag{3-2}$$

约束条件(3-2)的系数矩阵为

$$\boldsymbol{A} = (\boldsymbol{P}_1, \boldsymbol{P}_2, \boldsymbol{P}_3, \boldsymbol{P}_4, \boldsymbol{P}_5) = \begin{pmatrix} 1 & 2 & 1 & 0 & 0 \\ 4 & 0 & 0 & 1 & 0 \\ 0 & 4 & 0 & 0 & 1 \end{pmatrix}$$

显然,x_3, x_4, x_5 的系数列向量分别为

$$\boldsymbol{P}_3 = \begin{pmatrix} 1 \\ 0 \\ 0 \end{pmatrix},\quad \boldsymbol{P}_4 = \begin{pmatrix} 0 \\ 1 \\ 0 \end{pmatrix},\quad \boldsymbol{P}_5 = \begin{pmatrix} 0 \\ 0 \\ 1 \end{pmatrix} \tag{3-3}$$

是线性无关的,因而这些向量构成一个基阵

$$\boldsymbol{B}=(\boldsymbol{P}_3,\boldsymbol{P}_4,\boldsymbol{P}_5)=\begin{pmatrix}1&0&0\\0&1&0\\0&0&1\end{pmatrix} \tag{3-4}$$

对应于 $\boldsymbol{B}$ 的基变量为 x_3,x_4,x_5,从约束条件(3-2)中可以得出

$$\begin{cases}x_3=8-x_1-2x_2\\x_4=16-4x_1\\x_5=12-4x_2\end{cases} \tag{3-5}$$

令非基变量 $x_1=x_2=0$,这时得到一个基本可行解 $\boldsymbol{X}^{(0)}$

$$\boldsymbol{X}^{(0)}=(0,0,8,16,12)^{\mathrm{T}} \tag{3-6}$$

将式(3-6)代入目标函数(3-1)得到

$$Z=0+2x_1+3x_2=0 \tag{3-7}$$

这个基本可行解表示:工厂没有安排生产Ⅰ、Ⅱ产品;资源都没有被利用,所以工厂的利润 $\boldsymbol{Z}=0$。

分析目标函数的表达式(3-7)可以看到:非基变量 x_1,x_2 的系数都是正数,因此将非基变量变为基变量,目标函数的值就可能增大,从经济意义上讲,安排生产产品Ⅰ或Ⅱ,就可以使工厂的利润指标增加,所以只要在目标函数(3-7)的表达式中还存在有正系数的非基变量,这表示目标函数值还有增加的可能,就需要将非基变量与某个基变量进行对换,一般选择正系数最大的那个非基变量为换入变量,将它换入基变量中去,同时还要确定基变量中有一个要换出来成为非基变量,可按以下方法来确定换出变量。

现分析式(3-5),当将 x_2 定为换入变量后,必须从 x_3,x_4,x_5 中换出一个,并保证其余的都是非负,即 $x_3,x_4,x_5\geqslant 0$。

当 $x_1=0$ 时,由式(3-5)得到

$$\begin{cases}x_3=8-2x_2\geqslant 0\\x_4=16\geqslant 0\\x_5=12-4x_2\geqslant 0\end{cases} \tag{3-8}$$

从式(3-8)中可以看出,只有选择

$$x_2=\mathrm{Min}\{8/2,12/4\}=3 \tag{3-9}$$

时,才能使式(3-8)成立。因为当 $x_2=3$ 时,基变量 $x_5=0$,所以可用 x_2 替代 x_5。

以上数学模型说明每生产一件产品Ⅱ,需要用掉的各种资源数为(2,0,4)。这些资源中的薄弱环节确定了产品Ⅱ的产量,原材料 B 的数量决定产品Ⅱ的产量只能是 $x_2=12/4=3$(件)。

为了求得以 x_3,x_4,x_2 为基变量的一个基本可行解和进一步分析问题,需将方程(3-5)中 x_2 的位置对换。得到

$$\begin{cases}x_3+2x_2=8-x_1\\x_4=16-4x_1\\4x_2=12-x_5\end{cases} \tag{3-10}$$

用高斯消去法求解，得到以非基变量表示的基变量

$$\begin{cases} x_3 = 2 - x_1 + 0.5x_5 \\ x_4 = 16 - 4x_1 \\ x_2 = 3 - 0.25x_5 \end{cases} \tag{3-11}$$

再将式(3-11)代入目标函数(3-1)得到

$$Z = 9 + 2x_1 - 0.75x_5 \tag{3-12}$$

令非基变量 $x_1 = x_5 = 0$，得到 $Z = 9$，并得另一个基本可行解 $\boldsymbol{X}^{(0)} = (0,3,2,16,0)^{\mathrm{T}}$。

从目标函数的表达式(3-12)中可以看到，非基变量 x_1 的系数是正的，说明目标函数的值还可以增大，这还不是最优解。于是用上述方法，确定换入、换出变量，继续迭代，再得到另外一个基本可行解 $\boldsymbol{X}^{(2)} = (2,3,0,8,0)^{\mathrm{T}}$。

再经过一次迭代，得到一个基本可行解 $\boldsymbol{X}^{(3)} = (4,2,0,0,4)^{\mathrm{T}}$。

这时得到的目标函数的表达式是

$$Z = 14 - 1.5x_3 - 0.125x_4 \tag{3-13}$$

再分析目标函数(3-13)，可知所有非基变量 x_3, x_4 的系数都是负数，这说明若要用剩余资源 x_3, x_4，就必须支付附加费用。所以，当 $x_3 = x_4 = 0$ 时，即不再利用这些资源时，目标函数达到最大值，那么 $\boldsymbol{X}^{(3)}$ 是最优解。这说明当产品Ⅰ生产4件，产品Ⅱ生产2件时，工厂能得到最大利润。

3.2 单纯形法的表格形式

通过例3.1，可以了解单纯形法求解线性规划问题的步骤。

第1步：求初始基可行解，列出初始单纯形表。

对非标准型的线性规划问题首先要化成标准形式，由于总可以设法使约束方程的约束系数矩阵包含一个单位矩阵$(\boldsymbol{P}_1, \boldsymbol{P}_2, \cdots, \boldsymbol{P}_m)$，以此作为基求出一个初始基本可行解。

为检验一个基可行解是否最优，需要将其目标函数值与相邻基可行解的目标函数值进行比较。为了书写规范和便于计算，对单纯形法的计算设计了一种专门的表格，称为单纯形表(见表3-2)。迭代计算中每找出一个新的基可行解时，就重画一张单纯形表。含初始基可行解的单纯形表称为初始单纯形表，含最优解的单纯形表称为最终单纯形表。

$$\text{Max } Z = c_1x_1 + c_2x_2 + \cdots + c_nx_n$$

$$\text{s.t.} \begin{cases} a_{11}x_1 + a_{12}x_2 + \cdots + a_{1n}x_n = b_1 \\ a_{21}x_1 + a_{22}x_2 + \cdots + a_{2n}x_n = b_2 \\ \quad \vdots \qquad\quad \vdots \qquad\qquad\quad \vdots \\ a_{m1}x_1 + a_{m2}x_2 + \cdots + a_{mn}x_n = b_m \\ x_{1,2,3,\cdots,n} \geqslant 0 \end{cases}$$

表 3-2　单纯形表

C_j			c_1	…	c_m	…	c_j	…	c_n
C_B	X_B	b	x_1	…	x_m	…	x_j	…	x_n
c_1	x_1	b_1	1	…	0	…	a_{1j}	…	a_{1n}
c_2	x_2	b_2	0	…	0	…	a_{2j}	…	a_{2n}
⋮	⋮	⋮	⋮		0		⋮		⋮
c_m	x_m	b_m	0	…	1	…	a_{mj}	…	a_{mn}
$\sigma_j = c_j - Z_j$			0	…	0	…	$c_j - \sum_{i=1}^{m} c_i a_{ij}$	…	$c_j - \sum_{i=1}^{n} c_n a_{ij}$

C_j：目标函数的系数（价值系数）。

C_B：基变量在目标函数中的系数（变化）。

X_B：基变量（随基的调整变化）。

b：约束方程的右端常数项。

检验数 σ_j：变量的检验数（随基的调整变化）。

第 2 步：最优性检验。

如表中所有检验数 $\sigma_j = c_j - Z_j \leqslant 0$，若含有人工变量且值为 0，表中的基可行解即为最优解，计算结束；当表中存在 $\sigma_j = c_j - Z_j > 0$ 时，且对应的有 $P_j \leqslant 0$，则问题为无界解，计算结束；否则转下一步。

第 3 步：从一个基可行解转换到相邻的目标函数值更大的基可行解，列出新的单纯形表。

（1）确定进基变量。只要有检验数大于零，对应的变量 X_j 就可作为进基变量，当有 一个以上检验数大于零时，一般从中找出最大的一个其对应的变量 X_k 作为进基变量。

（2）确定出基变量。$\theta = \text{Min}\left(\frac{b_i}{a_{ik}} \middle| a_{ik} > 0\right) = \frac{b_r}{a_{rk}}$，确定 X_r 是出基变量，a_{rk} 为主元。

（3）用进基变量 X_k 替换出基变量 X_r，得到一个新的基，对应这个基可以找出一个新的基可行解，并相应地可以画出一个新的单纯形表。

①把第 r 行乘以 $1/a_{rk}$，之后的结果填入新表的第 r 行；对于 $i \neq r$ 行，把第 r 行乘以（$-a_{ik}$）之后加到原表中第 i 行；在 X_B 列中的 r 行位置填入 X_k，其余行不变；在 C_B 列中用 C_k 代替 r 行原来的值，其余的行与原表中相同。

②用 X_j 的价值系数 C_j 减去 C_B 列的各元素与 X_j 列各元素的乘积，把计算结果填入 X_j 列的最后一行，得到检验数，计算并填入所得的值。

第 4 步：循环上述过程，就可以得到最优解或判断出有无最优解。

【例 3.2】 用单纯形法的表格形式讨论例 2.1 的求解过程。

解　已知例 2.1 的标准型为

$$\text{Max}\ Z = 2x_1 + 3x_2 + 0x_3 + 0x_4 + 0x_5$$

$$\text{s.t.}\begin{cases} x_1 + 2x_2 + x_3 = 8 \\ 4x_1 + x_4 = 16 \\ 4x_2 + x_5 = 12 \\ x_j \geqslant 0, j = 1, 2, \cdots, 5 \end{cases}$$

单纯形法的表格形式见表3-3。

表 3-3

	C_j		2	3	0	0	0
C_B	X_B	b	x_1	x_2	x_3	x_4	x_5
0	x_3	8	1	2	1	0	0
0	x_4	16	4	0	0	1	0
0	x_5	12	0	[4]	0	0	1
	σ_j		2	3	0	0	0
0	x_3	2	[1]	0	1	0	-1/2
0	x_4	16	4	0	0	1	0
3	x_2	3	0	1	0	0	1/4
	σ_j		2	0	0	0	-3/4
2	x_1	2	1	0	1	0	-1/2
0	x_4	8	0	0	-4	1	[2]
3	x_2	3	0	1	0	0	1/4
	σ_j		0	0	-2	0	1/4
2	x_1	4	1	0	0	1/4	0
0	x_5	4	0	0	-2	1/2	1
3	x_2	2	0	1	1/2	-1/8	0
	σ_j		0	0	-3/2	-1/8	0

当产品Ⅰ生产4件,产品Ⅱ生产2件时,工厂能得到最大利润。

【例3.3】用单纯形法的表格形式求解对下列线性规划。

$$\text{Max } Z=3x_1+5x_2 \qquad\qquad \text{Max } Z=3x_1+5x_2+0x_3+0x_4+0x_5$$

$$\text{s.t.}\begin{cases}x_1\leqslant 8\\2x_2\leqslant 12\\3x_1+4x_2\leqslant 36\\x_j\geqslant 0,j=1,2\end{cases}\xrightarrow{\text{化标准型}}\text{s.t.}\begin{cases}x_1+x_3=8\\2x_2+x_4=12\\3x_1+4x_2+x_5=36\\x_j\geqslant 0,j=1,2,\cdots,5\end{cases}$$

解 (1)建立初始单纯形表——确定初始基变量(见表3-4)。

表 3-4

	C_j		3	5	0	0	0	比值
C_B	X_B	b	x_1	x_2	x_3	x_4	x_5	
0	x_3	8	1	0	1	0	0	
0	x_4	12	0	2	0	1	0	
0	x_5	36	3	4	0	0	1	
	z_j		0	0	0	0	0	
	$\sigma_j=c_j-z_j$		3	5	0	0	0	

取基变量为 x_3,x_4,x_5，则非基变量为 x_1,x_2。

(2)求初始基可行解并进行最优性检验(见表 3-5)。

表　3-5

C_j			3	5	0	0	0	比值
C_B	X_B	b	x_1	x_2	x_3	x_4	x_5	
0	x_3	8	1	0	1	0	0	
0	x_4	12	0	2	0	1	0	
0	x_5	36	3	4	0	0	1	
z_j			0	0	0	0	0	
$\sigma_j=c_j-z_j$			3	5	0	0	0	不是最优解

可行解

$\sigma_j>0$，令非基变量 $x_1=0,x_2=0$，找到一个初始基可行解：

$$x_1=0,\quad x_2=0,\quad x_3=8,\quad x_4=12,\quad x_5=36$$

即 $X_0=(0,0,8,12,36)^{\mathrm{T}}$，此时利润 $Z=0$，此解不是最优解。

(3)寻找另一基可行解(见表 3-6)。

表　3-6

C_j			3	5	0	0	0	比值
C_B	X_B	b	x_1	$\boldsymbol{x_2}$	x_3	x_4	x_5	
0	x_3	8	1	0	1	0	0	
0	$\boldsymbol{x_4}$	12	0	2	0	1	0	12/2 = 6
0	x_5	36	3	4	0	0	1	36/4 = 9
z_j			0	0	0	0	0	
$\sigma_j=c_j-z_j$			3	5	0	0	0	

首先确定进基变量(X_k)：选择列 = $\mathrm{Max}\{\sigma_j,\sigma_j>0\}=\{3,5\}\rightarrow x_2$入基变量。

再确定出基变量(X_r)：选择行 = $\mathrm{Min}\left\{\dfrac{b_j}{a_{列}},a_{列}>0\right\}=\left\{\dfrac{12}{2},\dfrac{36}{4}\right\}\rightarrow x_4$出基变量。

确定主元(a_{rk})：进基变量的列与出基变量的行交叉元素 2。

(4)迭代(见表 3-7)。

①把主元行除以主元得新表 x_r 所在行：

$$\left(\frac{12}{2},\frac{0}{2},\frac{2}{2},\frac{0}{2},\frac{1}{2},\frac{0}{2}\right)=\left(6,0,1,0,\frac{1}{2},0\right)$$

②对于 $i\neq r$，则：

新表第 i 行 ＝ 旧表第 i 行 － $a'_{ik}\times$新表中的 x_r 所在行，其中 a'_{ik}是旧表第 i 行与主元的列交叉元素；

将 X_B 列中的 x_r 换为 x_k，得到新的单纯行表

$$(36,3,4,0,0,1)-4\left(6,0,1,0,\frac{1}{2},0\right)=(12,3,0,0,-2,1)$$

表 3-7

C_j			3	5	0	0	0	比值
C_B	X_B	b	x_1	x_2	x_3	x_4	x_5	
0	x_3	8	1	0	1	0	0	
5	x_2	6	0	1	0	1/2	0	
0	x_5	12	3	0	0	−2	1	
z_j			0	5	0	5/2	0	
$\sigma_j=c_j-z_j$			3	0	0	−5/2	0	

令 $x_1=0,x_4=0$，得出 $x_2=6,x_3=8,x_5=12$，即得基本可行解为 $x_1=(0,6,8,0,12)^{\mathrm{T}},Z=30$。

$\sigma_1=3>0$，所以此基本可行解不是最优解。

(5)寻找下一基可行解(见表 3-8)。

表 3-8

C_j			3	5	0	0	0	比值
C_B	X_B	b	x_1(进基)	x_2	x_3	x_4	x_5	
0	x_3	8	1	0	1	0	0	8/1=8
5	x_2	6	0	1	0	1/2	0	
0	x_5(出基)	12	3(主元)	0	0	−2	1	12/3=4
z_j			0	5	0	5/2	0	
$\sigma_j=c_j-z_j$			3	0	0	−5/2	0	
C_j			3	5	0	0	0	比值
C_B	X_B	b	x_1	x_2	x_3	x_4	x_5	
0	x_3	4	0	0	1	2/3	−1/3	
5	x_2	6	0	1	0	1/2	0	
3	x_1	4	1	0	0	−2/3	1/3	
z_j			3	5	0	1/2	1	
$\sigma_j=c_j-z_j$			0	0	0	−1/2	−1	

令 $x_4=0,x_5=0$ 得到 $x_1=4,x_2=6,x_3=4$，即得基本可行解为：$X_1=(4,6,4,0,0)^{\mathrm{T}},Z^*=42$；

$\sigma_j\leqslant 0(j=1,2,3,4,5)$，所以此基本可行解是最优解。

最优解：$X^*=(4,6,4,0,0)^{\mathrm{T}}$。

【**例 3.4**】用单纯形法的表格形式求解下列线性规划(见表 3-9～表 3-11)。

$$\text{Max } Z=70x_1+120x_2 \qquad \text{Max } Z=70x_1+120x_2+0x_3+0x_4+0x_5$$

$$\text{s.t.}\begin{cases}9x_1+4x_2\leqslant 360\\4x_1+5x_2\leqslant 200\\3x_1+10x_2\leqslant 300\\x_j\geqslant 0,j=1,2\end{cases}\xrightarrow{\text{化标准型}}\text{s.t.}\begin{cases}9x_1+4x_2+x_3=360\\4x_1+5x_2+x_4=200\\3x_1+10x_2+x_5=300\\x_j\geqslant 0,j=1,2,\cdots,5\end{cases}$$

表 3-9

$c_j\to$			70	120	0	0	0	
C_B	X_B	b	x_1	x_2	x_3	x_4	x_5	θ_i
0	x_3	360	9	4	1	0	0	360/4 = 90
0	x_4	200	4	5	0	1	0	200/5 = 40
0	x_5	300	3	[10]	0	0	1	300/10 = 30
$\sigma_j=c_j-z_j$			70	120	0	0	0	

表 3-10

$c_j\to$			70	120	0	0	0	
C_B	X_B	b'	x_1	x_2	x_3	x_4	x_5	θ_i
0	x_3	240	7.8	0	1	0	-0.4	30.76
0	x_4	50	[2.5]	0	0	1	-0.5	20
120	x_2	30	0.3	1	0	0	0.1	100
$\sigma_j=c_j-z_j$			34	0	0	0	-12	

表 3-11

$c_j\to$			70	120	0	0	0	
C_B	X_B	b'	x_1	x_2	x_3	x_4	x_5	θ_i
0	x_3	84	0	0	1	-3.12	1.16	
70	x_1	20	1	0	0	0.4	-0.2	
120	x_2	24	0	1	0	-0.12	0.16	
$\sigma_j=c_j-z_j$			0	0	0	-13.6	-5.2	

最优解为：$X^*=(20,24,84,0,0)^{\mathrm{T}}$，最优值为：$Z=4\ 280$。

3.3　单纯形法的矩阵形式

用单纯形法的矩阵形式讨论例 2.1 的求解。

第 1 步：将线性规划问题标准化，求出增广矩阵。

$$\begin{matrix} X_B & x_1 & x_2 & x_3 & x_4 & x_5 & b \end{matrix}$$
$$\begin{pmatrix} x_3 & 1 & 0 & 1 & 0 & 0 & 8 \\ x_4 & 0 & 2 & 0 & 1 & 0 & 12 \\ x_5 & 3 & 4 & 0 & 0 & 1 & 36 \\ \sigma & 3 & 5 & 0 & 0 & 0 & Z(0) \end{pmatrix}$$

第 2 步:找初始可行基,确定初始可行解。

第 3 步(1):以 a_{22} 为主元素进行迭代,将 x_4 换为 x_2,求新可行解(利用初等行变换)。

$$\begin{matrix} X_B & x_1 & x_2 & x_3 & x_4 & x_5 & b \end{matrix} \qquad \begin{matrix} X_B & x_1 & x_2 & x_3 & x_4 & x_5 & b \end{matrix}$$
$$\begin{pmatrix} x_3 & 1 & 0 & 1 & 0 & 0 & 8 \\ x_4 & 0 & 2 & 0 & 1 & 0 & 12 \\ x_5 & 3 & 4 & 0 & 0 & 1 & 36 \\ \sigma & 3 & 5 & 0 & 0 & 0 & Z(0) \end{pmatrix} \xrightarrow{\text{利用初等行变换}} \begin{pmatrix} x_3 & 1 & 0 & 1 & 0 & 0 & 8 \\ x_2 & 0 & 1 & 0 & 1/2 & 0 & 6 \\ x_5 & 3 & 0 & 0 & -2 & 1 & 12 \\ \sigma & 3 & 0 & 0 & -5/2 & 0 & Z(30) \end{pmatrix}$$

检验数 $\sigma_1>0$,此解不是最优解。

第 3 步(2):以 a_{31} 主元素再次进行迭代,将 x_5 换为 x_1,求新可行解。

$$\begin{matrix} X_B & x_1 & x_2 & x_3 & x_4 & x_5 & b \end{matrix} \qquad \begin{matrix} X_B & x_1 & x_2 & x_3 & x_4 & x_5 & b \end{matrix}$$
$$\begin{pmatrix} x_3 & 1 & 0 & 1 & 0 & 0 & 8 \\ x_2 & 0 & 1 & 0 & 1/2 & 0 & 6 \\ x_5 & 3 & 0 & 0 & -2 & 1 & 12 \\ \sigma & 3 & 0 & 0 & -5/2 & 0 & Z(30) \end{pmatrix} \xrightarrow{\text{利用初等行变换}} \begin{pmatrix} x_3 & 0 & 0 & 1 & 2/3 & -1/3 & 4 \\ x_2 & 0 & 1 & 0 & 1/2 & 0 & 6 \\ x_1 & 1 & 0 & 0 & -2/3 & 1/3 & 4 \\ \sigma & 0 & 0 & 0 & -1/2 & -1 & Z(42) \end{pmatrix}$$

$\sigma_j \leqslant 0(j=1,2,3,4,5)$,此时求解最优,$Z^*=42$。

最优解:$X^*=(4,6,4,0,0)^{\mathrm{T}}$。

由上述例子可以总结得到单纯形法矩阵求解步骤如下:

第 1 步:将线性规划问题标准化,求出增广矩阵。

第 2 步:找初始可行基,确定初始可行解。

第 3 步:判定是否最优,检验各非基变量的检验数。

检验数 $\sigma_j = C_j - \sum C_i a_{ij}$,如果对 $j,\sigma_j \leqslant 0$ 则最优,否则转到下一步。

第 4 步:基变换 $\mathrm{Max}\ (\sigma_j>0)=\sigma_k$,则确定入基变量 x_k。

$\theta=\mathrm{Min}\left(\dfrac{b_i}{a_{ik}},a_{ik}>0\right)=\dfrac{b_r}{a_{rk}}$,则确定出基变量 X_r。

第 5 步:以 a_{rk} 为主元素进行迭代,将 X_r 换为 X_k。

第 6 步:继续判定是否最优,如果不是最优再求新可行解。

3.4　单纯形法改良的矩阵计算

一、用矩阵描述的线性规划的标准形式

$$\text{Max } \boldsymbol{Z}=\boldsymbol{CX}$$

$$\text{s.t.}\begin{cases}\boldsymbol{AX}=\boldsymbol{b}\\\boldsymbol{X}\geqslant\boldsymbol{0}\end{cases}$$

$$\boldsymbol{b}'=\boldsymbol{B}^{-1}\boldsymbol{b}$$

$$\boldsymbol{N}'=\boldsymbol{B}^{-1}\boldsymbol{N}$$

$$\sigma'_B=-\boldsymbol{C}_B\boldsymbol{B}^{-1}$$

$$\sigma'_N=\boldsymbol{C}_N-\boldsymbol{C}_B\boldsymbol{B}^{-1}\boldsymbol{N}$$

二、单纯形表的矩阵表示

初始单纯形表的矩阵表示见表 3-12。

表　3-12

初始基本可行解	非 基 变 量		基 变 量
$\boldsymbol{b}$	$\boldsymbol{B}$	$\boldsymbol{N}$	$\boldsymbol{I}$
$\sigma_j=c_j-z_j$	$\boldsymbol{C}_B$	$\boldsymbol{C}_N$	$0,\cdots,0$

变换后的单纯形表的矩阵表示见表 3-13。

表　3-13

新的基本可行解	基 变 量	非 基 变 量	
$\boldsymbol{b}'=\boldsymbol{B}^{-1}\boldsymbol{b}$	$\boldsymbol{I}$	$\boldsymbol{B}^{-1}\boldsymbol{N}$	$\boldsymbol{B}^{-1}$
$\sigma'_j=c_j-z_j$	$0,\cdots,0$	$\boldsymbol{C}_N-\boldsymbol{C}_B\boldsymbol{B}^{-1}\boldsymbol{N}$	$-\boldsymbol{C}_B\boldsymbol{B}^{-1}$

【例 3.5】线性规划的单纯形法求解——改良的矩阵法。

$$\text{Max } Z=3x_1+5x_2 \qquad\qquad \text{Max } Z=3x_1+5x_2+0x_3+0x_4+0x_5$$

$$\text{s.t.}\begin{cases}x_1\leqslant 8\\2x_2\leqslant 12\\3x_1+4x_2\leqslant 36\\x_j\geqslant 0,j=1,2\end{cases}\xrightarrow{\text{化标准型}}\text{s.t.}\begin{cases}x_1+x_3\leqslant 8\\2x_2+x_4\leqslant 12\\3x_1+4x_2+x_5\leqslant 36\\x_j\geqslant 0,j=1,2\cdots,5\end{cases}$$

第 1 步:将线性规划问题标准化,写出增广矩阵。

$$B=\begin{pmatrix} X_B & x_1 & x_2 & x_3 & x_4 & x_5 & b \\ x_3 & 1 & 0 & 1 & 0 & 0 & 8 \\ x_4 & 0 & 2 & 0 & 1 & 0 & 12 \\ x_5 & 3 & 4 & 0 & 0 & 1 & 36 \\ \sigma & 3 & 5 & 0 & 0 & 0 & Z(0) \end{pmatrix}$$

x_3,x_4,x_5为基变量。

检验数 $\sigma_j(j=1,2)>0$,此时求解不是最优。

进基变量为 x_2,出基变量为 x_4。

第 2 步:确定基矩阵($\boldsymbol{B}$),求 $\boldsymbol{B}^{-1}$。

$$\begin{matrix} & x_3 & x_2 & x_5 \end{matrix}$$
$$\boldsymbol{B}_1=\begin{pmatrix}1&0&0\\0&2&0\\0&4&1\end{pmatrix},\quad \boldsymbol{B}_1^{-1}=\begin{pmatrix}1&0&0\\0&1/2&0\\0&-2&1\end{pmatrix}$$

第 3 步:换基,求新可行解。

$$\boldsymbol{A}_1'=\boldsymbol{B}_1^{-1}\boldsymbol{A}$$

$$\boldsymbol{A}_1'=\begin{pmatrix}1&0&0\\0&1/2&0\\0&-2&1\end{pmatrix}\times\begin{pmatrix}1&0&1&0&8&0\\0&2&0&1&12&0\\3&4&0&0&36&1\end{pmatrix}=\begin{pmatrix}1&0&1&0&0&8\\0&1&0&1/2&0&6\\3&0&0&-2&1&12\end{pmatrix}$$

计算检验数 $\sigma_j=C_j-\sum C_i a_{ij}$。

$$\begin{pmatrix} X_B & x_1 & x_2 & x_3 & x_4 & x_5 & b \\ x_3 & 1 & 0 & 1 & 0 & 0 & 8 \\ x_4 & 0 & 2 & 0 & 1 & 0 & 12 \\ x_5 & 3 & 4 & 0 & 0 & 1 & 36 \\ \sigma & 3 & 5 & 0 & 0 & 0 & Z(0) \end{pmatrix}\rightarrow\begin{pmatrix} X_B & x_1 & x_2 & x_3 & x_4 & x_5 & b \\ x_3 & 1 & 0 & 1 & 0 & 0 & 8 \\ x_2 & 0 & 1 & 0 & 1/2 & 0 & 6 \\ x_5 & 3 & 0 & 0 & -2 & 1 & 12 \\ \sigma & 3 & 0 & 0 & -5/2 & 0 & Z(30) \end{pmatrix}$$

x_3,x_2,x_5为基变量。

检验数 $\sigma_j(j=1)>0$,此时求解不是最优。

进基变量为 x_1,出基变量为 x_5。

第 4 步:继续迭代(回到第 2 步)。

$$\begin{matrix} & x_3 & x_2 & x_1 \end{matrix}$$
$$\boldsymbol{B}_2=\begin{pmatrix}1&0&0\\0&2&0\\0&4&3\end{pmatrix},\boldsymbol{B}_2^{-1}=\begin{pmatrix}1&2/3&-1/3\\0&1/2&0\\0&-1/2&1/3\end{pmatrix}$$

$A_2' = B_2^{-1}A$

$$A_2' = \begin{pmatrix} 1 & 2/3 & -1/3 \\ 0 & 1/2 & 0 \\ 0 & -2/3 & 1/3 \end{pmatrix} \times \begin{pmatrix} 1 & 0 & 1 & 0 & 0 & 8 \\ 0 & 2 & 0 & 1 & 0 & 12 \\ 3 & 4 & 0 & 0 & 1 & 36 \end{pmatrix} = \begin{pmatrix} 0 & 0 & 1 & 2/3 & -1/3 & 4 \\ 0 & 1 & 0 & 1/2 & 0 & 6 \\ 1 & 0 & 0 & -2/3 & 1/3 & 4 \end{pmatrix}$$

计算检验数 $\sigma_j = C_j - \sum C_i a_{ij}$

$$\begin{matrix} X_B & x_1 & x_2 & x_3 & x_4 & x_5 & b \end{matrix} \qquad \begin{matrix} X_B & x_1 & x_2 & x_3 & x_4 & x_5 & b \end{matrix}$$

$$\begin{pmatrix} x_3 & 1 & 0 & 1 & 0 & 0 & 8 \\ x_4 & 0 & 2 & 0 & 1 & 0 & 12 \\ x_5 & 3 & 4 & 0 & 0 & 1 & 36 \\ \sigma & 3 & 5 & 0 & 0 & 0 & Z(0) \end{pmatrix} \rightarrow \begin{pmatrix} x_3 & 0 & 0 & 1 & 2/3 & -1/3 & 4 \\ x_2 & 0 & 1 & 0 & 1/2 & 0 & 6 \\ x_1 & 1 & 0 & 0 & -2/3 & 1/3 & 4 \\ \sigma & 0 & 0 & 0 & -1/2 & -1 & Z(42) \end{pmatrix}$$

$\sigma_j \leqslant 0(j=1,2,3,4,5)$，此时求解最优。

$Z^* = 42$。

3.5　人工变量问题

用单纯形法解题时，需要有一个单位矩阵作为初始基，当约束条件都是“≤”时，加入的松弛变量就形成了初始基变量。

但如果存在“≥”或“=”型的约束，系数矩阵中不存在单位矩阵，无法建立初始单纯形表。模型不含有单位矩阵，为了得到一组基向量和初始可行解，在约束条件的等式左端加一组虚拟变量，得到一组基变量。

以上基本原理对标准型的线性规划问题的处理为

$$\text{Max } Z = c_1x_1 + c_2x_2 + \cdots + c_nx_n$$

$$\text{s.t.} \begin{cases} a_{11}x_1 + a_{12}x_2 + \cdots + a_{1n}x_n = b_1 \\ a_{21}x_1 + a_{22}x_2 + \cdots + a_{2n}x_n = b_2 \\ \cdots\cdots \\ a_{m1}x_1 + a_{m2}x_2 + \cdots + a_{mn}x_n = b_m \\ x_1 \geqslant 0, x_2 \geqslant 0, \cdots, x_n \geqslant 0 \end{cases}$$

给每个约束方程硬性加入一个人工变量之后得到

$$\text{Max } Z = c_1x_1 + c_2x_2 + \cdots + c_nx_n$$

$$\text{s.t.} \begin{cases} a_{11}x_1 + \cdots + a_{1n}x_n + x_{n+1} = b_1 \\ a_{21}x_1 + \cdots + a_{2n}x_n + x_{n+2} = b_2 \\ \cdots\cdots \\ a_{m1}x_1 + \cdots + a_{mn}x_n + x_{n+m} = b_m \\ x_1, \cdots, x_n \geqslant 0, x_{n+1}, \cdots, x_{n+m} \geqslant 0 \end{cases}$$

这样，即可以 $x_{n+1}, x_{n+2}, \cdots, x_{n+m}$ 为基变量，得到线性规划问题的初始基可行解，这种人为加入的变量称为人工变量，人工变量最终必须等于 0 才能保持原问题性质不变，可用大 M 法或两阶段法进行求解。

一、大 M 法

M 是一个很大的抽象的数,不需要给出具体的数值,可以理解为它能大于给定的任何一个确定数值。再用前面介绍的单纯形法求解该模型。

为保证人工变量为0,在目标函数求最大值的线性规划问题中,设人工变量在目标函数中的系数为 $-M$,M 为任意大的正数;若是目标函数求最小值的线性规划,则人工标量在目标函数中的系数为 M。

M 为无限大的正数,这是一个惩罚项,倘若人工变量不为零,则目标函数就永远达不到最优,所以计算过程中必须将人工变量逐步从基变量中替换出去;若最终表中人工变量仍没有置换出去,那么这个问题就没有可行解,当然亦无最优解。

【例 3.6】 用大 M 法求解线性规划。

$$\text{Min } Z=-3x_1+x_2+x_3 \qquad\qquad \text{Max } Z'=3x_1-x_2-x_3$$

$$\text{s.t.}\begin{cases}x_1-2x_2+x_3\leqslant 14\\ -4x_1+x_2+2x_3\geqslant 3\\ -2x_1+x_3=1\\ x_j\geqslant 0, j=1,2,3\end{cases}\xrightarrow{\text{化标准型}}\text{s.t.}\begin{cases}x_1-2x_2+x_3+x_4=14\\ -4x_1+x_2+2x_3-x_5=3\\ -2x_1+x_3=1\\ x_j\geqslant 0, j=1,2,\cdots,5\end{cases}$$

引入人工变量 x_6,x_7 有

$$\text{Max } \overline{Z}=3x_1-x_2-x_3-Mx_6-Mx_7$$

$$\text{s.t.}\begin{cases}x_1-2x_2+x_3+x_4=14\\ -4x_1+x_2+2x_3-x_5+x_6=3\\ -2x_1+x_3+x_7=1\\ x_j\geqslant 0, j=1,2,\cdots,7\end{cases}$$

大 M 法表示见表 3-14～表 3-17。

表 3-14

$c_j\rightarrow$			3	-1	-1	0	0	$-M$	$-M$	
C_B	X_B	b'	x_1	x_2	x_3	x_4	x_5	x_6	x_7	θ_i
0	x_4	14	1	-2	1	1	0	0	0	14
$-M$	x_6	3	-4	1	2	0	-1	1	0	1.5
$-M$	x_7	1	-2	0	[1]	0	0	0	1	1
σ_j			$3-6M$	$-1+M$	$-1+3M$	0	$-M$	0	0	

表 3-15

$c_j \to$			3	-1	-1	0	0	-M	-M	
C_B	X_B	b'	x_1	x_2	x_3	x_4	x_5	x_6	x_7	θ_i
0	x_4	13	3	-2	0	1	0	0	-1	/
-M	x_6	1	0	[1]	0	0	-1	1	-2	1
-1	x_3	1	-2	0	1	0	0	0	1	/
σ_j			1	$-1+M$	0	0	$-M$	0	$-3M+1$	

表 3-16

$c_j \to$			3	-1	-1	0	0	-M	-M	
C_B	X_B	b'	x_1	x_2	x_3	x_4	x_5	x_6	x_7	θ_i
0	x_4	15	[3]	0	0	1	-2	2	-5	5
-1	x_2	1	0	1	0	0	-1	1	-2	/
-1	x_3	1	-2	0	1	0	0	0	1	/
σ_j			1	0	0	0	-1	$-M+1$	$-M-1$	

表 3-17

$c_j \to$			3	-1	-1	0	0	-M	-M	
C_B	X_B	b'	x_1	x_2	x_3	x_4	x_5	x_6	x_7	θ_i
3	x_1	5	1	0	0	1/3	-2/3	2/3	-5/3	
-1	x_2	1	0	1	0	0	-1	1	-2	
-1	x_3	11	0	0	1	2/3	-4/3	4/3	-7/3	
σ_j			0	0	0	-1/3	-1/3	$-M+1/3$	$-M+2/3$	

最优解为：$X^* = (5,1,11,0,0)^{\mathrm{T}}$，最优值为：$Z^* = -3$。

二、两阶段法

第一阶段：线性规划问题标准化后，建立一个辅助线性规划并求解，以判断原线性规划是否存在可行解。所有人工变量都变成非基变量，目标函数最小值为0，原问题存在基可行解，转到第二阶段。若目标函数大于0，至少有一个人工变量不能从基变量中转出，由于它取正值，原问题没有可行解，停止迭代。

第二阶段：将第一阶段的最终表删去人工变量，并将目标函数系数换成原问题的目标函数系数，得到第二阶段的初始单纯形表。

【例 3.7】用两阶段法对上例线性规划模型求解。

$$\text{Min } Z = -3x_1 + x_2 + x_3 \qquad\qquad \text{Max } Z' = 3x_1 - x_2 - x_3$$

$$\text{s.t.}\begin{cases} x_1 - 2x_2 + x_3 \leqslant 14 \\ -4x_1 + x_2 + 2x_3 \geqslant 3 \\ -2x_1 + x_3 = 1 \\ x_j \geqslant 0, j = 1,2,3 \end{cases} \xrightarrow{\text{化标准型}} \text{s.t.}\begin{cases} x_1 - 2x_2 + x_3 + x_4 = 14 \\ -4x_1 + x_2 + 2x_3 - x_5 = 3 \\ -2x_1 + x_3 = 1 \\ x_j \geqslant 0, j = 1,2,\cdots,5 \end{cases}$$

第一阶段的辅助问题为

$$\text{Max } \overline{\omega} = -(x_6 + x_7)$$

$$\text{s.t.}\begin{cases} x_1 - 2x_2 + x_3 + x_4 = 14 \\ -4x_1 + x_2 + 2x_3 - x_5 + x_6 = 3 \\ -2x_1 + x_3 + x_7 = 1 \\ x_j \geqslant 0, j = 1, 2, \cdots, 7 \end{cases}$$

两阶段法(第一阶段)见表 3-18～表 3-20。

表 3-18

	$c_j \to$		0	0	0	0	0	−1	−1	
C_B	X_B	b'	x_1	x_2	x_3	x_4	x_5	x_6	x_7	θ_i
0	x_4	14	1	−2	1	1	0	0	0	14
−1	x_6	3	−4	1	2	0	−1	1	0	1.5
−1	x_7	1	−2	0	[1]	0	0	0	1	1
	σ_j		−6	1	3	0	−1	0	0	

表 3-19

	$c_j \to$		0	0	0	0	0	−1	−1	
C_B	X_B	b'	x_1	x_2	x_3	x_4	x_5	x_6	x_7	θ_i
0	x_4	13	3	−2	0	1	0	0	−1	/
−1	x_6	1	0	[1]	0	0	−1	1	−2	1
0	x_3	1	−2	0	1	0	0	0	1	/
	σ_j		0	1	0	0	−1	0	−3	

表 3-20

	$c_j \to$		0	0	0	0	0	−1	−1	
C_B	X_B	b'	x_1	x_2	x_3	x_4	x_5	x_6	x_7	θ_i
0	x_4	15	3	0	0	1	−2	2	−5	
0	x_2	1	0	1	0	0	−1	1	−2	
0	x_3	1	−2	0	1	0	0	0	1	
	σ_j		0	0	0	0	0	0	−1	−1

最优解：$X^* = (0,1,1,15,0,0,0)^{\mathrm{T}}$，最优值：$\overline{\omega} = 0$。

第二阶段：去掉人工变量 x_6、x_7，换回原问题的目标函数得到表 3-21 和表 3-22。

表 3-21

	$c_j \to$		3	−1	−1	0	0	
C_B	X_B	b'	x_1	x_2	x_3	x_4	x_5	θ_i

续表

0	x_4	15	[3]	0	0	1	-2	5
-1	x_2	1	0	1	0	0	-1	/
-1	x_3	1	-2	0	1	0	0	/
σ_j			1	0	0	0	-1	

表 3-22

$c_j \to$			3	-1	-1	0	0	
C_B	X_B	b'	x_1	x_2	x_3	x_4	x_5	θ_i
3	x_1	5	1	0	0	1/3	-2/3	
-1	x_2	1	0	1	0	0	-1	
-1	x_3	11	0	0	1	2/3	-4/3	
σ_j			0	0	0	-1/3	-1/3	

最优解：$X^* = (5,1,11,0,0)^T$，最优值：$Z = -3$。

3.6 线性规划解的进一步讨论

一、唯一最优解

最优解判别：最优表中所有非基变量的检验数非零，则线性规划具有唯一最优解。本章中的例 3.1 和例 3.2 都为唯一最优解，这里不多做叙述。

二、无穷多最优解的情形

当存在某非基变量 x_k 的检验数 $\sigma_k = 0$ 时，并不能肯定线性规划一定有多个最优解，而要作进一步运算。令 x_k 入基，用 θ 规则（最小比值规则）确定出基变量。若 $\theta > 0$，则旋转变换后可得到新最优基可行解，因此问题有多个最优解；若 $\theta = 0$，则进行旋转变换后，最优基可行解不变，此时只有唯一最优解。

【例 3.8】 某 LP 问题的最优单纯形表见表 3-23，最优基可行解为 $X^* = (4,2,0,0,4)^T$，最优值为 $Z^* = 24$。

表 3-23

$c_j \to$			3	6	0	0	0	
C_B	X_B	b'	x_1	x_2	x_3	x_4	x_5	θ_i
3	x_1	4	1	0	0	1/4	0	16
0	x_5	4	0	0	-2	[1/2]	1	8
6	x_2	2	0	1	1/2	-1/8	0	/
σ_j			0	0	-3	0	0	

非基变量 x_4 的检验数为零，令 x_4 入基，x_5 出基，旋转变换见表3-24。

表 3-24

	$c_j\rightarrow$		3	6	0	0	0	
C_B	X_B	b'	x_1	x_2	x_3	x_4	x_5	θ_i
3	x_1	2	1	0	1	0	−1/2	
0	x_4	8	0	0	−4	1	2	
6	x_2	3	0	1	0	0	1/4	
	σ_j		0	0	−3	0	0	

最优基可行解为 $X^*=(2,3,0,8,0)^{\mathrm{T}}$，最优值为 $Z^*=24$。最优基可行解变化，目标函数最优值不变。因为两个最优基可行解的凸组合仍是问题的最优解，所以有无穷多个最优解。

【例3.9】某LP问题的最优单纯形表见表3-25，最优基可行解为 $X^*=(4,2,0,0,0)^{\mathrm{T}}$，最优值为 $Z^*=24$。

表 3-25

	$c_j\rightarrow$		3	6	0	0	0	
C_B	X_B	b'	x_1	x_2	x_3	x_4	x_5	θ_i
3	x_1	4	1	0	0	1/4	0	16
0	x_5	0	0	0	−2	[1/2]	1	0
6	x_2	2	0	1	1/2	−1/8	0	/
	σ_j		0	0	−3	0	0	

非基变量的检验数为零，令 x_4 入基，x_5 出基，旋转变换见表3-26。

表 3-26

	$c_j\rightarrow$		3	6	0	0	0	
C_B	X_B	b'	x_1	x_2	x_3	x_4	x_5	θ_i
3	x_1	4	1	0	1	0	−1/2	
0	x_4	0	0	0	−4	1	2	
6	x_2	2	0	1	0	0	1/4	
	σ_j		0	0	−3	0	0	

最优基可行解仍为 $X^*=(4,2,0,0,0)^{\mathrm{T}}$，最优值为 $Z^*=24$。最优基可行解没有变化，此例只有唯一最优解。

避免循环的规则——最小下标规则：

(1)当有多个非基变量满足入基条件 $\sigma_k>0$ 时，选择下标最小的变量入基。

(2)当使用规则确定出基变量，而有多个比值都等于 θ 时，则在所有满足出基条件的基变量中，选下标最小者出基。

三、无界解的情况

$$\text{Max}\ Z=5x_1+6x_2 \qquad\qquad \text{Max}\ Z=5x_1+6x_2+0x_3-Mx_4+x_5$$

$$\text{s.t.}\begin{cases}2x_1-x_2\geqslant 2\\-2x_1+3x_2\leqslant 3\\x_j\geqslant 0,j=1,2\end{cases}\xrightarrow{\text{化标准型}}\text{s.t.}\begin{cases}2x_1-x_2-x_3+x_4=2\\-2x_1+3x_2+x_5=2\\x_j\geqslant 0,j=1,2,\cdots,5\end{cases}$$

无界解见表 3-27。

表　3-27

$c_j\rightarrow$			5	6	0	$-M$	0	θ_i
C_B	X_B	b	x_1	x_2	x_3	x_4	x_5	
$-M$	x_4	2	2	-1	-1	1	0	
0	x_5	2	-2	3	0	0	1	
	σ_j		$5+2M$	$6-M$	$-M$	0	0	
5	x_1	1	1	$-1/2$	$-1/2$	$1/2$	0	
0	x_5	4	0	2	-1	1	1	
	σ_j		0	$17/2$	$5/2$	$-M+5/2$	0	
5	x_1	2	1	0	$-3/4$	$3/4$	$1/4$	
0	x_2	2	0	1	$-1/2$	$1/2$	$1/2$	
	σ_j		0	0	$27/4$	$-M+27/4$	$-17/4$	

确定 x_3 进基，但 x_3 所在列的系数为负，此时解无界。

结论：入基变量系数均小于等于 0 的，该问题目标函数无界。

四、无解

$$\text{Max}\ Z=3x_1+2x_2 \qquad\qquad \text{Max}\ Z=3x_1+2x_2-Mx_5-Mx_6$$

$$\text{s.t.}\begin{cases}-2x_1+x_2\geqslant 2\\x_1-3x_2\geqslant 3\\x_j\geqslant 0,j=1,2,\end{cases}\xrightarrow{\text{化标准型}}\text{s.t.}\begin{cases}-2x_1+x_2-x_3+x_5=2\\x_1-3x_2-x_4+x_6=3\\x_j\geqslant 0,j=1,2,\cdots,6\end{cases}$$

无解见表 3-28。

表　3-28

$c_j\rightarrow$			3	2	0	0	$-M$	$-M$	θ_i
C_B	X_B	b	x_1	x_2	x_3	x_4	x_5	x_6	
$-M$	x_5	2	2	1	-1	0	1	0	
$-M$	x_6	3	-1	-3	0	-1	0	1	
	σ_j		$3-M$	$2-2M$	$-M$	$-M$	0	0	

此时检验数 $\sigma_j < 0$,无进基变量,但 x_5, x_6还没有替换出去,Z不能达到最优。结论:人工变量仍为基变量且值不为0,该问题无解。

五、退化解

在单纯形法计算过程中,确定出基变量时有时存在两个以上的相同的最小比值,这样在下一次迭代中就有了一个或几个基变量等于零,这称为退化。

例如:

$$\text{Max } Z = 2x_1 + \frac{3}{2}x_3 \qquad \text{Max } Z = 2x_1 + \frac{3}{2}x_3$$

$$\text{s. t.} \begin{cases} x_1 - x_2 \leqslant 2 \\ 2x_1 + x_3 \leqslant 4 \\ x_1 + x_2 + x_3 \leqslant 3 \\ x_1, x_2, x_3 \geqslant 0 \end{cases} \xrightarrow{\text{化标准型}} \text{s. t.} \begin{cases} x_1 - x_2 + x_4 = 2 \\ 2x_1 + x_3 + x_5 = 4 \\ x_1 + x_2 + x_3 + x_6 = 3 \\ x_i \geqslant 0, i = 1,2,3,4,5,6 \end{cases}$$

退化解见表3-29。

表 3-29

$c_j \to$			2	0	3/2	0	0	0	θ_i
C_B	X_B	b	x_1	x_2	x_3	x_4	x_5	x_6	
0	x_4	2	1	−1	0	1	0	0	2
0	x_5	4	2	0	1	0	1	0	2
0	x_6	3	1	1	1	0	0	1	3
	σ_j		2	0	3/2	0	0	0	
2	x_1	2	1	−1	0	1	0	0	—
0	x_5	0	0	2	1	−2	1	0	0
0	x_6	1	0	2	1	−1	0	1	1/2
	σ_j		0	2	3/2	−2	0	0	
2	x_1	2	1	0	1/2	0	1/2	0	4
0	x_2	0	0	1	1/2	−1	1/2	0	0
0	x_6	1	0	0	0	1	−1	1	—
	σ_j		0	0	1/2	0	−1	0	

在以上的计算中可以看出,在0次迭代中,由于比值 $b_1/a_{11} = b_2/a_{21} = 2$ 为最小比值,导致在第1次迭代中出现了退化,基变量 $x_5 = 0$;又由于在第1次迭代出现了退化,基变量 $x_2 = 0$,又导致第2次迭代所取得的目标函数值并没有得到改善,仍然与第1次迭代的一样都等于4;像这样继续迭代

而得不到目标函数的改善，当然降低了单纯形算法的效率，但一般来说还是可以得到最优解的。本题继续计算见表 3-30。

表　3-30

$c_j \to$			2	0	3/2	0	0	0	θ_i
C_B	X_B	b	x_1	x_2	x_3	x_4	x_5	x_6	
2	x_1	2	1	-1	0	1	0	0	2
3/2	x_3	0	0	2	1	-2	1	0	—
0	x_6	1	0	0	0	1	-1	1	1
σ_j			0	-1	0	1	-3/2	0	
2	x_1	2	1	-1	0	0	1	-1	—
3/2	x_3	3/2	0	2	1	0	-1	2	0
0	x_4	0	0	0	0	1	-1	1	1/2
σ_j			0	-1	0	0	-1/2	-1	

3.7　单纯形法小结

一、应用条件

单纯形法的应用条件见表 3-31。

表　3-31

变量	$x_j \geqslant 0$		不需要处理
	$x_j \leqslant 0$		令 $x_j' = -x_j$；$x_j' \geqslant 0$
	x_j无约束		令 $x_j = x_j' - x_j''$；$x_j', x_j'' \geqslant 0$
约束条件	$b \geqslant 0$		不需要处理
	$b \leqslant 0$		约束条件两端同乘 -1
	$\leqslant$		加上松弛变量
	$=$		加入人工变量
	$\geqslant$		减去剩余变量，再加入人工变量
目标函数	Max Z		不需要处理
	Min Z		令 $Z' = -Z$，求 Max Z'
	加入变量的系数	松弛变量、剩余变量	0
		人工变量	$-M$

二、单纯形法计算程序

对目标函数求 Max 的线性规划,用单纯形法计算步骤如图 3-2 所示。

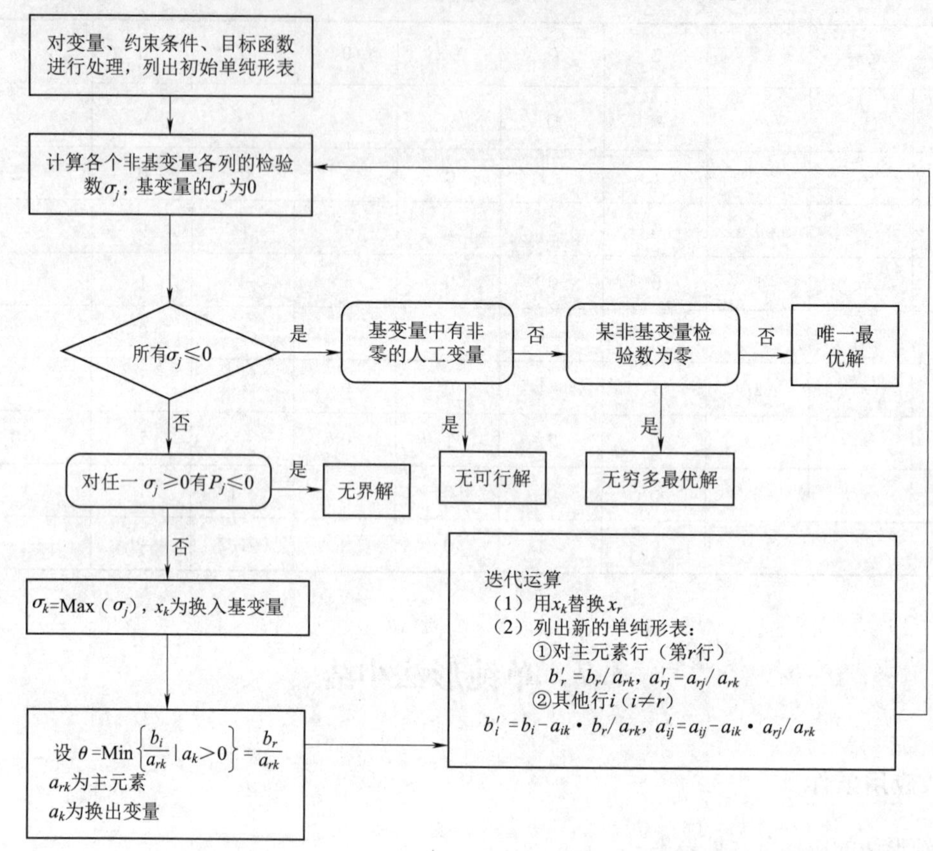

图 3-2

习　　题

一、填空题

1. 线性规划的代数解法主要利用了代数消去法的原理,实现________的转换,寻找最优解。

2. 标准型线性规划典式的目标函数的矩阵形式是________。

3. 对于目标函数极大值型的线性规划问题,用单纯型法求解时,当非基变量检验数________0时,当前解为最优解。

4. 用大 M 法求目标函数为极大值的线性规划问题时,引入的人工变量在目标函数中的系数应为________。

5. 在单纯形迭代中,可以根据________表中________判断线性规划问题无解。

6. 在线性规划典式中,所有基变量的检验数为________。

7. 当线性规划问题的系数矩阵中不存在现成的可行基时,一般可以加入________构造可行基。

8. 在单纯形迭代中，选出基变量时应遵循________。

9. 线性规划典式的特点是________。

10. 对于目标函数求极大值线性规划问题出现________，单纯形迭代应停止。

11. 在单纯形迭代过程中，若有某个________对应的检验数≥0，且满足________时，则此问题是无界的。

12. 在线性规划问题的标准式中，基变量的系数列向量为________。

13. 对于求极小值而言，人工变量在目标函数中的系数应取________。

14. 线性规划的可行域一定是________。

15. 在大 M 法中，M 表示________。

二、单选题

1. 如果一个标准型的线性规划问题有 n 个变量，m 个约束方程（$m<n$），则基阵的个数最多为（　　）。

A. m 个　　B. n 个　　C. C_n^m　　D. C_m^n 个

2. 下列图形中阴影部分构成的集合是凸集的是（　　）。

A.　　B.　　C.　　D.

3. 在下列线性规划问题的基本解中，属于基本可行解的是（　　）。

A. $(-1,0,0)^T$　　B. $(1,0,3,0)^T$

C. $(-4,0,0,3)^T$　　D. $(0,-1,0,5)^T$

4. 关于线性规划模型的可行域，下面叙述正确的是（　　）。

A. 可行域内必有无穷多个点　　B. 可行域必有界

C. 可行域内必然包括原点　　D. 可行域必是凸集

5. 下列关于可行解、基本解、基可行解的说法错误的是（　　）。

A. 可行解中包含基可行解　　B. 基本解一定是可行解

C. 线性规划问题有可行解必有基可行解　　D. 满足非负约束条件的基本解为基可行解

6. 线性规划问题有可行解，则（　　）。

A. 必有基可行解　　B. 必有唯一最优解　　C. 无基可行解　　D. 无唯一最优解

7. 线性规划问题有可行解且凸多边形且无界，这时（　　）。

A. 没有基本可行解　　B. 没有可行解　　C. 有无界解　　D. 没有可行域

8. 如果线性规划问题存在目标函数为有限值的最优解，求解时只需在（　　）集合中进行搜索即可得到最优解。

A. 基　　B. 基本解　　C. 基可行解　　D. 可行域

9. 在单纯形迭代中，出基变量在紧接着的下一次迭代中（　　）立即进入基底。

A. 会　　B. 不会　　C. 有可能　　D. 不一定

10. 在单纯形法计算中，如不按最小比值原则选取换出变量，则在下一个解中（　　）。

A. 不影响解的可行性　　B. 至少有一个基变量的值为负

C. 找不到出基变量　　D. 找不到进基变量

11. 用单纯形法求解极大化线性规划问题中,若某非基变量检验数为零,而其他非基变量检验数全部小于0,则说明本问题(　　)。

A. 有唯一最优解　　B. 有多重最优解　　C. 无界　　D. 无解

12. 线性规划问题 Max $\boldsymbol{Z}=\boldsymbol{CX},\boldsymbol{AX}=\boldsymbol{b},\boldsymbol{X}\geqslant\boldsymbol{0}$ 中,选定基 $\boldsymbol{B}$,变量 $\boldsymbol{X}_k$ 的系数列向量为 $\boldsymbol{P}_k$,则在关于基 $\boldsymbol{B}$ 的标准式中,$\boldsymbol{X}_k$ 的系数列向量为(　　)。

A. $\boldsymbol{BP}_K$　　B. $\boldsymbol{B}^{\mathrm{T}}\boldsymbol{P}_K$　　C. $\boldsymbol{P}_K\boldsymbol{B}$　　D. $\boldsymbol{B}^{-1}\boldsymbol{P}_K$

13. 下列说法错误的是(　　)。

A. 图解法与单纯形法从几何理解上是一致的

B. 在单纯形迭代中,进基变量可以任选

C. 在单纯形迭代中,出基变量必须按最小比值法则选取

D. 人工变量离开基底后,不会再进基

14. 单纯形法当中,入基变量的确定应选择检验数(　　)。

A. 绝对值最大　　B. 绝对值最小　　C. 正值最大　　D. 负值最小

15. 在单纯形表的终表中,若非基变量的检验数有0,那么最优解(　　)。

A. 不存在　　B. 唯一　　C. 无穷多　　D. 无穷大

16. 若在单纯形法迭代中,有两个 Q 值相等,当分别取这两个不同的变量为入基变量时,获得的结果将是(　　)。

A. 先优后劣　　B. 先劣后优

C. 相同　　D. 会随目标函数而改变

17. 若线性规划的初始表中,没有单位矩阵的基阵,则该约束方程再引入(　　)。

A. 松弛变量　　B. 剩余变量　　C. 人工变量　　D. 自由变量

18. 在线性规划问题的典式中,基变量的系数列向量为(　　)。

A. 单位矩阵　　B. 非单位矩阵　　C. 单位行向量　　D. 单位列向量

19. 在约束方程中引入人工变量的目的是(　　)。

A. 体现变量的多样性　　B. 变不等式为等式

C. 使目标函数为最优　　D. 形成一个单位矩阵

20. 我们使用教材中的原则选出新的基变量的含义是(　　)。

A. 变量取值不变　　B. 目标函数值比上一张表更优值

C. 由0值上升为某值　　D. 由某值下降为0

21. 在我们所使用的教材中对单纯形目标函数的讨论都是针对(　　)情况而言的。

A. Min　　B. Max　　C. Min + Max　　D. Min,Max 任选

22. 求目标函数为极大的线性规划问题时,若全部非基变量的检验数≤0,且基变量中有人工变量,人工变量的值不为0时该问题(　　)。

A. 无界解　　B. 无可行解　　C. 有唯一最优解　　D. 有无穷多最优解

23. 设 $X^{(1)},X^{(2)}$ 是用单纯形法求得的某一线性规划问题的最优解,则下列说法错误的是(　　)。

A. 该问题是退化问题

B. 此问题有无穷多最优解

C. 此问题的全部最优解可表示为 $\lambda X^{(1)}+(1-\lambda)X^{(2)}$,其中 $0\leqslant\lambda\leqslant1$

D. $X^{(1)},X^{(2)}$ 是两个基可行解

24. 单纯形法中，在进行换基运算时，下列说法错误的是(　　)。

A. 先选取进基变量，再选取出基变量　　B. 先选出基变量，再选进基变量

C. 进基变量的系数列向量应化为单位向量　　D. 出基变量的选取是根据最小比值法则

25. 一张单纯形表和(　　)对应。

A. 最大值　　B. 最优解　　C. 基可行解　　D. 退化解

26. 单纯形表迭代停止的条件为(　　)。

A. 所有 δ_j 均大于等于 0　　B. 所有 δ_j 均小于等于 0 且 $a_{ik}\leqslant 0$

C. 所有 $a_{ik}>0$　　D. 所有 $b_i\geqslant 0$ 且 δ_j 均小于等于 0

三、计算题

1. 分别用图解法和单纯形法求解下列线性规划问题，并对照指出单纯形法迭代的每一步相当于图解法可行域中的哪一个顶点。

(1) $\text{Max } Z=10x_1+5x_2$

$$\text{s.t.}\begin{cases}3x_1+4x_2\leqslant 9\\5x_1+2x_2\leqslant 8\\x_{1,2}\geqslant 0\end{cases}$$

(2) $\text{Max } Z=2x_1+x_2$

$$\text{s.t.}\begin{cases}5x_1\leqslant 1.5\\6x_1+2x_2\leqslant 24\\x_1+x_2\leqslant 5\\x_{1,2}\geqslant 0\end{cases}$$

2. 用单纯形法求解下列线性规划问题。

(1) $\text{Max } Z=3x_1+5x_2$

$$\text{s.t.}\begin{cases}x_1\leqslant 15\\2x_2\leqslant 12\\3x_1+2x_2\leqslant 18\\x_{1,2}\geqslant 0\end{cases}$$

(2) $\text{Min } Z=-2x_1+x_2-x_3$

$$\text{s.t.}\begin{cases}3x_1+x_2+x_3\leqslant 60\\x_1-x_2+2x_3\leqslant 10\\x_1+x_2-x_3\leqslant 20\\x_{1,2,3}\geqslant 0\end{cases}$$

(3) $\text{Max } Z=2x_1-2x_2+3x_3$

$$\text{s.t.}\begin{cases}x_1+x_2+x_3\leqslant 18\\x_1+2x_2-x_3\leqslant 4\\-x_1+x_3\leqslant 6\\x_{1,2,3}\geqslant 0\end{cases}$$

(4) $\text{Max } Z=2x_1+x_2-3x_3+5x_4$

$$\text{s.t.}\begin{cases}x_1+5x_2+3x_3-7x_4\leqslant 30\\3x_1-x_2+x_3+x_4\leqslant 10\\2x_1-6x_2-x_3+4x_4\leqslant 20\\x_j\geqslant 0, j=1,2,3,4\end{cases}$$

(5) $\text{Max } Z = 3x_1 + 2x_2 - \frac{1}{8}x_3$

$$\text{s.t.}\begin{cases}-x_1 + 2x_2 + 3x_3 \leqslant 4 \\ 4x_1 - 2x_3 \leqslant 12 \\ 3x_1 + 8x_2 + 4x_3 \leqslant 10 \\ x_1, x_2, x_3 \geqslant 0\end{cases}$$

3. 用大 M 法和两阶段法求解下列线性规划问题。

(1) $\text{Max } Z = 2x_1 + 3x_2 - 5x_3$

$$\text{s.t.}\begin{cases}x_1 + x_2 + x_3 = 7 \\ 2x_1 - 4x_2 + x_3 \geqslant 10 \\ x_{1,2,3} \geqslant 0\end{cases}$$

(2) $\text{Max } Z = 10x_1 + 15x_2$

$$\text{s.t.}\begin{cases}5x_1 + 3x_2 \leqslant 9 \\ -5x_1 + 6x_2 \leqslant 15 \\ 2x_1 + x_2 \geqslant 5 \\ x_1, x_2, x_3 \geqslant 0\end{cases}$$

4. 某个目标函数最大化的线性规划模型中，初始表和最优表见表 3-32。

表 3-32

	C_j		40	45	24	0	0	
C_B	X_B	b	x_1	x_2	x_3	x_4	x_5	
0	x_4	100	2	3	1	1	0	初始表
0	x_5	120	3	3	2	0	1	初始表
	σ_j		40	45	24	0	0	初始表
45	x_2	a	0	1	−1/3	d	f	最优表
40	x_1	b	1	0	1	e	g	最优表
	σ_j		0	c	−1	−5	h	最优表

(1) 求表中 $a \sim h$ 的值。

(2) 最优表中的解是唯一最优解还是多重最优解？写出最优解和最优值。

5. 已知某线性规划的单纯形表见表 3-33，求价值系数向量 $\boldsymbol{C}$ 及目标函数值 Z。

表 3-33

	C_j		c_1	c_2	c_3	c_4	c_5	c_6	c_7
C_B	X_B	b	x_1	x_2	x_3	x_4	x_5	x_6	x_7
3	x_4	4	0	1	2	1	−3	0	2
4	x_1	0	1	0	−1	0	2	0	−1
0	x_6	3/2	0	−1	4	0	−4	1	2
	σ_j		0	1	−1	0	1	0	−2

6. 已知一张单纯形法的局部表见表 3-34,表中的决策变量无人工变量,$a_1, a_2, a_3, d, c_1, c_2$ 为常数,确定常数的值满足以下要求:

表　3-34

X_B	b	x_1	x_2	x_3	x_4	x_5	x_6
x_3	d	4	a_1	1	0	a_2	0
x_4	2	1	−3	0	1	−1	0
x_6	3	a_3	−5	0	0	−4	1
σ_j		c_1	c_2	0	0	−3	0

(1) 写出表对应的基本可行解。

(2) 表中的解为唯一最优解。

(3) 表中的解为多重最优解。

(4) 表中的解为无界解。

(5) 表中的解并非最优解,为了进一步迭代,进基变量为 x_2,出基变量为 x_3。

第 4 章 线性规划的应用

建立线性规划模型的条件:

(1)要求求解问题的目标函数能用数值指标来反映,且为线性函数。

(2)存在着多种方案及有关数据。

(3)要求达到的目标是在一定约束条件下实现的,这些约束条件可用线性等式或不等式来描述。

4.1 生产安排问题

【例 4.1】 柴油机的主要生产过程为原材料经过锻造、铸造或下料,再进行热处理、机加工工序,进入总装,最后试车、装箱、入成品库。某厂将毛坯生产工艺,即锻造、铸造或下料过程渐渐向外扩散,形成专业化生产,以达到规模效益,故该厂柴油机生产过程主要可分为三类:热处理、机加工、总装。与产品生产有关的数据资料如下:每种产品的单位产值见表 4-1;每件产品所需的热处理、机加工、总装工时及全厂能提供的三种总工时见表 4-2。

表 4-1

序　号	产品型号、名称	单位产值(元)	序　号	产品型号、名称	单位产值(元)
1	2105 柴油机	5 400	4	X4110 柴油机	14 000
2	X2105 柴油机	6 500	5	X6105 柴油机	18 500
3	X4105 柴油机	12 000	6	X6110 柴油机	20 000

表 4-2

序号	产品型号、名称	热处理(工时)	机加工(工时)	总装(工时)
1	2105 柴油机	10.58	14.58	17.08
2	X2105 柴油机	11.03	7.05	150
3	X4105 柴油机	20.11	23.96	29.37
4	X4110 柴油机	32.26	27.7	33.38
5	X6105 柴油机	37.68	29.36	55.1
6	X6110 柴油机	40.84	40.43	53.5
全年提供总工时		120 000	95 000	180 000

产品原材料主要是生铁、焦碳、废钢、钢材四大类资源,供应科根据历年的统计资料及当年的原材料市场情况,给出了各种原材料的最大供应量见表 4-3。单位产品原材料消耗情况见表 4-4。历年销售情况、权威部门的市场预测及企业近期进行的市场调查结果,预测的各种型号的柴油机

今年的市场需求量见表 4-5。

表　4-3

原材料名称	生铁(t)	焦碳(t)	废钢(t)	钢材(t)
最大供应量	1 562	951	530	350

表　4-4

序号	产品型号、名称	生铁(t)	焦碳(t)	废钢(t)	钢材(t)
1	2105 柴油机	0.18	0.11	0.06	0.04
2	X2105 柴油机	0.19	0.12	0.06	0.04
3	X4105 柴油机	0.35	0.22	0.12	0.08
4	X4110 柴油机	0.36	0.23	0.13	0.09
5	X6105 柴油机	0.54	0.33	0.18	0.12
6	X6110 柴油机	0.55	0.34	0.19	0.13

表　4-5

序号	产品型号、名称	生产能力(台)	市场最大需求量(台)	序号	产品型号、名称	生产能力(台)	市场最大需求量(台)
1	2105 柴油机	8 000	8 000	4	X4110 柴油机	2 000	1 000
2	X2105 柴油机	2 000	1 500	5	X6105 柴油机	3 000	3 000
3	X4105 柴油机	4 000	4 000	6	X6110 柴油机	3 000	2 000

根据以上情况,该企业应如何制定当年销售收入最大的生产计划方案?

解　决策变量:设 2105 柴油机、X2105 柴油机、X4105 柴油机、X4110 柴油机、X6105 柴油机、X6110 柴油机六种型号柴油机的产量分别为 $x_1, x_2, x_3, x_4, x_5, x_6$;目标函数为产品的总利润。约束条件分为三类:工时,原料和市场需求。具体模型如下:

$$\text{Max } Z = 5\,400x_1 + 6\,500x_2 + 12\,000x_3 + 14\,000x_4 + 18\,500x_5 + 20\,000x_6$$

$$\text{s.t.}\begin{cases}10.58x_1 + 11.03x_2 + 20.11x_3 + 32.26x_4 + 37.68x_5 + 40.84x_6 \leqslant 120\,000 \\ 14.58x_1 + 7.05x_2 + 23.96x_3 + 27.7x_4 + 29.36x_5 + 40.43x_6 \leqslant 95000 \\ 17.08x_1 + 150x_2 + 29.37x_3 + 33.38x_4 + 55.1x_5 + 53.5x_6 \leqslant 180\,000 \\ 0.18x_1 + 0.19x_2 + 0.35x_3 + 0.36x_4 + 0.54x_5 + 0.55x_6 \leqslant 1562 \\ 0.11x_1 + 0.12x_2 + 0.22x_3 + 0.23x_4 + 0.33x_5 + 0.34x_6 \leqslant 951 \\ 0.06x_1 + 0.06x_2 + 0.12x_3 + 0.13x_4 + 0.18x_5 + 0.19x_6 \leqslant 530 \\ 0.04x_1 + 0.04x_2 + 0.08x_3 + 0.09x_4 + 0.12x_5 + 0.13x_6 \leqslant 350 \\ x_1 \leqslant 8\,000 \\ x_2 \leqslant 1\,500 \\ x_3 \leqslant 4\,000 \\ x_4 \leqslant 1\,000 \\ x_5 \leqslant 3\,000 \\ x_6 \leqslant 2000 \\ x_{1-6} \geqslant 0 \text{ 且取整}\end{cases}$$

使用 MATLAB 软件输入代码运行结果如下：最优解为 $X=(0,206,0,1000,2098,0)^T$，最优值 $Z=5415.2$ 万元，X2105、X4110、X6105 这三种型号柴油机的产量分别为 206，1000，2098 台，其他三种型号的柴油机是不安排生产的。

4.2 资源组合问题

【例 4.2】 某市某年要兴建大量住宅，已知有三种住宅体系可以大量兴建，各体系的资源用量及该年供应量见表 4-6，要求在充分利用各种资源的条件下使建造住宅的总面积为最大，求建造方案。

表 4-6

住宅体系	造价(元/m²)	钢材(kg/m²)	水泥(kg/m²)	砖(块/m²)	人工(工日/m²)
砖混住宅	105	12	110	240	4.5
壁板住宅	135	30	190	—	3.0
大模住宅	120	25	180	—	3.5
资源限量	110 000(千元)	20 000(t)	150 000(t)	147 000(千块)	4 000(千工日)

解 (1)决策变量：三种住宅砖混、壁板、大模为 x_1,x_2,x_3。

(2)目标：住宅总面积最大 Max $Z=x_1+x_2+x_3$。

(3)受约束条件：

造价：$0.105x_1+0.135x_2+0.12x_3\leqslant 110\ 000$

钢材：$0.012x_1+0.03x_2+0.025x_3\leqslant 20\ 000$

水泥：$0.11x_1+0.19x_2+0.18x_3\leqslant 150\ 000$

砖：　$0.24x_1\leqslant 147\ 000$

人工：$0.004\ 5x_1+0.003x_2+0.003\ 5x_3\leqslant 4\ 000$

隐含约束：各种住宅面积都不为负数，$x_1,x_2,x_3\geqslant 0$

(4)数学模型：

目标函数：　　$\text{Max } Z=x_1+x_2+x_3$

$$\text{s.t.}\begin{cases}0.105x_1+0.135x_2+0.12x_3\leqslant 110\ 000\\0.012x_1+0.03x_2+0.025x_3\leqslant 20\ 000\\0.11x_1+0.19x_2+0.18x_3\leqslant 150\ 000\\0.24x_1\leqslant 147\ 000\\0.004\ 5x_1+0.003x_2+0.003\ 5x_3\leqslant 4\ 000\\x_1,x_2,x_3\geqslant 0\end{cases}$$

结果：

$x_1=104\ 762,x_2=0,x_3=0$，即最优方案为只建设砖混住宅，住宅最大面积为 104 762 m²。

4.3 合理下料问题

【例 4.3】 现要做 100 套钢架，每套用长为 2.9 m、2.1 m 和 1.5 m 的元钢各一根(见表 4-7)。

已知原料长 7.4 m,问应如何下料,使用的原材料最省。

表 4-7

原　料	方　案								
	1	2	3	4	5	6	7	8	9
2.9	1	1	1	1	2				
2.1	1	2				1	2	3	
1.5	1		2	3	1	3	2		4
料头(剩余)	0.9	0.3	1.5	0	0.1	0.8	0.2	1.1	1.4

解　(1)确定决策变量:每种方案钢架数量分别为 $x_1,x_2,x_3,x_4,x_5,x_6,x_7,x_8,x_9$。

(2)表示约束条件——做100套钢架:

$$\begin{cases}x_1+x_2+x_3+x_4+2x_5\geqslant 100\\x_1+2x_2+x_6+2x_7+3x_8\geqslant 100\\x_1+2x_3+3x_4+x_5+3x_6+2x_7+4x_9\geqslant 100\end{cases}$$

(3)定义目标函数为

$$\text{Min } Z=0.9x_1+0.3x_2+1.5x_3+0.1x_5+0.8x_6+0.2x_7+1.1x_8+1.4x_9$$

(4)该线性规划的数学模型为

$$\text{Min } Z=0.9x_1+0.3x_2+1.5x_3+0.1x_5+0.8x_6+0.2x_7+1.1x_8+1.4x_9$$

$$\text{s.t.}\begin{cases}x_1+x_2+x_3+x_4+2x_5\geqslant 100\\x_1+2x_2+x_6+2x_7+3x_8\geqslant 100\\x_1+2x_3+3x_4+x_5+3x_6+2x_7+4x_9\geqslant 100\end{cases}$$

结果:$x_2=50,x_4=30,x_5=10$,即按2方案下料50根,4方案下料30根,5方案下料10根,共需90根原材料可以制造100套钢架。

4.4　配料问题

【例4.4】某工厂要用三种原材料 C、P、H 混合调配出三种不同规格的产品 A、B、D。已知产品的规格要求、产品单价、每天能供应的原材料数量及原材料单价见表4-8和表4-9。该厂应如何安排生产,才能使利润收入为最大。

表 4-8　产品资料

产品名称	规格要求	单价(元/kg)
A	原材料 C 不少于50%	50
	原材料 P 不超过25%	
B	原材料 C 不少于25%	35
	原材料 P 不超过50%	
D	不限	25

表 4-9 原材料

原材料名称	每天最多供应量(kg)	单价(元/kg)
C	100	65
P	100	25
H	60	35

解 确定决策变量:设 A_C 表示产品 A 中 C 的成分,A_P 表示产品 A 中 P 的成分,见表 4-10。

表 4-10

产品	原料			单价(元/kg)
	C	P	H	
A	A_C	A_P	A_H	50
B	B_C	B_P	B_H	35
D	D_C	D_P	D_H	25
单价	65	25	35	

$$A_C \geqslant \frac{1}{2}A,\quad A_P \leqslant \frac{1}{4}A,\quad B_C \geqslant \frac{1}{4}B,\quad B_P \leqslant \frac{1}{2}B$$

$$A_C + A_P + A_H = A;\ B_C + B_P + B_H = B;\ D_C + D_P + D_H = D$$

$$-\frac{1}{2}A_C + \frac{1}{2}A_P + \frac{1}{2}A_H \leqslant 0$$

$$-\frac{1}{4}A_C + \frac{3}{4}A_P - \frac{1}{4}A_H \leqslant 0$$

$$-\frac{3}{4}B_C + \frac{1}{4}B_P + \frac{1}{4}B_H \leqslant 0$$

$$-\frac{1}{2}B_C + \frac{1}{4}B_P - \frac{1}{2}B_H \leqslant 0$$

$$A_C + B_C + D_C \leqslant 100$$

$$A_P + B_P + D_P \leqslant 100$$

$$A_H + B_H + D_H \leqslant 60$$

$$x_1 = A_C, x_2 = A_P, x_3 = A_H$$

$$x_4 = B_C, x_5 = B_P, x_6 = B_H$$

$$x_7 = D_C, x_8 = D_P, x_9 = D_H$$

产品价格为:$50(x_1 + x_2 + x_3)$——产品 A

$35(x_4 + x_5 + x_6)$——产品 B

$25(x_7 + x_8 + x_9)$——产品 D

原材料价格为:$65(x_1 + x_4 + x_7)$——原材料 C

$25(x_2 + x_5 + x_8)$——原材料 P

$35(x_3 + x_6 + x_9)$——原材料 H

综上所述,得数学模型为

$$\text{Max } Z = -15x_1 + 25x_2 + 15x_3 - 30x_4 + 10x_5 - 40x_7 - 10x_9$$

$$\text{s.t.}\begin{cases} -\frac{1}{2}x_1 + \frac{1}{2}x_2 + \frac{1}{2}x_3 \leqslant 0 \\ -\frac{1}{4}x_1 + \frac{3}{4}x_2 - \frac{1}{4}x_3 \leqslant 0 \\ -\frac{3}{4}x_4 + \frac{1}{4}x_5 + \frac{1}{4}x_6 \leqslant 0 \\ -\frac{1}{2}x_4 + \frac{1}{2}x_5 - \frac{1}{2}x_6 \leqslant 0 \\ x_1 + x_4 + x_7 \leqslant 100 \\ x_2 + x_5 + x_8 \leqslant 100 \\ x_3 + x_6 + x_9 \leqslant 60 \\ x_1, \cdots, x_9 \geqslant 0 \end{cases}$$

$X = (100,50,50,0,0,0,0,25,0)^{\mathrm{T}}$

4.5　值班调度问题

【例 4.5】某中型百货商场对售货人员的需求经过统计分析见表 4－11，为保证销售人员充分休息，售货人员每周工作五天，休息两天，并要求休息的两天是连续的，问应该如何安排售货人员的作息，既能满足工作需要，又使配备的售货人员的人数最少？

表　4-11

时间	所需售货员
星期日	28 人
星期一	15 人
星期二	24 人
星期三	25 人
星期四	19 人
星期五	31 人
星期六	28 人

解　设七天（从星期一到星期日）开始休息的人数为 $x_1, x_2, x_3, x_4, x_5, x_6, x_7$，具体模型如下：

$$\text{Min } Z = x_1 + x_2 + x_3 + x_4 + x_5 + x_6 + x_7$$

$$\text{s.t.}\begin{cases} x_1 + x_2 + x_3 + x_4 + x_5 \geqslant 28 \\ x_2 + x_3 + x_4 + x_5 + x_6 \geqslant 15 \\ x_3 + x_4 + x_5 + x_6 + x_7 \geqslant 24 \\ x_4 + x_5 + x_6 + x_7 + x_1 \geqslant 25 \\ x_5 + x_6 + x_7 + x_1 + x_2 \geqslant 19 \\ x_6 + x_7 + x_1 + x_2 + x_3 \geqslant 31 \\ x_7 + x_1 + x_2 + x_3 + x_4 \geqslant 28 \\ x_{1-7} \geqslant 0 \text{ 且为整数} \end{cases}$$

使用 MATLAB 软件输入代码运行结果如下：$X^{*}=(12,0,11,0,5,0,8)$，fmin = 36，配备 36 个售货员，并安排 12 人周一、二休息，11 人周三周四休息，5 人周五、六休息，8 人周日，周一休息。

4.6　投资问题

【例 4.6】 制订投资计划时，不仅要考虑可能获得的盈利，而且要考虑可能出现的亏损。某投资人打算投资甲、乙两个项目，根据预测，甲、乙两个项目可能的最大盈利率分别为 100% 和 50%，可能的最大亏损率分别为 30% 和 10%，投资人计划投资金额不超过 10 万元，要求确保可能的资金亏损不超过 1.8 万元，问投资人对甲、乙两个项目如何投资，才能使可能的盈利最大。试建立线性规划模型。

解　设投资人投资甲项目 x 万元，投资乙项目 y 万元，则线性规划模型为

$$\text{Max } Z = x + 0.5y$$

$$\text{s.t.}\begin{cases} x + y \leqslant 10 \\ 0.3x + 0.1y \leqslant 1.8 \\ x \geqslant 0, y \geqslant 0 \end{cases}$$

当 $x=4$，$y=6$ 时，目标函数 Z 取得最大值 $\text{Max } Z = 4 + 0.5 \times 6 = 7$。

4.7　环境保护问题

【例 4.7】 某河流旁设置有甲、乙两座化工厂，如图 4-1 所示，已知流经甲厂的河水日流量为 $500\times10^4\ \text{m}^3$，在两厂之间有一条河水日流量为 $200\times10^4\ \text{m}^3$ 的支流。甲、乙两厂每天生产工业污水分别为 $2\times10^4\ \text{m}^3$ 和 $1.4\times10^4\ \text{m}^3$，甲厂排出的污水经过主流和支流交叉点后已有 20% 被自然净化。按环保要求，河流中工业污水的含量不得超过 0.2%，为此两厂必须自行处理一部分工业污水，甲、乙两厂处理每万立方米污水的成本分别为 1 000 元和 800 元。问：在满足环保要求的条件下，各厂每天应处理多少污水，才能使两厂的总费用最少？试建立线性规划模型。

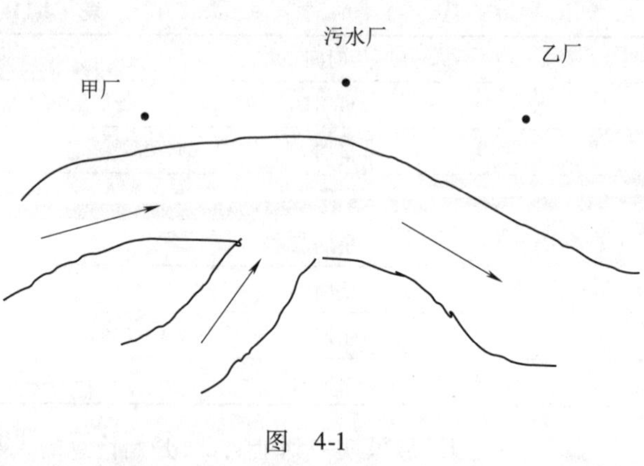

图 4-1

解　设甲、乙两厂每天分别处理污水量为 x，y（单位：$10^4\ \text{m}^3$）。

目标函数：$\text{Min } Z = 1\,000x + 800y$。

在甲厂到交叉点之间，河水中污水含量不得超过 0.2%，所以满足 $\frac{2-x}{500} \leqslant \frac{2}{1\,000}$，在交叉点到乙厂之间，河水中污水含量也不得超过 0.2%，所以应满足 $\frac{(2-x)(1-0.2)}{500+200} \leqslant \frac{2}{1\,000}$，流经乙厂以后，河水中污水含量仍不得超过 0.2%，所以应满足 $\frac{(2-x)(1-0.2)+(1.4-y)}{500+200} \leqslant \frac{2}{1\,000}$，则

线性规划模型为

$$\text{Min } Z = 1\,000x + 800y$$

$$\text{s.t.}\begin{cases} x \geqslant 1 \\ 0.8x + y \geqslant 1.6 \\ x \leqslant 2 \\ y \leqslant 1.4 \\ x \geqslant 0, y \geqslant 0 \end{cases}$$

求解结果为 $x = 1 \times 10^4\ \text{m}^3$，$y = 0.8 \times 10^4\ \text{m}^3$，总费用最少为 1 640 元。

4.8　运输问题

【例 4.8】 设有两座铁矿山 A、B，另有三个炼铁厂甲、乙、丙需要矿石，各矿日产量和各厂日需量及对应的运价(元)见表 4-12，问怎样调运送矿石才能使总费用最小。

表　4-12

铁矿山	炼铁厂			产　量
	甲	乙	丙	
A	6	9	12	60
B	1	3	3	45
矿石需求量	50	30	25	105

解　设 x_1 为从 A 运到甲厂的运量，x_2 为从 A 运到乙厂的运量，x_3 为从 A 运到丙厂的运量，y_1 为从 B 到甲厂的运量，y_2 为从 B 到乙厂的运量，y_3 为从 B 到丙厂的运量。

根据表中给出的条件，建立线性规则模型如下：

$$\text{Min } Z = 6x_1 + 9x_2 + 12x_3 + y_1 + 3y_2 + 3y_3$$

$$\text{s.t.}\begin{cases} x_1 + x_2 + x_3 = 60 \\ y_1 + y_2 + y_3 = 45 \\ x_1 + y_1 = 50 \\ x_2 + y_2 = 30 \\ x_3 + y_3 = 25 \\ x_i, y_i \geqslant 0, i = 1,2,3 \end{cases}$$

习　　题

计算题

1. 任务分配问题。某车间有甲、乙两台机床，可用于加工三种工件。假定这两台车床的可用台时数分别为 800 和 900，三种工件的数量分别为 400、600 和 500，且已知用三种不同车床加工单位数量不同工件所需的台时数和加工费用见表 4-13。问：怎样分配车床的加工任务，才能既满足加工工件的要求,又使加工费用最低?

表 4-13

车床类型	单位工件所需加工台时数			单位工件的加工费用			可用台时数
	工件 1	工件 2	工件 3	工件 1	工件 2	工件 3	
甲	0.4	1.1	1.0	13	9	10	800
乙	0.5	1.2	1.3	11	12	8	900

2. 某航运局现有船只种类、数量以及计划期内各条航线的货运量、货运成本见表 4-14～表 4-16。问:应如何编队,才能既完成合同任务,又使总货运成本为最小?

表 4-14

航线号	船队类型	编队形式			货运成本(千元/队)	货运量(千吨)
		拖轮	A 型驳船	B 型驳船		
1	1	1	2	—	36	25
	2	1	—	4	36	20
2	3	2	2	4	72	40
	4	1	—	4	27	20

表 4-15

船只种类	船只数
拖轮	30
A 型驳船	34
B 型驳船	52

表 4-16

航线号	合同货运量
1	200
2	400

3. 某企业存在两个供货源,原有供货源每月的供货能力是 5 万台产品,新增供货源的生产能力可以满足产品的需求,且两个货源的价格相同。有三个区域的目标市场,各销地每月的市场需求量为 5 万台、10 万台、5 万台。在分销渠道中,拟定在两个地点中选址设立分销中心,执行产品的转运任务。箭头上的数据表示各地之间的单位运输物流成本(由距离和运输方式决定),如图 4-2所示。

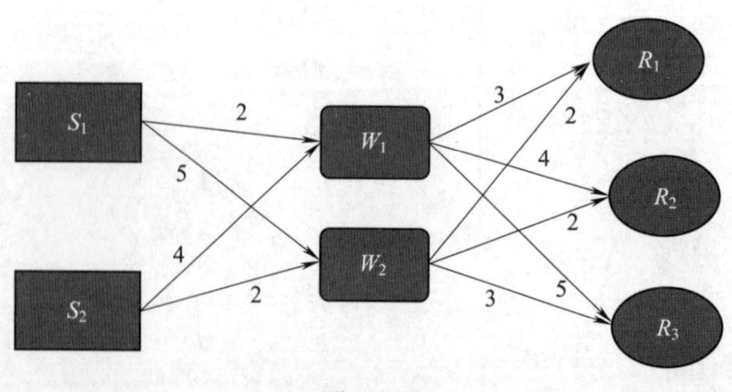

图 4-2

4. 某昼夜服务的公交线路每天各时间段内所需司机和乘务人员人数见表 4-17。设司机和乘务人员分别在各时间段开始时上班,并连续工作 8 小时。问:该公交线路应怎样安排司机和乘务人员,既能满足工作需要,又使配备司机和乘务人员的人数减少?

表　4-17

班次	时间	所需人员
1	6:00—10:00	60
2	10:00—14:00	70
3	14:00—18:00	60
4	18:00—22:00	50
5	22:00—2:00	20
6	2:00—6:00	30

5. 某电子系统由三种元件组成，为了使系统正常运转，每个元件都必须工作良好，如一个或多个元件安装几个备用件将提高系统的可靠性。已知系统运转可靠性为各元件可靠性的乘积，而每一元件的可靠性是备用件数量的函数，具体见表 4-18。三种元件的价格分别为 30 元、40 元和 50 元，重量分别为 2 kg、4 kg 和 6 kg。而全部备用件的费用预算限制为 220 元，重量限制为 20 kg，问每种元件各安装多少个备用件，使系统可靠性最大。试建立该问题的数学模型。

表　4-18

备用件数	元件可靠性		
	1	2	3
0	0.5	0.6	0.7
1	0.6	0.8	0.9
2	0.75	0.9	1.0
3	0.9	1.0	1.0
4	1.0	1.0	1.0

6. 交通运输专业学生的选修课程见表 4-19。

表　4-19

课号	课名	学分	所属类别	先修课要求
1	微积分	5	数学	
2	线性代数	4	数学	
3	优化方法	4	数学、运筹学	微积分、线性代数
4	数据结构	3	数学、计算机	计算机编程
5	统计	4	数学、运筹学	微积分、线性代数
6	数据库	3	计算机、运筹学	计算机编程
7	C 语言	2	计算机	
8		2	运筹学	应用统计
9		3	计算机、运筹学	微积分、线性代数

要求至少选两门数学课、三门运筹学课和两门计算机课，选修课程最少，且学分尽量多，应学习哪些课程？

7. 某公司根据订单进行生产。已知半年内对某产品的需求量、单位生产费用和单位存储费用见表 4-20，还已知公司每月的生产能力为 100，每月仓库容量为 50。问：如何确定产品未来半年内每月最佳生产量和存储量,可使总费用最少?

表 4-20

月份	1	2	3	4	5	6
需求量	50	40	50	45	55	30
单位生产费用	825	775	850	850	775	825
单位存储费用	40	30	35	20	40	40

8. 连续投资问题。某部门在今后五年内考虑给下列项目投资,已知:

项目 A:从第一年到第四年每年年初都可以投资,并于次年年末收回本利 115%。

项目 B:第三年年初可以投资,到第五年年末能收回本利 125%,但规定最大投资额不超过4 万元。

项目 C:第二年初可以投资,到第五年末能收回本利 140%,但规定最大投资额不超过 3 万元。

项目 D:五年内每年初都可以购买公债,于当年末归还,并加利息 6%。

该部门现有资金 10 万元,问:应如何确定这些项目的每年投资额,使得第五年年末拥有的资金的本利总额最大?

9. 某企业需要制定 1～6 月产品 A 的生产与销售计划。已知产品 A 每月底交货,市场需求没有限制,由于仓库容量有限,仓库最多库存产品 A 1 000 件,1 月初仓库库存 200 件。1～6 月产品 A 的单件成本与售价见表 4-21。

表 4-21

月份	1	2	3	4	5	6
产品成本(元/件)	300	330	320	360	360	300
销售价格(元/件)	350	340	350	420	410	340

1～6 月产品 A 各生产与销售多少总利润最大,建立数学模型。

10. 某人根据医嘱,每天需补充 A、B、C 三种营养,A 不少于 80 单位,B 不少于 150 单位,C 不少于 180 单位。此人准备每天从六种食物中摄取这三种营养成分。已知六种食物每百克的营养成分含量及食物价格见表 4-22。

(1) 试建立此人在满足健康需要的基础上花费最少的数学模型。

(2) 假定有一个厂商计划生产一中药丸,售给此人服用,药丸中包含有 A、B、C 三种营养成分。试为厂商制定一个药丸的合理价格,既使此人愿意购买,又使厂商能获得最大利益。建立数学模型。

表 4-22

营养成分	食物						需要量
	一	二	三	四	五	六	
A	13	25	14	40	8	11	≥80
B	24	9	30	25	12	15	≥150
C	18	7	21	34	10	0	≥180
食物单价(元/100 g)	0.5	0.4	0.8	0.9	0.3	0.2	

第 5 章　对偶问题

5.1　对偶问题的提出

引例：某工厂在计划期内要安排生产两种产品Ⅰ、Ⅱ，已知生产单位产品所需的 A、B、C 三种原材料的消耗量，见表 5-1。该工厂每生产一件产品Ⅰ可获利 2 元，每生产一件产品Ⅱ可获利 3 元，应如何安排生产计划使该工厂获得的利润最大？

表　5-1

产　品	Ⅰ	Ⅱ	资源限量
原材料 A/(kg)	1	2	8
原材料 B/(kg)	4	0	16
原材料 C/(kg)	0	4	12

用数学语言来描述生产计划的安排，建立数学模型。

分析：该问题主要是如何将有限的生产资源即原材料合理分配，以期望获得利润最大化，安排产品的数量是企业应做的决策，即决策变量。

决策变量：设 x_1、x_2 分别表示在计划期内产品Ⅰ、Ⅱ的生产量，则

$$\text{Max } Z = 2x_1 + 3x_2$$

$$\text{s. t.} \begin{cases} x_1 + 2x_2 \leqslant 8 \\ 4x_1 \leqslant 16 \\ 4x_2 \leqslant 12 \\ x_1, x_2 \geqslant 0 \end{cases}$$

现从另一角度来讨论这个问题。假设该工厂的决策者决定不生产产品Ⅰ、Ⅱ，而将其所有资源外售或外租，这时工厂的决策者就要考虑给每种资源如何定价的问题。在市场竞争的时代，工厂的最佳决策显然应符合以下两条要求：

(1)不吃亏原则，即定价所赚利润不能低于加工甲、乙型产品所获利润。由此原则，便构成了新规划的不等式约束条件。

(2)竞争性原则，即在上述不吃亏原则下，尽量降低总资源总收费，以便争取更多用户。

设用 y_1、y_2、y_3 分别表示出让单位原材料 A、B、C 的价格，在作定价决策时，作如下比较：用 1 个单位的 A 资源和 4 个单位的 B 资源可以生产一件产品Ⅰ，获利 2 元，那么把生产 1 个单位的产品Ⅰ的原材料出让，所得收入应不低于生产一件产品Ⅰ的利润，这就有

$$y_1 + 4y_2 \geqslant 2$$

同理,将生产每件产品Ⅱ的原材料出让的所得收入应不低于生产一件产品Ⅱ的利润,这就有

$$2y_1 + 4y_3 \geqslant 3$$

把工厂所有资源都出租或出让,其收入为

$$\omega = 8y_1 + 16y_2 + 12y_3$$

从工厂的决策者来看,当然 ω 越大越好,但从接受者来看,支付越少越好,所以工厂的决策者只能在满足不小于所有产品利润的条件下,使其总收入尽可能地接近接受者的意愿,这样才能实现其出租或出售设备和资源的目的,则为如下的线性规划问题:

$$\text{Min } \omega = 8y_1 + 16y_2 + 12y_3$$

$$\text{s.t.} \begin{cases} y_1 + 4y_2 \geqslant 2 \\ 2y_1 + 4y_3 \geqslant 3 \\ y_1, y_2, y_3 \geqslant 0 \end{cases}$$

称这个线性规划问题为上面的线性规划问题(这里称原问题)的对偶问题,各模型中有关数据"位置"示意图如图 5-1 所示。

Max	2	3	≤
	1	2	8
	4	0	16
	0	4	12

A

Min	8	16	12	≥
	1	4	0	2
	2	0	4	3

A'

图 5-1

仔细观察各个数字在原问题与对偶问题中所处位置,思考它们各自代表的意义,可以得到下面的对偶规则:

(1)若原问题是求目标函数的最大值,其约束条件方程全是"≤"型;与此同时对偶问题的目标函数必是求最小值,其约束条件方程是"≥",反之亦然。

(2)一个问题中目标函数的系数是另一个问题中约束条件的右端项。

(3)一个问题中的约束条件个数等于另一个问题中的变量数。

(4)原问题的约束系数矩阵与对偶问题的约束系数矩阵互为转置矩阵。

任何一个线性规划问题都有一个与之相对应的线性规划问题,如果前者称为原问题,后者就称为"对偶"问题。对偶问题是对原问题从另一角度进行描述,其最优解与原问题的最优解有着密切的联系,在求得一个线性规划最优解的同时也就得到对偶线性规划的最优解;反之亦然。对偶理论就是研究线性规划及其对偶问题的理论,是线性规划理论的重要内容之一。

5.2 建立对偶问题的规则

一、原问题与对偶问题的对应关系

若原规划问题是"在一定条件下,使工作或成果(产品产量、利润等)尽可能大",那么它的对

偶问题就是“在另外一些条件下,使工作的消耗(浪费、成本等)尽可能小”。实际上是一个问题的两个方面。

对偶问题的决策变量与原问题的决策变量意义不同,所以要用不同的字母去表示,教材上用 y_i 表示。

1. 对称形式

特点:目标函数求极大值时,所有约束条件为≤号,变量非负时,其对偶问题的目标函数求极小值,所有约束条件为≥号,变量非负,则原问题与对偶问题模型如下:

一般地,设原问题为

$$\text{Max } Z = c_1x_1 + c_2x_2 + \cdots + c_nx_n$$

$$\text{s.t.}\begin{cases} a_{11}x_1 + a_{12}x_2 + \cdots + a_{1n}x_n \leqslant b_1 \\ a_{21}x_1 + a_{22}x_2 + \cdots + a_{2n}x_n \leqslant b_2 \\ \cdots\cdots \\ a_{m1}x_1 + a_{m2}x_2 + \cdots + a_{mn}x_n \leqslant b_m \\ x_j \geqslant 0, j = 1,2,\cdots,n \end{cases}$$

则其对偶问题为

$$\text{Min } \omega = b_1y_1 + b_2y_2 + \cdots + b_ny_n$$

$$\text{s.t.}\begin{cases} a_{11}y_1 + a_{21}y_2 + \cdots + a_{m1}y_m \geqslant c_1 \\ a_{12}y_1 + a_{22}y_2 + \cdots + a_{m2}y_m \geqslant c_2 \\ \cdots\cdots \\ a_{1n}y_1 + a_{2n}y_2 + \cdots + a_{mn}y_m \geqslant c_n \\ y_i \geqslant 0, i = 1,2,\cdots,m \end{cases}$$

即矩阵形式为

P(原问题)	D(对偶问题)
$\text{Max } Z = \boldsymbol{CX}$	$\text{Min } \boldsymbol{\omega} = \boldsymbol{Y}^{\mathrm{T}}\boldsymbol{b}$
$\text{s.t.}\begin{cases}\boldsymbol{AX} \leqslant \boldsymbol{b} \\ \boldsymbol{X} \geqslant \boldsymbol{0}\end{cases}$	$\text{s.t.}\begin{cases}\boldsymbol{A}^{\mathrm{T}}\boldsymbol{Y} \leqslant \boldsymbol{C}^{\mathrm{T}} \\ \boldsymbol{Y} \geqslant \boldsymbol{0}\end{cases}$

2. 非对称型对偶问题

若给出的线性规划不是对称形式,可以先化成对称形式再写对偶问题。要做如下调整:

(1)原问题是求目标函数最大值,而约束条件方程是“≥”型式,则应将方程两端乘 -1 改变不等号指向。如原问题是求目标函数最小值,而约束条件方程是“≤”型式,也这样调整。

(2)如约束条件方程是“=”型式,有两种处理方法:将等式约束条件方程变为两个约束条件方程,分别是“≥”和“≤”型式,再按(1)调整;原问题第 i 个约束条件方程是“=”型式,不加变动,对偶问题的变量 y_i 是自由变量。

如原问题的松弛变量或剩余变量的 C_j 值不为 0,可以把原约束条件方程作为等式约束条件方程处理。例如松弛变量表示要存储的多余物资,就是这种情况。

也可直接按表(5-2)中的对应关系写出非对称形式的对偶问题。

表 5-2

原问题(或对偶问题)	对偶问题(或原问题)
目标函数最大化(Max Z)	目标函数最小化(Min ω)
n 个变量 m 个约束 约束条件的资源向量(右端项) 目标函数的价值向量(系数)	n 个约束 m 个变量 目标函数的价值向量 约束条件的资源向量
变量 $\begin{cases} \geqslant 0 \\ \leqslant 0 \\ \text{无约束} \end{cases}$	约束 $\begin{cases} \text{“}\geqslant\text{”形式} \\ \text{“}\leqslant\text{”形式} \\ \text{“}=\text{”形式} \end{cases}$
约束 $\begin{cases} \text{“}\geqslant\text{”形式} \\ \text{“}\leqslant\text{”形式} \\ \text{“}=\text{”形式} \end{cases}$	变量 $\begin{cases} \leqslant 0 \\ \geqslant 0 \\ \text{无约束} \end{cases}$

二、原问题与对偶问题转化

【例 5.1】试求下列线性规划问题的对偶问题。

$$\text{Min } Z = 2x_1 + 2x_2 + 4x_3$$

$$\text{s. t.} \begin{cases} 2x_1 + 3x_2 + 5x_3 \geqslant 2 \\ 3x_1 + x_2 + 7x_3 \geqslant 3 \\ x_1 + 4x_2 + 6x_3 \geqslant 5 \\ x_1, x_2, x_3 \geqslant 0 \end{cases}$$

解 设对应于约束条件的对偶变量分别为 y_1, y_2, y_3，则由表 5-1 中原问题与对偶问题的对应关系,可以直接写出上述线性规划问题的对偶问题,有

$$\text{Max } \omega = 2y_1 + 3y_2 + 5y_3$$

$$\text{s. t.} \begin{cases} 2y_1 + 3y_2 + y_3 \leqslant 2 \\ 3y_1 + y_2 + 4y_3 \leqslant 2 \\ 5y_1 + 7y_2 + 6y_3 \leqslant 4 \\ y_1, y_2, y_3 \geqslant 0 \end{cases}$$

【例 5.2】求下列问题的对偶问题。

$$\text{Max } Z = 2x_1 + 3x_2 - 5x_3 + x_4$$

$$\text{s. t.} \begin{cases} x_1 + x_2 - 3x_3 + x_4 \geqslant 5 \\ 2x_1 + 2x_3 - x_4 \leqslant 4 \\ x_2 + x_3 + x_4 = 6 \\ x_1 \leqslant 0, x_2, x_3 \geqslant 0, x_4 \text{ 无约束} \end{cases}$$

解 $\text{Min } \omega = 5y_1 + 4y_2 + 6y_3$

$$\text{s.t.}\begin{cases} y_1+2y_2\leqslant 2 \\ y_1+y_3\geqslant 3 \\ -3y_1+2y_2+y_3\geqslant -5 \\ y_1-y_2+y_3=1 \\ y_1\leqslant 0, y_2\geqslant 0, y_3\ \text{无约束} \end{cases}$$

5.3　线性规划的对偶理论

一、原线性规划与对偶问题变量及解之间的对应关系

P(原问题) $\text{Max}\ Z=2x_1+3x_2$

$$\text{s.t.}\begin{cases} x_1+2x_2\leqslant 8 \\ 4x_1\leqslant 16 \\ 4x_2\leqslant 12 \\ x_1,x_2\geqslant 0 \end{cases}$$

D(对偶问题) $\text{Min}\ \omega=8y_1+16y_2+12y_3$

$$\text{s.t.}\begin{cases} y_1+4y_2\geqslant 2 \\ 2y_1+4y_3\geqslant 3 \\ y_1,y_2,y_3\geqslant 0 \end{cases}$$

运用单纯形法对原问题求解见表 5-3。

表　5-3

			原问题的变量		原问题的松弛变量(X_S)		
C_j			2	3	0	0	0
C_B	X_B	b	x_1	x_2	x_3	x_4	x_5
0	x_3	8	1	2	1	0	0
0	x_4	16	4	0	0	1	0
0	x_5	12	0	4	0	0	1
σ_j			2	3	0	0	0
0	x_3	2	1	0	1	0	-1/2
0	x_4	16	4	0	0	1	0
3	x_2	3	0	1	0	0	1/4
σ_j			2	0	0	0	-3/4
2	x_1	2	1	0	1	0	-1/2
0	x_4	8	0	0	-4	1	2
3	x_2	3	0	1	0	0	1/4
σ_j			0	0	-2	0	1/4
2	x_1	4	1	0	0	1/4	0
0	x_5	4	0	0	-2	1/2	1
3	x_2	2	0	1	1/2	-1/8	0
σ_j			0	0	-3/2	-1/8	0

$Z_{max}=14$

运用对偶单纯形法对对偶问题求解见表5-4。

表 5-4

			对偶问题的变量			对偶问题的剩余变量(Y_S)	
	C_j		-8	-16	-12	0	0
C_B	Y_B	b	y_1	y_2	y_3	y_4	y_5
0	y_4	-2	-1	-4	0	1	0
0	y_5	-3	-2	0	-4	0	1
	σ_j		-8	-16	-12	0	0
0	y_4	-2	-1	-4	0	1	0
-12	y_3	3/4	1/2	0	1	0	-1/4
	σ_j		-2	-16	0	0	-3
-8	y_1	2	1	4	0	-1	0
-12	y_3	-1/4	0	-2	1	1/2	-1/4
	σ_j		0	-8	0	-2	-3
-8	y_1	3/2	1	0	2	0	-1/2
-12	y_2	1/8	0	1	-1/2	-1/4	1/8
	σ_j		0	0	-4	-4	-2

$\omega_{min}=14$

原规划与对偶规划问题的变量及解之间的对应关系如下:

(1)对偶(Min型)变量的最优解等于原问题松弛变量检验数的绝对值。

(2)对偶问题最优解的剩余变量解值等于原问题对应变量的检验数的绝对值。

(3)由于原问题和对偶问题是相互对偶的,因此对偶问题的检验数与原问题的解也有类似上述关系。

(4)更一般地讲,不管原问题是否标准,在最优解的单纯形表中,都有原问题虚变量(松弛或剩余)的检验数对应其对偶问题实变量(对偶变量)的最优解,原问题实变量(决策变量)的检验数对应其对偶问题虚变量(松弛或剩余变量)的最优解。因此,原问题或对偶问题只需求解其中之一即可。

二、线性规划的对偶理论

定理1(对称性定理) 对偶问题的对偶是原问题。

证明 设原问题为

$$\text{Max } \boldsymbol{Z}=\boldsymbol{CX}$$

$$\text{s.t.}\begin{cases}\boldsymbol{AX}\leqslant\boldsymbol{b}\\\boldsymbol{X}\geqslant\boldsymbol{0}\end{cases}$$

则其对偶问题为

$$\text{Min } \boldsymbol{w}=\boldsymbol{Yb}$$

$$\text{s.t.}\begin{cases}\boldsymbol{YA}\geqslant\boldsymbol{C}\\\boldsymbol{y}\geqslant\boldsymbol{0}\end{cases}$$

对上式两边取负号,得

$$-\text{Min } \boldsymbol{w} = -\boldsymbol{Yb}$$

$$\text{s. t.}\begin{cases}-\boldsymbol{YA} \leqslant -\boldsymbol{C}\\ \boldsymbol{Y} \geqslant \boldsymbol{0}\end{cases}$$

因为

$$-\text{Max}(-\boldsymbol{w}) = \boldsymbol{Min}\ \boldsymbol{w},$$

所以

$$\text{Max}(-\boldsymbol{w}) = -\boldsymbol{Yb}$$

$$\text{s. t.}\begin{cases}-\boldsymbol{YA} \leqslant -\boldsymbol{C}\\ \boldsymbol{Y} \geqslant \boldsymbol{0}\end{cases}$$

上式的对偶问题为

$$\text{Min}(-\boldsymbol{v}) = -\boldsymbol{CX}$$

$$\text{s. t.}\begin{cases}-\boldsymbol{AX} \geqslant -\boldsymbol{b}\\ \boldsymbol{X} \geqslant \boldsymbol{0}\end{cases}\text{两边同取负号}$$

因为

$$-\text{Min}(-\boldsymbol{v}) = \text{Max}\ \boldsymbol{v}$$

所以

$$\text{Max}\ \boldsymbol{v} = \boldsymbol{CX} = \text{Max}\ \boldsymbol{Z}$$

$$\text{s. t.}\begin{cases}\boldsymbol{AX} \leqslant \boldsymbol{b}\\ \boldsymbol{X} \geqslant \boldsymbol{0}\end{cases}$$

定理 2(弱对偶定理)　设 X^0 和 Y^0 分别是问题(P)和(D)的可行解,则必有:

$$\boldsymbol{CX}^0 \leqslant \boldsymbol{Y}^0\boldsymbol{b},\text{即} \sum_{j=1}^{n} c_j x_j \leqslant \sum_{i=1}^{m} y_i b_i$$

证明　若 $\boldsymbol{X}^0$ 是原问题的可行解,则 $\boldsymbol{AX}^{(0)} \leqslant \boldsymbol{b}$。

已知 $\boldsymbol{Y}^0$ 是对偶问题的可行解,用 $\boldsymbol{Y}^0$ 左乘上式得 $\boldsymbol{Y}^{(0)}\boldsymbol{AX}^{(0)} \leqslant \boldsymbol{Y}^{(0)}\boldsymbol{b}$。

同理 $\boldsymbol{Y}^{(0)}\boldsymbol{A} \geqslant \boldsymbol{C}$,用 $\boldsymbol{X}^0$ 右乘之得 $\boldsymbol{Y}^{(0)}\boldsymbol{AX}^{(0)} \geqslant \boldsymbol{CX}^{(0)}$。

所以　$\boldsymbol{CX}^{(0)} \leqslant \boldsymbol{Y}^{(0)}\boldsymbol{AX}^{(0)} \leqslant \boldsymbol{Y}^{(0)}\boldsymbol{b}$,故 $\boldsymbol{CX}^{(0)} \leqslant \boldsymbol{Y}^{(0)}\boldsymbol{b}$。

推论 1　原问题任一可行解的目标函数值是其对偶问题目标函数值的下界;反之,对偶问题任意可行解的目标函数值是其原问题目标函数值的上界。

推论 2　在一对对偶问题(P)和(D)中,若其中一个问题可行但目标函数无界,则另一个问题无可行解;反之不成立,这也是对偶问题的无界性。

推论 3　在一对对偶问题(P)和(D)中,若一个可行(如 P),而另一个不可行(如 D),则该可行的问题目标函数值无界。

定理 3(对偶原理)　原问题 P 与对偶问题 D 存在如下对应关系:

(1)P 有最优解的充要条件是 D 有最优解。

(2)若 P 无界则 D 不可行,若 D 无界则 P 不可行。

(3)若 $\boldsymbol{X}^*$ 和 $\boldsymbol{Y}^*$ 分别是 P 和 D 的可行解,则它们分别为 P 和 D 的最优解的充要条件是 $\boldsymbol{CX}^* = \boldsymbol{Y}^*\boldsymbol{b}$。

原问题与对偶问题的对应关系见表 5-5。

表　5-5

对应关系		对偶问题		
		有最优解	无　界	无可行解
原问题	有最优解	一定	不可能	不可能
	无　界	不可能	不可能	一定
	无可行解	不可能	一定	可能

定理 4(互补松弛定理)　如果 $\boldsymbol{X}$ 和 $\boldsymbol{Y}$ 分别为 P 和 D 的可行解,那么 $\boldsymbol{Y}^{(0)}\boldsymbol{X}_S = 0$ 和 $\boldsymbol{Y}_S\boldsymbol{X}^{(0)} = 0$,

当且仅当 $X^{(0)}$、$Y^{(0)}$ 为最优解。

证明 设原问题和对偶问题的标准型是

P(原问题)Max $Z=CX$　　　D(对偶问题)Min $w=Yb$

$$\text{s.t.}\begin{cases}AX+X_S=b\\X,X_S\geqslant 0\end{cases}\qquad \text{s.t.}\begin{cases}YA-Y_S=C\\Y,Y_S\geqslant 0\end{cases}$$

将 $C=YA-Y_S,b=AX+X_S$ 分别代入原问题和对偶问题目标函数得

$$Z=YAX-Y_{S,}X=YAX+YX_S$$

若

$$Y_SX^{(0)}=0,Y^{(0)}X_S=0,$$

则

$$Y^{(0)}b=Y^{(0)}AX^{(0)}=CX^{(0)}$$

$X^{(0)}$、$Y^{(0)}$ 为最优解;又如果 $X^{(0)}$、$Y^{(0)}$ 为原问题和对偶问题的最优解,$CX^{(0)}=Y^{(0)}AX^{(0)}=Y^{(0)}b$,即 $Y^{(0)}AX^{(0)}-Y_SX^{(0)}=Y^{(0)}AX^{(0)}=Y^{(0)}AX^{(0)}+Y^{(0)}X$

所以必有 $Y_SX^{(0)}=0,Y^{(0)}X_S=0$

互补松弛定理也称松紧定理,它描述了线性规划问题达到最优时,原问题(或对偶问题)的变量取值和对偶问题(或原问题)约束的松紧性之间的对应关系。我们知道,在一对互为对偶的线性规划问题中,原问题的变量和对偶问题的约束是一一对应的,原问题的约束和对偶问题的变量也是一一对应的。当线性规划问题达到最优时,我们不仅可以同时得到原问题与对偶问题的最优解,而且还可以得到变量与约束之间的一种对应关系,互补松弛定理即揭示了这一点。

5.4 对偶单纯形法

一、对偶单纯形法的思路

所谓对偶单纯形法,就是将单纯形法应用于对偶问题的计算,该方法是由美国数学家 C. 莱姆基于 1954 年提出的,它是用对偶理论求解线性规划问题的一种方法,而不是求解对偶问题解的单纯形法。与对偶单纯形法相对应,已有的单纯形法称原始单纯形法。

在上述理论基础上,可知用单纯形法求解线性规划问题时,在得到原问题的一个基可行解问题同时,在检验数行得到对偶问题的一个基解。单纯形法的基本思想是保持原问题为可行解的基础上,通过迭代增大目标函数,当其对偶问题也为可行解时,就达到了目标函数的最优值。

而对偶单纯形法的基本思想则是保持对偶问题为可行解的前提下(即单纯形表最后一行检验数都小于零),通过迭代减小目标函数,当原问题也是可行解时,就得到了目标函数的最优值。

对偶单纯形法适应求解:

(1)使用条件:①检验数全部小于等于 0;②解答列至少有一个元素小于 0。

(2)实施对偶单纯形法的基本原则:在保持对偶可行的前提下进行基变换。每一次迭代过程中,取出基变量中的一个负分量(作为换出变量)去替换某个非基变量(作为换入变量),使原始问题的非可行解向可行解靠近。

(3)计算步骤。

①建立初始单纯形表,计算检验数行。

$$\begin{cases}\text{检验数全部}\leqslant 0\begin{cases}b\text{ 列}\geqslant 0\text{——已得最优解,停止计算}\\ \text{至少一个元素}<0\text{,转下步}\end{cases}\\ \text{至少一个检验数}>0\begin{cases}b\geqslant 0\text{——原始单纯形法}\\ \text{至少一个元素}<0\text{,另行处理}\end{cases}\end{cases}$$

②基变换。

先确定换出变量,解答列中的负元素(一般选最小的负元素)对应的出基变量

$$\mathrm{Min}\{(B^{-1}b)_i \mid (B^{-1}b)_i < 0\} = (B^{-1}b) \tag{5-1}$$

即 x_l 为出基变量, x_l 所在的行为主元行。然后确定换入变量,原则是:在保持对偶可行的前提下,减少原始问题的不可行性,按照最小比值原则

$$\mathrm{Min}\left\{\frac{c_j - z_j}{a'_{lj}} \middle| a'_{lj} < 0\right\} = \frac{c_k - z_k}{a'_{lk}} \tag{5-2}$$

则选 x_k 为换入变量,相应的列为主元列,主元行和主元列交叉处的元素 a'_{lk} 为主元素。

对偶单纯形法采用最小比值,其目的是保证下一个对偶问题的基本解可行。对偶单纯形法在确定出基变量时,若不遵循 $b_l = \min\{b_i \mid b_i < 0\}$ 规则,任选一个小于零的 b_i对应的基变量出基,不影响计算结果,只是迭代次数可能不一样。

③将主元素进行换基迭代(旋转运算),将主元素变成1,主元列变成单位向量,得到新的单纯形表。

继续以上步骤,直至求出最优解。

二、对偶单纯形法的算法流程图

对偶单纯形法的算法流程如图 5-2 所示。

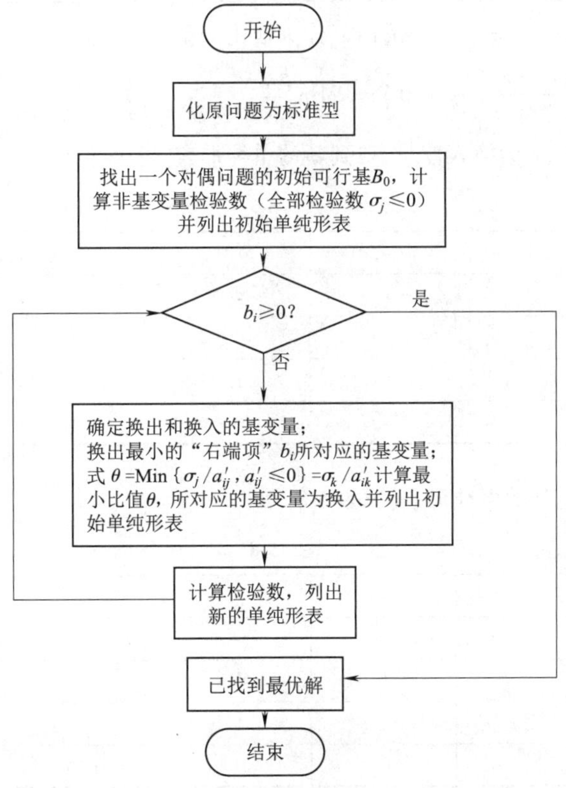

图 5-2　对偶单纯形法的算法流程图

三、对偶单纯形法的具体实例

下面通过一个例子来说明对偶单纯形法的求解过程。

【例 5.3】Min $Z = 5x_1 + 2x_2 + 4x_3$

$$\text{s.t.}\begin{cases}3x_1 + x_2 + 2x_3 \geqslant 4\\ 6x_1 + 3x_2 + 5x_3 \geqslant 10\\ x_{1,2,3} \geqslant 0\end{cases}$$

解 (1)化为标准型:

Max $Z = -5x_1 - 2x_2 - 4x_3 + 0x_4 + 0x_5$

$$\text{s.t.}\begin{cases}-3x_1 + x_2 - 2x_3 + x_4 = -4\\ -6x_1 - 3x_2 - 5x_3 + x_5 = -10\\ x_{1,2,3,4,5} \geqslant 0\end{cases}$$

(2)列出原始单纯形表,见表 5-6

表 5-6

$c_j \rightarrow$			-5	-2	-4	0	0
C_B	X_B	b	x_1	x_2	x_3	x_4	x_5
0	x_4	-4	-3	-1	-2	1	0
0	x_5	-10	-6	[-3]	-5	0	1
$c_j - z_j$			-5	-2	-4	0	0

(3)找出最小的 b_i,即 $b_5 = -10$。选择 x_5 作为换出变量。

$$\text{Min}\left\{\frac{c_j - z_j}{a_{ij}}\,\middle|\, a_{ij} < 0\right\} = \text{Min}\left\{\frac{-5}{-6}, \frac{-2}{-3}, \frac{-4}{-5}\right\} = \frac{c_2 - z_2}{a_{22}} = \frac{2}{3}$$

故选择 a_{22} 为主元素,x_2 为换入变量,得到新的单纯形表,见表 5-7。

表 5-7

$c_j \rightarrow$			-5	-2	-4	0	0
C_B	X_B	b	x_1	x_2	x_3	x_4	x_5
0	x_4	-2/3	[-1]	0	-1/3	1	-1/3
-2	x_2	10/3	2	1	5/3	0	-1/3
$c_j - z_j$			-1	0	-2/3	0	-2/3

再次换入换出,得到新的单纯形表,见表 5-8。

表 5-8

$c_j \rightarrow$			-5	-2	-4	0	0
C_B	X_B	b	x_1	x_2	x_3	x_4	x_5
-5	x_1	2/3	1	0	1/3	-1	1/3
-2	x_2	2	0	1	1	2	-1
$c_j - z_j$			0	0	-1/3	-1	-1/3

(4)所有的 b_i 都大于零,说明找到了最优解。

$X^* = (2/3, 2, 0)^{\mathrm{T}}$;

$\mathrm{Max}\ Z' = -10/3 - 4 = -22/3$;

$\mathrm{Min}\ Z = 22/3$。

【例 5.4】用对偶单纯形法求解:

$$\mathrm{Min}\ Z = 9x_1 + 12x_2 + 15x_3$$

$$\mathrm{s.t.}\begin{cases} 2x_1 + 2x_2 + x_3 \geqslant 10 \\ 2x_1 + 3x_2 + x_3 \geqslant 12 \\ x_1 + x_2 + 5x_3 \geqslant 14 \\ x_j \geqslant 0 (j = 1, 2, 3) \end{cases}$$

解　(1)将模型转化为求最大化问题,约束方程化为等式求出一组基本解,因为对偶问题可行,即全部检验数≤0(求 Max 问题):

$$\mathrm{Max}\ Z' = -9x_1 - 12x_2 - 15x_3$$

$$\mathrm{s.t.}\begin{cases} -2x_1 - 2x_2 - x_3 + x_4 = -10 \\ -2x_1 - 3x_2 - x_3 + x_5 = -12 \\ -x_1 - x_2 - 5x_3 + x_6 = -14 \\ x_j \geqslant 0 (j = 1, 2, 3, 4, 5, 6) \end{cases}$$

(2)单纯形表计算见表 5-9。

表 5-9

c_j			-9	-12	-15	0	0	0
C_B	X_B	b	x_1	x_2	x_3	x_4	x_5	x_6
0	x_4	-10	-2	-2	-1	1	0	0
0	x_5	-12	-2	-3	-1	0	1	0
0	x_6	-14	-1	-1	[-5]	0	0	1
$c_j - z_j$			-9	-12	-15	0	0	0
0	x_4	-36/5	-9/5	-9/5	0	1	0	-1/5
0	x_5	-46/5	-9/5	[-14/5]	0	0	1	-1/5
-15	x_3	14/5	1/5	1/5	1	0	0	-1/5
$c_j - z_j$			-6	-9	0	0	0	-3
0	x_4	-9/7	[-9/14]	0	0	1	-9/14	-1/14
-12	x_2	23/7	9/14	1	0	0	-5/14	1/14
-15	x_3	15/7	1/14	0	1	0	1/14	-3/14
$c_j - z_j$			-3/14	0	0	0	-45/14	-33/14
-9	x_1	2	1	0	0	-14/9	1	1/9
-12	x_2	2	0	1	0	1	-1	0
-15	x_3	2	0	0	1	1/9	0	-2/9
$c_j - z_j$			0	0	0	-1/3	-3	-7/3

最优解为：$X^*=(2,2,2,0,0,0)^{\mathrm{T}}$，$Z^*=72$。

四、总结

通过以上的分析可知，对偶单纯形法其实相当于单纯形法的一种变形，只不过在运用对偶单纯形法解线性规划时需要将单纯形表旋转，单纯形表中的 b 列实际上是对偶问题的非基变量的检验数，而原单纯形表的检验数为对偶问题的基解，可以理解为通过旋转 90°运用单纯形法求解线性规划。

从求解思路上来说，单纯形法是首先保证基解是原问题的基可行解（b_i不小于零），然后通过变量的换入换出增大目标函数值，直到其同时成为对偶问题的可行解，根据强对偶性原理，可知这个解就是最优解；而对偶单纯形法则是首先保证基解是对偶问题的可行解（检验数都小于等于零），然后逐步减小对偶目标函数值，使其成为原问题的可行解。两种方法殊途同归，其本质是一样的。

需要注意的是，对于有些线性规划模型，若在开始求解时，我们不能很快使所有检验数非正，最好还是采用原始单纯形表进行求解，因为这样可以免去为使检验数全部非正而做的许多工作量，从这个意义上看，可以说对偶单纯形法是单纯形法的一个补充。除此之外，在对线性规划进行灵敏度分析中有时也要用到对偶单纯形法简化计算。

使用对偶单纯形法必须满足的两个条件：

（1）单纯形表中的所有检验数必须符合对偶可行，即小于等于 0。

（2）初始解不可行，即右端常数项有负分量（如果原问题可行，则直接用单纯形法）。

5.5 对偶单纯形法的应用

一、对偶问题的经济解释—影子价格

1. 定义

在一对 P 和 D 中，若 P 的某个约束条件的右端项常数 b_i（第 i 种资源的拥有量）增加一个单位时，所引起目标函数最优值 Z^* 的改变量称为第 i 种资源的影子价格，其值等于 D 问题中对偶变量 y_i^*。

2. 影子价格的数学分析

由对偶定理可知，当达到最优解时，原问题和对偶问题的目标函数值相等，即有

$$Z=cX^{(0)}=Y^{(0)}b=y_1^{(0)}b_1+y_2^{(0)}b_2+\cdots+y_m^{(0)}b_m$$

求 Z 对 b 的偏导数得

$$y_1^{(0)}=\frac{\partial Z}{\partial b_1},\quad y_2^{(0)}=\frac{\partial Z}{\partial b_2},\quad \cdots,\quad y_m^{(0)}=\frac{\partial Z}{\partial b_m}$$

即 $y_i^*=\dfrac{\partial Z^*}{\partial b_i}$。

3. 影子价格的经济含义

（1）影子价格是一种边际价格。

影子价格是在其他条件不变的情况下，单位资源数量的变化所引起的目标函数最优值的变

化。即对偶变量 y_i 就是第 i 种资源的影子价格：

$$\frac{\partial Z^*}{\partial b_i} = y_i^* (i = 1,2,\cdots,m)$$

(2)影子价格是一种机会成本。影子价格是在资源最优利用条件下对单位资源的估价，这种估价不是资源实际的市场价格。因此，从另一个角度说，它是一种机会成本。

y_i 的值代表对第 i 种资源的估价，这种估价是针对具体工厂的具体产品而存在的一种特殊价格，称它为“影子价格”。影子价格随具体情况而异，在完全市场经济条件下，当某种资源的市场价格低于影子价格时，企业应买进该资源用于扩大生产；而当某种资源的市场价格高于企业影子价格时，则企业应把已有的资源卖掉，可见影子价格对市场有调节作用。

(3)影子价格在资源利用中的应用。

根据对偶理论的互补松弛性定理，有

$$Y^* X_S = 0, \quad Y_S X^* = 0$$

表明生产过程中如果某种资源 b_i 未得到充分利用时，该资源的影子价格为 0；若当资源的影子价格不为 0 时，表明该种资源在生产中已耗费完。

若生产一个单位第 j 种产品按消耗资源的影子价格计算的支出等于销售一个单位该产品所得收入，则可生产此产品。

如果生产一个单位的第 j 种产品按所消耗资源的影子价格计算的支出大于销售一个单位该产品得到的收入，则不宜生产此产品。

在某项经济活动中，在资源得到最优配置条件下：

若第 i 种资源供大于求，即 $\sum_{j=1}^{n} a_{ij}x_j^* < b_i$ 则该项资源的影子价格为 0；

若第 i 种资源供求平衡，即 $\sum_{j=1}^{n} a_{ij}x_j^* = b_i$ 则该项资源的影子价格大于等于 0。

(4)影子价格对单纯形表计算的解释。

单纯形表中的检验数：$\sigma_j = c_j - C_B B^{-1} P_j = c_j - \sum_{i=1}^{m} a_{ij}y_i$。其中 c_j 表示第 j 种产品的价格；$\sum_{i=1}^{m} a_{ij}y_i$ 表示生产该种产品所消耗的各项资源的影子价格的总和，即产品的隐含成本。

当产值大于隐含成本，即 $\sigma_j > 0$ 时，表明生产该项产品有利，可在计划中安排；否则用这些资源生产别的产品更有利，不在生产中安排该产品。

【例 5.5】 某企业生产 A、B、C 三种产品所需的材料工时见表 5-10。

表 5-10

项　目	A	B	C	拥有量
工时	1	1	1	3
材料	1	4	7	9
单件利润(元)	2	3	3	

$$\text{Min } W = 3y_1 + 9y_2$$

$$\text{s.t.}\begin{cases} y_1 + y_2 \geqslant 2 \\ y_1 + 4y_2 \geqslant 3 \\ y_1 + 7y_2 \geqslant 3 \\ y_1 \geqslant 0, y_2 \geqslant 0 \end{cases}$$

分析：$y_1^* = \dfrac{5}{3}, y_2^* = \dfrac{1}{3}$，即工时的影子价格为$\dfrac{5}{3}$，材料的影子价格为$\dfrac{1}{3}$。如果目前市场上材料的价格低于$\dfrac{1}{3}$，则企业可以购进材料来扩大生产，反之可以卖掉部分材料。如果有客户以高于$\dfrac{5}{3}$的价格购买工时，则可以出售一些工时，反之亦然。

$y_1^* = \dfrac{5}{3}$说明在现有资源限量的条件下，增加一个单位第一种资源可以给企业带来$\dfrac{5}{3}$元的利润；如果要出售该资源，其价格至少在成本价上加$\dfrac{5}{3}$元。

二、对偶单纯形法总结

(1)从上面的例题可以看出，原问题是求最小值，并且目标函数各项系数都不小于零。所以在转化成标准型后各项系数不大于零，从而以松弛变量为基，列出的单纯形表满足检验数都小于等于零，是其对偶问题的一个可行解。如果原问题的标准形式中各项系数不都小于零，则不容易找到对偶问题的一个初始可行解，就不适合使用对偶单纯形法求解。

所以，对偶单纯形法适用于不易找到原方程的可行解而容易找到其对偶问题可行解的线性规划问题。

(2)我们知道，约束方程的数量对单纯形法的计算过程要远远大于变量个数的影响。如果$m>n$，那么对偶问题有n个约束方程，而原问题有m个约束方程，所以对偶问题有更少的约束方程数量，那么对偶单纯形法比单纯形法会显著减少计算量。

(3)弱对偶性和强对偶性是对偶理论的关键原理。对偶问题可以用来对原问题的计划方案进行评价，我们可以用一个对偶问题的可行解和原问题的计划方案进行比较，如果两个目标函数值相等或比较接近，则可以说明原问题的计划方案已经是最优了。

(4)对偶理论在灵敏度分析和影子价格计算中有着重要的作用。

习　题

一、填空题

1. 线性规划问题具有对偶性，即对于任何一个求最大值的线性规划问题，都有一个求________的线性规划问题与之对应，反之亦然。

2. 在一对对偶问题中，原问题的约束条件的右端常数是对偶问题的________。

3. 如果原问题的某个变量为自由变量，则对偶问题中对应的约束条件应为________；若原问题的某个约束条件为等式，则对偶问题对应的变量为________。

4. 对偶问题的对偶问题是________。

5. 若原问题可行，但目标函数无上界，则对偶问题________。

6. 若原问题可行，而对偶问题不可行，则原问题的目标函数________。

7. 若某种资源的影子价格等于 k，在其他条件不变的情况下(假设原问题的最佳基不变)，当该种资源增加 3 个单位时，相应的目标函数值将增加________。

8. 若线性规划问题的可行解为 $\bar{x}$，其对偶问题的可行解为 $\bar{y}$，则有 $c\bar{x}$________$\bar{y}^{\mathrm{T}}b$。

9. 若 x^* 和 y^* 分别是线性规划的原问题和对偶问题的最优解，则有 cx^*________$(y^*)^{\mathrm{T}}b$。

10. 若 X,Y 分别是线性规划的原问题和对偶问题的可行解，且 $CX=Yb$，则________________。

11. 若 x^* 为原问题的一个最优解，$\boldsymbol{B}$ 为对应的最优基矩阵，则对偶问题 $y^*=\boldsymbol{C}_B\boldsymbol{B}^{-1}$ 为其对偶问题的一个__________。

12. 设线性规划的原问题为 Max $\boldsymbol{Z}=\boldsymbol{CX}$，$\boldsymbol{AX}\leqslant\boldsymbol{b}$，$\boldsymbol{X}\geqslant\boldsymbol{0}$，则其对偶问题为__________。

13. 影子价格实际上是与原问题各约束条件相联系的________的数量表现。

14. 线性规划的原问题的约束条件系数矩阵为 A，则其对偶问题的约束条件系数矩阵为________。

15. 在对偶单纯形法迭代中，若某 $b_i<0$，且所有的 $a_{ij}\geqslant 0(j=1,2,\cdots,n)$，则原问题________。

16. 若原问题有 m 个变量，n 个约束条件等式或不等式，则对偶问题________。

二、单选题

1. 线性规划原问题的目标函数为求极小值型，若其某个变量小于等于 0，则其对偶问题约束条件为(　　)形式。

   A. ≥　　B. ≤　　C. >　　D. =

2. 设 $\bar{X}$、$\bar{Y}$ 分别是标准形式的原问题与对偶问题的可行解，则(　　)。

   A. $c\bar{x}\geqslant\bar{y}b$　　B. $c\bar{x}=\bar{y}b$　　C. $c\bar{x}\leqslant\bar{y}b$　　D. $c\bar{x}\neq\bar{y}b$

3. 对偶单纯形法的迭代是从(　　)开始的。

   A. 基本解　　B. 最优解　　C. 可行解　　D. 最有检验的基本解

4. 如果 Z^* 是某标准型线性规划问题的最优目标函数值，则其对偶问题的最优目标函数值 W^*(　　)。

   A. $W^*=Z^*$　　B. $W^*\neq Z^*$　　C. $W^*\leqslant Z^*$　　D. $W^*\geqslant Z^*$

5. 如果某种资源的影子价格大于其市场价格，则说明(　　)。

   A. 该资源过剩　　B. 该资源稀缺

   C. 企业应尽快处理该资源　　D. 企业应充分利用该资源，开辟新的生产途径

6. 在一对对偶问题中，不可能存在的情况是(　　)。

   A. 一个问题有可行解，另一个问题无可行解　　B. 两个问题都有可行解

   C. 两个问题都无可行解　　D. 一个问题无界，另一个问题可行

7. 下列说法错误的是(　　)。

   A. 任何线性规划问题都有一个与之对应的对偶问题

   B. 原问题可行，对偶问题不可行，则原问题有唯一最优解

C. 若原问题为 Max $\boldsymbol{Z}=\boldsymbol{CX},\boldsymbol{AX}\leqslant\boldsymbol{b},\boldsymbol{X}\geqslant\boldsymbol{0}$,则对偶问题为 Min $\boldsymbol{W}=\boldsymbol{Yb},\boldsymbol{YA}\geqslant\boldsymbol{C},\boldsymbol{Y}\geqslant\boldsymbol{0}$

D. 若原问题有可行解,但目标函数无界,则其对偶问题无可行解

8. 如线性规划的原问题为求极大值型,则下列关于原问题与对偶问题的关系中错误的是(　　)。

A. 原问题的约束条件≤,对应的对偶变量"≥0"

B. 原问题的变量"≥0",对应的对偶约束"≥"

C. 原问题的约束条件为"=",对应的对偶变量为0

D. 原问题的变量无符号限制,对应的对偶约束"="

9. 下列有关对偶单纯形法的说法正确的是(　　)。

A. 在迭代过程中应先选进基变量,再选出基变量

B. 当迭代中得到的解满足原始检验数最优性条件时,即得到最优解

C. 初始解不需要满足可行性

D. 初始解必须是可行的

10. 在下列线性规划问题中,(　　)采用求其对偶问题的方法比单纯形迭代的次数少。

A. $\text{Max } Z=-2x_1+x_2-x_3$

$$\text{s.t.}\begin{cases}3x_1+x_2+x_3\leqslant 60\\ x_1-x_2+2x_3\leqslant 10\\ x_1+x_2-x_3\leqslant 20\\ x_{1,2,3}\geqslant 0\end{cases}$$

B. $\text{Max } Z=2x_1+4x_2-x_3+x_4$

$$\text{s.t.}\begin{cases}3x_1+x_2+x_4\leqslant 8\\ x_1+2x_3\leqslant 10\\ x_1+x_2+x_3\leqslant 8\\ x_2+x_3+x_4\leqslant 12\\ x_{1,2,3,4}\geqslant 0\end{cases}$$

C. $\text{Min } Z=-2x_1+x_2-x_3$

$$\text{s.t.}\begin{cases}-x_1+x_2+x_3\geqslant 6\\ -2x_1+x_2-x_3\geqslant 1\\ x_{1,2,3}\geqslant 0\end{cases}$$

D. $\text{Min } Z=-2x_1+x_2-x_3$

$$\text{s.t.}\begin{cases}-x_1+x_2+x_3\leqslant 6\\ -2x_1+x_2-x_3\leqslant 1\\ x_{1,2,3}\geqslant 0\end{cases}$$

三、计算题

1. 写出下列线性规划问题的对偶问题。

(1) $\text{Min } Z=2x_1+2x_2+4x_3$

$$\text{s.t.}\begin{cases}2x_1+3x_2-5x_3\geqslant 2\\ 3x_1-x_2+7x_3\leqslant 3\\ x_1+4x_2+6x_3\leqslant 5\\ x_{1,2,3}\geqslant 0\end{cases}$$

(2) $\text{Min } Z=2x_1+3x_2-5x_3+x_4$

$$\text{s.t.}\begin{cases}x_1+x_2-3x_3+4x_4\geqslant 5\\ 2x_1+2x_3-x_4\leqslant 4\\ x_1+x_2+x_4=6\\ x_{1,2,3}\geqslant 0,x_4\text{ 为自由变量}\end{cases}$$

(3) Max $Z=2x_1-x_2+3x_3+x_4$

$$\text{s.t.}\begin{cases}x_1-2x_2+x_3+5x_4\leqslant 5\\7x_1+x_2-3x_3=-4\\x_1-x_3+2x_4\geqslant 1\\x_{1,3}\geqslant 0, x_{2,4}\text{为自由变量}\end{cases}$$

(4) Max $Z=8x_1+9x_2+2x_3$

$$\text{s.t.}\begin{cases}3x_1-2x_2-7x_3=-5\\3x_2-4x_3\leqslant -4\\-6x_1-4x_3\geqslant 0\\x_1\geqslant 0, x_2\text{ 为自由变量}, x_3\leqslant 0\end{cases}$$

2. 用对偶理论证明下列线性规划模型无最优解。

Max $Z=x_1+x_2$

$$\text{s.t.}\begin{cases}-x_1+x_2+x_3\leqslant 2\\-2x_1+x_2-x_3\leqslant 1\\x_{1,2,3}\geqslant 0\end{cases}$$

3. 用对偶理论证明下列线性规划模型是无界解。

Max $Z=x_1+x_2$

$$\text{s.t.}\begin{cases}-x_1+x_2+x_3\leqslant 2\\-2x_1+x_2-4x_3\leqslant 1\\x_{1,2,3}\geqslant 0\end{cases}$$

4. 已知线性规划问题。

Min $Z=3x_1+2x_2+x_3+4x_4$

$$\text{s.t.}\begin{cases}2x_1+4x_2+5x_3+x_4\geqslant 0\\3x_1-x_2+7x_3-2x_4\geqslant 12\\5x_1+2x_2+x_3+6x_4\geqslant 15\\x_{1,2,3,4}\geqslant 0\end{cases}$$

(1) 用对偶单纯形法求解。

(2) 写出此线性规划的对偶问题。

(3) 利用原问题的最优解求对偶问题的最优解及最优值。

5. 用对偶单纯形法求解下列线性规划问题。

(1) Min $Z=3x_1+2x_2+x_3$

$$\text{s.t.}\begin{cases}x_1+x_2+x_3\leqslant 10\\x_1-x_3\geqslant 4\\x_2-x_3\geqslant 4\\x_{1,2,3}\geqslant 0\end{cases}$$

(2) Min $Z=2x_1+3x_2+5x_3+6x_4$

$$\text{s.t.}\begin{cases}x_1+2x_2+3x_3+x_4\geqslant 2\\-2x_1+x_2-x_3+3x_4\leqslant -3\\x_j\geqslant 0, j=1,2,3,4\end{cases}$$

(3) Min $Z=5x_1+4x_2$

$$\text{s.t.}\begin{cases}x_1+x_2\geqslant 6\\2x_1+x_2\leqslant 2\\x_1\geqslant 0, x_2\geqslant 0\end{cases}$$

6. 已知下面线性规划原问题的最优解是 $X^*=(0,0,4)^{\mathrm{T}}$,求对偶问题的最优解。

$$\text{Max } Z=x_1+4x_2+3x_3$$

$$\text{s.t.}\begin{cases}2x_1+3x_2-5x_3\leqslant 2\\3x_1-x_2+6x_3\geqslant 1\\x_1+x_2+x_3=4\\x_1\geqslant 0, x_2\leqslant 0, x_3\text{ 无约束}\end{cases}$$

7. 已知其对偶问题的最优解是 $Y^*=\left(\frac{4}{5},\frac{3}{5}\right)^{\mathrm{T}}$,求原问题的最优解。

$$\text{Min } Z=2x_1+3x_2+5x_3+2x_4+3x_5$$

$$\text{s.t.}\begin{cases}x_1+x_2+2x_3+x_4+3x_5\geqslant 4\\2x_1-x_2+3x_3+x_4+x_5\geqslant 3\\x_j\geqslant 0, j=1,2,3,4,5\end{cases}$$

第 6 章　灵敏度分析

灵敏度分析是运筹学中一个比较重要的问题，在现实生活中，尤其是在经济管理与生产投资中有着广泛的应用。随着科技的发展，已有不少学者对其进行研究，本书在基于已有研究理论的基础上，对灵敏度的应用进行分析。

在前面几章的内容中，我们所研究的线性规划，都假定 A、B、C 中的元素 a_{ij}、b_i、c_j 是已知常数。但实际上这些参数往往是一些估计或预测的数字，如市场条件发生变化，c_j 值就会变化；a_{ij} 随工艺技术条件的改进而改变，而 b_i 值是根据资源投入后能产生的经济效益来决定的一种决策选择。

灵敏度分析对于决策者的重要性不言而喻。在真实世界里，周围的环境和条件是在不断变化的。原材料的成本在变，产品的需求在变，公司购买新设备，股票价格的波动，员工流动等都在不断发生改变，如果我们要用线性规划模型去解决这些实际问题，那模型中的系数就不可能是一成不变的。

因此，当这些参数中的一个或几个发生改变时，线性规划问题的最优解会有什么变化，或者这些参数一个或多个在什么范围内变化时，问题的最优解是不变的，这就是灵敏度分析。

当然，当线性规划问题中的一个或几个参数发生变化时，可用单纯形法从头计算求解，但这样做既麻烦又没必要。因为单纯形法的迭代是从一个基到另一个基去寻找最优解的，因此当一个或几个参数发生变化时，我们从最优单纯形表去分析即可。

6.1　灵敏度分析基本理论

灵敏度分析的含义是指对系统或事物因为周围条件变化显示出来的敏感度，具体来说就是要研究初始单纯形表上的系数变化对最优解的影响，研究这些系数在什么范围内变化时原最优基仍然是最优的；若原最优基不是最优的，如何用简便的方法找到新的最优解。

一、进行灵敏度分析的基本原则及步骤

1. 灵敏度分析的基本原则

(1) 在最终单纯形表(原线性规划的最优表)的基础上进行。

(2) 尽量减少附加的计算工作量。

单纯形法的迭代过程是从一组基向量变换到另一组基向量，每次迭代都和基变量的系数矩阵 B 有关，表中每次迭代得到的数据只随基向量的不同选择而改变，因此可以把个别参数的变化直接在最优解的单纯形表上反映出来。这样就不需要从头计算，而直接在最优单纯形表进行审查，分析一些数字变化后，判断是否仍满足最优性的条件，如果不满足再从这个表开始进行迭代计算，求得最优解。

2. 灵敏度分析的步骤

(1)求原问题的最优解。

(2)将参数的改变通过计算反映到最终单纯形表中。

(3)检查可行解和检验数是否满足最优条件。

(4)依据不同情况决定继续计算或得到结论。

可按表 6-1 所示的几种情况进行处理。

表 6-1

原问题	对偶问题	结论或继续计算的步骤
可行解	可行解	表中的解仍是最优解
可行解	非可行解	用单纯形法继续迭代求最优解
非可行解	可行解	用对偶单纯形法继续迭代求最优解
非可行解	非可行解	引进人工变量,编制新的单纯形表求最优解

二、灵敏度分析的主要内容

(1)目标函数系数 c_j的变化对最优解的影响。

(2)约束方程右端常数 b_i变化对最优解的影响。

(3)约束方程组系数矩阵 $\boldsymbol{A}$ 变化对最优解的影响。

①这些系数在什么范围内发生变化时,最优解不变?

②系数变化超出上述范围时,如何用最简便的方法求出新的最优解?

(4)分析增加一个约束条件的变化。

(5)分析增加一个变量 x_j的变化。

6.2 价值系数 C_j的变化分析

C_j变动可能由于市场价格的波动或生产成本的变动,C_j的灵敏度分析是在保证最优解的基变量不变的情况下,分析 C_j允许的变动范围Δc_j。

C_j的变化会引起检验数的变化,有两种情况:非基变量对应的价值系数变化,不影响其他检验数;基变量对应的价值系数变化,影响所有非基变量的检验数。

一、非基变量系数 C_j的灵敏度分析

1. 非基变量系数 C_j的灵敏度原理分析

设非基变量 x_j的价值系数 C_j有改变量 Δc_j

$$\begin{pmatrix} \boldsymbol{B}^{-1}\boldsymbol{b} & \boldsymbol{B}^{-1}\boldsymbol{A} \\ -\boldsymbol{C}_B\boldsymbol{B}^{-1}\boldsymbol{b} & \boldsymbol{C}-\boldsymbol{C}_B\boldsymbol{B}^{-1}A \end{pmatrix}$$

若非基变量 x_j 的价值系数 c_j 的改变为 $c_j'=c_j+\Delta c_j$,则变化后的检验数为 $\sigma_j'=c_j+\Delta c_j-C_BB^{-1}p_j$,要保持原最优基不变,即当 c_j 变化 Δc_j 后,最终单纯形表中这个检验数小于或等于零,即 $\sigma_j'=c_j+\Delta c_j-C_BB^{-1}p_j\leqslant 0$,因此 $\Delta c_j\leqslant\Delta\sigma_j$,这就确定了保持最优解不变时非基变量 x_j 的目标函数 c_j 的变化范围,当超

出这个范围时,原最优解将不是最优解,为了求出新的最优解,必须在原最优单纯形表的基础上继续进行迭代以求得新的最优解。

2. 非基变量系数 C_j 的灵敏度分析实例

【例 6.1】某厂利用三种资源 B_1、B_2、B_3 生产三种产品 A_1、A_2、A_3;其中 B_1 为劳动力(单位:人),B_2 为流动资金(单位:元),B_3 为主要设备(单位:台时)。在一个生产周期内,各资源的供应数量、单位产品对各资源的消耗数及单位产品的利润见表 6-2。

表　6-2

资源	产品			资源供给
	A_1	A_2	A_3	
B_1	1	1	2	45
B_2	2	1	1	80
B_3	1	3	1	90
单位产品利润	5	4	3	

如何组织该周期内各种产品的生产,可使总利润最大?

已知该问题的线性规划模型为(其中 x_1、x_2、x_3 分别为产品 A_1、A_2、A_3 的产量;x_4、x_5、x_6 为引入的松弛变量)

$$\text{Max } Z = 5x_1 + 4x_2 + 3x_3$$

$$\text{s.t.}\begin{cases} x_1 + x_2 + 2x_3 + x_4 = 45 \\ 2x_1 + x_2 + x_3 + x_5 = 80 \\ x_1 + 3x_2 + x_3 + x_6 = 90 \\ x_1, x_2, x_3, x_4, x_5, x_6 \geqslant 0 \end{cases}$$

初始表见表 6-3。

表　6-3

C_j			5	4	3	0	0	0
C_B	X_B	b	x_1	x_2	x_3	x_4	x_5	x_6
0	x_4	45	1	1	2	1	0	0
0	x_5	80	2	1	1	0	1	0
0	x_6	90	1	3	1	0	0	1
	σ_j		5	4	3	0	0	0

最优表见表 6-4。

表　6-4

C_B	X_B	b	x_1	x_2	x_3	x_4	x_5	x_6
4	x_2	10	0	1	3	2	−1	0
5	x_1	35	1	0	−1	−1	1	0
0	x_6	25	0	0	−7	−5	2	1
	σ_j		0	0	−4	−3	−1	0

(1)若产品 A_3 的单位利润 C_3 发生变化, C_3 在什么范围内变化时,原来最优解保持不变?

(2)若产品 A_3 的单位利润 C_3 变为 10 时的最优解?

解 (1)因 C_3 为终表中非基变量 x_3 的系数,

其检验数 $\sigma_3=-4$,设 C_3 的改变量为 Δc_3,要使原最优解不变,则必须

$c_3+\Delta c_3-C_BB^{-1}P_j\leqslant 0$,即 $c_3-C_BB^{-1}P_j+\Delta c_3\leqslant 0$, $-4+\Delta c_3\leqslant 0$;

$\Delta c_3\leqslant 4$, $c_3\leqslant 7$

因此当 $c_3\leqslant 7$(价格小于等于 7)时,原最优解不变。

(2)当 c_3 变为 10 时,则 $\Delta c_3=7$,由(1)可知,最优解发生变化,需要进行基变换(见表 6-5 和表 6-6),再做进一步的判断:

$$\sigma_3'=c_3+\Delta c_3-C_BB^{-1}P_j=\sigma_3+\Delta c_3=-4+7=3$$

表 6-5

C_j			5	4	10	0	0	0
C_B	X_B	b	x_1	x_2	x_3	x_4	x_5	x_6
4	x_2	10	0	1	3	2	−1	0
5	x_1	35	1	0	−1	−1	1	0
0	x_6	25	0	0	−7	−5	2	1
	σ_j		0	0	3	−3	−1	0

表 6-6

C_B	X_B	b	x_1	x_2	x_3	x_4	x_5	x_6
10	x_3	22.5	1/2	1/2	1	1/2	0	0
10	x_5	57.5	3/2	1/2	0	−1/2	1	0
0	x_6	67.5	1/2	5/2	0	−1/2	0	1
	σ_j		0	−1	0	−5	−1	0

最优生产安排为生产产品 A_3,生产量为 22.5。

二、基变量的价值系数 c_j 的灵敏度分析

1. 理论分析

若 c_r 是基变量 x_r 的价值系数,因为 $c_r\in C_B$,当 c_r 变为 $c_r+\Delta c_r$ 时,就引起 C_B 的变化,则

$(C_B+\Delta C_B)B^{-1}A=C_BB^{-1}A+(0,\cdots,\Delta c_r\cdots,0)B^{-1}A=C_BB^{-1}A+\Delta c_r(a_{r1}',a_{r2}',\cdots,a_{rn}')$

其中 $(a_{r1}',a_{r2}',\cdots,a_{rn}')$ 是矩阵 $B^{-1}A$ 的第 r 行。于是,变化后的检验数为

$$\sigma_j'=c_j-C_BB^{-1}P_j-\Delta c_ra_{rj}'=\sigma_j-\Delta c_ra_{rj}'\quad (j=1,2,\cdots,n)$$

若要求最优解不变,则必须满足 $\sigma_j'=\sigma_j-\Delta c_ra_{rj}'\leqslant 0\quad (j=1,2,\cdots,n)$

由此可以导出:

当 $a_{rj}<0$ 时,有 $\Delta c_r\leqslant\sigma_j/a_{rj}'$;

当 $a_{rj}>0$ 时,有 $\Delta c_r\geqslant\sigma_j/a_{rj}'$。

因此, Δc_r 的允许范围是

$$\operatorname*{Max}_{j}\{\sigma_j/a'_{rj} \mid a'_{rj}>0\} \leqslant \Delta c_r \leqslant \operatorname*{Min}_{j}\{\sigma_j/a'_{rj} \mid a'_{rj}<0\}$$

使用此公式时，首先要在最优表上查出基变量 x_r 所在行中的元素 $a'_{rj}(j=1,2,\cdots,n)$，而且只取与非基变量所在列相对应的元素，将其中的正元素放在不等式的左边，负元素放在不等式右边，分别求出 Δc_r 的上下界。

2. 基变量系数 C_j 的灵敏度实例

接上例：

(3)若产品 A_1 的单位利润 C_1 发生变化，C_1 在什么范围内变化时，原来最优解保持不变？

(4)产品 A_1 的单位利润 $C_1=10$ 时的最优解？

解 (3)因 C_1 为终表中基变量 x_1 的系数，设其改变量为 Δc_1，见表 6-7。

表 6-7

C_j			$5+\Delta c_1$	4	3	0	0	0
C_B	X_B	b	x_1	x_2	x_3	x_4	x_5	x_6
4	x_2	10	0	1	3	2	-1	0
$5+\Delta c_1$	x_1	35	1	0	-1	-1	1	0
0	x_6	25	0	0	-7	-5	2	1
σ_j			0	0	$-4+\Delta c_1$	$-3+\Delta c_1$	$-1-\Delta c_1$	0

$$\begin{cases}-4+\Delta c_1\leqslant 0\\-3+\Delta c_1\leqslant 0\\-1-\Delta c_1\leqslant 0\end{cases}\rightarrow\begin{cases}\Delta c_1\leqslant 4\\\Delta c_1\leqslant 3\\\Delta c_1\geqslant -1\end{cases}$$

$-1\leqslant\Delta c_1\leqslant 3$ 故 $4\leqslant c_1\leqslant 8$，则基 B 仍是最优基，但最优值变成 $\overline{C}_B B^{-1}b$。

(4)因 $C_1=10$，$\Delta c_1=5$ 由(3)可知，最优基发生变化，见表 6-8 和表 6-9。

表 6-8

C_j			10	4	3	0	0	0
C_B	X_B	b	x_1	x_2	x_3	x_4	x_5	x_6
4	x_2	10	0	1	3	2	-1	0
10	x_1	35	1	0	-1	-1	1	0
0	x_6	25	0	0	-7	-5	2	1
σ_j			0	0	1	2	-6	0

表 6-9

C_B	X_B	b	x_1	x_2	x_3	x_4	x_5	x_6
0	x_4	5	0	1/2	3/2	1	-1/2	0
10	x_1	40	1	1/2	1/2	0	1/2	0
0	x_6	50	0	5/2	1/2	0	-1/2	1
σ_j			0	-1	-2	0	-5	0

新问题的最优解为：$x_1=40, x_2=0, x_3=0, x_4=5, x_5=0, x_6=50$

新问题最优值 $Z^*=400$。

6.3 约束条件右端常数项 b_i 的灵敏度分析

一、理论分析

右端常数项 b_i 的变化在实际问题中表明可用资源的数量发生变化。当第 r 个约束方程的右端常数由原来的 b_r 变为 $b_r'=b_r+\Delta b_r$，其他系数都不变，即初始表上新的资源限定向量为

$$\boldsymbol{b}'=\boldsymbol{b}+\Delta\boldsymbol{b}=\begin{pmatrix}b_1\\b_2\\\vdots\\b_r\\\vdots\\b_m\end{pmatrix}+\begin{pmatrix}0\\0\\\vdots\\\Delta b_r\\\vdots\\0\end{pmatrix},\text{其中 }\boldsymbol{b}=\begin{pmatrix}b_1\\b_2\\\vdots\\b_r\\\vdots\\b_n\end{pmatrix},\Delta\boldsymbol{b}=\begin{pmatrix}0\\0\\\vdots\\\Delta b_r\\\vdots\\0\end{pmatrix}$$

设原最优解为 $\boldsymbol{X}_B=\boldsymbol{B}^{-1}\boldsymbol{b}'=\begin{pmatrix}x_{B_1}\\x_{B_2}\\\vdots\\x_{B_m}\end{pmatrix}$，则新的最优解为

$$\boldsymbol{X}_B'=\boldsymbol{B}^{-1}\boldsymbol{b}'=\boldsymbol{B}^{-1}\boldsymbol{b}+\boldsymbol{B}^{-1}\Delta\boldsymbol{b}=\boldsymbol{B}^{-1}\boldsymbol{b}+\boldsymbol{B}^{-1}\begin{pmatrix}0\\\vdots\\\Delta b_r\\\vdots\\0\end{pmatrix}$$

若原最优基 $\boldsymbol{B}$ 仍是最优的，则新的最优解 $\boldsymbol{X}_B'\geqslant 0$，即

$$\boldsymbol{X}_B'=\boldsymbol{B}^{-1}\boldsymbol{b}+\boldsymbol{B}^{-1}\begin{pmatrix}0\\\vdots\\\Delta b_r\\\vdots\\0\end{pmatrix}=\boldsymbol{B}^{-1}\boldsymbol{b}+\begin{pmatrix}d_{1r}'\\\vdots\\d_{ir}'\\\vdots\\d_{mr}'\end{pmatrix}=\boldsymbol{X}_B+\Delta\boldsymbol{b}_r\boldsymbol{D}_r\geqslant 0$$

其中 $\boldsymbol{D}_r$ 是 $\boldsymbol{B}^{-1}$ 的第 r 列，即

$$\boldsymbol{D}_r=\begin{pmatrix}d_{1r}'\\d_{2r}'\\\vdots\\d_{mr}'\end{pmatrix}$$

故

$$x_{B_i}+\Delta b_r d'_{ir}\geqslant 0 \quad (i=1,2,\cdots,m)$$

因此，b_r 的允许变化范围是

$$\underset{i}{\mathrm{Max}}\left\{-\frac{x_{B_i}}{d'_{ir}}\;\middle|\; d'_{ir}>0\right\}\leqslant \Delta b_r \leqslant \underset{i}{\mathrm{Min}}\left\{-\frac{x_{B_i}}{d'_{ir}}\;\middle|\; d'_{ir}<0\right\}$$

如果 Δb_r 超出上述范围，则新的解不是可行解。但由于 b_r 的变化不影响检验数，故仍保持检验数 $\sigma\leqslant 0$，即满足对偶可行性，这时可在原最终表的基础上，用对偶单纯形法继续迭代，以求出新的最优解。一般来说，当 $\boldsymbol{b}$ 变为 $\boldsymbol{b}'$时，也可以直接计算 $\boldsymbol{B}^{-1}\boldsymbol{b}$，若有 $\boldsymbol{B}^{-1}\boldsymbol{b}\geqslant 0$，则原最优基 $\boldsymbol{B}$ 仍是最优基，但最优解和最优值要重新计算。若 $\boldsymbol{B}^{-1}\boldsymbol{b}$ 不恒大于零，则原最优基 $\boldsymbol{B}$ 对于新问题来说不再是可行基，但由于所有检验数 $\sigma\geqslant 0$，现行的基本解仍是对偶可行的，因此，只要把原最终表的右端列改为$\begin{pmatrix}\boldsymbol{B}^{-1}\boldsymbol{b}'\\ -\boldsymbol{C}_B\boldsymbol{B}^{-1}\boldsymbol{b}'\end{pmatrix}$，就可用对偶单纯形法求解新问题。

二、实例分析

接例 6.1 中的实例：

(5) $\boldsymbol{b}_2$在什么范围内变化时，最优基不变？

(6) 若资金限量改为 100 元，求最优生产方案。

解　(5) 设 $\boldsymbol{b}_2$有增量 $\Delta\boldsymbol{b}_2$，由最优单纯形表知

$$\boldsymbol{B}^{-1}=\begin{pmatrix}2 & -1 & 0\\ -1 & 1 & 0\\ -5 & 2 & 1\end{pmatrix}$$

$$\Delta\boldsymbol{b}=\begin{pmatrix}0\\ \Delta b_2\\ 0\end{pmatrix}$$

$$\boldsymbol{B}^{-1}\overline{\boldsymbol{b}}=\boldsymbol{B}^{-1}\boldsymbol{b}+\boldsymbol{B}^{-1}\Delta\boldsymbol{b}=\begin{pmatrix}10\\ 35\\ 25\end{pmatrix}+\begin{pmatrix}-\Delta b_2\\ \Delta b_2\\ 2\Delta b_2\end{pmatrix}=\begin{pmatrix}10-\Delta b_2\\ 35+\Delta b_2\\ 25+2\Delta b_2\end{pmatrix}$$

若想保持最优基不变，则要求$\begin{cases}\Delta b_2\leqslant 10\\ \Delta b_2\geqslant -35\\ \Delta b_2\geqslant -25/2\end{cases}\Rightarrow -\dfrac{25}{2}\leqslant \Delta b_2\leqslant 10$

$$\frac{135}{2}\leqslant b_2\leqslant 90$$

(6) $b_2=80$，$\Delta b_2=20$，由最优单纯形表知

$$\boldsymbol{B}^{-1}=\begin{pmatrix}2 & -1 & 0\\ -1 & 1 & 0\\ -5 & 2 & 1\end{pmatrix}$$

$$\Delta \boldsymbol{b}=\begin{pmatrix}0\\ 20\\ 0\end{pmatrix}$$

$$\boldsymbol{B}^{-1}\bar{\boldsymbol{b}}=\boldsymbol{B}^{-1}\boldsymbol{b}+\boldsymbol{B}^{-1}\Delta\boldsymbol{b}=\begin{pmatrix}10\\ 35\\ 25\end{pmatrix}+\begin{pmatrix}-20\\ 20\\ 40\end{pmatrix}=\begin{pmatrix}-10\\ 55\\ 65\end{pmatrix}$$

则原最优基 B 是新问题的对偶可行基，新单纯形表见表 6-10 和表 6-11。

表 6-10

X_B	b	x_1	x_2	x_3	x_4	x_5	x_6
x_2	-10	0	1	3	2	-1	0
x_1	55	1	0	-1	-1	1	0
x_6	65	0	0	-7	-5	2	1
σ_j		0	0	-4	-3	-1	0

表 6-11

X_B	b	x_1	x_2	x_3	x_4	x_5	x_6
x_5	10	0	-1	-3	-2	1	0
x_1	45	1	1	2	1	0	0
x_6	45	0	2	-1	-1	0	1
σ_j		0	-1	-7	-5	0	0

则得到新的最优解(45,0,0,0,10,45)和新的最优值 225。

6.4 增加一个变量和约束条件的灵敏度分析

一、增加一个新决策变量时的灵敏度分析

若在 LP 中增加一个决策变量 x_{n+1}，其系数列向量为 P_{n+1}，x_{n+1} 的价值系数为 C_{n+1}。

$$\mathrm{LP}_2\begin{cases}\text{Max} \quad Z=CX+c_{n+1}x_{n+1}\\ \text{s.t.}\begin{cases}AX+P_{n+1}x_{n+1}=b\\ X\geqslant 0,x_{n+1}\geqslant 0\end{cases}\end{cases}$$

设 $\boldsymbol{B}$ 是(LP)的最优基 $\begin{pmatrix}\boldsymbol{B}^{-1}\boldsymbol{b} & \boldsymbol{B}^{-1}A\\ -\boldsymbol{C}_B\boldsymbol{B}^{-1}\boldsymbol{b} & \boldsymbol{C}-\boldsymbol{C}_B\boldsymbol{B}^{-1}\boldsymbol{A}\end{pmatrix}$，则 $\boldsymbol{B}$ 也是(LP_2)的一个基，并且与其对

应的单纯形表见表 6-12。

表 6-12

X_B	$\boldsymbol{b}$	$x_1 \quad \cdots x_n$	x_{n+1}
	$\boldsymbol{B}^{-1}\boldsymbol{b}$	$\boldsymbol{B}^{-1}\boldsymbol{A}$	$\boldsymbol{B}^{-1}\boldsymbol{P}_{n+1}$
σ_j	$-\boldsymbol{C}_B\boldsymbol{B}^{-1}\boldsymbol{b}$	$\boldsymbol{C}-\boldsymbol{C}_B\boldsymbol{B}^{-1}\boldsymbol{A}$	$\boldsymbol{C}_{n+1}-\boldsymbol{C}_B\boldsymbol{B}^{-1}\boldsymbol{P}_{n+1}$

显然,$\boldsymbol{B}$ 是(LP_2)的可行基。

(1)若 $\boldsymbol{C}_{n+1}-\boldsymbol{C}_B\boldsymbol{B}^{-1}\boldsymbol{P}_{n+1}\leqslant 0$,则 $\boldsymbol{B}$ 是(LP_2)的最优基。

(2)若 $\boldsymbol{C}_{n+1}-\boldsymbol{C}_B\boldsymbol{B}^{-1}\boldsymbol{P}_{n+1}>0$,则 $\boldsymbol{B}$ 是(LP_2)的可行基,而非最优基,此时又有两种情形:

①若 $\boldsymbol{B}^{-1}\boldsymbol{P}_{n+1}\leqslant\dot{0}$,则($LP_2$)无最优解;

②若 $\boldsymbol{B}^{-1}\boldsymbol{P}_{n+1}$ 中至少有一个正数,则利用单纯形法继续迭代求出最优解。

如例 6.1:在原有生产基础上,工厂计划生产新产品 $\boldsymbol{A}_4$,生产一个 $\boldsymbol{A}_4$ 单位所消耗的人力、资金、设备时数分别为 1,2,3。问:在怎样的单位利润条件下,投产产品 $\boldsymbol{A}_4$,才有利?

解 设产品 $\boldsymbol{A}_4$ 的产量为 x_7,其单位利润为 c_7。

$$\boldsymbol{P}_7=\begin{pmatrix}1\\2\\3\end{pmatrix},\quad \boldsymbol{B}^{-1}=\begin{pmatrix}2 & -1 & 0\\ -1 & 1 & 0\\ -5 & 2 & 1\end{pmatrix}$$

$C_B=(4,5,0)$,$c_7-\boldsymbol{C}_B\boldsymbol{B}^{-1}\boldsymbol{P}_7=c_7-5$,则在原最优单纯形表中加上 x_7 这一列,得到表 6-13。

表 6-13

X_B	b	x_1	x_2	x_3	x_4	x_5	x_6	x_7
x_2	10	0	1	3	2	−1	0	0
x_1	35	1	0	−1	−1	1	0	1
x_6	25	0	0	−7	−5	2	1	2
σ_j		0	0	−4	−3	−1	0	c_7-5

因此,当 A_4 的单位产品的利润大于 5 时,投产产品 A_4 才有利。

二、添加一个新约束条件时的灵敏度分析

若在线性规划问题中再增加一个新的约束条件,即有

$$\sum_{j=1}^{n} a_{m+1,j}x_j \leqslant b_{m+1}$$

即

$$\boldsymbol{A}_{m+1}\boldsymbol{X}\leqslant b_{m+1} \tag{6-1}$$

其中,$\boldsymbol{A}_{m+1}=(a_{m+1,1},a_{m+1,2},\cdots,a_{m+1,n})$,$\boldsymbol{X}=(x_1,x_2,\cdots,x_n)^{\mathrm{T}}$。

由于增加一个约束,则可行域有可能减小,但不会使可行域增大,因此,若原问题的最优解满足这个新的约束,则在新问题中仍是最优解;若原来的最优解不满足这个新约束,那么再来求新的最优解。

设原来的最优基为 $\boldsymbol{B}$,各基向量集中于 $\boldsymbol{A}$ 的前 m 列,最优解为

$$\boldsymbol{X}=\begin{pmatrix}x_B\\x_N\end{pmatrix}=\begin{pmatrix}\boldsymbol{B}^{-1}\boldsymbol{b}\\0\end{pmatrix}$$

对新增加的约束(6-1),引进松弛变量 x_{n+1},又因为 $\boldsymbol{A}_{m+1}=((A_{m+1})_B,(A_{m+1})_N)$,则(6-1)式变成

$$(\boldsymbol{A}_{m+1})_B\boldsymbol{X}_B+(\boldsymbol{A}_{m+1})_N\boldsymbol{X}_N+\boldsymbol{X}_{n+1}=\boldsymbol{b}_{m+1} \tag{6-2}$$

显然,x_{n+1}是约束(6-2)的基变量。增加约束后,新的基 $\boldsymbol{B}'$,$(\boldsymbol{B}')^{-1}$及右端向量 $\boldsymbol{b}'$如下:

$$\boldsymbol{B}'=\begin{pmatrix}B & 0\\(A_{m+1})_B & 1\end{pmatrix},\quad (\boldsymbol{B}')^{-1}=\begin{pmatrix}B^{-1} & 0\\-(A_{m+1})_BB^{-1} & 1\end{pmatrix},\quad \boldsymbol{b}'=\begin{pmatrix}b\\b_{m+1}\end{pmatrix},$$

对于新增加约束后的新问题,在现行基下对应变量 $x_j(j\neq m+1)$的检验数是

$$\sigma_j'=c_j-z_j'=c_j-C_B'(B')^{-1}P_j'=c_j-(C_B,0)\begin{pmatrix}B^{-1} & 0\\-(A_{m+1})_BB^{-1} & 1\end{pmatrix}\begin{pmatrix}P_j\\a_{m+1,j}\end{pmatrix}=c_j-\boldsymbol{C}_B\boldsymbol{B}^{-1}\boldsymbol{P}_j=\boldsymbol{\sigma}_j$$

它与不增加约束时相同,又因为 x_{n+1}是基变量,故 $\sigma_{n+1}'=0$. 因此,现行的基本解是对偶可行的,现行基本解是

$$\begin{pmatrix}X_B\\X_{n+1}\end{pmatrix}=(B')^{-1}\begin{pmatrix}b\\b_{n+1}\end{pmatrix}=\begin{pmatrix}B^{-1} & 0\\-(A_{m+1})_BB^{-1} & 1\end{pmatrix}\begin{pmatrix}b\\b_{m+1}\end{pmatrix}=\begin{pmatrix}B^{-1}b\\b_{m+1}-(A_{m+1})_BB^{-1}b\end{pmatrix}$$

若$(b_{m+1}-(A_{m+1})_BB^{-1}b)\geqslant 0$,则现行的对偶可行的基本解是新问题的可行解,即最优解。

若$(b_{m+1}-(A_{m+1})_BB^{-1}b)<0$,则在原来最终解的基础上增加新约束(6-2)的数据,通过矩阵的初等行变换,把原最终表上的各基向量列及新增列 P_{n+1}化为单位矩阵,再用对偶单纯形法继续求解。

以接例 6.1,在生产计划的基础上,设增加一个用电限制条件,生产产品 A_1、A_2、A_3的一个单位的耗电量分别为 1、2、2(单位:kW · h)。而一个生产周期内总耗电量不超过 43 kW · h,问此时应如何安排生产,可使总利润最大?

解 新增的约束条件为 $x_1+2x_2+2x_3\leqslant 43$,从而引入松弛未知量 x_7,化新约束条件为等式

$$x_1+2x_2+2x_3+x_7=43$$

原最优单纯形表上添加一行和一列得表 6-14 和表 6-15。

表 6-14

X_B	b	x_1	x_2	x_3	x_4	x_5	x_6	x_7
x_2	10	0	1	3	2	−1	0	0
x_1	35	1	0	−1	−1	1	0	0
x_6	25	0	0	−7	−5	2	1	0
x_7	43	1	2	2	0	0	0	1
σ_j		0	0	−4	−3	−1	0	0

表　6-15

X_B	b	x_1	x_2	x_3	x_4	x_5	x_6	x_7
x_2	2	0	1	1	0	-1/3	0	2/3
x_1	39	1	0	0	0	2/3	0	-1/3
x_6	45	0	0	-2	0	1/3	1	-5/3
x_4	4	0	0	1	1	-1/3	0	-1/3
σ_j		0	0	-1	0	-2	0	-1

新的最优解为 $x_1=39, x_2=2, x_3=0$,新的最优值为 $Z^*=203$。

6.5　技术系数 a_{ij} 的变化分析

由于对价值系数 C_j 的分析分为基变量价值系数和非基变量价值系数,现也可以按这种方法把对技术系数 a_{ij} 的分析分为两类:

一、非基向量列 $\boldsymbol{P}_j$ 改变为 $\boldsymbol{P}_j'$

$$\boldsymbol{P}_j=\begin{pmatrix} a_{1j} \\ a_{2j} \\ \vdots \\ a_{nj} \end{pmatrix}$$

这种情况指初始表中的 $\boldsymbol{P}_j$ 到数据改变为 $\boldsymbol{P}_j'$,而第 j 个列向量在原最终表上是非基向量。这一改变直接影响最优单纯形表上的第 j 列数据与第 j 个检验数。最终单纯形表上的第 j 列数据变为 $\boldsymbol{B}^{-1}\boldsymbol{P}_j'$,而新的检验数 $\sigma_j'=c_j-c_B\boldsymbol{B}^{-1}\boldsymbol{P}_j'$,若 $\sigma_j'\leqslant 0$,则原最优解仍是新问题的最优解。若 $\sigma_j'>0$,则最优基在非退化情况下不再是最优基,这时应在原来最优单纯形表的基础上,换上改变后的第 j 列数据 $\boldsymbol{B}^{-1}\boldsymbol{P}_j'$ 和 σ_j',把 x_j 作为换入变量,用单纯形法继续迭代。

二、基向量列 $\boldsymbol{P}_j$ 改变为 $\boldsymbol{P}_j'$

这种情况指初始表中的 $\boldsymbol{P}_j$ 列数据改变为 $\boldsymbol{P}_j'$,而第 j 个列向量在原最终表上是基向量,此时,原最优解的可行性和最优性都可能遭到破坏,需要重新计算。

前面只考虑 a_{ij}、b_i、c_j 一个发生变化,如果多个同时发生变化则很难解析,但在一些特殊情况下,用参数表示变化量,也可以用来进行多个系数的灵敏度分析。

由上面实例很容易看出线性规划的灵敏度分析可以从多个方面着手,这就要求分析线性规划问题可行性时应从这几方面来考虑其灵敏度,从而做出最优可行性分析。

灵敏度分析是用来考察微观变化对建立模型的整体影响的,但是数学建模没有明确的答案,不同的人因为假设条件的不同,建立出来的模型一般是不同的。因此,假设条件成为建模过程中一个影响模型好坏的重要因素,灵敏度分析就是在模型建立后,对假设条件的变化,检验模型的优劣。

习　题

一、填空题

1. 灵敏度分析研究的是线性规划模型的________数据变化对________产生的影响。

2. 在灵敏度分析中，某个非基变量的价值系数的改变，将引起________的检验数的变化；某个基变量的价值系数的改变，将引起________的检验数的变化。

3. 如果某非基变量的目标系数的变化，超过其灵敏度分析容许的变化范围，应重新确定最优基，此变量应________。

4. 约束常数 b 的变化，不会引起________的变化，会影响________。

5. 在某线性规划问题中，已知某资源的影子价格为 Y_1，相应的约束常数 b_1，在灵敏度容许变动范围内发生 Δb_1 的变化，则新的最优解对应的最优目标函数值是________（设原最优目标函数值为 Z^*）。

6. 若某约束常数 b_i 的变化超过其容许变动范围，即 b 这一列出现了负数，为求得新的最优解，需在原最优单纯形表的基础上运用________求解。

7. 已知线性规划问题，目标函数为求最大值，最优基为 B，目标系数为 C_B，若新增变量 x_6，目标系数为 c_6，系数列向量为 P_6，则当________时，x_6 不能进入基底。

8. 如果线性规划的原问题增加一个约束条件，相当于其对偶问题增加一个________。

9. 若某线性规划问题增加一个新的约束条件，在其最优单纯形表中将表现为增加________。

10. 在某生产规划问题的线性规划模型中，变量 x_j 的目标系数 C_j 代表该变量所对应的产品的利润，则当某一非基变量的目标系数发生________变化时，其有可能进入基底。

二、单选题

1. 若线性规划问题最优基中某个基变量的目标系数发生变化，则（　　）。

A. 该基变量的检验数发生变化　　B. 其他基变量的检验数发生变化

C. 所有非基变量的检验数发生变化　　D. 所有变量的检验数都发生变化

2. 线性规划灵敏度分析的主要功能是分析线性规划参数变化对（　　）的影响。

A. 检验数　　B. 可行性

C. 可行解　　D. 最优解

3. 在线性规划的各项灵敏性分析中，一定会引起最优目标函数值发生变化的是（　　）。

A. 目标系数 c_j 的变化　　B. 约束常数项 b_i 变化

C. 增加新的变量　　D. 增加新约束

4. 如果线性规划中的 b_i 发生变化，可能对原最优解产生的影响是（　　）。

A. 检验数的最优性不满足，可行性满足

B. 检验数的最优性满足，可行性不满足

C. 检验数的最优性与可行性都满足

D. 检验数与可行性都不满足

5. 在线性规划问题的各种灵敏度分析中，（　　）的变化不能引起检验数的变化。

A. 资源限量常数　　B. 增加新的约束条件

C. 价值系数　　D. 增加新的变量

6. 对于标准型的线性规划问题，下列说法错误的是(　　)。

A. 在新增变量的灵敏度分析中，若新变量可以进入基底，则目标函数将会得到进一步改善

B. 在增加新约束条件的灵敏度分析中，新的最优目标函数值不可能增加

C. 当某个约束常数 b_k 增加时，目标函数值一定增加

D. 某基变量的目标系数增大，目标函数值将得到改善

7. 灵敏度分析研究的是线性规划模型中最优解和(　　)之间的变化和影响。

A. 基　　B. 松弛变量

C. 原始数据　　D. 条件系数

8. 在灵敏度分析中，我们可以从最优单纯形表的中获得的信息是(　　)。

A. 对偶问题的最优解　　B. 对偶问题的模型

C. 线性规划的模型　　D. 线性规划的的初始表中的系数矩阵

9. 线性规划问题各项系数发生变化时，下列能引起最优解的可行性变化的是(　　)。

A. 非基变量的目标系数变化　　B. 基变量的目标系数变化

C. 增加新的变量　　D. 增加新的约束条件

10. 下列说法正确的是(　　)。

A. 若最优解的可行性满足 $B^{-1}b \geq 0$，则最优解不发生变化

B. 目标系数 C_j 发生变化时，单纯形表的检验数将受到影响

C. 变量 x_j 的目标系数 C_j 发生变化，只会影响到该变量的检验数的变化

D. 变量 x_j 的目标系数 C_j 发生变化，不会影响到自身检验数发生变化

三、计算题

1. 已知某线性规划模型，利用单纯形法得到的单纯形表见表 6-16。

表　6-16

C_j(初始表)			4	2	3	0	0	0
C_B	X_B	b	x_1	x_2	x_3	x_4	x_5	x_6
0	x_4	100	2	2	4	1	0	0
0	x_5	100	3	1	6	0	1	0
0	x_6	120	5	1	2	0	0	1
σ_j			4	2	3	0	0	0
最优表								
	x_2	6			0	3/4	−1/2	
	x_1	7			2	−1/4	1/2	
	x_6	3			−4	0	1	
σ_j					−5	−1/2		

(1) 完成单纯形表中的数据；

(2) 写出此线性规划的最优解和最优值；

2. 某厂利用三种资源 B_1、B_2、B_3 生产三种产品 A_1、A_2、A_3，其中 B_1 为劳动力(单位：人)，B_2 为流动资金(单位：元)，B_3 为主要设备(单位：台时)。在一个生产周期内，各资源的(用运筹学软件对此题结果进行检验)供应数量、单位产品对各资源的消耗数及单位产品的利润见表 6-17。

表 6-17

资源	产品			资源供给
	A_1	A_2	A_3	
B_1	1	1	2	45
B_2	2	1	1	80
B_3	1	3	1	90
单位产品利润	5	4	3	

(1)如何组织该周期内各种产品的生产,使总利润最大?

(2)若产品A_3的单位利润c_3发生变化,c_3在什么范围内变化时,原来最优解保持不变?

(3)若产品A_3的单位利润c_3变为10时的最优解?

(4)若产品A_1的单位利润c_1发生变化,c_1在什么范围内变化时,原来最优解保持不变?

(5)产品A_1的单位利润$c_1=10$时的最优解?

(6)b_2在什么范围内变化时,最优基不变?

(7)若资金限量改为100元,求最优生产方案。

(8)设工厂计划生产新产品A_4,生产一个A_4单位所消耗的人力、资金、设备时数分别为1、2、3。问在怎样的单位利润条件下,投产产品A_4才有利?

(9)设增加一个用电限制条件,生产产品A_1、A_2、A_3的一个单位的耗电量分别为1、2、2(单位:kW·h)。而一个生产周期内总耗电量不超过43 kW·h,问:此时应如何安排生产,使总利润最大?

第 7 章 整数规划

线性规划决策变量的取值可以是任意非负实数，但许多实际问题中，只有当决策变量的取值为整数时才有意义，例如，产品的件数、机器的台数、装货的车数、完成工作的人数等，分数或小数解显然是不合理的。在这种情况下，我们建立最优化模型时，实际问题要求决策变量只能取整数值而非连续取值，这类最优化模型就称为整数规划模型。

整数规划的求解往往比线性规划求解困难，不能简单地将相应的线性规划的最优解取整来获得。

7.1 整数规划的基础理论

一、整数规划概述

1. 整数规划的定义

整数规划（IP）中的变量部分或全部限制为整数时，称为整数规划；若在线性规划模型中，变量限制为取整数，则称为整数线性规划。目前所流行的求解整数规划的方法，往往只适用于整数线性规划。

2. 整数规划的分类

如不加特殊说明，整数规划一般指整数线性规划。对于整数线性规划模型大致可分为三类。

（1）纯整数线性规划（pure integer linear programming）：指全部决策变量都必须取整数值，有时也称全整数规划。

（2）混合整数规划（mixed integer linear programming）：指决策变量中有一部分必须取整数值，另一部分可以不取整数值的整数线性规划。

（3）0-1 型整数规划（zero – one integer linear programming）：指决策变量只能取值 0 或 1 的整数线性规划。

3. 整数规划的特点

【例 7.1】 考虑下面的整数规划问题。

$$\text{Max } Z = x_1 + 4x_2$$

$$\text{s.t.} \begin{cases} -2x_1 + 3x_2 \leqslant 3 \\ x_1 + 2x_2 \leqslant 8 \\ x_1, x_2 \geqslant 0 \text{ 且取整数} \end{cases}$$

解 在约束条件中首先不考虑整数约束，得到线性规划问题（一般称为松弛问题）

$$\text{Max } Z = x_1 + 4x_2$$

$$\text{s.t.} \begin{cases} -2x_1 + 3x_2 \leqslant 3 \\ x_1 + 2x_2 \leqslant 8 \\ x_1, x_2 \geqslant 0 \end{cases}$$

图 7-1 中四边形 $OBPC$ 四条边及其内部为松弛问题的可行域，其中那些整数格点为整数规划问题的可行解。根据目标函数等值线的优化方向，直观可知，P 点$\left(x_1 = \dfrac{18}{7}, x_2 = \dfrac{19}{7}\right)$是其松弛问题的最优解，其目标函数值 $Z = \dfrac{94}{7}$。在 P 点附近对 x_1 和 x_2 简单取整，可得四点：A_1, A_2, A_3, A_4。其中，A_1 和 A_2 为非可行解；A_3 和 A_4 虽为整数可行解，但不是最优解。本例整数规划的最优解为 A^* 点 $(x_1 = 4, x_2 = 2)$，其目标函数值 $Z = 12$。

由例 7.1 可得出整数规划的特点：

(1)原线性规划有最优解，当决策变量限制为整数后，其整数规划解出现下述情况：

①原线性规划的最优解全是整数，则整数规划最优解与线性规划最优解一致；

②整数规划无可行解。

(2)整数规划最优解不能按照实数最优解简单取整而获得。

(3)整数线性规划及其松弛问题比较，前者最优解的目标函数值不会优于后者。

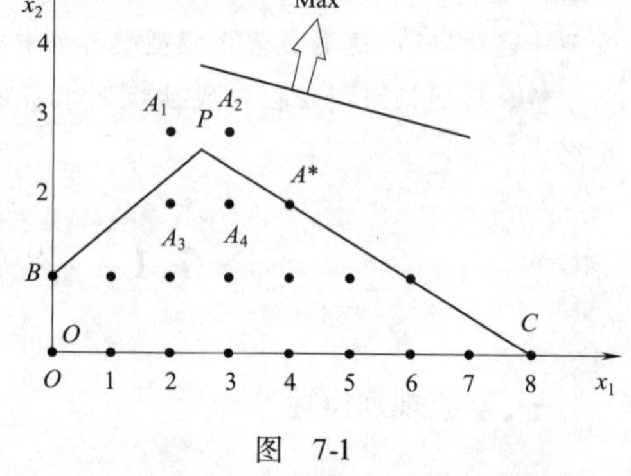

图 7-1

从解的特点上来说，整数规划及其松弛问题二者之间既有密切的联系，又有本质的区别。

松弛问题作为一个线性规划问题，其可行解的集合是一个凸集，任意两个可行解的凸组合仍为可行解。整数规划可行解的集合是松弛问题可行解集合的一个子集，任意两个可行解的凸组合不一定满足整数约束条件，因而不一定仍为可行解。所以，前者最优解的目标函数值不会优于后者最优解的目标函数值。

在一般情况下，松弛问题的最优解不会刚好满足变量的整数约束条件，因而不是整数规划的可行解，自然就不是整数规划的最优解。此时，若对松弛问题最优解中不符合整数要求的分量简单地取整，所得到的解不一定是整数规划问题的最优解，甚至不是整数规划问题的可行解。

3. 整数规划的一般形式

$$\text{Max } Z(\text{或 Min } Z) = \sum_{j=1}^{n} c_j x_j$$

$$\text{s.t.} \begin{cases} \sum_{j=1}^{n} a_{ij} x_j = b_i (i = 1,2,\cdots,m) \\ x_j \geqslant 0 (j = 1,2,\cdots,n) \text{ 且部分或全部为整数} \end{cases}$$

二、整数规划模型举例

【**例 7.2**】投资问题。

现有资金总额为 B,可供选择的投资项目有 n 个,项目 j 所需投资额和预期收益分别为 a_j 和 c_j $(j=1,2,\cdots,n)$,此外由于种种原因,有三个附加条件:

(1)若选择项目 1,就必须同时选择项目 2。反之不一定。

(2)项目 3、4 中至少选择一个。

(3)项目 5、6、7 中恰好选择 2 个。

应该怎样选择投资项目,才能使总预期收益最大?

解　对每个投资项目都有被选择和不被选择两种可能,因此分别用 0 和 1 表示,令 x_j 表示第 j 个项目的决策选择,记为

$$X_j=\begin{cases}1 \text{ 对项目 } j \text{ 投资} \\ 0 \text{ 对项目 } j \text{ 不投资}\end{cases} \quad (j=1,2,\cdots,n)$$

投资问题可以表示为

$$\text{Max } Z = \sum_{j=1}^{n} c_j x_j$$

$$\text{s.t.}\begin{cases}\sum_{j=1}^{n} a_j x_j \leqslant B \\ x_2 \geqslant x_1 \\ x_3 + x_4 \geqslant 1 \\ x_5 + x_6 + x_7 = 2 \\ x_j = 0 \text{ 或者 } 1 \quad (j = 1,2,\cdots,n)\end{cases}$$

【例 7.3】分布系统设计——选址问题。

某企业在 A 地已有一个工厂,其产品的生产能力为 30 千箱,为了扩大生产,打算在 A_2、A_3、A_4、A_5 地中再选择几个地方建厂。已知在 A_2、A_3、A_4、A_5 地建厂的固定成本分别为 175 千元、300 千元、375 千元、500 千元,另外,A_1 产量及 A_2、A_3、A_4、A_5 建成厂的产量、各销地的销量以及产地到销地的单位运价(每千箱运费)见表 7-1。问:应该在哪几个地方建厂,可使在满足销量的前提下,使得其总的固定成本和总的运输费用之和最小?

表　7-1

产　地	销　地			产量(千吨)
	B_1	B_2	B_3	
A_1	8	4	3	30
A_2	5	2	3	10
A_3	4	3	4	20
A_4	9	7	5	30
A_5	10	4	2	40
销量(千吨)	30	20	20	

解　设 x_{ij} 为从 A_i 运往 B_j 的运输量(单位千箱),$y_k = 1$(当 A_k 被选中时)或 0(当 A_k 没被选中时),$k=2,3,4,5$。这可以表示为一个整数规划问题

$$\text{Min } Z=175y_2+300y_3+375y_4+500y_5+8x_{11}+4x_{12}+3x_{13}+5x_{21}+2x_{22}+3x_{123}+ \\ 4x_{31}+3x_{32}+4x_{33}+9x_{41}+7x_{42}+5x_{43}+10x_{51}+4x_{52}+2x_{53}$$

(其中前4项为固定投资额,后面的项为运输费用)

$$\text{s.t.}\begin{cases} x_{11}+x_{12}+x_{13}\leqslant 30(A_1\ \text{厂的产量限制}) \\ x_{21}+x_{22}+x_{23}\leqslant 10y_2(A_2\ \text{厂的产量限制}) \\ x_{31}+x_{32}+x_{33}\leqslant 20y_3(A_3\ \text{厂的产量限制}) \\ x_{41}+x_{42}+x_{43}\leqslant 30y_4(A_4\ \text{厂的产量限制}) \\ x_{51}+x_{52}+x_{53}\leqslant 40y_5(A_5\ \text{厂的产量限制}) \\ x_{11}+x_{21}+x_{31}+x_{41}+x_{51}=30(B_1\ \text{销地的限制}) \\ x_{12}+x_{22}+x_{32}+x_{42}+x_{52}=20(B_2\ \text{销地的限制}) \\ x_{13}+x_{23}+x_{33}+x_{43}+x_{53}=20(B_3\ \text{销地的限制}) \\ x_{ij}\geqslant 0,i=1,2,3,4,5;j=1,2,3,y_k\ \text{为}\ 0-1\ \text{变量},k=2,3,4,5 \end{cases}$$

【例7.4】固定成本问题。

高压容器公司制造小、中、大三种尺寸的金属容器,所用资源为金属板、劳动力和机器设备,制造一个容器所需的各种资源的数量见表7-2。不考虑固定费用,每种容器售出一只所得的利润分别为4万元、5万元、6万元,可使用的金属板有500 t,劳动力有300人/月,机器有100台/月,此外不管每种容器制造的数量是多少,都要支付一笔固定的费用:小号是100万元,中号为150万元,大号为200万元。现在制订一个生产计划,使获得的利润为最大。

表 7-2

资　源	小号容器	中号容器	大号容器
金属板(t)	2	4	8
劳动力(人/月)	2	3	4
机器设备(台/月)	1	2	3

解　这是一个整数规划问题。

设x_1,x_2,x_3分别为小号容器、中号容器和大号容器的生产数量。各种容器的固定费用只有在生产该种容器时才投入,为了说明固定费用的这种性质,设$y_i=1$(当生产第i种容器,即$x_i>0$时)或$y_i=0$(当不生产第i种容器即$x_i=0$时)。

引入约束$x_i\leqslant My_i(i=1,2,3)$,$M$充分大,以保证当$y_i=0$时,$x_i=0$。

可建立如下的数学模型:

$$\text{Max } Z=4x_1+5x_2+6x_3-100y_1-150y_2-200y_3$$

$$\text{s.t.}\begin{cases} 2x_1+4x_2+8x_3\leqslant 500 \\ 2x_1+3x_2+4x_3\leqslant 300 \\ x_1+2x_2+3x_3\leqslant 100 \\ x_i\leqslant My_i,i=1,2,3,M\ \text{充分大} \\ x_i\geqslant 0,y_i\ \text{为}\ 0-1\ \text{变量},i=1,2,3 \end{cases}$$

7.2　割平面法

一、割平面法的基础理论

1. 割平面法的基本思想

整数规划的求解方法割平面法是 Gomory 在 1958 年提出来的，所以又称 Gomory 割平面法。该方法的基本思想是在非整数解的松弛问题中逐次增加一个新约束（即割平面），它能割去原松弛问题可行域中一块不含有整数解的区域。逐次切割下去，最终所得松弛问题可行域的一个最优顶点（即整数解）为止。

考虑纯整数规划问题

$$\text{Max } Z = \sum_{j=1}^{n} c_j x_j \tag{7-1}$$

$$\text{s.t.}\begin{cases} \sum_{j=1}^{n} a_{ij}x_j = b_i \quad i = 1,2,\cdots,m & (7\text{-}2) \\ x_j \geqslant 0, j = 1,2,\cdots,n & (7\text{-}3) \\ x_j \text{ 取整数}, j = 1,2,\cdots,n & (7\text{-}4) \end{cases}$$

设其中 $a_{ij}(i=1,\cdots,m;j=1,\cdots,n)$ 和 $b_i(i=1,\cdots,m)$ 皆为整数（若不为整数时，可乘上一个倍数化为整数）。

纯整数规划的松弛问题由（7-1），（7-2）和（7-3）式构成，是一个线性规划问题，可以用单纯形法求解。用割平面法解整数规划时，若其松弛问题的最优解 X^* 不满足（7-4）式，则从 X^* 的非整分量中选取一个，用以构造一个线性约束条件，将其加入原松弛问题中，形成一个新的线性规划，然后求解。若新的最优解 X^* 满足（7-4）式，则它就是整数规划的最优解；否则，重复上述步骤，直到获得整数最优解为止。

为最终获得整数最优解，每次增加的线性约束条件应当具备两个基本性质：其一是已获得的不符合整数要求的线性规划最优解不满足该线性约束条件，从而不可能在以后的解中再出现；其二是凡整数可行解均满足该线性约束条件，整数最优解始终被保留在每次形成的线性规划可行域中。

设 $\hat{X} = (x_1,\cdots,x_n)^{\mathrm{T}}$ 是整数规划松弛问题的一个关于基 B 的最优解，若 $\hat{x}_j(j=1,\cdots,n)$ 全为整数，则 $\hat{X}$ 就是原问题的最优解；若 $\hat{x}_j(j=1,\cdots,n)$ 不全为整数，不妨设松弛线性规划问题的最优单纯形表的第 i 行的基变量 x_{Bi} 非整数（即 b'_i 非整数），它所在方程为

$$x_{Bi} + \sum_{j\in J} a'_{ij}x_j = b'_i \tag{7-5}$$

其中，$J = \{j \mid x_j \text{ 是关于基 } B \text{ 的非基变量}\}$，把（7-5）式中的 $a'_{ij}(j\in J)$ 与 b'_i 都分解为一个整数 N 与一个正的真分数 f 两数之和

$$a'_{ij} = N_{ij} + f_{ij}(0 \leqslant f_{ij} < 1)$$

$$b'_i = N_i + f_i(0 < f_i < 1)$$

则(7-5)式可改写为

$$x_{Bi}+\sum_{j\in J}N_{ij}x_j+\sum_{j\in J}f_{ij}x_j=N_i+f_i$$

或

$$x_{Bi}+\sum_{j\in J}N_{ij}x_j-N_i=f_i-\sum_{j\in J}f_{ij}x_j$$

因为 $x_{Bi},x_j(j\in J)$ 均须为整数,而 $N_{ij}(j\in J)$ 与 N_i 是整数,所以上式左端须为整数,而且由 $f_{ij}\geqslant 0$,x_j 是非负整数,故 $\sum_{j=1}^{n}f_{ij}x_j\geqslant 0$,又因 $f_i>0$ 是真分数,于是有 $f_i-\sum_{j=1}^{n}f_{ij}x_j\leqslant f_i<1$,则必有

$$f_i-\sum_{j\in J}f_{ij}x_j\leqslant 0 \qquad (7\text{-}6)$$

这就是一个割平面,由于它来源于单纯形表的第 i 行,所以称为源于第 i 行的割平面。

把(7-6)式添入原整数规划问题的约束中,可以切割掉最优解 $\hat{X}$,却不会切割掉任一整数可行解。

2. 割平面法的计算步骤

(1)用单纯形法求解整数规划松弛问题,得最优基本解 X_0,令 $k=0$。

(2)若 X_k 的分量全为整数,则 X_k 即为原问题的最优解,停止计算;否则根据 X_k 的一个非整数分量所在单纯形表的那一行(如第 i 行)构造源于第 i 行的割平面(7-6),并给它引入一个松弛变量 x_{n+k+1},得

$$-\sum_{j\in J}f_{ij}x_j+x_{n+k+1}=-f_i$$

(3)把这个新约束添加到最优单纯形表的倒数第二行,并增加一列(即 x_{n+k+1} 列)。用对偶单纯形法继续迭代,求得一个新的最优基本解 X_{k+1};令 $k:=k+1$,返回第(2)步。

二、割平面法举例

【例 7.5】用割平面法求解整数规划。

$$\text{Max } Z=3x_1-x_2 \qquad (7\text{-}7)$$

$$\text{s.t.}\begin{cases}3x_1-2x_2\leqslant 3 & (7\text{-}8)\\ 5x_1+4x_2\geqslant 10 & (7\text{-}9)\\ 2x_1+x_2\leqslant 5 & (7\text{-}10)\\ x_1,x_2\geqslant 0 & (7\text{-}11)\\ x_1,x_2 \text{ 为整数} & (7\text{-}12)\end{cases}$$

解 (7-7)~(7-11)式构成该整数规划的松弛问题(即为线性规划问题),引入松弛变量,将松弛问题化为标准形:

$$\text{Max } Z=3x_1-x_2+0x_3+0x_4+0x_5 \qquad (7\text{-}7)'$$

$$\text{s.t.}\begin{cases}3x_1-2x_2+x_3=3 & (7\text{-}8)'\\ 5x_1+4x_2-x_4=10 & (7\text{-}9)'\\ 2x_1+x_2+x_5=5 & (7\text{-}10)'\\ x_1,x_2,x_3,x_4,x_5\geqslant 0 & (7\text{-}11)'\end{cases}$$

用单纯形法解得最优单纯形表，见表 7-3。

表　7-3

c_j			3	−1	0	0	0
C_B	X_B	b	x_1	x_2	x_3	x_4	x_5
3	x_1	13/7	1	0	1/7	0	2/7
−1	x_2	9/7	0	1	−2/7	0	3/7
0	x_4	31/7	0	0	−3/7	1	22/7
σ_j			0	0	−5/7	0	−3/7

由于 $X_0=\left(\frac{13}{7},\frac{9}{7},0,\frac{31}{7},0\right)^{\mathrm{T}}$ 含有非整数，故根据 X_0 的第一个非整数分量所在表 7-3 中第一行产生割平面约束。按照(7-5)式，割平面约束为

$$-\frac{1}{7}x_3-\frac{2}{7}x_5\leqslant-\frac{6}{7} \tag{7-13}$$

引入松弛变量 x_6，得割平面方程为

$$-\frac{1}{7}x_3-\frac{2}{7}x_5+x_6=-\frac{6}{7} \tag{7-14}$$

将(7-14)式并入表 7-3，然后用对偶单纯形法求解，得表 7-4。

表　7-4

c_j			3	−1	0	0	0	0
C_B	X_B	b	x_1	x_2	x_3	x_4	x_5	x_6
3	x_1	13/7	1	0	1/7	0	2/7	0
−1	x_2	9/7	0	1	−2/7	0	3/7	0
0	x_4	31/7	0	0	−3/7	1	22/7	0
0	x_6	−6/7	0	0	−1/7	0	[−2/7]	1
σ_j			0	0	−5/7	0	−3/7	0
…								
3	x_1	1	1	0	0	0	0	1
−1	x_2	5/4	0	1	0	−1/4	0	−5/4
0	x_3	5/2	0	0	1	−1/2	0	−11/2
0	x_5	7/4	0	0	0	1/4	1	−3/4
σ_j			0	0	0	−1/4	0	−17/4

类似地，从上表中最后一个单纯形表的第四行产生割平面约束

$$-\frac{1}{4}x_4-\frac{1}{4}x_6\leqslant-\frac{3}{4} \tag{7-15}$$

引入松弛变量 x_7，得割平面方程为

$$-\frac{1}{4}x_4-\frac{1}{4}x_6+x_7=-\frac{3}{4} \tag{7-16}$$

将(7-16)式并入上表中最后一个单纯形表,然后用对偶单纯形法解之,得表7-5。

表 7-5

c_j			3	-1	0	0	0	0	0
C_B	X_B	b	x_1	x_2	x_3	x_4	x_5	x_6	x_7
3	x_1	1	1	0	0	0	0	1	0
-1	x_2	2	0	1	0	0	0	-1	-1
0	x_3	4	0	0	1	0	0	-5	-2
0	x_5	1	0	0	0	0	1	-1	1
0	x_4	3	0	0	0	1	0	1	-4
c_j-z_j		-1	0	0	0	0	0	-4	-1

表7-5给出的最优解$(x_1,x_2,x_3,x_4,x_5,x_6,x_7)^T=(1,2,4,3,1,0,0)^T$已满足整数要求,原整数规划问题的最优解为

$$x_1=1,\quad x_2=2,\quad \text{Max}\ Z=1$$

如果在先后构造的割平面约束式(7-13)和式(7-15)中,将各变量用原整数规划的决策变量x_1和x_2表示,则式(7-13)和式(7-15)成为$x_1<1$和$x_1+x_2\geqslant 3$。在这种形式下,“切割”的几何意义是显而易见的,如图7-2所示。

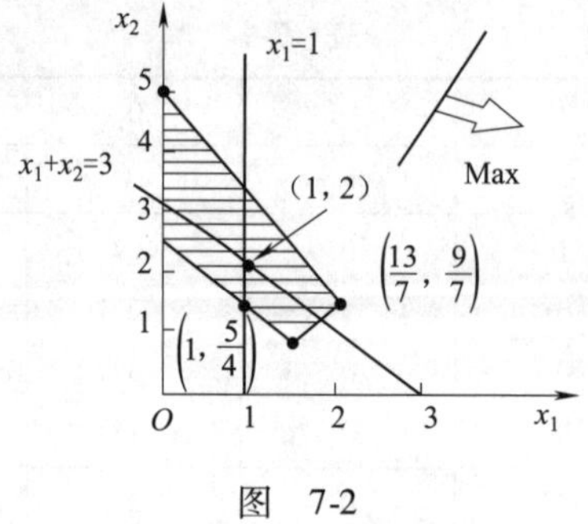

图 7-2

在用割平面法求解整数规划时,常会遇到收敛很慢的情形。因此,在实际使用时,有时往往和下一节中讲的分枝定界法配合使用。

7.3 分枝定界法

分枝定界法是由 Lang Doig 和 Dakin 等在20世纪60年代初提出的,灵活且便于用计算机求解,现在它已经是求解整数规划的重要方法。

一、分枝定界法的基本原理和解题步骤

1. 分枝定界法的基本思想

设有最大化的整数规划问题A,与它相应的线性规划问题B(即松弛问题),从求解问题B开

始。若其最优解不符合 A 的整数条件，那么 B 的最优目标函数必是 A 的最优目标函数 Z^* 的上界，记作 $\overline{Z}$；而 A 的任意可行解的目标函数值将是 Z^* 的一个下界 $\underline{Z}(\underline{Z} \leqslant Z^* \leqslant \overline{Z})$。分枝定界法就是将 B 的可行域分成子区域（称为分枝）的方法，逐步减小 $\overline{Z}$ 和增大 $\underline{Z}$，最终求到 Z^*。

2. 分枝定界法的解题步骤

（1）求整数规划的松弛问题最优解，若松弛问题的最优解满足整数要求，得到整数规划的最优解，否则转下一步。

（2）分枝与定界：任意选一个非整数解的变量 x_i，在松弛问题中加上约束：$x_i \leqslant [x_i]$ 和 $x_i \geqslant [x_i]+1$，组成两个新的松弛问题，称为分枝。新的松弛问题具有的特征：当原问题是求最大值时，目标值是分枝问题的上界；当原问题是求最小值时，目标值是分枝问题的下界。

检查所有分枝的解及目标函数值，若某分枝的解是整数并且目标函数值（Max）大于等于其他分枝的目标值，则将其他分枝剪去不再计算；若还存在非整数解并且目标值（Max）大于整数解的目标值，需要继续分枝，再检查，直到得到最优解。

二、分枝定界法的实例

【例 7.6】 用分枝定界法求解下面整数规划：

$$\text{Max} \ \ Z = x_1 + x_2 \tag{7-17}$$

$$\text{s.t.} \begin{cases} x_1 + \dfrac{9}{14}x_2 \leqslant \dfrac{15}{14} & (7\text{-}18) \\ -2x_1 + x_2 \leqslant \dfrac{1}{3} & (7\text{-}19) \\ x_1, x_2 \geqslant 0 & (7\text{-}20) \\ x_1, x_2 \text{ 为整数} & (7\text{-}21) \end{cases}$$

解　记整数规划问题为（IP），它的松弛问题式（7-17）～式（7-20）为（LP）。图 7-3 中 S 为（LP）的可行域，黑点表示（IP）的可行解。用单纯形法解（LP），最优解为 $x_1 = \dfrac{3}{2}, x_2 = \dfrac{10}{3}$，即点 A，$\text{Max} \ \ Z = \dfrac{29}{6}$。

（LP）的最优解不符合整数要求，可任选一个变量，如选择 $x_1 = \dfrac{3}{2}$ 进行分枝。由于最接近 $\dfrac{3}{2}$ 的整数是 1 和 2，因而可以构造两个约束条件

$$x_1 \geqslant 2 \tag{7-22}$$

或

$$x_1 \leqslant 1 \tag{7-23}$$

将式(7-22)和式(7-23)分别并入到例 7.6 的松弛问题（LP）中，形成两个分枝，即后继问题（LP_1）和（LP_2），分别由（LP）及式(7-22)和（LP）及式(7-23)组成。图 7-4 中 S_1 和 S_2 分别为（LP_1）和（LP_2）的可行域。不连通域 $S_1 \cup S_2$ 中包含了（IP）的所有可行解，S 中被舍去的一部分不包含（IP）的任何可行解。

解　（LP_1）最优解为 $x_1 = 2, x_2 = 23/9$，即点 B，$\text{Max} \ \ Z = 41/9$，点 B 仍不符合整数要求；再解（LP_2），（LP_2）最优解为 $x_1 = 1, x_2 = 7/3$，即点 C，$\text{Max} \ \ Z = 10/3$。点 C 也不符合整数要求。因此，必

须继续分枝。

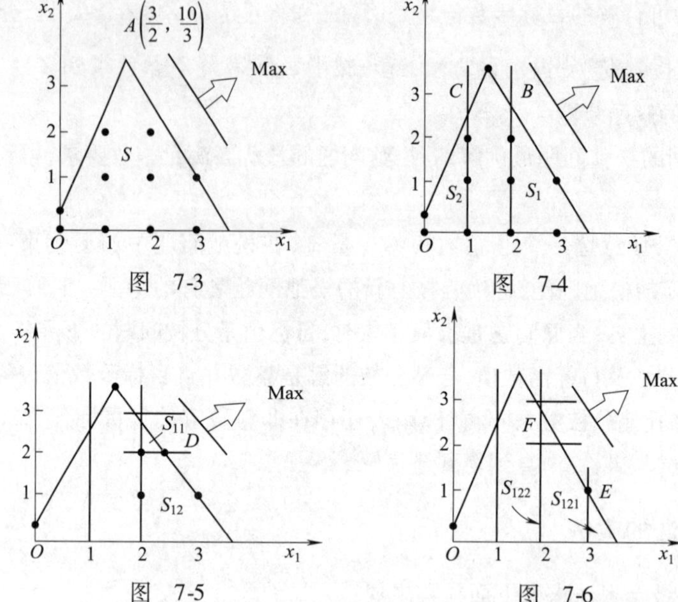

图 7-3

图 7-4

图 7-5

图 7-6

由于41/9 >10/3,所以优先选择 S_1 分枝。因 B 点 $x_1 = 2$,而 $x_2 = 23/9$ 不符合整数要求,故可以构造两个约束条件

$$x_2 \geqslant 3 \tag{7-24}$$

和

$$x_2 \leqslant 2 \tag{7-25}$$

将式(7-24)和式(7-25)分别并入(LP_1),形成两个分枝,即(LP_1)的后继问题(LP_{11})和(LP_{12}),分别由(LP_1)及式(7-24)和(LP_1)及式(7-25)组成。图 7-5 中 S_{12} 为(LP_{12})的可行域。由于式(7-24)和(LP_1)不相容,故(LP_{11})无可行解,即(LP_{11})的可行域 S_{11} 为空集,所以只需考虑后继问题(LP_{12})。

在 S_{12} 上解(LP_{12}),最优解为 $x_1 = 33/14, x_2 = 2$,即图 7-5 中点 D,Max $Z = 61/14$。

对于原整数规划(IP)来说,至此还剩两个分枝:后继问题(LP_2)和(LP_{12}),因为(LP_{12})的最优目标函数值比(LP_2)大,所以优先考虑对(LP_{12})进行分枝。

两个新约束条件为

$$x_1 \geqslant 3 \tag{7-26}$$

和

$$x_1 \leqslant 2 \tag{7-27}$$

类似地,形成(LP_{12})的两个后继问题(LP_{121})和(LP_{122})。图 7-6 中 S_{121} 和 S_{122} 分别为它们的可行域,其中 S_{122} 是一条直线段。

(LP_{121})的最优解为 $x_1 = 3, x_2 = 1$,即图 7-6 中点 E,Max $Z = 4$;(LP_{122})的最优解为 $x_1 = 2, x_2 = 2$,即图 7-6 中点 F,Max $Z = 4$。这两个解都是(IP)的可行解,且目标函数值相等。至此,可以肯定两点:第一,在 S_{121} 和 S_{122} 中不可能存在比点 E 和 F 更好的(IP)的可行解,因此不必再在它们中继续搜索;第二,既然 E 和 F 都是(IP)的可行解,那么,它们的目标函数值 $z = 4$ 就可看作(IP)最优解的目标函数值的一个界限(对于最大化问题,是下界;对于最小化问题,是上界)。

现在,尚未检查的后继问题只有(LP_2)了。但(LP_2)的最优解的目标函数值是$\frac{10}{3}$,比界限 4 小。因此,S_2 中不存在目标函数值比 4 大的(IP)的可行解,即不必再对(LP_2)进行分枝搜索了。

综上所述,我们已经求得了整数规划(IP)的两个最优解。它们分别是 $x_1=3, x_2=1$ 和 $x_1=2, x_2=2$, $\max z=4$。

上述分枝定界法求解的过程可用图 7-7 来表示。

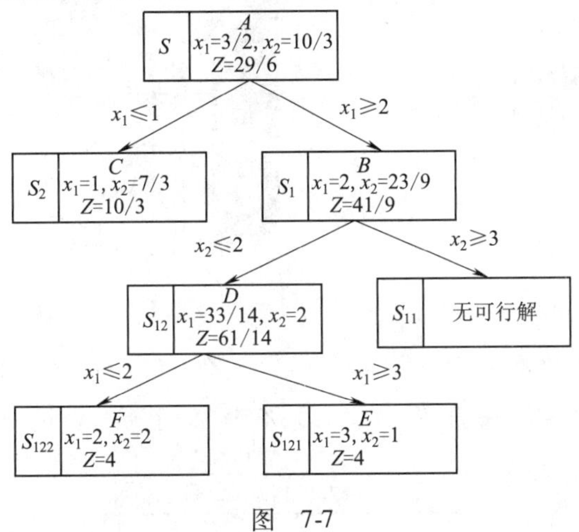

图　7-7

【**例 7.7**】用分枝定界法最下面整数规划求解:

$$\text{Max } Z=4x_1+3x_2$$

$$\text{s.t.}\begin{cases}1.2x_1+0.8x_2\leqslant 10\\2x_1+2.5x_2\leqslant 25\\x_1,x_2\geqslant 0,\text{且均取整数}\end{cases}$$

解　先求对应的松弛问题(记为 LP^0)

$$\text{Max } Z=4x_1+3x_2$$

$$\text{s.t.}\begin{cases}1.2x_1+0.8x_2\leqslant 10\\2x_1+2.5x_2\leqslant 25\\x_1,x_2\geqslant 0\end{cases}\quad (LP^0)$$

用图解法得到最优解 $X=(3.57,7.14)$,$Z^0=35.7$,如图 7-8 所示。

不满足整数约束,以 x_1 为分枝对象,增加约束条件得到两个线性规划,如图 7-9 所示。

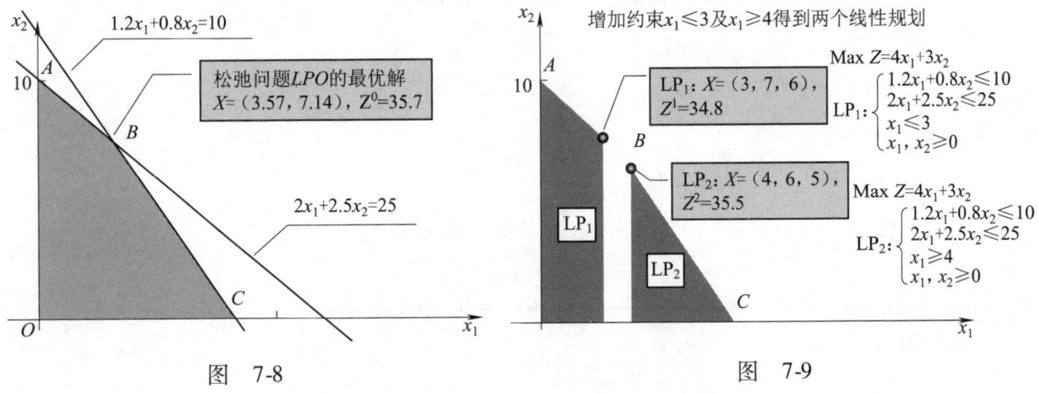

图　7-8　　　　图　7-9

LP_1 和 LP_2 的最优解仍不符合整数运输，优先选 LP_2 为分析对象，如图 7-10 所示。

比较 LP_{21} 和 LP_1，确定分枝对象如图 7-11 所示。

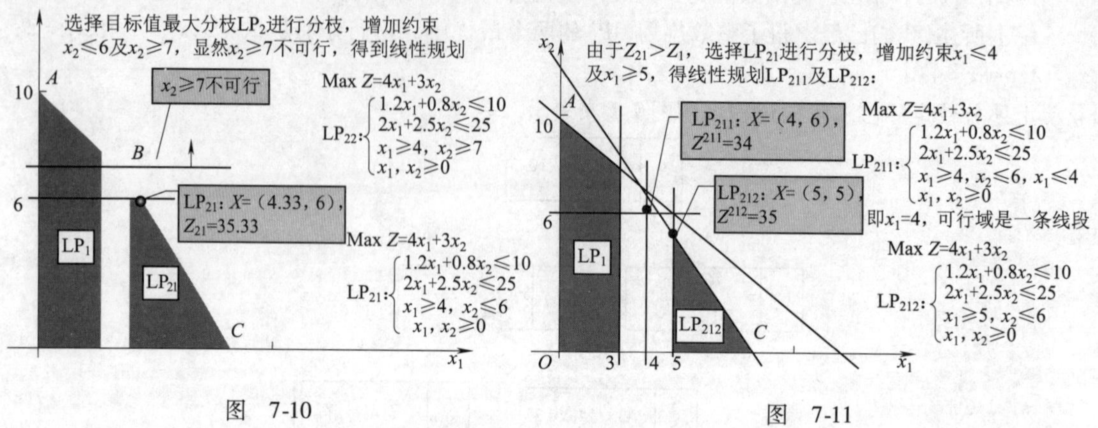

图 7-10　　　　图 7-11

LP_{211} 和 LP_{212} 都满足整数要求，且 $Z^{212} > Z^{211}$，$Z^{212} > Z^1$，LP_1 没有必要继续分枝，所以 LP_{212} 的最优解即为原问题的最优解，最优解为：$X^* = (5,5)$，$Z^* = 35$，上述分枝过程可用图 7-12 表示。

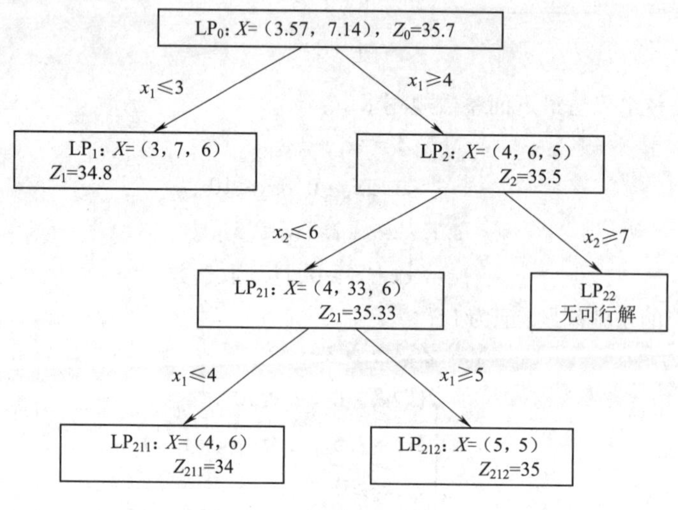

图 7-12

【**例 7.8**】用分枝定界法求解整数规划问题（单纯形法）。

$$\text{Max } Z = 3x_1 + 2x_2$$

$$(\text{IP})\ \text{s.t.}\begin{cases}2x_1 + x_2 \leqslant 9\\2x_1 + 3x_2 \leqslant 14\\x_1, x_2 \geqslant 0 \text{ 且为整数}\end{cases}$$

解　用单纯形法解对应的（LP）问题，见表 7-6，获得最优解。

表 7-6

c_j			3	2	0	0
C_B	X_B	b	x_1	x_2	x_3	x_4

续表

c_j			3	2	0	0
0	x_3	9	2	1	1	0
0	x_4	14	2	3	0	1
	σ_j		3	2	0	0
3	x_1	13/4	1	0	3/4	-1/4
2	x_2	5/2	0	1	-1/2	1/2
	σ_j		0	0	-5/4	-1/4

$x_1=13/4, x_2=5/2, Z^{(0)}=59/4\approx 14.75$，选 x_2 进行分枝，即增加两个约束，$x_2\leqslant 2$ 和 $x_2\geqslant 3$，有

$$\text{Max } Z=3x_1+2x_2 \qquad\qquad \text{Max } Z=3x_1+2x_2$$

$$(\text{IP}_1)\begin{cases}2x_1+x_2\leqslant 9\\2x_1+3x_2\leqslant 14\\x_2\leqslant 2\\x_1,x_2\geqslant 0\text{ 且为整数}\end{cases}\qquad(\text{IP}_2)\begin{cases}2x_1+x_2\leqslant 9\\2x_1+3x_2\leqslant 14\\x_2\geqslant 3\\x_1,x_2\geqslant 0\text{ 且为整数}\end{cases}$$

分别在(LP_1)和(LP_2)中引入松弛变量 x_5 和 x_6，将新加约束条件加入上表计算，即 $x_2+x_5=2$，$-x_2+x_6=-3$，得表 7-7(LP_1)。

表　7-7

c_j			3	2	0	0	0
C_B	X_B	b	x_1	x_2	x_3	x_4	x_5
3	x_1	13/4	1	0	3/4	-1/4	0
2	x_2	5/2	0	1	-1/2	1/2	0
0	x_5	2	0	1	0	0	1
	σ_j		0	0	-5/4	-1/4	0
3	x_1	13/4	1	0	3/4	-1/4	0
2	x_2	5/2	0	1	-1/2	1/2	0
0	x_5	-1/2	0	0	1/2	-1/2	1
	σ_j		0	0	-5/4	-1/4	0
3	x_1	7/2	1	0	1/2	0	-1/2
2	x_2	2	0	1	0	0	1
0	x_4	1	0	0	-1	1	-2
	σ_j		0	0	-3/2	0	-1/2

$x_1=7/2, x_2=2$，$Z^{(1)}=29/2=14.5$，继续分枝，加入约束 $x_2\leqslant 3$ 和 $x_2\geqslant 4$，得表 7-8(LP_2)。

表　7-8

c_j			3	2	0	0	0
C_B	X_B	b	x_1	x_2	x_3	x_4	x_6
3	x_1	13/4	1	0	3/4	-1/4	0
2	x_2	5/2	0	1	-1/2	1/2	0
0	x_6	-3	0	$\underline{-1}$	0	0	1

续表

C_B	X_B	b					
	σ_j		0	0	−5/4	−1/4	0
3	x_1	13/4	1	0	3/4	−1/4	0
2	x_2	5/2	0	1	−1/2	1/2	0
0	x_6	−1/2	0	0	−1/2	1/2	1
	σ_j		0	0	−5/4	−1/4	0
3	x_1	5/2	1	0	0	1/2	−3/2
2	x_2	3	0	1	0	0	−1
0	x_3	1	0	0	1	−1	−2
	σ_j		0	0	0	−3/2	−5/2

$x_1=5/2, x_2=3, Z^{(2)}=27/2=13.5, Z^{(2)}<Z^{(1)}$，先不考虑分枝。

接(LP_1)继续分枝，加入约束 $x_2\leqslant 3$ 和 $x_2\geqslant 4$，有

$$(IP_3)\quad \text{Max } Z=3x_1+2x_2 \quad \begin{cases}2x_1+x_2\leqslant 9\\ 2x_1+3x_2\leqslant 14\\ x_2\leqslant 2\\ x_1\leqslant 3\\ x_1,x_2\geqslant 0 \text{ 且为整数}\end{cases}$$

$$(IP_4)\quad \text{Max } Z=3x_1+2x_2 \quad \begin{cases}2x_1+x_2\leqslant 9\\ 2x_1+3x_2\leqslant 14\\ x_2\leqslant 2\\ x_1\geqslant 4\\ x_1,x_2\geqslant 0 \text{ 且为整数}\end{cases}$$

分别引入松弛变量 x_7 和 x_8，然后进行计算，得表 7-9(LP_3)。

表 7-9

	c_j		3	2	0	0	0	0
C_B	X_B	b	x_1	x_2	x_3	x_4	x_5	x_7
3	x_1	7/2	1	0	1/2	0	−1/2	0
2	x_2	2	0	1	0	0	1	0
0	x_4	1	0	0	−1	1	−2	0
0	x_7	3	1	0	0	0	0	1
	σ_j		0	0	−3/2	0	−1/2	0
3	x_1	7/2	1	0	1/2	0	−1/2	0
2	x_2	2	0	1	0	0	1	0
0	x_4	1	0	0	−1	1	−2	0
0	x_7	−1/2	0	0	−1/2	0	1/2	1
	σ_j		0	0	−3/2	0	−1/2	0
3	x_1	3	1	0	0	0	0	1
2	x_2	2	0	1	0	0	1	0
0	x_4	2	0	0	0	1	−3	−2
0	x_3	1	0	0	1	0	−1	−2
	σ_j		0	0	0	0	−2	−3

$x_1=3, x_2=2, Z^{(3)}=13$，找到整数解，问题已探明，停止计算，得表 7-10（LP_4）。

表　7-10

c_j			3	2	0	0	0	0
C_B	X_B	b	x_1	x_2	x_3	x_4	x_5	x_8
3	x_1	7/2	1	0	1/2	0	-1/2	0
2	x_2	2	0	1	0	0	1	0
0	x_4	1	0	0	-1	1	-2	0
0	x_8	-4	<u>-1</u>	0	0	0	0	1
σ_j			0	0	-3/2	0	-1/2	0
3	x_1	7/2	1	0	1/2	0	-1/2	0
2	x_2	2	0	1	0	0	1	0
0	x_4	1	0	0	-1	1	-2	0
0	x_8	<u>-1/2</u>	0	0	1/2	0	<u>-1/2</u>	1
σ_j			0	0	-3/2	0	-1/2	0
3	x_1	4	1	0	0	0	0	-1
2	x_2	1	0	1	1	0	0	2
0	x_4	3	0	0	-3	1	0	-4
0	x_3	1	0	0	-1	0	1	-2
σ_j			0	0	-2	0	0	-1

$x_1=4$, $x_2=1$, $Z(4)=14$，找到整数解，$Z(4)>Z(2)>Z(3)$，问题已探明，LP_4 的最优解为 LP 的最优解，停止计算。$X^*=(4,1)$，$Z^*=14$。

7.4　枚举法

0-1 整数规划是一种特殊形式的整数规划，这时的决策变量 x_i 只取两个值 0 或 1，一般的解法为隐枚举法。

解 0-1 型整数规划最容易想到的方法，和一般整数规划的情形一样，就是穷举法，即检查变量取值为 0 或 1 的每一种组合，比较目标函数值以求得最优解，这就需要检查变量取值的 2^n 个组合。当变量个数 n 较大（如 $n>10$）时，这几乎是不可能的。因此常设计一些方法，只检查变量取值组合的一部分，就能求到问题的最优解。这样的方法称为隐枚举法（implicit enumeration），分枝定界法也是一种隐枚举法。当然，对有些问题隐枚举法并不适用，有时穷举法还是必要的。

下面举例说明一种解 0－1 型整数规划的隐枚举法。

【例 7.9】 Max $Z=3x_1-2x_2+5x_3$

$$\text{s.t.}\begin{cases}x_1+2x_2-x_3\leqslant 2\\ x_1+4x_2+x_3\leqslant 4\\ x_1+x_2\leqslant 3\\ 4x_2+x_3\leqslant 6\\ x_1,x_2,x_3=0\text{ 或 }1\end{cases}$$

求解思路及改进措施：

（1）先试探性求一个可行解，易看出$(x_1,x_2,x_3)=(1,0,0)$满足约束条件，故为一个可行解，且相应的目标函数值为$z=3$。

（2）因为是求极大值问题，故求最优解时，凡是目标值$z<3$的解不必检验是否满足约束条件即可删除，因它肯定不是最优解，于是应增加一个约束条件（目标值下界）$3x_1-2x_2+5_3\geqslant 3$，称该条件为过滤条件(filtering constraint)。从而原问题等价于

$$\text{Max } Z=3x_1-2x_2+5x_3$$

$$\text{s. t.}\begin{cases}3x_1-2x_2+5x_3\geqslant 3 & (7\text{-}28)\\ x_1+2x_2-x_3\leqslant 2 & (7\text{-}29)\\ x_1+4x_2+x_3\leqslant 4 & (7\text{-}30)\\ x_1+x_2\leqslant 3 & (7\text{-}31)\\ 4x_2+x_3\leqslant 6 & (7\text{-}32)\\ x_1,x_2,x_3=0\text{ 或 }1 & (7\text{-}33)\end{cases}$$

若用全部枚举法，3个变量共有8种可能的组合，我们将这8种组合依次检验它是否满足条件(7-28)～(7-32)式，对某个组合，若它不满足(7-28)式，即不满足过滤条件，则(7-29)～(7-32)式即可行性条件不必再检验；若它满足(7-28)～(7-32)式且相应的目标值严格大于3，则进行第(3)步。

（3）改进过滤条件。

（4）由于对每个组合首先计算目标值以验证过滤条件，故应优先计算目标值z大的组合，这样可提前提高过滤门槛，以减少计算量。

按上述思路与方法，求解过程可由表7-11来表示。

表 7-11

(x_1,x_2,x_3)	目标值	约束条件	过滤条件
		a b c d e	
(0,0,0)	0	×	
(1,0,0)	3	√ √ √ √ √	$3x_1-2x_2+5_3\geqslant 3$
(0,1,0)	-2	×	
(0,0,1)	5	√ √ √ √ √	$3x_1-2x_2+5_3\geqslant 5$
(1,1,0)	1	×	
(1,0,1)	8	√ √ √ √ √	$3x_1-2x_2+5_3\geqslant 8$
(1,1,1)	6	×	
(0,1,1)	3	×	

从而得最优解$(x_1^*,x_2^*,x_3^*)=(1,0,1)$，最优值$Z^*=8$。

7.5　分配问题与匈牙利法

一、问题的提出

分配问题也称指派问题(assignment problem),是一种特殊的整数规划问题。假定有 m 项任务分配给 m 个人去完成,并指定每人完成其中一项,每项只交给一个人去完成,应如何分配可使总效率最高?下面举例说明。

【例 7.10】有一份说明书,要分别译成英、日、德、俄四种文字,交甲、乙、丙、丁四个人去完成。因各人专长不同,他们完成翻译不同文字所需的时间(单位:h)见表 7-12。应如何分配,使这四个人分别完成这四项任务总的时间为最小?

表　7-12

工作	甲	乙	丙	丁
译成英文	2	10	9	7
译成日文	15	4	14	8
译成德文	13	14	16	11
译成俄文	4	15	13	9

令决策变量 x_{ij} 表示第 i 个人是否选择完成第 j 项任务:

$$x_{ij}=\begin{cases}1, & \text{当第 } i \text{ 个人去完成第 } j \text{ 项任务时}\\0, & \text{当第 } i \text{ 个人不去完成第 } j \text{ 项任务时}\end{cases}\quad(1\leqslant i,j\leqslant 4)$$

每个人去完成一项任务的约束为

$$\begin{cases}x_{11}+x_{12}+x_{13}+x_{14}=1\\x_{21}+x_{22}+x_{23}+x_{24}=1\\x_{31}+x_{32}+x_{33}+x_{34}=1\\x_{41}+x_{42}+x_{43}+x_{44}=1\end{cases}$$

每一项任务必有一人去完成的约束为

$$\begin{cases}x_{11}+x_{21}+x_{31}+x_{41}=1\\x_{12}+x_{22}+x_{32}+x_{42}=1\\x_{13}+x_{23}+x_{33}+x_{43}=1\\x_{14}+x_{24}+x_{34}+x_{44}=1\end{cases}$$

完成任务的总时间,即目标函数为

$$\begin{aligned}\text{Min } Z=&2x_{11}+10x_{12}+9x_{13}+7x_{14}+15x_{21}+4x_{22}+14x_{23}+8x_{24}+\\&13x_{31}+14x_{32}+16x_{33}+11x_{34}+4x_{41}+15x_{42}+13x_{43}+9x_{44}\end{aligned}$$

记系数矩阵为 $c_{ij}=\begin{pmatrix}2&10&9&7\\15&4&14&8\\13&14&16&11\\4&15&13&9\end{pmatrix}$,称为效益矩阵,或价值矩阵,$c_{ij}$表示第 i 个人去完成第 j 项任务时有关的效益(时间、费用、价值等)。故该问题的数学模型为

$$\text{Min } Z=\sum_{i=1}^{4}\sum_{j=1}^{4}c_{ij}x_{ij}$$

$$\text{s. t.}\begin{cases}\sum_{j=1}^{4}x_{ij}=1, i=1,2,3,4\\ \sum_{i=1}^{4}x_{ij}=1, j=1,2,3,4\\ x_{ij}=0\text{ 或}1(i,j=1,2,3,4)\end{cases}$$

由于具体情况不同,分配(指派)问题的提法可以各种各样。如果完成任务的效率表现为资源的消耗,考虑的是如何分配任务,使目标极小化;反之,如果完成任务的效率表现为生产效率的高低,则要考虑的是如何分配,使问题极大化。尽管上述提法不一致,但由于性质上的类同,可以归结出相同的数学模型,称为分配问题的模型。在分配问题中,利用不同资源完成不同计划活动的效率通常用表格形式表示,表格中数字组成效率矩阵。

二、一般分配(指派)问题及模型

设某单位有 m 项任务,正好需要 m 个人去完成,如果分配每个人仅能完成一项任务,一项任务也只能由一个人来完成,应如何分派使完成 m 项任务的总效益(或效率)最高。

设该指派问题有相应的效益矩阵 $\boldsymbol{C}=(c_{ij})_{m\times m}$,其元素 c_{ij}表示分配第 i 个人去完成第 j 项任务时的效益($\geqslant 0$),或者说:c_{ij}表示给定的第 i 单位资源分配用于第 j 项活动时的效益。

设问题的决策变量为 x_{ij}是 0-1 变量,即

$$x_{ij}=\begin{cases}1,\text{当分配第 } i \text{ 个单位资源用于第 } j \text{ 项活动时}\\0,\text{当不分配第 } i \text{ 个单位资源用于第 } j \text{ 项活动时}\end{cases}(i,j=1,2,\cdots,m)$$

则分配(指派)问题的数学模型一般写为

$$\text{Min } Z=\sum_{i=1}^{m}\sum_{j=1}^{m}a_{ij}x_{ij}$$

$$\text{s. t.}\begin{cases}\sum_{j=1}^{m}x_{ij}=1\ (i=1,\cdots,m)\\ \sum_{i=1}^{m}x_{ij}=1\ (j=1,\cdots,m)\\ x_{ij}=0\text{ 或 }1(i=1,\cdots,m;j=1,\cdots,m)\end{cases}$$

三、匈牙利法

1. 匈牙利法的基本理论

可以用表上作业法(运输问题)求解分配问题,但通常用更有效的匈牙利法求解。匈牙利法是

从这样一个明显的事实出发的：如果效率矩阵的所有元素 $a_{ij} \geqslant 0$，而其中存在一组位于不同行不同列的零元素，则只要令对应于这些零元素位置的 $x_{ij}=1$，其余的 $x_{ij}=0$，则 $z=\sum_{i=1}^{m}\sum_{j=1}^{m}a_{ij}x_{ij}$ 就是该问题的最优解。如效率矩阵为

$$\begin{pmatrix} 0 & 14 & 9 & 3 \\ 9 & 20 & 0 & 23 \\ 23 & 0 & 3 & 8 \\ 0 & 12 & 14 & 0 \end{pmatrix}$$

显然令 $x_{11}=1, x_{23}=1, x_{32}=1, x_{44}=1$，即将第一项工作分配给甲，第二项给丙，第三项给乙，第四项给丁，这时完成总工作的时间为最少。但问题是如何产生并寻找这组位于不同行不同列的零元素。匈牙利数学家克尼格(Konig)证明了下面两个基本定理，为解决分配问题奠定了理论基础。因此，基于这两个定理基础上建立起来的求解分配问题的计算方法被称为匈牙利法。

下面先介绍克尼格证明的两个定理：

定理 1　如果从分配问题效率矩阵 (a_{ij}) 的每一行元素中分别减去（或加上）一个常数 u_i（被称为该行的位势），从每一列分别减去（或加上）一个常数 v_j（称为该列的位势），得到一个新的效率矩阵 (b_{ij})，若其中 $b_{ij}=a_{ij}-u_i-v_j$，则 (b_{ij}) 的最优解等价于 (a_{ij}) 的最优解。

证明 将从 (b_{ij}) 中得到的解代入分配问题模型的目标函数式

$$\begin{aligned} Z' &= \sum_{i=1}^{m}\sum_{j=1}^{m} b_{ij}x_{ij} = \sum_{i=1}^{m}\sum_{j=1}^{m}(a_{ij}-u_i-v_j)x_{ij} \\ &= \sum_{i=1}^{m}\sum_{j=1}^{m} a_{ij}x_{ij} - \sum_{i=1}^{m}u_i\sum_{j=1}^{m}x_{ij} - \sum_{j=1}^{m}v_j\sum_{j=1}^{m}x_{ij} \\ &= \sum_{i=1}^{m}\sum_{j=1}^{m} a_{ij}x_{ij} - \sum_{i=1}^{m}u_i - \sum_{j=1}^{m}v_j \end{aligned} \tag{7-34}$$

式(7-34)的第一项是 (a_{ij}) 的解，目标函数值为 z；后面两项是常数，因而当 z' 达到最小值时，相应地 $Z=\sum_{i=1}^{m}\sum_{j=1}^{m}a_{ij}x_{ij}$ 也达到最小值。

定理 2　若矩阵 $\boldsymbol{A}$ 的元素可分为 0 与非 0 两部分，则覆盖 0 元素的最少直线等于位于不同行不同列的 0 元素的最大个数。

证明　已知矩阵中有若干 0 元素，设覆盖全部 0 元素最少需 m 条直线，假设位于不同行不同列的 0 有 M 个。因覆盖 M 中的每个 0 至少用一条直线，故有 $m>M$。

下面要证明 $M \geqslant m$。如图 7-13 所示，假定覆盖所有 0 元素的 m 条直线有 r 行（用 $i_1, \cdots, i_r$ 表示）c 列（用 $j_1, \cdots, j_c$ 表示），$m=r+c$。显然在每一行上至少存在一个不在 $j_1, j_2, \cdots, j_c$ 列上的 0。

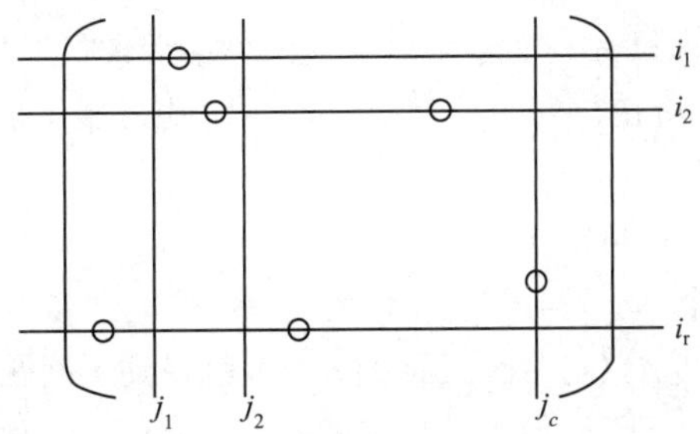

图　7-13

设某一行上这些不在 $j_1,\cdots,j_c$ 列上的 0 元素下标集合

$$S_i=\{l\mid a_{il}=0,l\neq j_1,j_2,\cdots,j_c\}$$

对 $i_1,i_2,\cdots,i_r$ 行分别有集合 $S_{i_1},S_{i_2},\cdots,S_{i_r}$。从这些集合中任意取 k 个($k\leqslant r$),其集合中的不同元素个数必不小于 k,否则这 k 行的直线可用少于 k 条列线代替,与 m 是覆盖 0 元素最少直线数的假定矛盾。由此在 r 条行线存在不少于 r 个位于不同列的 0,且这些 0 不位于 $j_1,\cdots,j_c$ 列上。同理可证明在 c 条列线上存在不少于 c 个位于不同行的 0,且这些 0 不位于 $i_1,\cdots,i_r$ 行上。

若上述两部分 0 的个数总和为 S,则 $S\geqslant m$,又显然 $S\leqslant M$,故有

$$M\geqslant m \tag{7-35}$$

由式(7-34)和式(7-35)知 $M=m$,定理得证。

2. 匈牙利法的计算步骤

下面通过求解例 7.10 来具体说明匈牙利法的计算步骤。

第 1 步:找出效率矩阵每行的最小元素,并分别从每行中减去,有

$$\begin{pmatrix}2&10&9&7\\15&4&14&8\\13&14&16&11\\4&15&13&9\end{pmatrix}\begin{matrix}\text{Min}\\-2\\-4\\-11\\-4\end{matrix}\rightarrow\begin{pmatrix}0&8&7&5\\11&0&10&4\\2&3&5&0\\0&11&9&5\end{pmatrix}$$

第 2 步:再找出矩阵每列的最小元素,再分别从各列中减去,有

$$\begin{pmatrix}0&8&7&5\\11&0&10&4\\0&3&5&0\\0&11&9&5\end{pmatrix}\rightarrow\begin{pmatrix}0&8&2&5\\11&0&5&4\\2&3&0&0\\0&11&4&5\end{pmatrix}$$

$$\text{Min}\quad 0\quad 0\quad 5\quad 0$$

第 3 步:经过上述两步变换后,矩阵的每行每列至少都有了一个零元素。下面就要确定能否找出 m 个位于不同行不同列的零元素的集合(本例中 $m=4$),也就是看要覆盖上面矩阵中的所有零元素,至少要多少条直线。

在这个例子中,覆盖零元素的最少直线数很容易直观判别。但当 m 很大时,特别是要把计算步骤编成程序借助电子计算机求解时,直观的方法行不通,这时可按照以下准则进行:

(1)从第一行开始,若该行只有一个零元素,就对这个零元素打上( )号。对打( )号零元素所在列画一条直线。若该行没有零元素或有两个以上零元素(已划去的不计在内),则转下一行,依次进行到最后一行。

(2)从第一行开始,若该列只有一个零元素就对这个零元素打上( )号(同样不考虑已划去的零元素),再对打( )号零元素所在行划一条直线。若该列没有零元素或有两个以上零元素,则转下一列,依次进行到最后一列。

(3)重复(1)、(2)两个步骤,可能出现三种情况:

①效率矩阵每行都有一个打( )号的零元素,很显然,按上述步骤得到的打( )号的零元素都位于不同行不同列,只要令对应打( )号零元素的 $x_{ij}=1$ 就找到了问题的最优解。

②打( )号的零元素个数小于 m,但未被划去的零元素之间存在闭回路,这时可顺着闭回路的走向,对每个间隔的零元素打一( )号,然后对所有打( )号的零元素,或所在行,或所在列画一条

直线，如式(7-35)矩阵中所示情况。

$$\begin{pmatrix} 0 & \cdots & \cdots \\ \vdots & & \vdots \\ \vdots & & \vdots \\ 0\cdots & & 0 \\ \vdots & & \vdots \\ \vdots & & \vdots \\ 0 & \cdots & 0 \end{pmatrix} \rightarrow \begin{pmatrix} \vdots & \vdots & \vdots \\ (0) & 0 & \cdots \\ \vdots & \vdots & \vdots \\ 0 & \cdots & (0) \\ \vdots & \vdots & \vdots \\ \cdots & (0) & 0 \\ \vdots & \vdots & \vdots \end{pmatrix} \tag{7-36}$$

③矩阵中所有零元素或被划去，或打上( )号，但打( )号的元素个数小于 m。

上述例子就出现第③种情况，其操作过程可见下面矩阵中各步的情况：

$$\begin{pmatrix} \vdots & \vdots & \vdots & \vdots \\ (0) & 8 & 2 & 5 \\ \vdots & \vdots & \vdots & \vdots \\ 11 & 0 & 5 & 4 \\ \vdots & \vdots & \vdots & \vdots \\ 2 & 3 & 0 & 0 \\ \vdots & \vdots & \vdots & \vdots \\ 0 & 11 & 4 & 5 \\ \vdots & \vdots & \vdots & \vdots \end{pmatrix} \rightarrow \begin{pmatrix} \vdots & \vdots & \vdots & \vdots \\ (0) & 8 & 2 & 5 \\ \vdots & \vdots & \vdots & \vdots \\ 11 & (0) & 5 & 4 \\ \vdots & \vdots & \vdots & \vdots \\ 2 & 3 & 0 & 0 \\ \vdots & \vdots & \vdots & \vdots \\ 0 & 11 & 4 & 5 \\ \vdots & \vdots & \vdots & \vdots \end{pmatrix} \rightarrow \begin{pmatrix} \vdots & \vdots & \vdots & \vdots \\ (0) & 8 & 2 & 5 \\ \vdots & \vdots & \vdots & \vdots \\ 11 & (0) & 5 & 4 \\ \vdots & \vdots & \vdots & \vdots \\ 2 & 3 & (0) & 0 \\ \vdots & \vdots & \vdots & \vdots \\ 0 & 11 & 4 & 5 \\ \vdots & \vdots & \vdots & \vdots \end{pmatrix}$$

第 4 步：为设计使每一行都有一个打( )的零元素，需要继续按定理 1 对矩阵进行变换：

从矩阵未被直线覆盖的数字中找出一个最小的数 k；

对矩阵的每行，该行有直线覆盖的，令 $u_i=0$，无直线覆盖的，令 $u_i=k$；

对矩阵中有直线覆盖的列，令 $v_j=-k$，对无直线覆盖的列，令 $v_j=0$；

从原矩阵的每个元素 a_{ij} 中分别减去 u_i 和 v_j，得到一个新的矩阵。

第 5 步：回到第三步，反复进行，一直到矩阵的每一行都有一个打( )号的零元素为止，即找到了最优分配方案。

上例第 3 步得到的最后一个矩阵中，未被直线覆盖的最小数字 2。按第 4 步规则，分别写出各行位势 u_i 与各列位势 v_j，并得新的矩阵。然后回到第 3 步并重复(1)、(2)两步，由于矩阵的每一行都有了一个打( )号的零元素，即已找到了最优方案。操作过程如下：

$$\begin{matrix} \begin{pmatrix} \vdots & \vdots & \vdots & \vdots \\ (0) & 8 & 2 & 5 \\ \vdots & \vdots & \vdots & \vdots \\ 11 & (0) & 5 & 4 \\ \vdots & \vdots & \vdots & \vdots \\ 2 & 3 & (0) & 0 \\ \vdots & \vdots & \vdots & \vdots \\ 0 & 11 & 4 & 5 \\ \vdots & \vdots & \vdots & \vdots \end{pmatrix} & \begin{matrix} 2 \\ \\ 2 \\ \\ 0 \\ \\ 2 \end{matrix} \\ \begin{matrix} -2 & -2 & 0 & 0 \end{matrix} & \end{matrix} \rightarrow \begin{pmatrix} \vdots & \vdots & \vdots & \vdots \\ 0 & 8 & (0) & 3 \\ \vdots & \vdots & \vdots & \vdots \\ 11 & (0) & 3 & 2 \\ \vdots & \vdots & \vdots & \vdots \\ 4 & 5 & 0 & (0) \\ \vdots & \vdots & \vdots & \vdots \\ (0) & 11 & 2 & 3 \\ \vdots & \vdots & \vdots & \vdots \end{pmatrix}$$

按上述匈牙利利法的计算步骤,令对应于打( )号的零元素位置的 $x_{ij}=1$。即最优分配方案为:甲将说明书译成俄文,乙译成日文,丙译成英文,丁译成德文,全部所需时间为 $4+4+9+11=28(h)$。

7.6 非标准型的指派问题

匈牙利法的条件是:模型求最小值、效率 $c_{ij}\geqslant 0$,人和工作数相等。

当遇到各种非标准形式的指派问题时,处理方法是先将其转化为标准形式,然后用匈牙利法来求解。

一、最大化指派问题

处理方法:

令 $C'=M-c_{ij}$,其中,M 是足够大的常数(c_{ij}中最大元素);用匈牙利法求解(b_{ij})即可;所得最小解就是原问题的最大解。

例某人事部门拟招聘四人(甲、乙、丙、丁)任职四项工作,对他们综合考评的 得分如下(满分100 分),问:如何安排工作使总分最多?

$$\boldsymbol{C}=\begin{matrix}甲\\乙\\丙\\丁\end{matrix}\begin{pmatrix}85&92&73&90\\95&87&78&95\\82&83&79&90\\86&90&80&88\end{pmatrix}$$

$M=95$,令

$$\boldsymbol{C}'=(95-c_{ij})$$

$$\boldsymbol{C}'=\begin{pmatrix}10&3&22&5\\0&8&17&0\\13&12&16&5\\9&5&15&7\end{pmatrix}$$

用匈牙利法求解 C′,最优解为

$$\boldsymbol{X}=\begin{pmatrix}0&1&0&0\\1&0&0&0\\0&0&0&1\\0&0&1&0\end{pmatrix}$$

即甲安排做第二项工作,乙做第一项,丙做第四项,丁做第三项, 最高总分 $Z=92+95+90+80=357$。

二、不平衡的指派问题

若人少任务多,则添上一些虚拟的“人”。这些虚拟的“人”完成各任务的费用系数可取 0,理解为这些费用实际上不会发生。

若人多任务少，则添上一些虚拟的“任务”，这些虚拟的“任务”由各人完成的费用系数同样也取 0。

当人数 m 大于工作数 n 时，加上 $m-n$ 项虚拟工作，例如：

$$\begin{pmatrix} 5 & 9 & 10 \\ 11 & 6 & 3 \\ 8 & 14 & 17 \\ 6 & 4 & 5 \\ 3 & 2 & 1 \end{pmatrix} \rightarrow \begin{pmatrix} 5 & 9 & 10 & 0 & 0 \\ 11 & 6 & 3 & 0 & 0 \\ 8 & 14 & 17 & 0 & 0 \\ 6 & 4 & 5 & 0 & 0 \\ 3 & 2 & 1 & 0 & 0 \end{pmatrix}$$

三、一个人可做几件事的指派问题

若某人可做几件事，则将该人化作相同的几个“人”来接受指派，且费用系数取值相同。

例如：丙可以同时任职两项工作，求最优指派方案。

$$\begin{matrix} 甲 \\ 乙 \\ 丙 \end{matrix}\begin{pmatrix} 15 & 20 & 10 & 9 \\ 6 & 5 & 4 & 7 \\ 10 & 13 & 16 & 17 \end{pmatrix} \rightarrow \begin{pmatrix} 15 & 20 & 10 & 9 \\ 6 & 5 & 4 & 7 \\ 10 & 13 & 16 & 17 \\ 10 & 13 & 16 & 17 \end{pmatrix}$$

四、某事一定不能由某人承担的指派问题

将该人做此事的效率系数取做足够大的数，可用 M 表示。

分配甲、乙、丙、丁四个人去完成 A、B、C、D、E 五项任务。每个人完成各项任务的时间见表 7-13。由于任务数多于人数，考虑任务 E 必须完成，其他四项中可任选三项完成。试确定最优分配方案，使完成任务的总时间最少。

表　7-13

人员	任　务				
	A	B	C	D	E
甲	25	29	31	42	37
乙	39	38	26	20	33
丙	34	27	28	40	32
丁	24	42	36	23	45

这是不平衡的指派问题，首先转换为标准型，再用匈牙利法求解。

由于任务数多于人数，所以假定一名虚拟人，设为戊。因为工作 E 必须完成，故设戊完成 E 的时间为 M（M 为非常大的数），其余效率系数为 0，则标准型的效率矩阵表示见表 7-14。

表　7-14

人员	任务				
	A	B	C	D	E
甲	25	29	31	42	37

续表

人员	任务				
	A	*B*	*C*	*D*	*E*
乙	39	38	26	20	33
丙	34	27	28	40	32
丁	24	42	36	23	45
戊	0	0	0	0	*M*

用匈牙利法求出最优指派方案为

$$\begin{pmatrix} 0 & 1 & 0 & 0 & 0 \\ 0 & 0 & 0 & 1 & 0 \\ 0 & 0 & 0 & 0 & 1 \\ 1 & 0 & 0 & 0 & 0 \\ 0 & 0 & 1 & 0 & 0 \end{pmatrix}$$

即甲完成 B 任务,乙完成 D 任务,丙完成 E 任务,丁完成 A 任务, 任务 C 放弃,最少时间为 105。

习　题

一、填空题

1. 用分枝定界法求极大化的整数规划问题时,原问题是求最大值时,目标值是分枝问题的________;当原问题是求最小值时,目标值是分枝问题的________。

2. 在分枝定界法中,若选 $X_1 = 3/2$ 进行分支,则构造的约束条件应为________。

3. 已知整数规划问题 P_0,其相应的松驰问题记为 P'_0,则松弛问题的可行域的面积变________;若问题 P'_0无可行解,则问题 P_0________。

4. 在 0-1 整数规划中决策变量的取值可能是________。

5. 对于一个有 n 项任务需要有 n 个人去完成的分配问题,其解中取值为 1 的变量数为________个。

6. 分枝定界法和割平面法的基础都是用________方法求解整数规划。

7. 若在对某整数规划问题的松驰问题进行求解时,得到最优单纯形表中,由 X_1 所在行得 $x_1 - \frac{1}{4}x_3 + \frac{1}{4}x_4 = \frac{3}{4}$,则以 X_1 行为源行的割平面方程为________。

8. 在用割平面法求解整数规划问题时,要求此整数规划为________。

9. 求解混合整数规划的方法是________。

10. 求解 0-1 整数规划的方法是________,求解分配问题的专门方法是________。

11. 在应用匈牙利法求解分配问题时,其原理是找到 n 个________。

12. 分枝定界法一般每次分枝数量为________。

二、单选题

1. 整数规划问题中，变量的取值可能是(　　)。

A. 整数　B. 0 或 1　C. 大于零的非整数　D. 以上三种都可能

2. 割平面发是将原整数规划问题(L_0)去掉整数约束变为线性规划问题(L_1)，引入线性约束条件使问题(L_1)的可行域逐步(　　)。

A. 缩小　B. 扩大　C. 不变　D. 缩小或扩大

3. 下列方法中用于求解分配问题的是(　　)。

A. 单纯形表　B. 匈牙利法　C. 表上作业法　D. 分枝定界法

4. 下列说明正确的是(　　)。

A. 求解整数规划可以采用求解其相应的松驰问题，然后对其非整数值的解四舍五入的方法得到整数解

B. 用分枝定界法求解一个极大化的整数规划问题，当得到多于一个可行解时，通常任取其中一个作为下界

C. 整数规划不属于线性规划，因此不能用单纯形法求解

D. 用割平面法求解整数规划问题时，必须首先将原问题的非整数的约束系数及右端常数化为整数

5. 关于匈牙利法求解指派问题的下列说法不正确的是(　　)。

A. 分配问题是一个高度退化的运输问题

B. 可以用表上作业法求解分配问题

C. 从分配问题的效益矩阵中逐行取其最小元素，可得到最优分配方案

D. 匈牙利法所能求解的分配问题，要求规定一个人只能完成一件工作，同时一件工作也只给一个人做

三、计算题

1. 用分枝定界法求解下列整数规划问题。

$$\text{Max } Z = 5x_1 + 8x_2$$

$$\text{s.t.}\begin{cases} x_1 + x_2 \leqslant 6 \\ 5x_1 + 9x_2 \leqslant 45 \\ x_{1,2} \geqslant 0\text{，且 } x_{1,2} \text{ 为整数} \end{cases}$$

2. 用分枝定界法求解下列整数规划问题(图解法)。

$$\text{Min } Z = -x_1 - 5x_2$$

$$\text{s.t.}\begin{cases} x_1 - x_2 \geqslant -2 \\ 5x_1 + 6x_2 \leqslant 30 \\ x_1 \leqslant 4 \\ x_1, x_2 \geqslant 0 \end{cases}$$

3. 用割平面法求解下列整数规划问题。

$$\text{Max } Z = 7x_1 + 9x_2$$

$$\text{s.t.}\begin{cases}-x_1+3x_2\leqslant 6\\7x_1+x_2\leqslant 35\\x_{1,2}\geqslant 0,\text{且为整数}\end{cases}$$

4. 求解下列 0-1 规划问题。

$$\text{Max } Z=6x_1+2x_2+3x_3+5x_4$$

$$\text{s.t.}\begin{cases}4x_1+2x_2+x_3+3x_4\leqslant 10\\3x_1-5x_2+x_3+6x_4\geqslant 4\\2x_1+x_2+x_3-x_4\leqslant 3\\x_1+2x_2+4x_3+5x_4\leqslant 10\\x_{1,2,3,4}=1\text{ 或 }0\end{cases}$$

5. 某汽车公司拟将四种新产品配置到四个工厂生产,四个工厂的单位产品成本(元/件)见表 7-15。求最优生产配置方案。工厂 1 承担产品 1,工厂 2 承担产品 4,工厂 3 承担产品 3,工厂 4 承担产品 2。

表 7-15

工厂	产品			
	产品 1	产品 2	产品 3	产品 4
工厂 1	15	18	21	24
工厂 2	19	23	22	18
工厂 3	26	17	16	19
工厂 4	19	21	23	17

6. 分配甲、乙、丙、丁四个人去完成五项任务。每人完成各项任务时间见表 7-16。由于任务数多于人数,故规定其中有一个人可兼完成两项任务,其余三人每人完成一项。试确定总花费时间为最少的指派方案。

表 7-16

人	任务				
	A	*B*	*C*	*D*	*E*
甲	25	29	31	42	37
乙	39	38	26	20	33
丙	34	27	28	40	32
丁	24	42	36	23	45

7. 对于上例,如果需满足下列分配:①任务 E 必须完成。其他四项可任选三项完成;②其中一人完成两项。其他每人完成一项;③甲不承担 A 项工作;试确定总花费时间为最少的指派方案。

8. 一个旅行者要到某地作两周的带包旅行,装背包时,他发现除了已装的必需物品外,他还能再装 5 kg 重的物品。他打算从下列四种物品中选取，使增加的重量不超过 5 kg 又能使使用价值最大。这四种物品的重量和使用价值(对旅行者的重要性)见表 7-17，问：旅行者应该选取哪些物品？并建立模型。

表　7-17

物品序号	物品	重量(kg)	价值
1	电子产品	2	6
2	食品	3	7
3	台灯	1	3
4	书籍	4	9

9. 设有 m 个某种物资的生产点，其中第 i 个点($i=1,2,\cdots,m$)的产量为 a_i，该种物资运输到 n 个销售地，其中第 j 个销售地所需量为 b_j($i=1,2,\cdots,n$)，总生产量大于等于总需求量。从各个生产点往需求点运输时，均需经过 p 个中点编组站中的其中一个进行转运，若启用第 k 个中间编组站，均发生固定费用 f_k(与转运量无关)，其最大转运量为 q_k($k=1,2,\cdots,p$)。用 c_{ik} 和 c_{kj} 分别表示从 i 到 k 和从 k 到 j 的单位物资运费，试建立模型，并确定最佳运输调运方案。

第 8 章 运输问题

运输问题是社会经济生活和军事活动中经常出现的优化问题。在经济建设和国防建设中经常遇到煤炭、钢铁、木材、粮食、武器装备等物资的调运问题。如何制定调运方案,将物资运往指定地点,而且实现运输成本最小,即为运输问题。具体来说,这类问题要解决的就是把某种产品从若干产地调运到若干销地,在每个产地的供应量和每个销地的需求量为已知的前提下,如何在多种可行的方案中,确定一个使总运输费用最少的方案,与一般线性规划问题不同,它的约束系数矩阵具有特殊的结构,根据它的特点可以找到比单纯形法更为简洁的解法。这章我们将具体介绍运输问题的模型、算法、应用。

8.1 运输问题及其数学模型

一、运输问题的数学模型

1. 运输问题的定义

【例 8.1】 某公司从两个产地 A_1、A_2 将物品运往三个销地 B_1、B_2、B_3,各产地的产量、各销地的销量和各产地运往各销地每件物品的运费见表 8-1,问:应如何调运可使总运输费最小?

表 8-1

产 地	销 地			产量
	B_1	B_2	B_3	
A_1	6	4	6	200
A_2	6	5	5	300
销量	150	150	200	500

解 此为产销平衡的运输问题,总产量 = 总销量。

设 x_{ij} 为从产地 A_i 运往销地 B_j 的运输量,得到运输量表见表 8-2。

表 8-2

产 地	销 地			产量
	B_1	B_2	B_3	
A_1	x_{11}	x_{12}	x_{13}	200
A_2	x_{21}	x_{22}	x_{23}	300
销量	150	150	200	500

模型为

$$\text{Min } f=6x_{11}+4x_{12}+6x_{13}+6x_{21}+5x_{22}+5x_{23}$$

$$\text{s. t.}\begin{cases}x_{11}+x_{12}+x_{13}=200\\x_{21}+x_{22}+x_{23}=300\\x_{11}+x_{21}=150\\x_{12}+x_{22}=150\\x_{13}+x_{23}=200\\x_{ij}\geqslant 0(i=1,2;j=1,2,3)\end{cases}$$

约束系数矩阵为

$$\boldsymbol{A}=\begin{pmatrix}1&1&1&0&0&0\\0&0&0&1&1&1\\1&0&0&1&0&0\\0&1&0&0&1&0\\0&0&1&0&0&1\end{pmatrix}$$

一般运输问题的提法：

设有同一种货物从 m 个供应地 $1,2,\cdots,m$ 运往 n 个需求地 $1,2,\cdots,n$，第 i 个供应地的供应量为 $s_i(s_i\geqslant 0)$，第 j 个需求地的需求量为 $d_j(d_j\geqslant 0)$，每单位货物从供应地 i 运到需求地 j 的运价为 c_{ij}，求一个使总运费最小的运输方案。如果从任一供应地到任一需求地都有道路通行，这样的运输问题称为完全运输问题；如果总供应量等于总需求量，这样的运输问题称为供求平衡的运输问题。我们先考虑完全的、供求平衡的运输问题。

为直观清楚起见，列出运输表（见表 8-3）。

表　8-3

产　地	销　地				产量
	B_1	B_2	…	B_n	
A_1	c_{11}	c_{12}	…	c_{1n}	s_1
	x_{11}	x_{12}	…	x_{1n}	
A_2	c_{21}	c_{22}	…	c_{2n}	s_2
	x_{21}	x_{22}	…	x_{2n}	
…	…	…	…	…	…
	…	…	…	…	…
A_m	c_{m1}	c_{m2}	…	c_{mn}	s_m
	x_{m1}	x_{m2}	…	x_{mn}	
销量	d_1	d_2	…	d_n	

表中 x_{ij} 为由产地 A_i 到销地 B_j 的物品数量，c_{ij} 表示产地 A_i 到销地 B_j 的单位运价。

如果运输问题的总产量等于其总销量，即有

$$\sum_{i=1}^{m} s_i = \sum_{j=1}^{n} d_j$$

则称该运输问题为产销平衡运输问题;反之,称为产销不平衡运输问题。

2. 运输问题的网络表示形式。

运输问题也可以用线性规划表示。设 x_{ij} 为从供应地 i 运往需求地 j 的运量,则总运费最小的线性规划问题如图 8-1 所示。

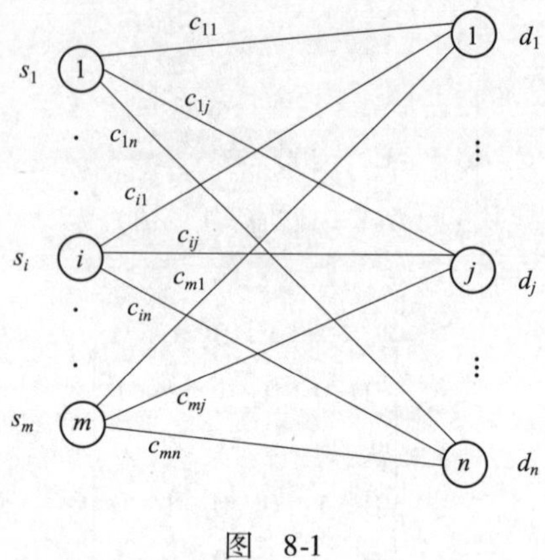

图 8-1

3. 产销平衡运输问题的数学模型

产销平衡运输问题的数学模型如下:

$$\text{Min } Z = \sum_{i=1}^{m}\sum_{j=1}^{n} c_{ij}x_{ij}$$

$$\text{s. t.}\begin{cases} \sum_{j=1}^{n} x_{ij} = s_i & i = 1,2,\cdots,m \\ \sum_{i=1}^{m} x_{ij} = d_j & j = 1,2,\cdots,n \\ x_{ij} \geqslant 0 \end{cases} \tag{8-1}$$

这就是运输问题的数学模型,该模型包含 $m \times n$ 个变量,$m+n$ 个约束方程,其系数矩阵 $\boldsymbol{A}$ 为

$$\boldsymbol{A} = \begin{bmatrix} 1 & 1 & \cdots & 1 & & & & & & & & & \\ & & & & 1 & 1 & \cdots & 1 & & & & & \\ & & & & & & & & \ddots & & & & \\ & & & & & & & & & 1 & 1 & \cdots & 1 \\ 1 & & & & 1 & & & & & 1 & & & \\ & 1 & & & & 1 & & & & & 1 & & \\ & & \ddots & & & & \ddots & & \cdots & & & \ddots & \\ & & & 1 & & & & 1 & & & & & 1 \end{bmatrix}$$

显然,上述物资调运问题是一个特殊的线性规划问题。另外,还有许多问题(如生产规划问题)都可以归结为上述形式。故把凡是具有形如式(8-1)的线性规划问题都叫作运输问题,把产地(供应地)等统称为发点或源,而销地(需求地)统称为收点或汇。

其中,当 $s_i, d_j(i=1,2,\cdots,m;j=1,2,\cdots,n)$ 满足条件 $\sum_{i=1}^{m} s_i = \sum_{j=1}^{n} d_j$ 时,称该运输问题是平衡的,否则称该运输问题是不平衡的。

二、运输问题数学模型的特点

(1)运输问题有有限最优解,即必有最优基本可行解。

(2)运输问题约束条件的系数矩阵 $\boldsymbol{A}$ 的秩为$(m+n-1)$。

$$\boldsymbol{A}=\begin{bmatrix} 1 & 1 & \cdots & 1 & & & & & & & & \\ & & & & 1 & 1 & \cdots & 1 & & & & \\ & & & & & & & & \ddots & & & \\ & & & & & & & & & 1 & 1 & \cdots & 1 \\ 1 & & & & 1 & & & & & 1 & & & \\ & 1 & & & & 1 & & & & & 1 & & \\ & & \ddots & & & & \ddots & & \cdots & & & \ddots & \\ & & & 1 & & & & 1 & & & & & 1 \end{bmatrix}$$

该系数矩阵中对应于变量 x_{ij}的系数向量 $\boldsymbol{p}_{ij}$,其分量中除第 i 个和第 m 十 j 个为 1 以外,其余的都为零。即 $A_{ij}=(0\cdots1\cdots1\cdots0)^{\mathrm{T}}=e_i+e_m+j$。

对产销平衡的运输问题具有以下特点:

(1)约束条件系数矩阵的元素等于 0 或 1。

(2)约束条件系数矩阵的每一列有两个 1,对应于每一个变量在前 m 个约束方程中出现一次,在后 n 个约束方程中也出现一次。

(3)所有约束条件都是等式约束。

(4)各产地产量之和等于各地销量之和。

(5)有 $m+n$ 个约束条件。

8.2　表上作业法求解运输问题

表上作业法是一种迭代算法:先按照某种规则找出一个初始解;再对初始解作最优性判别;若该解不是最优解,就在运输表上对它进行调整改进,从而得出一个新解,再进行判断改进,直到迭代出运输问题的最优解为止。简而言之,表上作业法一般分为三个阶段:第一阶段制定初始调运方案;第二阶段对制定的初始调运方案进行最优性检验;第三阶段从初始调运方案出发,调整调运方案,逐步获得最优解。

在进行表上作业时,首先要了解产销运输表。对于一般运输问题的数学模型,将各种参数以及变量排列在一张表上,即为产销运输表。表上作业法解题步骤如下:

第 1 步:确定初始基本可行解。

第 2 步:最优性判别,若所有空格的检验数 $\sigma_{ij}\geqslant0$,则当前解最优,计算停止,否则转第 3 步。

第 3 步:取一个空格检验数最小的非基变量做进基变量。

第 4 步:调整当前基本可行解,转第 2 步。

一、确定初始基本可行解(初始调运方案)

要求得运输问题的初始基可行解,必须保证找到 $m+n-1$ 个基变量。

1. 西北角法

西北角法是按供应地和需求地的编号为序，依次顺序供给的原则获得初始基本可行解的一种方法。

它是从确定供应地 A_1 到需求地 B_1 的运量开始。这个位置按地图的方位来说是西北角，因而得名。从供应地 A_1 到需求地 B_1 的运量，取供应地 A_1 的供应量和需求地 B_1 的需求量两者中小的一个安排，如果供应地 A_1 的供应量没有用完，则将剩余的供应量向需求地 B_2 发送，依此类推，直到最后一个供应地的供应量全部运出，最后一个需求地的需求量全部满足为止。

为清楚起见，通过例 8.2 介绍这个方法，并将运价表和平衡表合并在一个表中，将单位运价 c_{ij} 写在右上角，x_{ij} 写在格子中间。

【例 8.2】 根据表 8-4，求初始基本可行解。

表 8-4

产 地	销 地				产量
	B_1	B_2	B_3	B_4	
A_1	x_{11} 2	x_{12} 9	x_{13} 10	x_{14} 7	9
A_2	x_{21} 1	x_{22} 3	x_{23} 4	x_{24} 2	5
A_3	x_{31} 8	x_{32} 4	x_{33} 2	x_{34} 5	7
销 量	3	8	4	6	21

解 首先，由于最下一行各数字之和与最右一列各数字之和都为 21，故满足平衡条件。从左上角的变量 x_{11} 开始，先给 x_{11} 以尽可能大的值，为此令

$$x_{11}=\mathrm{Min}\{3,9\}=3$$

由 $x_{11}=3$ 可以看出，x_{21} 与 x_{31} 必须为 0，即已经决定了 3 个未知量的值。通常，先画好一张空格表，把求出的未知数以值填在表上。我们规定在 3 的外面画一个圈，在 0 的地方打上 ×。然后再决定 x_{12} 的值（即未求出 x_{ij} 值的表的左上角的变量），仍旧使 x_{12} 取尽可能大的值，不难看出，这时应取

$$x_{12}=\mathrm{Min}\{9-3,8\}=6$$

在表内 x_{12} 的位置上填上 6 并画圈，x_{13}，x_{14} 这时应为 0，故打上 ×。用同样的方法，可以得出 $x_{22}=2$，$x_{32}=0$，$x_{23}=3$，$x_{24}=0$，$x_{33}=1$，$x_{34}=6$（见表 8-5）。

表 8-5

产 地	销 地				产量
	B_1	B_2	B_3	B_4	
A_1	③ 2	⑥ 9	× 10	× 7	9

续表

产　地	销　地				产量
	B_1	B_2	B_3	B_4	
A_2	× 1	② 3	③ 4	× 2	5
A_3	× 8	× 4	① 2	⑥ 5	7
销　量	3	8	4	6	

不难看出,填在表上的数(×代表 0)是一组可行解。此外,画圈的数共有 $m+n-1$ 个,并且可以证明,用这种方法求得的解是一组基本可行解,而且 $m+n-1$ 个画圈的地方正好是基变量。

从以上例子可以看出,西北角法的一般步骤如下:

(1)先决定左上角变量的值,令这个变量取尽可能大的值,并在这个位置上所填的数外面画上圈。

(2)在填数的格子所在行或列的应该为 0 的格子上打×。若行或列都应该取 0,则在行上打了×以后,就不能在列上再打×。反之,在列上打×后就不能在行上打×。

(3)对没有填数及打×的地方重复上述步骤,若剩余空格的左上角的变量应取 0,则应写上 0 并画圈。

2. 最小元素法

用西北角法求初始基本可行解时没有考虑 c_{ij} 的值,若能将 c_{ij} 的值考虑进去,可使求得的基本可行解对应的目标函数的值小些,这就能够更接近于最优解,从而减少迭代次数,这种按运价由小到大的顺序安排运量的方法即为最小元素法。

$$Z = \sum_{i=1}^{m} \sum_{j=1}^{n} c_{ij} x_{ij}$$

先从各运价中找到最小运价,设为 c_{ij},然后比较供应量 s_i 和需求量 d_j,如果 $s_i > d_j$,取 $x_{ij} = d_j$,并将供应地 i 的供应量改为 $s_i - d_j$,将需求地 j 的需求量改为 0;如果 $s_i < d_j$,取 $x_{ij} = s_i$,并将供应地 i 的供应量改为 0,将需求地 j 的需求量改为 $d_j - s_i$;如果 s_i 和 d_j 中有一个为 0,则不分配运量给 x_{ij}。分配完最小运价的运量后,用同样的方法分配运价次小的运量,依此类推,直到每一个供应地的供应量和每一个需求地的需求量都为 0。

仍以例 8.2 为例,最小元素法不是从 x_{11} 开始,而是从 c_{ij} 取最小值的空格开始(若有几个地方同时达到最小,则可任取一个)。在例 8.2 中,$c_{21}=1$ 最小,故我们先定 x_{21} 的值,和西北角法一样,给 x_{21} 以尽可能大的值,即令 $x_{21} = \text{Min}\{3,5\} = 3$,在 x_{21} 处填上 3 并画圈,然后在 x_{11},x_{31} 处打上×。做完上一步后,在没有填数和打×的空格内继续找一个 c_{ij} 的最小值,这时 $c_{24}=2$,$c_{33}=2$ 都是最小,故可任取一个。例如,取 c_{33},令 $x_{33} = \text{Min}\{4,7\} = 4$,填上 4 并画圈,在 x_{13},x_{23} 处打上×。用同样的方法可得 $x_{24}=2$,$x_{32}=3$,$x_{14}=4$,$x_{12}=5$,其余的地方都应该打×,这就是初始基本可行解,画圈的地方为基变量,见表 8-6。

表 8-6

产地	销地								产量
	B_1		B_2		B_3		B_4		
A_1	×	2	⑤	9	×	10	④	7	9
A_2	③	1	×	3	×	4	②	2	5
A_3	×	8	③	4	④	2	×	5	7
销量	3		8		4		6		

我们分别来计算一下上面例 8.2 中用西北角法及最小元素法求得的基本可行解对应的目标函数值 Z_1 及 Z_2，可得

$$Z_1 = 2\times3+9\times6+3\times2+4\times3+2\times1+5\times6=110$$

$$Z_2 = 1\times3+9\times5+4\times3+2\times4+7\times4+2\times2=100$$

由此可见，用最小元素法求出的初始基本可行解更好些。

在用最小元素法时，也会遇到前面例 8.2 中的特殊情况，这时我们仍旧只在行或列上打×，并用与前面西北角法一样的方法处理。

最后我们再提出一点，用最小元素法时，如果只剩下一行或一列未填数和打×的格子时，只准填数，不准打×。这样做的目的是保证画圈的个数为 $m+n-1$ 个。

3. 差值法

差值法一般能得到一个比以上两种方法更好的初始基本可行解。这个方法与最小元素法不同的地方是在需要考虑的空格中，首先计算各行各列中最小的 c_{ij} 与次小的 c_{ij} 之间的算术差值，在具有最大差值的行或列中，选择具有最小的 c_{ij} 的空格来决定基变量值。这样就可以避免将运量分配到这一行(或列)具有次小的 c_{ij} 的空格中，以保证有较小的目标函数值。此外，用最小元素法时需要注意的地方在这里仍然适用，以保证基变量的个数为 $m+n-1$ 个。

仍以例 8.2 为例(见表 8-7)。

表 8-7

产地	销地								产量	行差值
	B_1		B_2		B_3		B_4			
A_1	③	2		9		10		7	9	5
A_2	×	1		3		4		2	5	1
A_3	×	8		4		2		5	7	2
销量	3		8		4		6			
列差值	1		1		2		3			

由表 8-7 中 c_{ij} 可见，在第一行中，次小与最次小 c_{ij} 间的差值为 $7-2=5$，第一列为 $2-1=1$，其余如表 8-7 所示。在所有行及列中，第一行的差值 5 为最大，在第一行的 c_{ij} 中，$c_{11}=2$ 最小，故先决定 x_{11} 的值。和上面两种方法一样，给 x_{11} 以尽可能大的值，即令 $x_{11}=\text{Min}\{3,9\}=3$，所以 x_{11} 处填上 3，并画上圈。此时第一列已满足，故在 x_{21}，x_{31} 处打上 ×，在剩余空着的格子中，以同样的方法重复做下去（见表 8-8），最后得出一组基本可行解（见表 8-9）。

表　8-8

产　地	销　地				产量	行差值				
	B_1	B_2	B_3	B_4						
A_1	③ 2	⑤ 9	× 10	① 7	9	$\underline{5}$	2	2	2	$\underline{2}$
A_2	× 1	× 3	× 4	⑤ 2	5	1	1	—	—	—
A_3	× 8	③ 4	④ 2	× 5	7	2	2	2	1	—
销　量	3	8	4	6						
列差值	1	1	2	3						
	—	1	2	$\underline{3}$						
	—	5	$\underline{8}$	2						
	—	$\underline{5}$	—	2						
	—	0	0	0						

表　8-9

产　地	销　地				产量
	B_1	B_2	B_3	B_4	
A_1	③ 2	⑤ 9	× 10	① 7	9
A_2	× 1	× 3	× 4	⑤ 2	5
A_3	× 8	③ 4	④ 2	× 5	7
销　量	3	8	4	6	

表 8-9 中，初始基本可行解对应的目标函数值为

$Z=2\times3+9\times5+7\times1+2\times5+4\times3+2\times4=88$

可见用差值法求出的结果比上面两种方法都好些。

用差值法确定初始调运方案具体步骤如下：

第 1 步：作产销空格表，将空格对应的产销地运费填在空格的右上角。

第 2 步:产销空格表增加一列和一行作为列差值和行差值,在列差值和行差值的每格上填上对应列和对应行的最小元素和次小元素之差额(即行差和列差)。

第 3 步:在列差值和行差值所有元素中,选取差额最大的一行或一列进行分配,并对该行(或列)的最小元素的格填写运量,规则同最小元素法相同,若有几个相同的最大差额的行和列,则可任取一行或一列进行分配。

第 4 步:重新计算差额并进行分配。具体步骤同第 2 步和第 3 步,直到每一个格都被填上数或画 × 为止。在重新计算差额时,要注意两个问题:

(1)已分配完的行或列不再重新计算差额。

(2)在重新计算时,不再考虑已分配的位置和画 × 位置的运费,在剩下的格中计算差额。

以上介绍了在表格上直接找初始基本可行解的几种方法,并且可以证明如下定理:

定理 1　用西北角法、最小元素法及差值法得到的 x_{ij} 的值是一组基本可行解,而画圈的地方正好是基变量。

定理 2　任何运输问题都有最优解。

证明　由定理 1 可知,任何运输问题都有基本可行解,又因为 c_{ij} 都是非负的,即可行解必使

$$Z = \sum_{i=1}^{m}\sum_{j=1}^{n} c_{ij}x_{ij}$$

永远取非负值,所以目标函数必有下界,这就证明了任何运输问题必有最优解。

二、最优调运方案的判断

和单纯形法求解线性规划问题思路相同,在得到初始基本可行解后,应检查这组基本可行解是不是最优解。在求目标函数值极小化的线性规划问题中,若所有的检验数 $c_j - z_j$ 都非负,表示所检验的基本可行解是最优解;若有负检验数,就需要迭代。运输问题是线性规划问题的特殊情况,有其独特的求检验数的方法,但在求出检验数以后,上述判别基本可行解是否最优的准则也是适用的。下面介绍两种求运输问题检验数的方法。

1. 闭回路法

定义: 凡是能够排列成下列序列的一组变量的集合就称为运输问题的一个闭回路。

$$x_{i_1 j_1}, x_{i_1 j_2}, x_{i_2 j_2}, x_{i_2 j_3}, \cdots, x_{i_s j_s}, x_{i_s j_1} \text{ 或 } x_{i_1 j_1}, x_{i_2 j_1}, x_{i_2 j_2}, x_{i_3 j_2}, \cdots, x_{i_s j_s}, x_{i_1 j_s}$$

并称集合中每一个变量为此闭回路的一个顶点,称连接相邻两个变量(顶点)以及连接最后一个顶点和第一个顶点的线段为此闭回路的边。

对方案表中每一空格,确定一条由空格出发的闭回路。闭回路是由水平或垂直线组成的闭合图形,闭回路上的顶点除了这个空格外,其余均为数字格,每行、列有且仅有两个顶点;每个顶点都是转折点;闭回路上同一行(列)的顶点有偶数个。

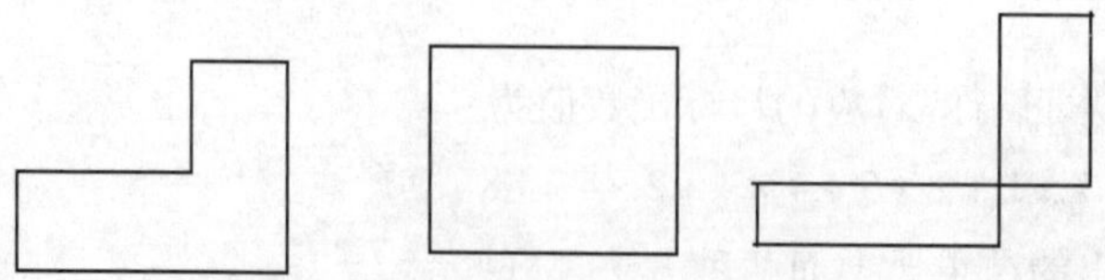

例如,如表 8-10,$x_{31}, x_{34}, x_{14}, x_{13}, x_{23}, x_{21}, x_{31}$ 就是一个闭合回路,若把闭合回路的顶点在表中画出,并且把相邻的两个变量(以及最后一个变量与第一个变量)用一条直线相连(称这些线为闭回

路的边)，上述闭合回路就具有表 8-10 所示形状。

表　8-10

产　地	销　地			
	B_1	B_2	B_3	B_4
A_1			4	3
A_2	3		1	
A_3		6		3

又如，x_{11}，x_{13}，x_{23}，x_{21}，x_{11} 和 x_{12}，x_{13}，x_{33}，x_{32}，x_{12} 也是闭合回路，它们画在表上分别见表 8-11 和表 8-12。

表　8-11

产　地	销　地			
	B_1	B_2	B_3	B_4
A_1			4	3
A_2	3		1	
A_3		6		3

表　8-12

产　地	销　地			
	B_1	B_2	B_3	B_4
A_1			4	3
A_2	3		1	
A_3		6		3

基变量不含闭合回路，但任何一个非基变量都可以与基变量构成唯一一条闭合回路。

由以上可以得出闭合回路应满足：由一个空格开始，沿水平方向或垂直方向前进，遇到一个适当的有数字的格子时，则按与前进方向垂直的方向转向，这样会再遇到一个适当的有数字的格子，再转向前进，依次进行，直到回到原来出发的空格，形成闭合回路。填有数字并使方向前进改变的格子称为拐角。

下面介绍求检验数的闭合回路法。设 x_{ij} 是一个非基变量，在表中可以找到唯一的闭合回路。以 x_{ij} 作为第一个顶点，沿着一个方向将闭合回路所有奇数顶点对应的 c_{ij} 值取为正，所有偶数顶点的 c_{ij} 值取为负，求它们的代数和即为 x_{ij} 所对应的格子的检验数，填入相应的格子内。

仍以例 8.1 为例，如果已用最小元素法求出的初始基本可行解见表 8-13，求所有非基变量（空格)的检验数。

表 8-13

产地	销地				产量
	B_1	B_2	B_3	B_4	
A_1	+1 2	⑤ 9	10	④ −1 7	9
A_2	③ −1 1	3	4	② +1 2	5
A_3	8	③ 4	④ 2	5	7
销量	3	8	4	6	

解 x_{11}对应的闭回路为x_{11},x_{14},x_{24},x_{21}。

x_{11}空格对应的检验数为

$$\sigma_{11}=c_{11}-c_{14}+c_{24}-c_{21}=2-7+2-1=-4$$

x_{23}空格对应的检验数为表 8-14。

表 8-14

产地	销地				产量
	B_1	B_2	B_3	B_4	
A_1	2	⑤ 9 −1	10	④ 7 +1	9
A_2	③ 1	3	4 +1	② 2 −1	5
A_3	8	③ 4 +1	④ 2 −1	5	7
销量	3	8	4	6	

$$\sigma_{23}=c_{23}-c_{24}+c_{14}-c_{12}+c_{32}-c_{33}=4-2+7-9+4-2=2$$

其他非变量对应的检验数用同样的方法求出,把求出的检验数记入另一张表中,见表 8-15。方格中右上角画框的数字为单位运输成本,中间带圈的数字为运输量(基变量),中间不画圈的数字为检验数(非基变量);基变量的检验数为 0,非基变量的运输量为 0。

从表 8-15 可见,存在负数的检验数,故这一组基本可行解不是最优解。

利用闭回路法求检验数可作如下的经济解释。例如,在x_{11}对应的空格处把调运方案改变一下,由产地A_1生产的物资调一个单位给B_1,为了保持平衡,就要在x_{14}处减少一个单位,即要找一条除x_{11}这一空格外,其余均为数字格为顶点组成的闭回路。从运输表中可以直观地发现,调整后的方案x_{11}处使目标函数值增加 2,x_{14}处使目标函数数值减少 7,x_{24}处使目标函数值增加 2,x_{21}处使目标函数减少 1,增减相抵,总的目标数值减少 4,可见调运方案的这一改变是有利的。反之,如果某一个空格的检验数为正,则说明这一格调整方案是不可取的。如果求出的检验数全部大于或等于零,表明对调运方案作任何改变都不会使目标函数数值减少,即给定的基本可行解已是最优解。

表　8-15

产　地	销　地								产量
	B_1		B_2		B_3		B_4		
A_1	−4	2	⑤	9	3	10	④	7	9
A_2	③	1	−1	3	2	4	②	2	5
A_3	7	8	③	4	④	2	3	5	7
销　量	3		8		4		6		

2. 位势法

用闭回路法求检验数,需要对每一个空格寻找闭回路,然后再去求检验数。当一个运输问题的产销点很多时,这种方法的计算工作量是很大的,不如位势法简便。下面介绍位势法。

对产销平衡问题,若用 $u_1,u_2,\cdots,u_m,v_1,v_2,\cdots,v_n$ 分别表示前 m 个约束条件与后 n 个约束条件的对偶变量,即有对偶变量

$$Y=(u_1,u_2,\cdots u_m,v_1,v_2,\cdots v_n)$$

这时对偶问题的对偶规划写成

$$\text{Max } Z' = \sum_{i=1}^{m} a_i u_i + \sum_{j=1}^{n} b_j u_j$$

$$\text{s.t.}\begin{cases} u_i + v_j \leqslant c_{ij} \\ i = 1,2,\cdots,m \\ j = 1,2,\cdots,n \\ u_i,v_j \text{ 的符号不限} \end{cases}$$

线性规划问题变量 x_j 的检验数可表示为

$$\sigma_j = c_j - z_j = c_j - C_B B^{-1} P_j = c_j - YP_j$$

由此可写出运输问题某变量 x_{ij}的检验数为

$$\sigma_{ij} = c_{ij} - z_{ij} = c_{ij} - YP_{ij} = c_{ij} - (u_1,u_2,\cdots,u_m,v_1,v_2,\cdots,v_n)P_{ij} = c_{ij} - (u_i + v_j)$$

现设我们已得到运输问题的一个基可行解,其基变量是

$x_{i_1j_1},x_{i_2j_2},\cdots,x_{i_sj_s},s=m+n-1$ 此运输问题有 S 个最大线性无关方程组(即基变量的个数)

由于基变量的检验数等于零,故对这组基变量可写出方程组

$$\text{s.t.}\begin{cases} u_{i_1} + v_{j_1} = c_{i_1j_1} \\ u_{i_2} + v_{j_2} = c_{i_2j_2} \\ \cdots\cdots \\ u_{i_s} + v_{j_s} = c_{i_sj_s} \end{cases}$$

这个方程组有 $m+n-1$ 个方程。

解以上方程组,可得解(方程组解不唯一)。此方程组解称为位势,当每个 $\sigma_{ij}=c_{ij}-(u_i+v_j)\geqslant 0$ 时达到最优解。

位势法的步骤如下:

(1)求出的运输问题的基可行解,设其基变量是:$x_{i_1j_1},x_{i_2j_2},\cdots,x_{i_sj_s}(s=m+n-1)$。

(2)解方程组

$$\begin{aligned}&u_{i_1}+v_{j_1}=c_{i_1j_1}\\&u_{i_2}+v_{j_2}=c_{i_2j_2}\\&\cdots\cdots\\&u_{i_s}+v_{j_s}=c_{i_sj_s}\end{aligned}$$

求出一个特解(解不唯一)。

(3)求检验数:$\sigma_{ij}=C_{ij}-u_i-v_j$。

仍以例 8-1 为例说明位势法,表 8-6 中给出的一组基本可行解,$x_{12},x_{14},x_{21},x_{24},x_{32},x_{33}$ 是此基本可行解中的基变量,因此这时方程组应该是

$$\begin{cases}u_1+v_2=c_{12}=9\\u_1+v_4=c_{14}=7\\u_2+v_1=c_{21}=1\\u_2+v_4=c_{24}=2\\u_3+v_2=c_{32}=4\\u_3+v_3=c_{32}=2\end{cases}$$

在求位势时,可在表上直接进行,不必写出方程组,只需使要求出一组 $u_1,u_2\cdots,u_m,v_1,v_2,\cdots,v_n$,对于每一个空格(非基变量)来说,有 $c_{ij}=u_i+u_j$,如前所述,取 $u_1=0$,不难看出,$v_2=9,v_4=7,\mu_2=-5,\mu_3=-5,v_1=6,v_3=7$,将这些数字分别填在表 8-16 的左边与上边。

表 8-16

产地	销地				产量
	6 B_1	9 B_2	7 B_3	7 B_4	
0 A_1	2	⑤ 9	10	④ 7	9
−5 A_2	③ 1	3	4	② 2	5
−5 A_3	8	③ 4	④ 2	3 5	7
销量	3	8	4	6	

现在再来求各空格(对应一个非基变量)的检验数。例如,先求 σ_{11},由闭回路法可得

$$\begin{aligned}\sigma_{11}&=c_{11}-c_{14}+c_{24}-c_{21}\\&=c_{11}-(u_1+v_4)+(u_2+v_4)-(u_2+v_1)\\&=c_{11}-u_1-v_1=2-0-6=-4\end{aligned}$$

一般来说,求检验数有下面的定型:设给出一组基本可行解,设 $u_1,u_2\cdots,u_m,v_1,v_2,\cdots,v_n$ 为此基本可以解对应的位势,则对于每一个非基变量 x_{ij} 而言,它对应的检验数 σ_{ij} 为

$$\sigma_{ij}=c_{ij}-u_i-v_j$$

将表 8-16 中的检验数都求出来,并且填在相应的格子中,就有表 8-17。

表　8-17

产　地	销　地								产量
	6 B_1		9 B_2		7 B_3		7 B_4		
0　A_1	-4	2	⑤	9	3	10	④	7	9
-5　A_2	③	1	-1	3	2	4	②	2	5
-5　A_3	7	8	③	4	④	2	3	5	7
销　量	3		8		4		6		

可以看出,表 8-17 中用位势法求出来的检验数与表 8-15 中用闭回路法求出的检验数是相同的。

三、方案的调整

在已求得的基本可行解及检验数的平衡表中,若有负的检验数,按判别准则,它不是最优解,应进行调整,以求出另一组基本可行解,使目标函数值下降(设基本可行解中基变量的值均不为零)。

要求出下一组基本可行解,首先要决定哪一个非基变量要进入基变量中去,哪一个基变量要从基中出来。同单纯形法一样,在负的检验数中,一般取检验数最小的(即绝对值最大的)非基变量作为换入变量。根据闭合回路,设 y 为起点,可以找到唯一的闭回路。把这条闭回路上的顶点排队,y 是第一个,然后按下述办法确定换出变量与调整量:在由 y 出发的偶顶点上,x_{ij} 的最小值就是调整量,其中使 x_{ij} 取最小值的变量就是换出变量,若有两个偶顶点同时有同一最小值,则任取一个作为换出变量。

在决定换入变量及换出变量以后,按以下方法进行调整:

(1)在上述闭合回路顶点以外的地方,x_{ij} 的值一概不变。

(2)在上述闭回路顶点的奇顶点上,x_{ij} 的值都加上调整量,在偶顶点上,x_{ij} 的值都减去调整量。

例如,表 8-17 已求出检验数,表中有两个负的检验数,其中值最小的是 -4。因此,应该把 x_{11} 作为换入变量,x_{11} 对应的闭回路如表 8-18 所示。

从 x_{11} 出发的第 2 个顶点 x_{14} 的值为 4,第 4 个顶点 x_{21} 的值是 3,最小值为 3。因此,x_{21} 是换出变量,调整量是 3。按照上述调整办法,在 x_{11},x_{24} 处,x_{ij} 的值应该加 3;在 x_{14},x_{21} 处,x_{ij} 的值应该减去 3。这样新的基本可行解见表 8-19。表中 x_{21} 变为非基变量。

表 8-18

产地	销地								产量
	6 B_1		9 B_2		7 B_3		7 B_4		
0 A_1	−4	2	⑤	9	3	10	④	7	9
−5 A_2	③	1	−1	3	2	4	②	2	5
−5 A_3	7	8	③	4	④	2	3	5	7
销量	3		8		4		6		

用位势法对表 8-19 中方案求检验数,得表 8-20。

表 8-19

产地	销地								产量
	B_1		B_2		B_3		B_4		
A_1	③	2	⑤	9	×	10	①	7	9
A_2	×	1	×	3	×	4	⑤	2	5
A_3	×	8	③	4	④	2	×	5	7
销量	3		8		4		6		

表 8-20

产地	销地								产量
	2 B_1		9 B_2		7 B_3		7 B_4		
0 A_1	③	2	⑤	9	3	10	①	7	9
−5 A_2	4	1	−1	3	2	4	⑤	2	5
−5 A_3	11	8	③	4	④	2	3	5	7
销量	3		8		4		6		

表 8-20 中,x_{22}处的检验数为负,故仍不是最优解,还要继续调整。从表 8-20 中可以看出,闭回路的第 2 和第 4 个顶点处的 x_{ij}的值都是 5,所以调整量是 5,为了保持基变量的个数为 $m+n-1$ 个,故只能取一个作为换出变量。例如,取 x_{12}作为换出变量,则调整后见表 8-21。

表　8-21

产　地	销地 B_1（2）	B_2（9）	B_3（7）	B_4（7）	产量
0　A_1	③　2	×　9	×　10	⑥　7	9
−5　A_2	×　1	⑤　3	×　4	⓪　2	5
−5　A_3	×　8	③　4	④　2	×　5	7
销　量	3	8	4	6	

表 8-21 中，$x_{24}=0$ 是基变量，故不能打 ×，而是写一个 0，并且画上圈；表 8-21 求出检验数后，得表 8-22。

表　8-22

产　地	销地 B_1（2）	B_2（9）	B_3（7）	B_4（7）	产量
0　A_1	③　2	1　9	4　10	⑥　7	9
−5　A_2	4　1	⑤　3	3　4	⓪　2	5
−4　A_3	10　8	③　4	④　2	2　5	7
销　量	3	8	4	6	

从表 8-22 可见，所有检验数都非负，故为最优解，它对应的目标函数值为

$$Z=2\times3+7\times6+3\times5+4\times3+2\times4=83$$

由上面的实例可以总结出表上作业法的步骤如图 8-2 所示。

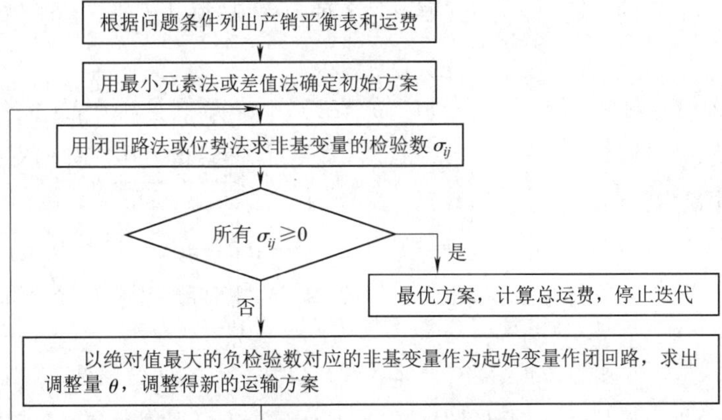

图 8-2　表上作业法的步骤

四、表上作业法计算中应注意的问题

1. 解的情况

(1)唯一:非基变量检验数全部大于0。

(2)无穷多解:至少存在一个非基变量检验数等于0。

2. 确定出基变量和调整量

将进基变量对应的闭回路中的顶点分为奇顶点和偶顶点,令 $\theta=\text{Min}\{$闭回路上所有偶顶点对应的运量 $x_{ij}\}$,则 θ 即为调整量,选取一个运量等于 θ 的偶顶点作为出基变量。

3. 调整

闭回路上奇顶点上的运量增加 θ,偶顶点上的运量减少 θ。闭回路以外顶点的运量不变。

8.3 表上作业法应用举例

前几节遇到的运输问题,我们用表上作业法讨论时,都假定产销是平衡的,即

$$\sum_{i=1}^{m}a_i=\sum_{j=1}^{n}b_j$$

而在实际工作中,产销往往是不平衡的,遇到这种情况时,可以经过简单处理,使之转化为平衡问题,再用表上作业法进行求解。

当总的产量大于总的销量,即 $\sum_{i=1}^{m}a_i>\sum_{j=1}^{n}b_j$ 时,可以增加一个虚销点 B_{n+1},这实际上就是考虑多余的货物放在一个销地就地存储。$b_{n+1}=\sum_{i=1}^{m}a_i-\sum_{j=1}^{n}b_j$,同时令 $c_{in+1}=0(i=1,2,\cdots,m)$,这样原来的目标函数表达式没有变化,由此可以求出最优解。

当总的销量大于总的产量,即 $\sum_{i=1}^{m}a_i<\sum_{j=1}^{n}b_j$ 时,可以增加一个假想的产地 A_{m+1},$a_{m+1}=\sum_{j=1}^{n}b_j-\sum_{i=1}^{m}a_i$,$c_{m+1j}=0(j=1,2,\cdots,n)$,同样可以转化为一个产销平衡问题。

此外,在实际中遇到的运输问题中,其要求是各种各样,必须灵活建立数学模型。下面举几个这方面的例子。

【例8.3】某公司有两个工厂,生产某种产品,有三个顾客需要这种产品,按合理规定,产品要运至顾客家中交货,并且假定工厂总生产量超过总需要量。问:该公司应如何安排供货才能使生产成本和运输费用最少?试建立数学模型。

解 设 $c_i(i=1,2)$ 为工厂 i 的单位生产成本,$t_{ij}(i=1,2;j=1,2,3)$ 为从工厂 i 到顾客 j 的运费,$a_i(i=1,2)$ 为工厂 i 生产能力,$b_j(j=1,2,3)$ 为顾客 j 的需要量,其中 b_4 为虚销点

$$b_4=\sum_{i=1}^{2}a_i-\sum_{j=1}^{3}b_j$$

由题设,工厂总生产量超过总需要量,故增加一个虚销点,可得该问题的数学模型见表8-23。

表　8-23

工　厂	顾　客			虚销点	产 量
	B_1	B_2	B_3		
A_1	c_1+t_{11}	c_1+t_{12}	c_1+t_{13}	0	a_1
A_2	c_2+t_{21}	c_2+t_{22}	c_2+t_{23}	0	a_2
销 量	b_1	b_2	b_3	b_4	

【例 8.4】某物资从产地 A_1、A_2、A_3 至销地 B_1、B_2、B_3 的单位运价由表 8-24 给出。现 B_1，B_2，B_3 的需求量分别为 7，5，5 个单位。A_1 处至少发出 6 个单位，最多发出 10 个单位；A_2 处必须发出 5 个单位；A_3 处至少发出 3 个单位，最多发出 6 个单位。现用表上作业法求最优运输方案，试建立数学模型。

表　8-24

工　厂	顾　客		
	B_1	B_2	B_3
A_1	4	6	5
A_2	8	7	8
A_3	5	4	8

解　考查产地最多发 21 个单位，大于需求量 17 个单位，可以增加一个虚销点，需求量是 4 个单位。产地 A_1 和 A_3 的发出量包括两部分，如 A_1，在发出的 10 个单位中，6 个单位是必须发出的，故不能发至虚销点，令相应的运价为充分大的正数 M；而另外 4 个单位，发出不发出都可以，故可以发至虚销点，令相应的运价为 0。对于 A_3，也同样按此处理。这样就得到此问题的数学模型见表8-25。

表　8-25

工　厂	顾　客			虚销点	产　量
	B_1	B_2	B_3		
A_1	4	6	5	M	6
A'_1	4	6	5	0	4
A_2	8	7	8	M	5
A_3	5	4	8	M	3
A'_3	5	4	8	0	3
销　量	7	5	5	4	

【例 8.5】某铁路制冰厂每年 1 至 4 季度必须给冷藏车提供冰各为 15，20，25，10（单位：kt）。已知该厂各季度冰的生产能力及冰的单位成本见表 8-26。如果生产出来的冰不在当季度使用，每千吨冰存储一个季度需存储费 4 千元，该制冰厂每年第 3 季度末对储冰库进行清库维修。问：如何安排冰的生产，可使该厂全年生产费用最少？

表 8-26

季度	生产能力(kt)	单位成本(千元)
Ⅰ	25	5
Ⅱ	18	7
Ⅲ	16	8
Ⅳ	15	5

解 由于每个季度生产出来的冰不一定当季度使用,设 x_{ij} 为第 i 季度生产的用于第 j 季度的冰的数量。按照各季度冷藏车对冰的需要量,必须满足:

$$\text{s.t.}\begin{cases} x_{44}=10 \\ x_{41}+x_{11}=15 \\ x_{42}+x_{12}+x_{22}=20 \\ x_{43}+x_{13}+x_{23}+x_{33}=25 \end{cases}$$

每个季度生产的冰用于当季度和以后各季度的冰的数量不可能超过该季度的生产能力,故又有

$$\text{s.t.}\begin{cases} x_{44}+x_{41}+x_{42}+x_{43}\leqslant 15 \\ x_{11}+x_{12}+x_{13}\leqslant 25 \\ x_{22}+x_{23}\leqslant 18 \\ x_{33}\leqslant 16 \end{cases}$$

第 i 季度生产用于第 j 季度的冰的实际成本 c_{ij} 应该是该季度冰的生产成本加上存储费用。对不可能的用冰方案,例如,第一季度生产的冰存储到第四季度用,其 $x_{ij}=0$, $c_{ij}=M$(充分大的正数)。同时,注意到这是一个产销不平衡问题,总的生产能力大于总的销量,应该增加一个虚销点,并令 $c_{ij}=0(i=1,2,3,4)$。这样就可以把这个问题变成一个产销平衡的运输问题模型,见表 8-27。

表 8-27

产地	销地				虚销点	产量
	Ⅰ	Ⅱ	Ⅲ	Ⅳ		
Ⅰ	5 x_{11}	9 x_{12}	13 x_{13}	M x_{14}	0 x_{15}	25
Ⅱ	M x_{21}	7 x_{22}	11 x_{23}	M x_{24}	0 x_{25}	18
Ⅲ	M x_{31}	M x_{32}	8 x_{33}	M x_{34}	0 x_{35}	16
Ⅳ	9 x_{41}	13 x_{42}	17 x_{43}	5 x_{44}	0 x_{45}	15
销量	15	20	25	10	4	74

8.4 有转运的运输问题

在上面的讨论中,我们假定物品由产地直接运到销售目的地,不经过中间转运(trans - shipment)。但是,也常遇到这种情况:物品需先由产地运到某中间转运站(可能是另外的产地、别的销

地或中间转运仓库),然后再运送到销售目的地。有时,经过转运比直接运到目的地更为经济,这时,在决定运输方案时就需把转运也考虑进去。显然,考虑转运会使问题变得更为复杂。

假定 m 个产地(发点)$A_1,A_2,\cdots,A_m$ 和 n 个销地(收点)$B_1,B_2,\cdots,B_n$ 都可以作为中间转运站使用,从而,发送物品的地点有 $m+n$ 个,接收物品的地点也有 $m+n$ 个。这样,我们就得到了一个扩大了的运输问题。现令:

a_i:第 i 个产地的产量(净供应量);

b_j:第 j 个销地的销量(净需要量);

x_{ij}:由第 i 个发送地运到第 j 个接收地的物品数量;

c_{ij}:第 i 个发送地到第 j 个接收地的单位运价;

t_i:第 i 个地点转运物品的数量;

c_i:在第 i 个地点转运单位物品的费用。

现将产地和销地统一编号,并把产地排在前面,销地排在后面,从而

$$a_{m+1}=a_{m+2}=\cdots=a_{m+n}=0$$

$$b_1=b_2=\cdots=b_m=0$$

假定为产销平衡运输问题,即

$$\sum_{i=1}^{m}a_i=\sum_{j=m+1}^{m+n}b_j=Q$$

根据前面对产销平衡运输问题的讨论,即可得出扩大了的运输问题的数学模型如下:

$$\text{Min } Z=\sum_{\substack{i=1\\i\neq j}}^{m+n}\sum_{\substack{j=1\\j\neq i}}^{m+n}c_{ij}x_{ij}+\sum_{i=1}^{m+n}c_it_i$$

$$\text{s. t.}\begin{cases}x_{i1}+x_{i2}+\cdots+x_{i,i+1}+x_{i,i+2}+\cdots+x_{i,m+n}=a_i+t_i;i=1,2,\cdots,m\\x_{i1}+x_{i2}+\cdots+x_{i,i+1}+x_{i,i+2}+\cdots+x_{i,m+n}=t_i;i=m+1,m+2,\cdots,m+n\\x_{1j}+x_{2j}+\cdots+x_{j-1,j}+x_{j+1,j}+\cdots+x_{m+n,j}=t_j;j=1,2,\cdots,m\\x_{1j}+x_{2j}+\cdots+x_{j-1,j}+x_{j+1,j}+\cdots+x_{m+n,j}=b_j+t_j;j=m+1,m+2,\cdots,m+n\\x_{ij}\geqslant 0,i,j=1,2,\cdots,m+n(i\neq j)\end{cases}$$

上式中第一组约束条件指的是,由第 i 个产地发送到各个地方的物品数量之和,等于该产地的产量加上经它转运的物品数量。第二组约束条件的意义同上,但由于它们原为销地,不生产物品,故右侧常数等于该地的转运量。第三组和第四组约束条件的意义,为由各地运到第 j 地的物品数量之和,等于其净需要量加上转运量。

将各约束条件等号右侧的 t_i 和 t_j 移到等号左侧,然后在各式两端分别加上 Q,并令

$$x_{ii}=Q-t_i$$

或

$$x_{jj}=Q-t_j$$

则可将模型写成

$$\text{Min } Z=\sum_{i=1}^{m+n}\sum_{j=1}^{m+n}c_{ij}x_{ij}+\sum_{i=1}^{m+n}c_iQ$$

$$
\text{s.t.}\begin{cases}
\sum_{j=1}^{m+n} x_{ij} = Q + a_i, i = 1,2,\cdots,m \\
\sum_{j=1}^{m+n} x_{ij} = Q, i = m+1, m+2,\cdots,m+n \\
\sum_{i=1}^{m+n} x_{ij} = Q, j = 1,2,\cdots,m \\
\sum_{i=1}^{m+n} x_{ij} = Q + b_j, j = m+1, m+2,\cdots,m+n \\
x_{ij} \geqslant 0, i,j = 1,2,\cdots,m+n
\end{cases}
$$

由于目标函数中 $\sum_{i=1}^{m+n} c_j Q$ 这一项为常数,故在求问题的最优解时可不予考虑。该模型的运输量表和运价表分别示于表 8-28 和表 8-29 中。

表 8-28

发送		接收						发送量
		产地			销地			
		1	…	m	$m+1$	…	$m+n$	
产地	1	x_{11}	…	x_{1m}	$x_{1,m+1}$	…	$x_{1,m+n}$	$Q+a_1$
	⋮	⋮		⋮	⋮		⋮	⋮
	m	x_{m1}	…	x_{mm}	$x_{m,m+1}$	…	$x_{m,m+n}$	$Q+a_m$
销地	$m+1$	$x_{m+1,1}$	…	$x_{m+1,m}$	$x_{m+1,m+1}$	…	$x_{m+1,m+n}$	Q
	⋮	⋮		⋮	⋮		⋮	⋮
	$m+n$	$x_{m+n,1}$	…	$x_{m+n,m}$	$x_{m+n,m+1}$	…	$x_{m+n,m+n}$	Q
接收量		Q	…	Q	$Q+b_{m+1}$	…	$Q+b_{m+n}$	

表 8-29

发送		接收					
		产地			销地		
		1	…	m	$m+1$	…	$m+n$
产地	1	$-c_1$	…	c_{1m}	$c_{1,m+1}$	…	$c_{1,m+n}$
	⋮	⋮		⋮	⋮		⋮
	m	c_{m1}	…	$-c_m$	$c_{m,m+1}$	…	$c_{m,m+n}$…
销地	$m+1$	$c_{m+1,1}$	…	$c_{m+1,m}$	$-c_{m+1,m+1}$	…	$c_{m+1,m+n}$
	⋮	⋮		⋮	⋮		⋮
	$m+n$	$c_{m+n,1}$	…	$c_{m+n,m}$	$c_{m+n,m+1}$	…	$-c_{m+n}$

当不考虑转运费时,可令 $c_i = 0, i = 1,2,\cdots,m+n$。

【例 8.6】图 8-3 给出了一个运输系统,它包括两个产地(①和②)、两个销地(④和⑤)及一个中间转运站(③),各产地的产量和各销地的销量用相应节点旁边箭头上的数字表示,节点联线上的数字表示其间的运输单价,节点旁的数字为该地的转运单价,试求最优运输方案。

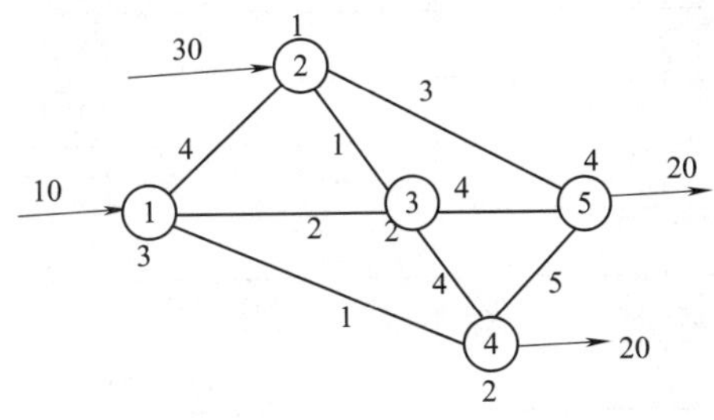

图　8-3

解　在该例中,有

$$a_1=10,a_2=30,a_3=a_4=a_5=0$$

$$b_1=b_2=b_3=0,b_4=20,b_5=20$$

$$Q=10+30=20+20=40$$

$$c_1=3,c_2=1,c_3=2,c_4=2,c_5=4$$

现以 M 表示足够大的正数,则可将该问题的运输表表示为表 8-30。

表　8-30

发送		接收					发送量
		产地		转运	销地		
		1	2	3	4	5	
产地	1	-3	4	2	1	M	50
	2	4	-1	1	M	3	70
转运	3	2	1	-2	4	4	40
销地	4	1	M	4	-2	5	40
	5	M	3	4	5	-4	40
接收量		40	40	40	60	60	240

用最小元素法得出该例的初始方案(见表 8-31),经两次迭代(见表 8-32 和表 8-33)得到最优解,其运输方案是:由①地运 10 单位物品到④地;由②地运 20 单位物品到⑤地;由②地运 10 单位物品到③地,再由③地转运到④地。总运费为

$$Z=10\times1+20\times3+10\times1+10\times2+10\times4=140$$

表 8-31

发送	接收					发送量
	1	2	3	4	5	
1	40			10		50
2		40		10	20	70
3			40		0	40
4				40		40
5					40	40
接收量	40	40	40	60	60	

表 8-32

发送	接收					发送量
	1	2	3	4	5	
1	40			10		50
2		40		10	20	70
3			40	0		40
4				40		40
5					40	40
接收量	40	40	40	60	60	

表 8-33

发送	接收					发送量
	1	2	3	4	5	
1	40			10		50
2		40	10		20	70
3			30	10		40
4				40		40
5					40	40
接收量	40	40	40	60	60	

习　题

一、填空题

1. 物资调运问题中，有 m 个供应地，$A_1, A_2, \cdots, A_m, A_i (i=1,2,\cdots,m)$ 的供应量为 $a_i (i=1,2,\cdots,m)$，n 个需求地 $B_1, B_2, \cdots, B_n$，B 的需求量为 $b_j (j=1,2,\cdots,n)$，则供需平衡条件为____________。

2. 产销均衡的运输问题：若有 m 个产地，n 个销地，则决策变量有________个，等式约束条件有________个，有效约束有________个，基变量有________个，空格有________个。

3. 物资调运方案的最优性判别准则是：当全部检验数________时，当前的方案一定是最优方案。

4. 产销均衡的运输问题中约束系数矩阵，一列中有________个 1。

5. 若调运方案中的某一空格的检验数为 1，其经济含义是________；若检验数中为 -2，则这个 -2 的经济含义是________。

6. 调运方案的调整是要在检验数出现________的点为顶点所对应的________内进行运量的调整，若有多个负值，一般选____________________。

7. 按照表上作业法给出的初始调运方案，从每一空格出发可以找到且仅能找到________条闭合回路。

8. 在运输问题中，单位运价为 C_{ij} 位势分别用 u_i，v_j 表示，则在此处的检验数为________。

9. 供大于求的、供不应求的不平衡运输问题，分别加________和________可以转换成产销均衡问题处理。

10. 在表上作业法所得到的调运方案中，从某空格出发的闭合回路的其他顶点处所对应的变量必为________。

11. 产销均衡运输问题确定的初始方案的方法中________最接近最优解。

12. 表上作业法中，每一次调整________个“入基变量”。

13. 在编制初始方案调运方案及调整中，如出现退化，则某一个或多个点处应填入________。

14. 运输问题的模型中，填上一个数字格的运输量，若所在行列都满足运量要求，选择划掉一行，则____________________。

15. 产销均衡运输问题最优性检验的方法有____________________。

16. 运输问题中，每一行或列若有闭合回路的顶点，则必有________个。

二、单选题

1. 在运输问题中，可以作为表上作业法的初始基可行解的调运方案应满足的条件是（　　）。

A. 含有 $m+n-1$ 个基变量

B. 基变量不构成闭回路

C. 含有 $m+n-1$ 个基变量且不构成闭合回路

D. 含有 $m+n-1$ 个非零的基变量且不构成闭合回路

2. 运输问题的求解结果中不可能出现的是（　　）。

A. 唯一最优解　　B. 无可行解　　C. 退化解　　D. 无穷多最优解

3. 若运输问题的单位运价表的某一行元素分别加上一个常数 k，最优调运方案将（　　）。

A. 不发生变化　　B. 变大　　C. 变小　　D. 与 k 的大小有关

4. 在表上作业法求解运输问题中，非基变量的检验数（　　）。

A. 正数　　B. 负数　　C. 等于 0　　D. 以上三种都可能

5. 运输问题的初始方案中，没有分配运量的格所对应的变量为（　　）。

A. 基变量　　B. 非基变量　　C. 松弛变量　　D. 剩余变量

6. 表上作业法的基本思想和步骤与单纯形法类似，那么基变量所在格为(　　)。

A. 有单位运费格　　B. 无单位运费格

C. 有运量的数字格　　D. 无运量的空格

7. 表上作业法中若 A_1 不能给 B_3 运输货物，则 C_{13} 为(　　)。

A. 0　　B. 运输表中运输成本最小值

C. 任意值　　D. 运输表中运输成本最大值

8. 闭回路是一条封闭折线，每一条边都是(　　)。

A. 水平　　B. 垂直　　C. 对角斜线　　D. 水平或垂直

9. 当供应量大于需求量，欲化为平衡问题，可虚设一需求点，并令其相应运价为(　　)。

A. 库存成本　　B. 所有运价中最小值

C. 所有运价中最大值　　D. 0

10. 运输问题中数字格所对应的变量为(　　)。

A. 基变量　　B. 非基变量　　C. 松弛变量　　D. 剩余变量

11. 所有物资调运问题，应用表上作业法最后均能找到一个(　　)。

A. 可行解　　B. 非可行解　　C. 待改进解　　D. 最优解

12. 一般讲，在给出的初始调运方案中，最接近最优解的是(　　)。

A. 西北角法　　B. 最小元素法　　C. 差值法　　D. 位势法

13. 运输问题中，调运方案的调整应在检验数为(　　)负值的点所在的闭回路内进行。

A. 检验数为负　　B. 检验数为正

C. 检验数为负且绝对值最大　　D. 检验数为负且绝对值最小

14. 表上作业法的基本思想和步骤与单纯形法类似，因而初始调运方案的给出就相当于找到一个(　　)。

A. 基　　B. 可行解　　C. 初始基本可行解　　D. 最优解

15. 对于供不应求的不平衡运输问题，则(　　)。

A. 增加一个虚拟产地，运输费用用库存成本代替

B. 增加一个虚拟产地，运输费用用缺货成本代替

C. 增加一个虚拟销地，运输费用用库存成本代替

D. 增加一个虚拟销地，运输费用用缺货成本代替

三、计算题

1. 判断表 8-34 和表 8-35 中给出的调运方案能否作为表上作业法求解时的初始解，为什么？

表　8-34

产　地	销　地						产量
	B_1	B_2	B_3	B_4	B_5	B_6	
A_1	20	10					30
A_2		30	20				50
A_3			10	10	50	5	75
A_4						20	20
销量	20	40	30	10	50	25	

表　8-35

产　地	销　地						产量
	B_1	B_2	B_3	B_4	B_5	B_6	
A_1	20	10					30
A_2		30	20				50
A_3			10	10	50	5	75
A_4						20	20
销量	20	40	30	10	50	25	

2. 已知某运输问题的产销平衡表(见表 8-36)。单位运价表及给出的一个调运方案分别见表 8-37,判断给出的调运方案是否为最优,并说明理由。

表　8-36

产　地	销　地				产量
	B_1	B_2	B_3	B_4	
A_1	3	0		2	5
A_2			2	0	2
A_3		3			3
销量	3	3	2	2	

表　8-37

产　地	销　地				产量
	B_1	B_2	B_3	B_4	
A_1	3	7	6	4	5
A_2	2	4	3	2	2
A_3	4	3	8	5	3
销量	3	3	2	2	

3. 用表上作业法求给出的运输问题(见表 8-38)的最优解。

表　8-38

产　地	销　地				产量
	B_1	B_2	B_3	B_4	
A_1	10	6	7	12	4
A_2	16	0	5	9	9
A_3	5	4	10	10	4
销量	5	2	4	6	17

4. 道路施工需要碎石,两个施工段 B_1、B_2 需要从 A_1、A_2 两地采购随时,其中 B_1 因有存货,至少需要 10 t,缺货费用为 3 百元/t,而 B_2 无存货,为了保证工期不允许缺货。供应量、需求量及运价(运价:百元/t)见表 8-39。

表 8-39

产地	销地		产量
	B_1	B_2	
A_1	1	5	40
A_2	2	4	40
销量	[10,40]	50	17

试进行分析：

(1)建立运输平衡模型。

(2)利用表上作业法求解最优方案。

5. 有三个产地A_1、A_2、A_3生产同一种原材料，销地为B_1、B_2、B_3，各产地和销地的需求量以及运价见表 8-40。

表 8-40

产 地	销地			产量
	B_1	B_2	B_3	
A_1	2	4	3	11
A_2	1	5	6	7
A_3	3	2	4	4
销量	[6,10]	4	至少为 6	

(1)建立供需平衡运输表。

(2)求最优运输方案。

(3)若A_3到B_2的运输由于线路维修原因，使得运价增加到 6，在原最优方案的基础上求解新的最优运输方案。

6. 某食品公司经销的主要业务之一是糖果。设有三个加工厂，每天的糖果生产量分别为：A_1为 7 t，A_2为 4 t，A_3为 9 t。该公司把糖果分别运往四个地区的销售店，各地每天的销售量为B_1为 3 t，B_2为 6 t，B_3为 5 t，B_4为 6 t。已知运价见表 8-41，求运费最小的运输方案。

表 8-41

产地	销地				产量
	B_1	B_2	B_3	B_4	
A_1	3	11	3	10	7
A_2	1	9	2	8	4
A_3	7	4	10	5	9
销量	3	6	5	6	20

假定：

(1)每个工厂生产的糖果不直接发往销地，可以其中几个产地集中一起运输。

(2)运往各销地的糖果可以先运给其中几个销地，再转运给其他销售地。

(3) 除产地、销地外，中间可以有几个中转站，在产地之间、销地之间、产地和销地之间中转运价见表 8-42～表 8-45，求总的运价最少的方案。

表　8-42

中转站	产　地			销　地			
	A_1	A_2	A_3	B_1	B_2	B_3	B_4
T_1	2	3	1	2	8	4	6
T_2	1	5	—	4	5	2	7
T_3	4	—	2	1	8	2	4
T_4	3	2	3	1	—	2	6

表　8-43

产地	产　地		
	A_1	A_2	A_3
A_1	0	1	3
A_2	1	0	-
A_3	3	—	0

表　8-44

销地	销地			
	B_1	B_2	B_3	B_4
B_1	0	1	4	2
B_2	1	0	2	1
B_3	4	2	0	3
B_4	2	1	3	0

表　8-45

中转站	T_1	T_2	T_3	T_4
T_1	0	1	3	2
T_2	1	0	1	1
T_3	3	1	0	2
T_4	2	1	2	0

第 9 章　图与网络

图论是专门研究图的理论的一门数学分支，属于离散数学范畴，有 200 多年的历史。图论起源于一个非常经典的问题——柯尼斯堡七桥问题：一条河从城镇穿流而过，河中有两个岛，河上有七座桥把河的两岸和河中两座岛连接起来，如图 9-1(a) 所示，问如何从这四块陆地中的任何一块开始通过每一座桥正好一次，最后回到起点。经过多次试验，均未成功。

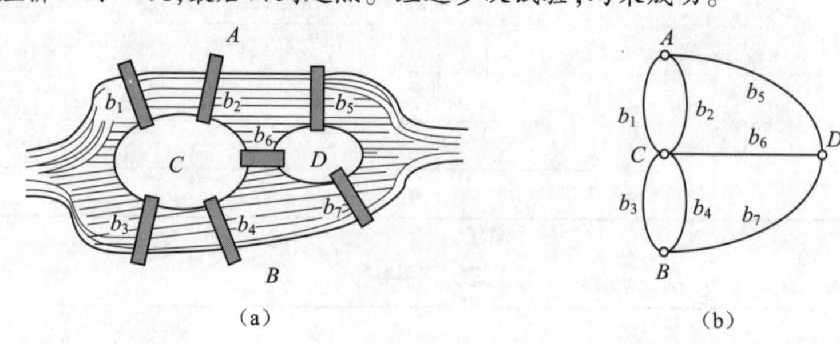

图　9-1

1738 年，瑞典数学家欧拉(Leonhard Euler)解决了上述问题，他将四块陆地分别用 A、B、C、D 四个点表示，将每一座桥用连接相应两点的一条线来代替，如图 9-1(b)所示。从而柯尼斯堡七桥问题变成了一个具有四个“点”、七条“边”的“图”，需要找出从任意点出发一笔画出七条线再返回起点的线路。欧拉考察了一般一笔画的结构特点：这个图是连通的，且每个点都与偶数线相关联，将这个判定法则应用于七桥问题，得到了“不可能走通”的结果，不但彻底解决了这个问题，而且开创了图论研究的先河。

很多问题都可以用点和线来表示，一般点表示实体，线表示实体间的关联。

9.1　图与网络的基本概念

图与网络是运筹学中一个经典且重要的分支，所研究的问题涉及经济管理、工业工程、交通运输、计算机科学与信息技术、通信与网络技术等诸多领域。最短路问题、最大流问题、最小费用问题和匹配问题等都是图与网络的基本问题。

一、图与网络的定义

图论中所谓的“图”是指某类具体事物和这些事物之间的联系。如果我们用点表示这些具体的事物，用连接两点的线段(直线或曲线)表示两个事物的特定联系，就得到了描述这个“图”的几何形象。图是由“节点”和“边”构成的。

1. 节点

“节点”(Vertex)这一概念被应用于许多领域。节点,通常来说,是指一个交汇点。在网络拓扑学中,节点是网络任何支路的终端或网络中两个或更多支路的互连公共点。

节点一般用 v_i 表示。

2. 边

边(Edge)是节点间的连线,表示各点间有关联。

边一般用 e_{ij}表示。

3. 图

图(Graph)是节点和边的集合,一般用 $G(V,E)$表示。其中点集 $V=\{v_1,v_2,\cdots,v_n\}$,边集 $E=\{e_{ij}\}$,如图 9-2 所示。

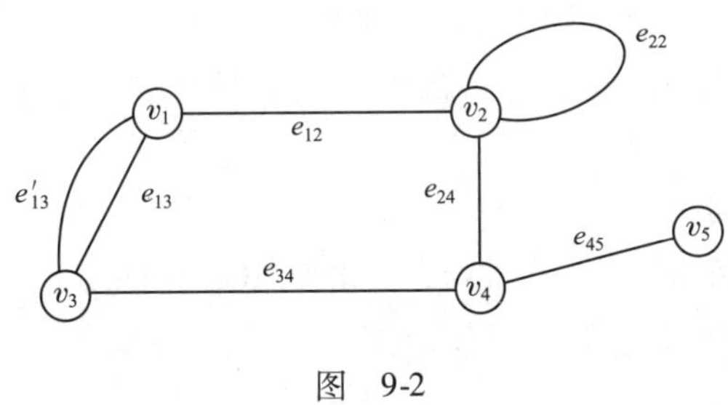

图　9-2

4. 网络

网络(Network)是边上具有表示连接强度的权值,又称加权图。根据所研究系统及所讨论问题的需要,其数量指标可以表示距离、费用、时间和流量等,一般用 w_{ij}表示。

二、无向图与有向图

边都没有方向的图称为无向图,如图 9-3(a)所示。在无向图中,$e_{ij}=e_{ji}$,或$(v_i,v_j)=(v_j,v_i)$。

当边都有方向时,称为有向图,用 $G(v,e)$表示,如图 9-3(b)所示。

在有向图中,有向边又称弧,用 a_{ij}表示,i,j 的顺序是不能颠倒的,图中弧的方向用箭头标识。

图中既有边又有弧,称为混合图,如图 9-3(c)所示。

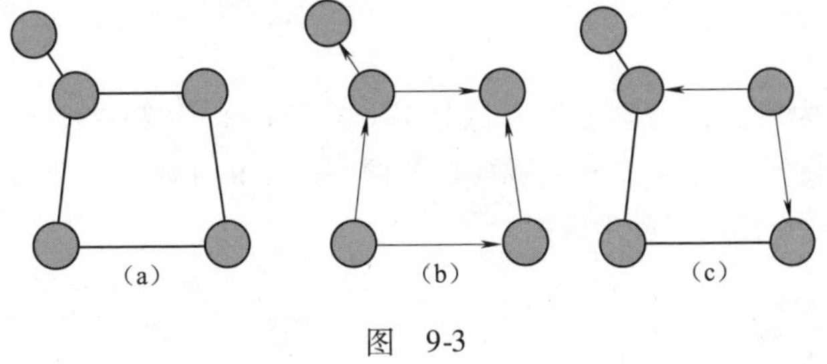

图　9-3

三、端点、关联边、相邻、次

图中可以只有点,而没有边;但有边必有点。

若节点 v_i,v_j 之间有一条边 e_{ij},则称 v_i,v_j 是 e_{ij}的端点,而 e_{ij}是节点 v_i,v_j 的关联边。

同一条边的两个端点称为相邻节点,具有共同端点的边称为相邻边。

一条边的两个端点相同,称为环;具有两个共同端点的两条边称为平行边。

既没有自环也没有平行边的图称为简单图。

在无向图中,与节点相关联边的数目称为该节点的"次",记为 d。次数为奇数的点称为奇点,次数为偶数的点称为偶点。图中都是偶点的图称为偶图。

有向图中,由节点指向外的弧的数目称为正次数,记为 $d+$;指向该节点的弧的数目称为负次数,记为 $d-$。

次数为 0 的点称为孤立点,次数为 1 的点称为悬挂点。

定理 1 图中奇点的个数总是偶数个。

四、链、圈、路径、回路、欧拉回路

相邻节点的序列$\{v_1,v_2,\cdots,v_3\}$构成一条链,又称为行走;首尾相连的链称为圈。

在无向图中,节点不重复出现的链称为路径;在有向图中,节点不重复出现且链中所有弧的方向一致,则称为有向路径。

首尾相连的路径称为回路。

经过图中所有边且每条边仅走一次的闭合回路称为欧拉回路。

定理 2 偶图一定存在欧拉回路(一笔画定理)。

五、连通图、子图、成分

设有两个图 $G_1(V_1,E_1)$, $G_2(V_2,E_2)$, 若 $V_2\subseteq V_1,E_2\subseteq E_1$, 则 G_2 是 G_1 的子图。

无向图中,若任意两点间至少存在一条路径,则称为连通图,否则为非连通图;非连通图中的每个连通子图称为成分。

链、圈、路径(简称路)、回路都是原图的子图。

9.2 树与最小生成树

一、树

1. 基本概念

连通的无圈图称为树,记为 T。若图 G 满足 $V(G)=V(T),E(T)\subset E(G)$,则称 T 是 G 的生成树。图 G 连通的充分必要条件为 G 有生成树。在同一图中由于边的取法不同,可以有很多生成树。图 9-4 就是同一个原图的三种生成树。

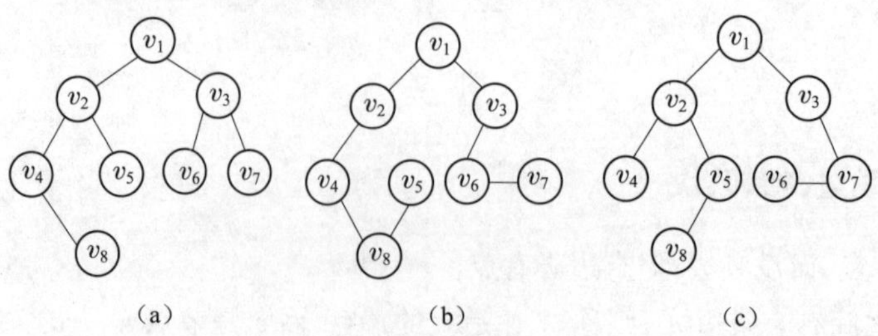

图 9-4

2. 性质及特点

树的性质:最少边的连通子图,树中必不存在回路。

任何树必存在次数为1的点。

具有 n 个节点的树 T 的边恰好为 $n-1$ 条。反之,任何有 n 个节点, $n-1$ 条边的连通图必是一棵树。

二、最小生成树

对于给定的图,把所有顶点连接起来的树图,它所需的边数是相同的。如果各条边加权后,那么采用不同边时的总权数显然是不同的。我们希望在众多的生成树图中,找出总权数最小者,这就是最小生成树问题。研究最小生成树问题是具有实用意义的。例如连线问题:欲修筑连接 n 个城市的铁路,已知 i 城与 j 城之间的铁路造价为 C,设计一个线路图,使总造价最低。连线问题的数学模型即是在连通赋权图上求权最小的生成树。类似的,下水道的铺设和煤气管道的装置等都属于这一类问题。也就是说,许多网络问题都与最小生成树有关。

1. 最小生成树问题的数学模型

给定连通无向图 $G=(V,E)$,其中 $V=\{v_1,v_2,\cdots,v_n\}$,$E=\{e_1,e_2,\cdots,e_m\}$,对于图 G 的每条边 $e\in E$,设权 $\omega(e)\geqslant 0$,即无向网络为已知。若 T 为 G 的生成树,我们定义 T 的权为: $\omega(T)=\sum_{e\in E(T)}\omega(e)$ 。

若 T^* 为 G 的生成树,且有 $\omega(T^*)=\mathrm{Min}\{\omega(T)\mid T$ 为 G 的一棵生成树$\}$,则称 T^* 为 G 的最小生成树。

2. 最小生成树问题的算法

(1)破圈法。算法的具体步骤如下:

①在给定的赋权的连通图上任找一个圈。

②在所找的圈中去掉一条权数最大的边(如果有两条或两条以上的边都是权数最大的边,则任意去掉其中一条)。

③如果所余下的图中已不含圈,则计算结束,所余下的图即为最小生成树,否则返回第(1)步。

【例9.1】某大学准备对其所属的7个学院办公室计算机联网,这个网络的可能连通的路径如图9-5所示,图中 $v_1,v_2,\cdots,v_7$ 表示7个学院办公室,图中的边为可能联网的路径,边上所赋的权数为这条路线的长度,单位为百米。请设计一个网络能连通7个学院办公室,并使总的线路长度最短。

解 (1)在 G_1 中找到一个圈(v_1,v_7,v_6,v_1),由图可知在此圈上边$[v_1,v_6]$的权数10为最大,在 G 中去掉边$[v_1,v_6]$得图 G_2(见图9-6)。

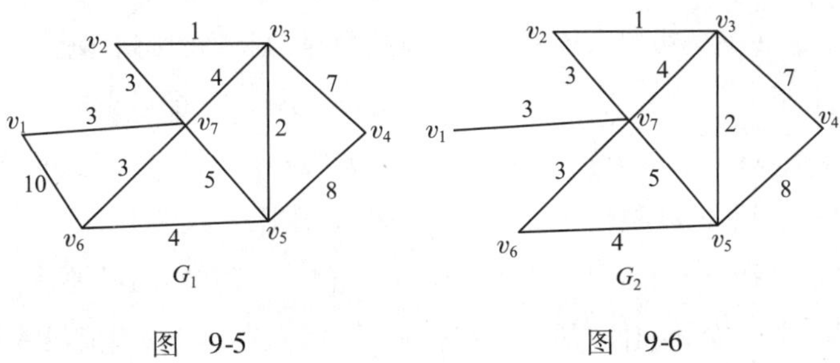

图 9-5　　图 9-6

(2)在 G_2 中找到一个圈(v_3,v_4,v_5,v_7,v_3),并知在此圈上边$[v_4,v_5]$的权数 8 为最大,在 G_2 中去掉边$[v_4,v_5]$得图 G_3(见图 9-7)。

(3)在图 G_3 中找到一个圈(v_2,v_3,v_5,v_7,v_2),并知在此圈上边$[v_5,v_7]$的权数 5 为最大,在 G_3 中去掉边$[v_5,v_7]$得图 G_4(见图 9-8)。

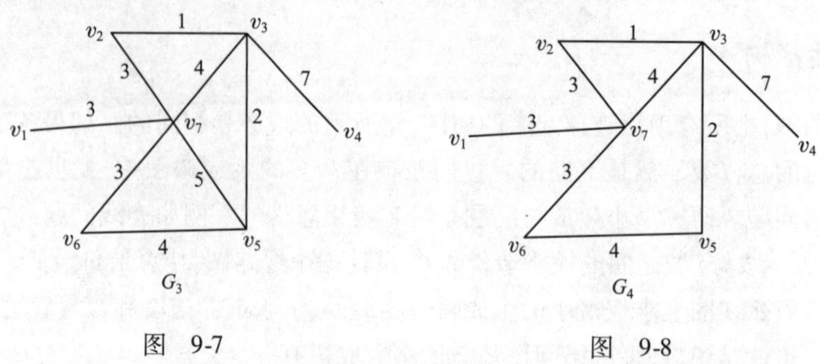

图 9-7　　图 9-8

(4)在 G_4 中找到一个圈(v_3,v_5,v_6,v_7,v_3),并知在此圈上边$[v_5,v_6]$和$[v_3,v_7]$的权数 4 为最大,在 G_4 中去掉边$[v_5,v_6]$得图 G_5(见图 9-9)。

(5)在 G_5 中找到一个圈(v_2,v_3,v_7,v_2),并知在此圈上边$[v_3,v_7]$的权数 4 为最大,在 G_5 中去掉边$[v_3,v_7]$得图 G_6(见图 9-10)。

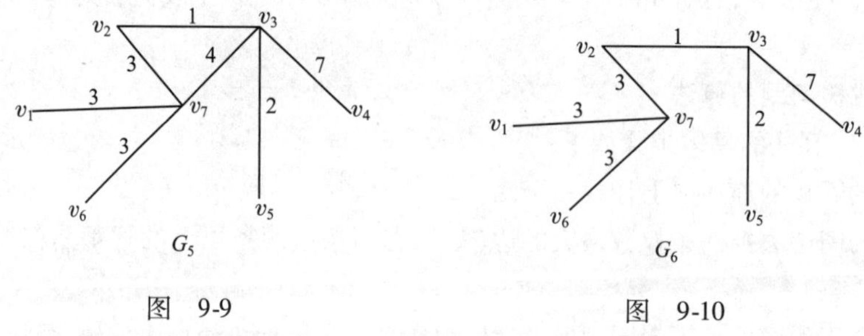

图 9-9　　图 9-10

(6)在 G_6 中已找不到任何一个圈了,可知 G_6 即为原图 G_1 的最小生成树。这个最小生成树的所有边的总权数为 $3+3+3+1+2+7=19$。

(2)加边法(Kruskal 算法)。算法思路:

①将网络 G 的 m 条边按权从小到大排序(若有几条边权数相等,则对这些边任意排序),假设为

$$\omega(e_1)\leqslant\omega(e_2)\leqslant\cdots\leqslant\omega(e_m)$$

②按顺序加边。若将某条边置入图 G 中,不构成回路,则将它加到图中,并用双线表示;若出现回路,则把这条边排除。以此方法进行下去,最终生成的就是一棵最小树。

【例 9.2】有两亩水稻田,用堤埂分隔成九小块。如图 9-11 所示。为了灌溉,需要挖开一些堤埂。问:最少要挖开多少堤埂,才能使水浇灌到每一小块稻田?

解　把每小块稻田看作一个顶点。如果两块稻田相邻,有共同的堤埂,则用边把对应的两个顶点连起来,这样就得到一个无向图,如图 9-12(a)所示。水从一块稻田能流入另一块稻田相当于从一个顶点有一条链能到另一个顶点。这样一来,问题变成求图 9-12(b)的生成树。

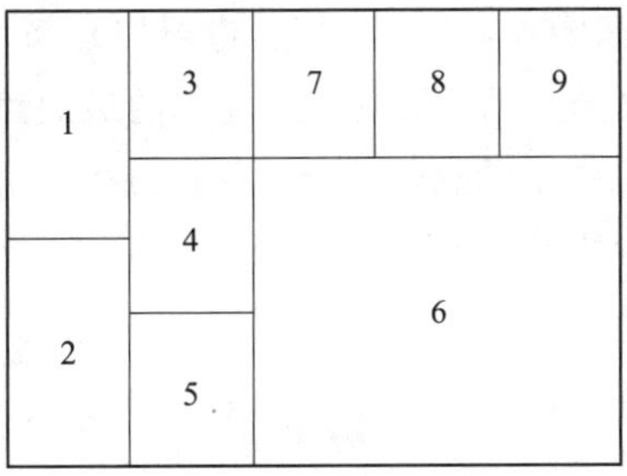

图 9-11

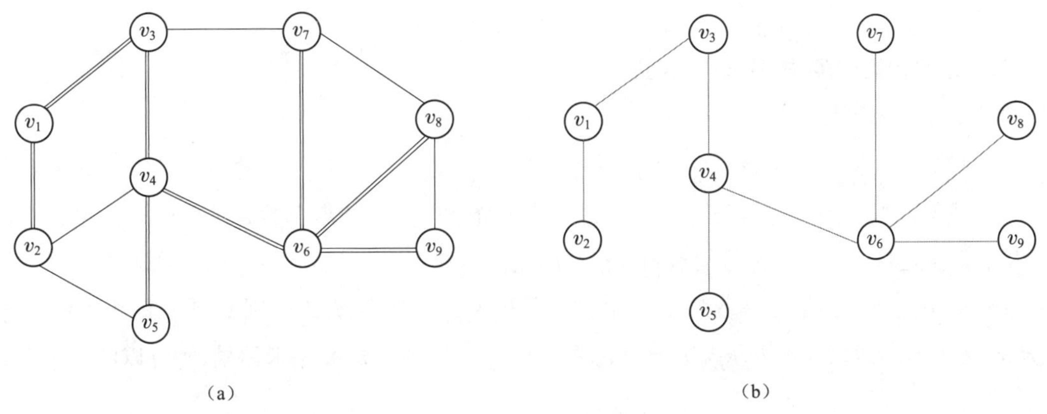

图 9-12

每次选入一条边，只要不产生圈就可以，连接这些点的树图的边数即为至少要开挖的堤埂数。图 9-12 中的双线边给出了一棵生成树，对应的挖开堤埂方案如图 9-13 中虚线所示，至少挖开 8 条。

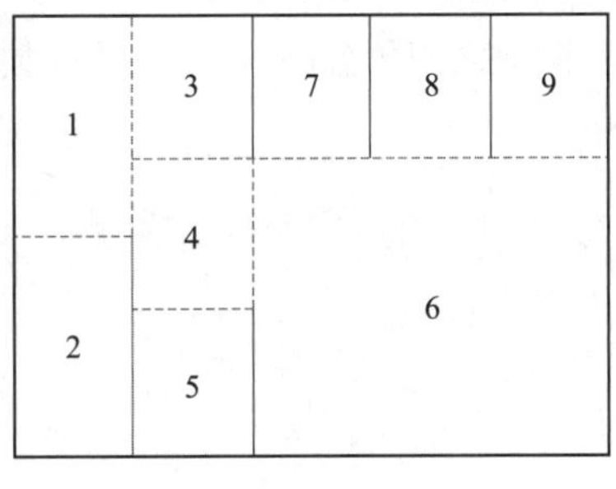

图 9-13

9.3 最短路问题

最短路问题是对一个赋权的有向图 G（权数可能是路程的长度、花费的成本等）中指定的两个点 v_s 和 v_t 找到一条经过它们的路径，使得这条路径上所有弧的权数的总和最小，则这条路被称为从 v_s 到 v_t 的最短路，且这条路上所有弧的权数总和被称之为从 v_s 到 v_t 的最短距离。

1. 最短路问题的数学模型

在网络图中，顶点 v_i 与 v_j 可以理解为空间位置或时间坐标，也可以理解为其他意义下的事件与活动;边 e 上的权可理解为空间距离或时间间隔,也可以理解为活动的经费、能耗等。也就是说,网络最短路的实际意义是广泛的,可以是空间距离上的最短路,也可以是时间概念上的“最短路”(总时间最少),或者是一系列活动的总经费或总能耗最少。

于是,网络图最短路问题的数学模型为:给定图 $G=(V,E)$,$V=\{v_1,v_2,\cdots,v_n\}$,$E=\{e_1,e_2,\cdots,e_m\}$。若图 G 的每条边 $e=(v_i,v_j)$都与一个非负实数 $\omega(v_i,v_j)=\omega_{i,j}$对应,则称 G 为非负赋权图,简称网络,其中 $\omega(e)$称为 e 的权。

若 P 为 G 中 v_1 至 v_n 的路,称 $W(P)=\sum\limits_{e\in E(P)}\omega(e)$为 P 的长度,其中 $E(P)$表示 P 上边的集合;

若 P^* 为 G 中 v_1 至 v_n 的路,且满足 $W(P^*)=\mathrm{Min}\{W(P)\,|\,P$ 为 G 中 v_1 至 v_n 的路$\}$,则称 p^* 为 v_1 至 v_n 的最短路。

2. 最短路问题的算法(Dijkstra 算法)

算法思路及步骤:

(1)给起点 v_1以标号$(0,s)$表示从 v_1到 v_1的距离为 0。

(2)找出已标号的点的集合 I,没标号的点的集合 J 以及弧的集合$\{(v_i,v_j)\,|\,v_i\in I,v_j\in J\}$。其中,弧的集合是指所有从已标号的点到未标号的点的弧的集合。

(3)如果上述弧的集合是空集,则计算结束。如果 v_t 已标号(l_t,k_t),则 v_s 到 v_t 的距离即为 l_t,而从 v_s 到 v_t 的最短路径可以从 k_t 反向追踪到起点 v_s 而得到。如果 v_t 未标号,则可以断言不存在从 v_s 到 v_t 的有向路。否则转下一步。

(4)对上述弧的集合中的每一条弧,计算 $s_{ij}=l_i+c_{ij}$在所有的 s_{ij}中,找到其值为最小的弧,不妨设此弧为(v_c,v_d),则给此弧的终点以双标号(s_{cd},c),返回第(2)步。

【例 9.3】电信公司准备在甲、乙两地沿路架设一条光缆线,问:如何架设可使其光缆线路最短?图 9-14 给了甲、乙两地间的交通图,图中的点 $v_1,v_2,\cdots,v_7$ 表示 7 个地点,其中 v_1 表示甲地,v_7 表示乙地,点之间的连线(边)表示两地之间的公路,边所赋的权数表示两地间的公路长度。

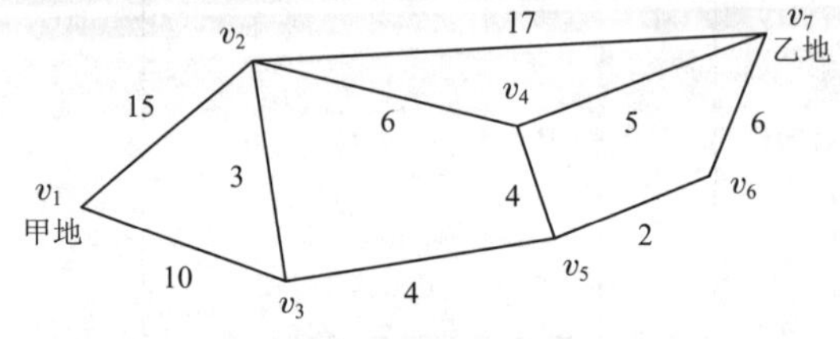

图 9-14

(1)起始点 v_1 标号为$(0,s)$。

(2)$I=\{v_1\}$,$J=\{v_2,v_3,v_4,v_5,v_6,v_7\}$,边集$\{[v_i,v_j]\,|\,v_i\in I,v_j\in J\}=\{[v_1,v_2],[v_1,v_3]\}$,且 $S_{12}=l_1+C_{12}=0+15=15$,$S_{13}=l_1+C_{13}=0+10=10$,$\mathrm{Min}\{S_{12},S_{13}\}=S_{13}=10$,边$[v_1,v_3]$中未标号点 v_3 标以(10,1)。

(3)$I=\{v_1,v_3\}$,$J=\{v_2,v_4,v_5,v_6,v_7\}$,边集$\{[v_i,v_j]\}=\{[v_1,v_2],[v_3,v_2],[v_3,v_5]\}$,且 $S_{32}=l_3+C_{32}=10+3=13$,$S_{35}=l_3+C_{35}=10+4=14$,$\mathrm{Min}\{S_{12},S_{32},S_{35}\}=S_{32}=13$。边$[v_3,v_2]$中未标号的点 v_2 标以(13,3)。

(4) $I=\{v_1,v_3,v_2\}$，$J=\{v_4,v_5,v_6,v_7\}$，边集$\{[v_i,v_j]\}=\{[v_3,v_5],[v_2,v_4],[v_2,v_7]\}$，且 $S_{24}=l_2+C_{24}=13+6=19$，$S_{27}=l_2+C_{27}=13+17=30$，$\text{Min}\{S_{35},S_{24},S_{27}\}=S_{35}=14$。边$[v_3,v_5]$中未标号的点 v_5 标以(14,3)。

(5) $I=\{v_1,v_2,v_3,v_5\}$，$J=\{v_4,v_6,v_7\}$，边集$\{[v_i,v_j]\}=\{[v_2,v_4],[v_5,v_4],[v_2,v_7],[v_5,v_6]\}$，并有 $S_{54}=l_5+C_{54}=14+4=18$，$S_{56}=l_5+C_{56}=14+2=16$，$\text{Min}\{S_{24},S_{54},S_{27},S_{56}\}=S_{56}=16$。边$[v_5,v_6]$中未标号的点 v_6 标以(16,5)。

(6) $I=\{v_1,v_2,v_3,v_5,v_6\}$，$J=\{v_4,v_7\}$，边集$\{[v_i,v_j]\}=\{[v_2,v_4],[v_2,v_7],[v_5,v_4],[v_6,v_7]\}$，且 $S_{67}=l_6+C_{67}=16+6=22$，$\text{Min}\{S_{24},S_{27},S_{54},S_{67}\}=S_{54}=18$。边$[v_5,v_4]$中未标号的点 v_4 标以(18,5)。

(7) $I=\{v_1,v_2,v_3,v_4,v_5,v_6\}$，$J=\{v_7\}$，边集$\{[v_i,v_j]\}=\{[v_2,v_7],[v_4,v_7],[v_6,v_7]\}$，且 $S_{47}=l_4+C_{47}=18+5=23$，$\text{Min}\{S_{27},S_{47},S_{67}\}=S_{67}=22$。边$[v_6,v_7]$中未标号的点 v_7 标以(22,6)。

(8) 此时 $I=\{v_1,v_2,v_3,v_4,v_5,v_6,v_7\}$，$J=\varnothing$。边集合$\{[v_i,v_j]\}$为空集，计算结束。

(9) 从 v_1 到 v_7 的最短距离为 22，其最短路径为 $v_1\to v_3\to v_5\to v_6\to v_7$。

且各点标号如图 9-15 所示。

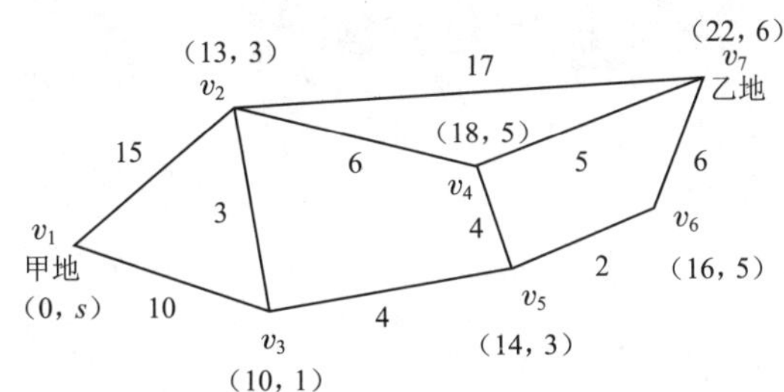

图　9-15

【例 9.4】设备更新问题。某公司试用一台设备，在每年年初，公司要决定是购买新设备还是继续使用旧设备。如果购置新设备，就要支付一定的购置费，当然新设备的维修费用就低。如果继续使用旧设备，可以省去购置费，但维修费用就高了。现在需要我们制订一个五年之内的更新设备计划，使得五年内购置费和维修总的支付费用最小。这种设备每年年初的价格以及使用不同时间的设备所需要的维修费见表 9-1 和表 9-2。

表　9-1

年份	1	2	3	4	5
购置费	11	11	12	12	13

表　9-2

使用年数	0 ～ 1	1 ～ 2	2 ～ 3	3 ～ 4	4 ～ 5
每年维修费用	5	6	8	11	18

解　将该问题转化成求最短路问题，v_i 表示"第 i 年年初购进一台新设备"，对于弧(v_i,v_j)，它的权数定义为从第 i 年年初购进设备使用到第 $j-1$ 年年底所花费的购置费及维修费的总和，计算

结果见表 9-3 和图 9-16。

表 9-3

i	j					
	1	2	3	4	5	6
1	—	16	22	30	41	59
2	—	—	16	22	30	41
3	—	—	—	17	23	31
4	—	—	—	—	17	23
5	—	—	—	—	—	18
6	—	—	—	—	—	—

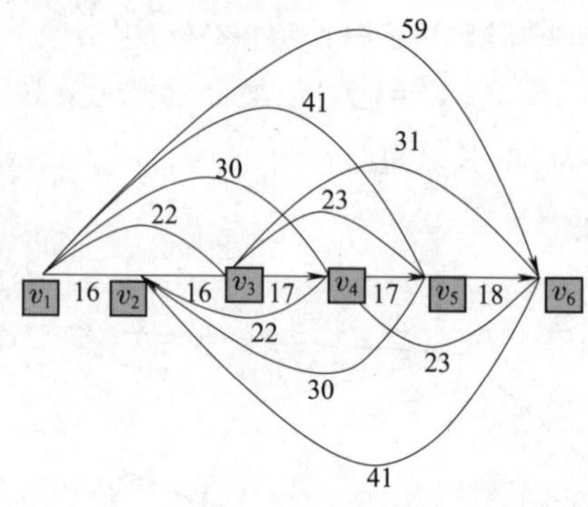

图 9-16

(1)起始点 v_1 标以$(0,s)$。

(2)$I=[v_1]$,$J=v\{v_2,v_3,v_4,v_5,v_6\}$。弧集$\{(v_i,v_j)\mid v_i\in I,v_j\in J\}=\{(v_1,v_2),(v_1,v_3),(v_1,v_4),(v_1,v_5),(v_1,v_6)\}$,并有 $S_{12}=l_1+c_{12}=0+16=16$;$S_{13}=l_1+c_{13}=0+22=22$;$S_{14}=l_1+c_{14}=0+30=30$;$S_{15}=l_1+c_{15}=0+41=41$;$S_{16}=l_1+c_{16}=0+59=59$。

则 $\mathrm{Min}\{S_{12},S_{13},S_{14},S_{15},S_{16}\}=S_{12}=16$。给弧$(v_1,v_2)$的终点 v_2 标以$(16,1)$。

(3)$I=\{v_1,v_2\}$,$J=\{v_3,v_4,v_5,v_6\}$。弧集$\{(v_i,v_j)\mid v_i\in I,v_j\in J\}=\{(v_1,v_3),(v_1,v_4),(v_1,v_5),(v_1,v_6),(v_2,v_3),(v_2,v_4),(v_2,v_5),(v_2,v_6)\}$,并有

$S_{23}=l_2+c_{23}=16+16=32$;$S_{24}=l_2+c_{24}=16+22=38$;$S_{25}=l_2+c_{25}=16+30=46$;

$S_{26}=l_1+c_{26}=12+41=57$。

则 $\mathrm{Min}\{S_{13},S_{14},S_{15},S_{16},S_{23},S_{24},S_{25},S_{26}\}=S_{13}=22$。给弧$(v_1,v_3)$的终点 v_3 标以$(22,1)$。

(4)$I=\{v_1,v_2,v_3\}$,$J=\{v_4,v_5,v_6\}$。弧集$\{(v_i,v_j)\mid v_i\in I,v_j\in J\}=\{(v_1,v_4),(v_1,v_5),(v_1,v_6),(v_2,v_4),(v_2,v_5),(v_2,v_6),(v_3,v_4),(v_3,v_5),(v_3,v_6)\}$,并有 $S_{34}=l_3+c_{34}=22+17=39$;$S_{35}=l_3+c_{35}=22+23=45$;$S_{36}=l_3+c_{36}=22+31=53$。

则 $\mathrm{Min}\{S_{14},S_{15},S_{16},S_{24},S_{25},S_{26},S_{34},S_{35},S_{36}\}=S_{14}=30$。给弧$(v_1,v_4)$的终点 v_4 标以$(30,1)$。

(5)$I=\{v_1,v_2,v_3,v_4\}$,$J=\{v_5,v_6\}$。弧集$\{(v_i,v_j)\mid v_i\in I,v_j\in J\}=\{(v_1,v_5),(v_1,v_6),(v_2,v_5),(v_2,v_6),(v_3,v_5),(v_3,v_6),(v_4,v_5),(v_4,v_6)\}$,并有 $S_{45}=l_4+c_{45}=30+17=47$;$S_{46}=l_4+c_{46}=30+23=53$。

则 $\mathrm{Min}\{S_{15},S_{16},S_{25},S_{26},S_{35},S_{36},S_{45},S_{46}\}=S_{15}=41$。给弧$(v_1,v_5)$的终点 v_5 标以$(41,1)$。

(6) $I=\{v_1,v_2,v_3,v_4,v_5\}$, $J=\{v_6\}$。弧集 $\{(v_i,v_j)\mid v_i\in I, v_j\in J\}=\{(v_1,v_6),(v_2,v_6),(v_3,v_6),(v_4,v_6),(v_5,v_6)\}$，并有 $S_{56}=l_5+c_{56}=41+18=59$，

则 $\mathrm{Min}\{S_{16},S_{26},S_{36},S_{46},S_{56}\}=S_{36}=S_{46}=53$。给弧 (v_3,v_6) 和 (v_4,v_6) 的终点 v_6 标以(53,3)和(53,4)，如图9-17所示。

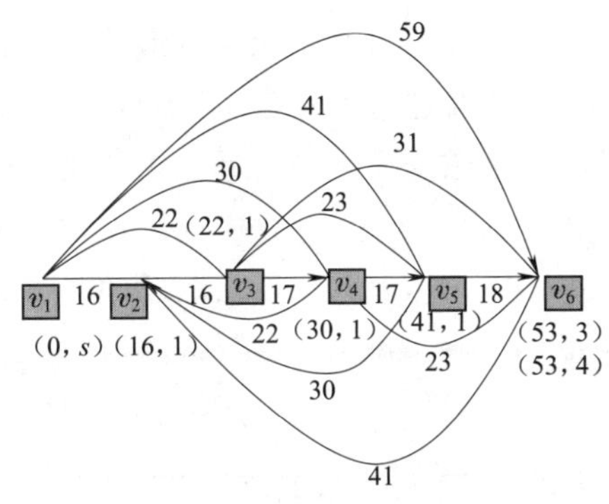

图　9-17

因此，最短路有两条：$v_1\to v_3\to v_6$ 和 $v_1\to v_4\to v_6$，即在第1、3年初或第1、4年初各购置一台新设备，五年的总费用为53。

最短路问题除以上 Dijkstra 算法外，还有 Floyd 算法。此处不再详细赘述，作为课后自学内容。

9.4　中国邮路问题

中国邮路问题用图的语言来描述，就是给定一个连通图 G，在每条边上有一个非负的权，要寻求一个圈，经过 G 的每条边至少一次，并且圈的总权数最小。

一、数学模型

给定一个无向网络 $G=(V,E,\omega)$，所有边 (v_i,v_j) 的权 $\omega_{ij}>0$。设网络 G 是连通的，现在要求每条边至少通过一次的闭链 O，使得总权 $\sum\limits_{(i,j)\in E(O)}\omega_{ij}$ 最小。

如果图 G 恰是欧拉图，则从邮局出发，每边恰好走一次可回到邮局，这时总权必定最小。

如果图 G 不是欧拉图，则某些边必然要重复走。这时，要求重复走过的边的总长最小。

定理3　一个连通多重图 G 是欧拉图的充分必要条件是 G 中无奇点。

证明　设连通多重图 G 至少有3点，对 G 的边数 q 用数学归纳法。因为 G 是连通的，并且不含奇点，故 $q\geqslant 3$。

当 $q=3$ 时，显然 G 是欧拉图。假设 $q=3$ 时成立，看 $q=n+1$ 的情形。由于 G 是无奇点的连通图，并且 G 的点数 $p\geqslant 3$，因此存在3个点 μ、ν、ω，使得 $[\mu,v]$、$[\omega,v]\in E$。从 G 中去掉边 $[\mu,v]$、$[\omega,v]$，增加新的边 $[\mu,\omega]$，得到一个新的多重图 G_1，G_1 有 $q-1$ 条边，且仍不含奇点，G_1 至多有2个分图。若 G_1 是连通的，则由归纳假设，G_1 有欧拉圈 C_1。把 C_1 中的边 $[\omega,\mu]$ 换成 $[\omega,v]$、$[v,\mu]$，即是 G 中的欧拉圈。若 G_1 有2个分图 G_1'、G_1''，令 ν 在 G_1 中。由归纳假设 G_1'、G_1'' 分别有欧拉圈 C_1'、C_1''，把 C_1'' 中的边 $[\mu,\omega]$ 换成 $[\mu,v]$，C_{11}' 及 $[\nu,\omega]$ 即是 G 的欧拉圈。

推论　一个连通多重图 G 有欧拉链的充分必要条件是 G 有且仅有两个奇点。

从以上定理的证明可以看出,识别一个连通图能否一笔画出的条件是它是否有奇点。若有奇点,就不能一笔画出。若没有奇点,就能够一笔画出,并回到原出发地。

二、算法

从一笔画问题的讨论可知,一个邮递员在他所负责投递的街道范围内,如果街道构成的图中没有奇点,那么他就可以从邮局出发,经过每条街道一次且仅一次,最终回到原出发地。但是,如果街道构成的图中有奇点,他就必然要在某些街道上重复走几次。根据上述讨论,针对中国邮路问题,主要采用图上作业法。

例如,在图 9-18 表示的街道图中,v_1 表示邮局所在地,每条街道的长度是 1,邮递员可以按照以下路线行走:$v_1 \to v_2 \to v_4 \to v_3 \to v_2 \to v_4 \to v_6 \to v_5 \to v_4 \to v_6 \to v_5 \to v_3 \to v_1$,总长 12。也可以按照另一条路线行走:$v_1 \to v_2 \to v_3 \to v_2 \to v_4 \to v_5 \to v_6 \to v_4 \to v_3 \to v_5 \to v_3 \to v_1$,总长 11。

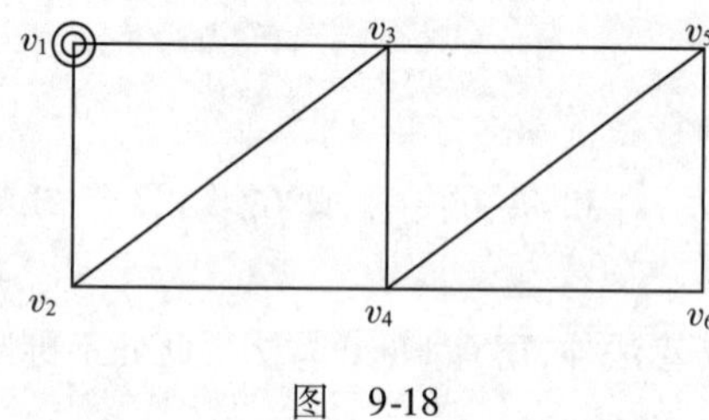

图 9-18

按照第一条路线行走,在边$[v_2,v_4]$,$[v_4,v_6]$,$[v_6,v_5]$上各走了 2 次,按照第二条路线行走,在边$[v_3,v_2]$,$[v_3,v_5]$上各走了 2 次。

在连通图 G 中,如果在边上$[v_i,v_j]$重复走了几次,那么就在点 v_i、v_j 之间增加几条相应的边,每条边的权和原来的权相等,并把新增加的边称为重复边。显然,这条路线构成新图中的欧拉圈。如图 9-19 所示。并且,邮递员的两条行走路线总路程的差等于新增加重复边总权的差。

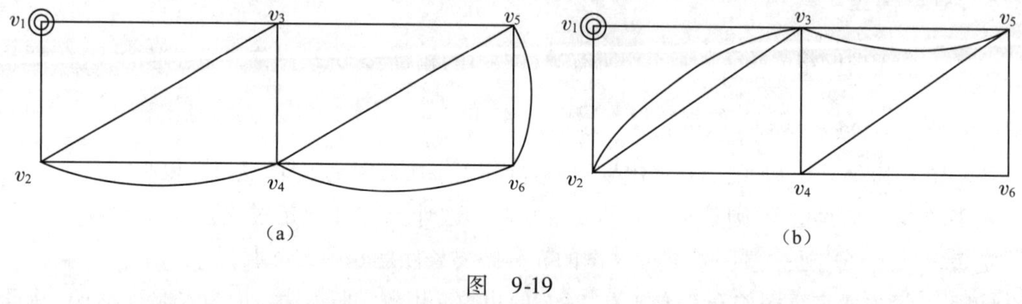

图 9-19

于是,中国邮路问题也可以表示为:在一个有奇点的连通图中,增加些重复边,使得新的连通图不含有奇点,并且增加的重复边总权最小。

我们把增加重复边后不含奇点的新连通图称为邮递路线,而总权最小的邮递路线称为最优邮递路线。

步骤如下:

(1)初始邮递路线的确定方法。

由于任何一个图中,奇点的个数为偶数,所以如果一个连通图有奇点,就可以把它们两两配成对,而每对奇点之间必有一条链(图是连通的),我们把这条链的所有边作为重复边加到图中去,这样得到的新连通图必无奇点，这就给出了初始邮递路线。

例如，在图 9-20 中，v_1 是邮局所在地，并有 4 个奇点 v_2、v_4、v_6、v_8，将它们两两配对，比如 v_2 和 v_4 为一对，v_6 和 v_8 为一对。

在连接 v_2 和 v_4 的链中任取一条，比如链$(v_2,v_1,v_8,v_7,v_6,v_5,v_4)$，再加入重复边$[v_2,v_1]$、$[v_1,v_8]$、$[v_8,v_7]$、$[v_7,v_6]$、$[v_6,v_5]$、$[v_5,v_4]$。同样，任取连接 v_6 和 v_8 的一条链$(v_8,v_1,v_2,v_3,v_4,v_5,v_6)$，再加入重复边$[v_8,v_1]$、$[v_1,v_2]$、$[v_2,v_3]$、$[v_3,v_4]$、$[v_4,v_5]$、$[v_5,v_6]$。于是，得到图 9-11。

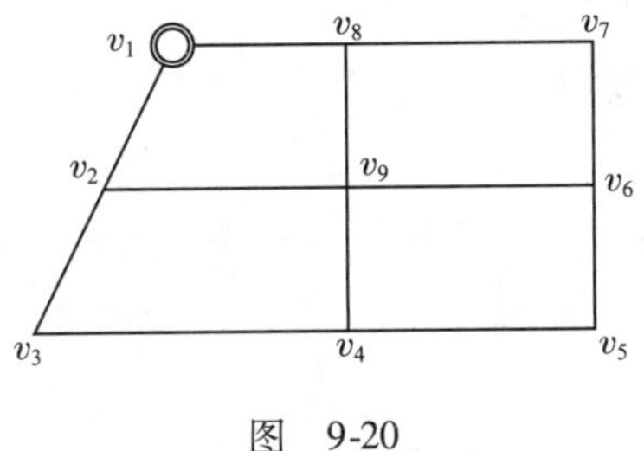

图　9-20

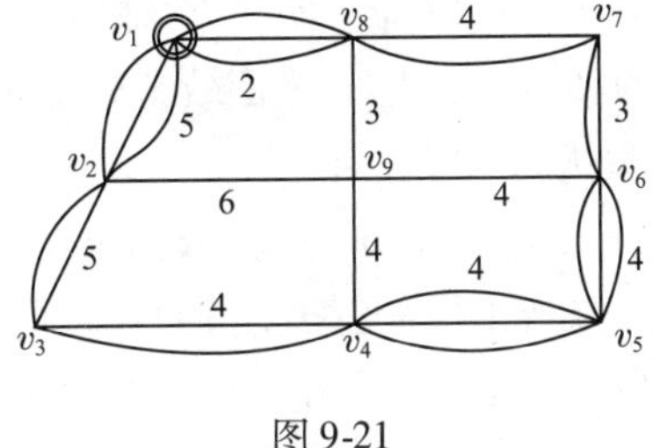

图 9-21

在连通图 9-21 中没有奇点，故它是欧拉图。对于这条邮递路线，重复边的总长为

$$2\omega_{12}+\omega_{23}+\omega_{34}+2\omega_{45}+\omega_{67}+\omega_{78}+2\omega_{18}=51$$

(2)改进邮递路线，使重复边的总长不断减少。

从图 9-21 中可以看出，在边$[v_1,v_2]$旁边有两条重复边，但是如果把它们都从图中去掉，所得到的连通图仍然无奇点，还是一个邮递路线，而总长度却有所减少。同理，在边$[v_1,v_8]$、$[v_4,v_5]$、$[v_5,v_6]$旁边的重复边也是一样。

一般地，在邮递路线上，如果在边$[v_i,v_j]$旁边有两条以上的重复边，从中去掉偶数条，那么可以得到一个总长度较少的邮递路线。

判定标准 1　在最优邮递路线图中，每一条边至多有一条重复边。

按此判定标准，将图 9-20 改进为图 9-21，这时，重复边的总权减少为 21。

如果把图中某个圈上的重复边去掉，而给原来没有重复边的边上加上重复边，图中仍然没有奇点。因此，如果在某个圈上重复边的总权大于这个圈总权的一半，按照以上所说的进行一次调整，将会得到一个总权减少的邮递路线。

判定标准 2　在最优邮递路线上，图中每一个圈的重复边的总权小于或者等于该圈总权的一半。

比如在图 9-22 中，圈(v_2,v_3,v_4,v_9,v_2)的总权为 24，但圈上重复边的总权为 14，大于该圈总权的一半。因此作一次改进，在该圈上去掉重复边$[v_2,v_3]$和$[v_3,v_4]$，加上重复边$[v_2,v_9]$和$[v_9,v_4]$，如图 9-23 所示。这时重复边的总权减少为 10。

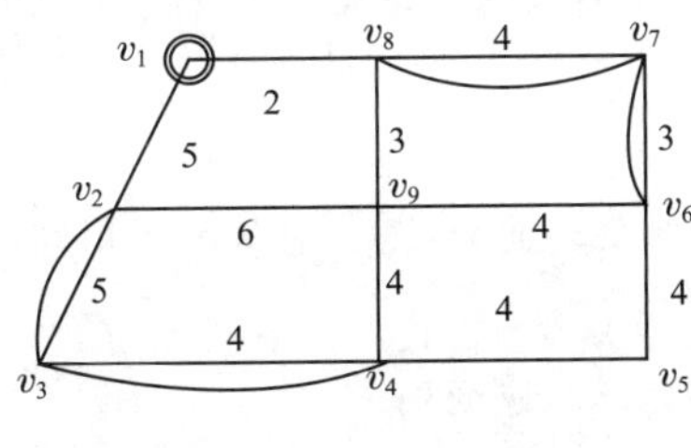

图　9-22

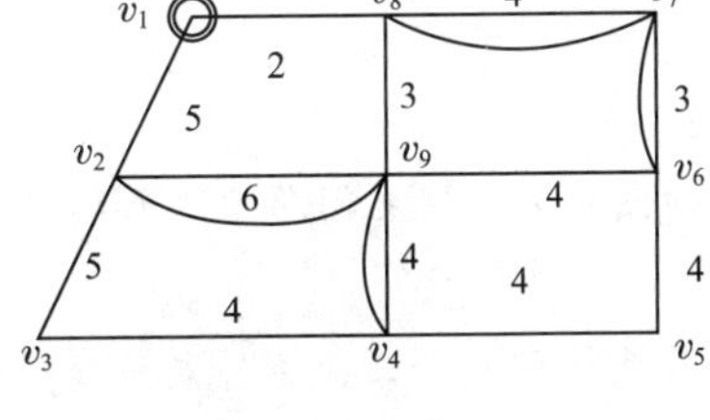

图　9-23

在图9-23中，圈$(v_1,v_2,v_9,v_6,v_7,v_8,v_1)$中重复边总权为13，而该圈的总权为24，不满足判定标准2。再次经过改进后，得到图9-24。此时，该圈中重复边的总权为11，小于该圈的总权为24。

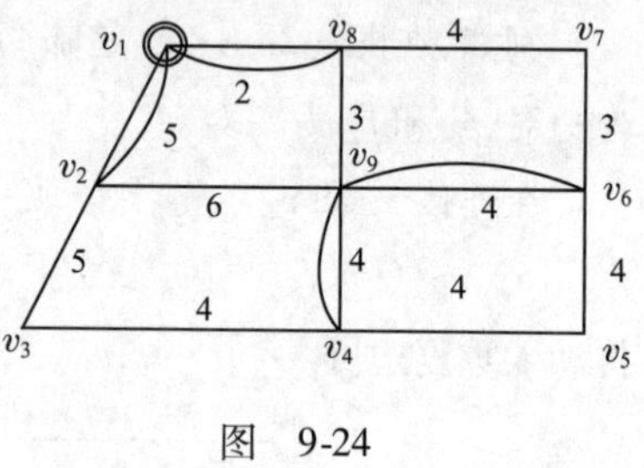

图 9-24

检查图9-24中的每一个圈，判定标准1和2均已满足。于是，图中的欧拉圈就是最优邮递路线。

从这个例子可知，一个最优邮递路线一定满足判定标准1和判定标准2。反之，不难证明，一个邮递路线如果满足判定标准1和判定标准2，那么它一定是最优邮递路线。亦即，这两个判定标准是最优邮递路线判定的充分必要条件。

值得注意的是，这个方法的主要困难在于检查判定标准2。它要求对于图中的每一个圈都检查一遍。当一个连通图所包含的圈数比较多时，将会大大提高运算的工作量，比如"田"字形的图就有13个圈。

习　　题

一、填空题

1. 图是由________和________构成的。

2. 图中既有边又有弧，称为________。

3. 同一条边的两个端点称为________，具有共同端点的边称为________。

4. 在无向图中，与节点相关联边的数目，称为该节点的________，用符号________表示。

5. 有向图中，由节点指向外的弧的数目称为________，记为________；指向该节点的弧的数目称为________，记为________。

6. 图中奇点的个数总是________个，最小树问题就是在网络图中，找出若干条边，连接________节点，而且________最小。

7. 最小树的算法关键是把最近的________节点连接到那些已接节点上去。

8. 求最短路问题的计算方法是从________开始逐步推算的，在推算过程中需要不断标记________和最短路线。

9. 链中边都不同，则此链属于________链。

10. 图G有支撑树的充分必要条件是图G是________的。

11. T为树图，则每增加一条新边即得唯一一个________。

12. 求解最小树的方法包括破圈法和________法两类。

13. 当所有边(的)的权重________时，Dijkstra算法是用来求给定点v_s到任一点v_j最短路的最好方法。

二、判断题

1. 图论中的图是为了研究问题中有哪些对象及对象之间的关系，它与图的几何形状无关。（　）

2. 一个图G是树的充分必要条件是边数最少的无孤立点的图。（　）

3. 如果一个图G从v_1到各点的最短路是唯一的，则连接V到各点的最短路，再去掉重复边，

得到的图即为最小支撑树。（　　）

4. 图 G 的最小支撑树中从 v_1 到 v_n 的通路一定是图 G 从 v_1 到 v_n 的最短路。（　　）

5. $(f_{ij}=0)$ 总是最大流问题的一个可行流。（　　）

6. 无孤立点的图一定是连通图。（　　）

7. 图中任意两点之间都有一条简单链,则该图是一棵树。（　　）

8. 求网络最大流的问题总可以归结为求解一个线性规划问题。（　　）

9. 在图中求一点 v_1 到另一点 v_n 的最短路问题总可以归结为一个整数规划问题。（　　）

10. 图 G 中的一个点 v_1 总可以看成是 G 的一个子图。（　　）

11. 偶图一定存在欧拉回路。（　　）

12. 链、圈、路径(简称路)、回路都是原图的子图。（　　）

13. 任何树必存在次数为 1 的点。（　　）

14. 任何有 n 个节点,$n-1$ 条边的连通图必是一棵树。（　　）

15. 图论中的图不仅反映了研究对象之间的关系,而且是真实图形的写照,因而对图中点与点的相对位置、点与点连线的长短曲直等都要严格注意。（　　）

16. 在任意图 G 中,当点集 V 确定以后,树图是 G 中边数最少的连通图。（　　）

17. 如果从 v_1 至其他各点的最短路在去掉重复部分以后,恰好构成改图的最小支撑树。（　　）

18. 当图的点集确定后,树图是所有图中边数最少的简单图。（　　）

19. 在连通图 G 中,其权数最大的边必不包含在其最小部分树内。（　　）

20. 若图中从 v_1 至各点均有唯一的最短路,则连接 v_1 至其他各点的最短路在去掉重复部分后,恰好构成该图的最小部分树。（　　）

三、选择题

1. 从起点到终点的最短路线,以下叙述正确的是(　　)。

A. 整个图中权最大的有向边可能含在最短路线中

B. 从起点到终点的最短路线是唯一的

C. 整个图中权最小的有向边必包含在最短路线中

D. 从起点出发的最小权有向边必含在最短路线中

2. 从赋权连通图中找最小生成树时,以下叙述不正确的是(　　)。

A. 任一连通图中具有最小权的边必包含在生成的最小生成树上

B. 任一连通图生成的各个最小生成树,其总长度必相等

C. 任一连通图生成的各个最小生成树,其边数不一定相等

D. 最小生成树中可能包括连通图中的最大权边

3. 下列算法可用于求解网络图中最短路的是(　　)。(多选题)

A. Kruskal 避圈法　　B. Dijkstra 标号法

C. Ford-Fulkerson 标号法　　D. Floyd 算法

4. 关于图论中图的概念,以下叙述(　　)正确。

A. 图中的有向边表示研究对象,节点表示衔接关系

B. 图中的点表示研究对象,边表示点与点之间的关系

C. 图中任意两点之间必有边

D. 图的边数必定等于点数减 1

5. 关于树的概念,以下叙述(　　)正确。

A. 树中的点数等于边数减 1

B. 连通无圈的图必定是树

C. 含 n 个点的树是唯一的

D. 任一树中,去掉一条边仍为树

6. 一个连通图中的最小树(　　)。

A. 是唯一确定的　　B. 可能不唯

C. 可能不存在　　D. 定有多个

7. 图论中的图,以下叙述(　　)不正确。

A. 图论中点表示研究对象,边或有向边表示研究对象之间的特定关系

B. 图论中的图,用点与点的相互位置边的长短曲直来表示研究对象的相互关系

C. 图论中的边表示研究对象,点表示研究对象之间的特定关系

D. 图论中的图,可以改变点与点的相互位置,只要不改变点与点的连接关系即可

8. 关于最小树,以下叙述(　　)正确。

A. 最小树是一个网络中连通所有点而边数最少的图

B. 最小树是一个网络中连通所有的点,而权数最少的图

C. 一个网络中的最大权边必不包含在其最小树内

D. 一个网络的最小树一般是不唯一的

四、名词解释

1. 树
2. 权
3. 网络
4. 连通图
5. 正次数
6. 生成树
7. 成分
8. 平行边
9. 欧拉回路
10. 自环

五、简答题

1. 试述树与图的区别与联系。
2. 简述求解最短路问题的 Dijkstra 算法的基本思路及其计算步骤。
3. 什么是有向图? 什么是无向图? 两者有什么区别?
4. 什么是链? 什么是简单链? 什么是初等链?
5. 什么是圈? 什么是简单圈? 什么是初等圈?
6. 什么是支撑子图?
7. 什么是树? 什么是支撑树? 什么是最小支撑树?

8. 什么是路？什么是最短路问题？最短路问题的主要解法是什么？

9. 什么是网络？什么是网络最大流问题？网络最大流问题的主要解法是什么？其基本步骤是什么？

10. 什么是最小费用最大流问题？举例说明它可能用于解决什么问题。

11. 什么是欧拉链？什么是欧拉图？

12. 什么是中国邮递员问题？其最优解具有什么性质？

13. 通常用 $G=\{V,E\}$ 来表示一个图，试述符号 V,E 及这个表达式的含义。

六、计算题

1. 求图 9-25 的最小部分树，其中图 9-25(a) 用破圈法，图 9-25(b) 用加边法。

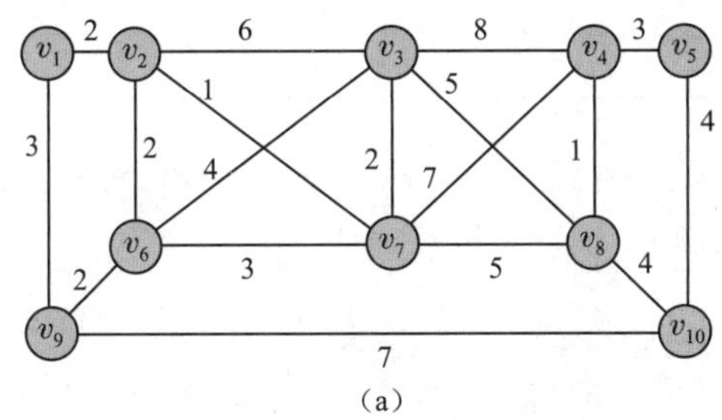

(a)

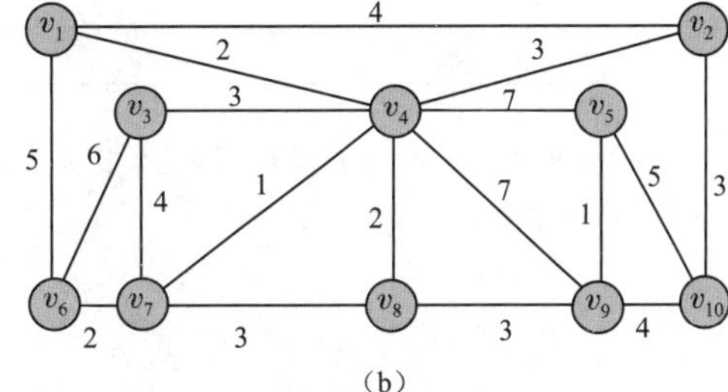

(b)

图　9-25

2. 求出图 9-26 中(a)图和(b)图的最小生成树。

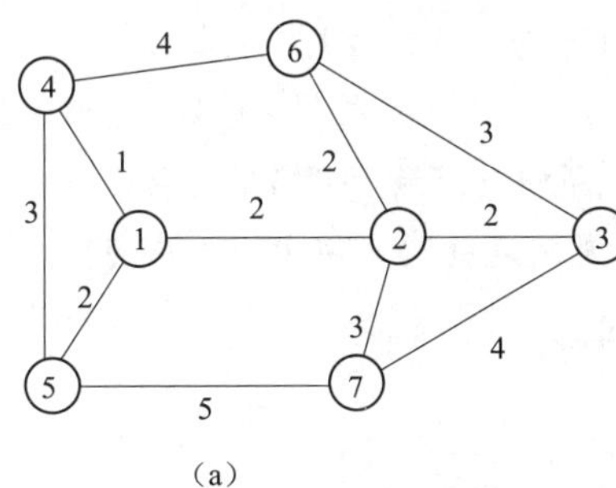

(a)

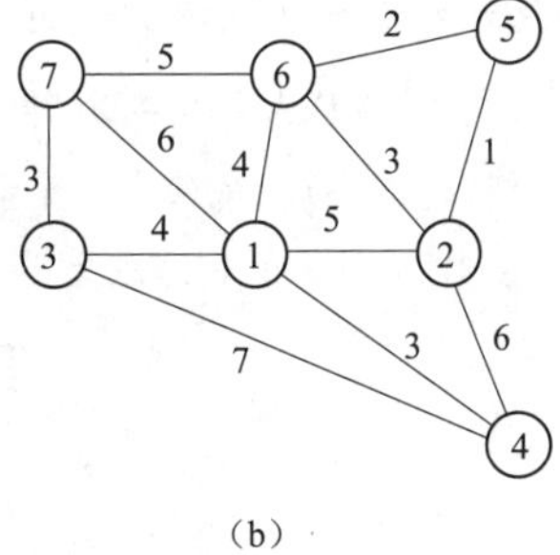

(b)

图　9-26

3. 求图 9-27 中从 v_1 到 v_6 的最短路线。

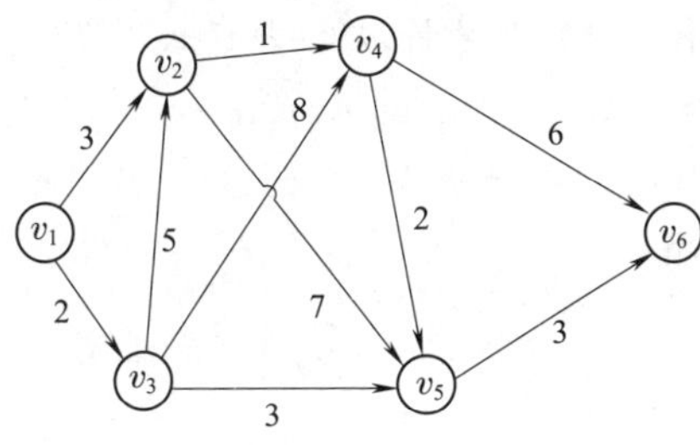

图　9-27

4. 某乡政府计划未来 3 年内，对所管辖的 10 个村要达到村与村之间都有水泥公路相通的目标。根据勘测，10 个村之间修建公路的费用(单位：万元)见表 9-4。乡镇府如何选择修建公路的路线使总成本最低。

表 9-4

村	村									
	1	2	3	4	5	6	7	8	9	10
1		12.8	10.5	8.5	12.7	13.9	14.8	13.2	12.7	8.9
2			9.6	7.7	13.1	11.2	15.7	12.4	13.6	10.5
3				13.8	12.6	8.6	8.5	10.5	15.8	13.4
4					11.4	7.5	9.6	9.3	9.8	14.6
5						8.3	8.9	8.8	8.2	9.1
6							8.0	12.7	11.7	10.5
7								14.8	13.6	12.6
8									9.7	8.9
9										8.8
10										

5. 在图 9-28 中，求 A 到 H、I 的最短路及最短路长，并对图(a)和(b)的结果进行比较。

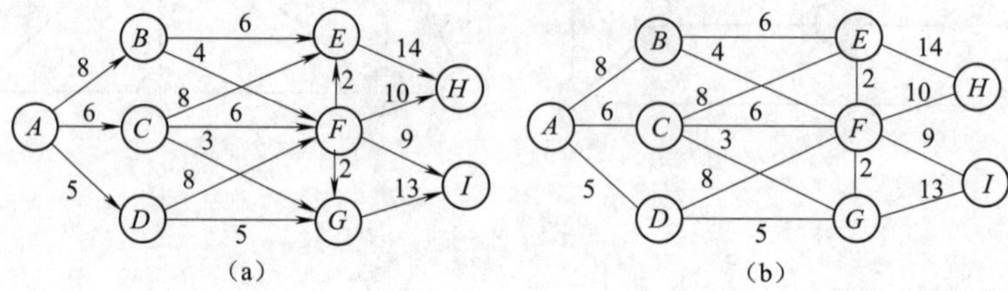

图 9-28

6. 已知某设备可继续使用 5 年，也可以在每年年末卖掉重新购置新设备。已知 5 年年初购置新设备的价格分别为 3.5、3.8、4.0、4.2 和 4.5(单位：万元)。使用时间在 1～5 年内的维护费用分别为0.4、0.9、1.4、2.3 和 3(单位：万元)。试确定一个设备更新策略，使 5 年的设备购置和维护总费用最小。

7. 已知图如图 9-29 所示。(1)求解旅行售货员问题；(2)求解中国邮路问题。

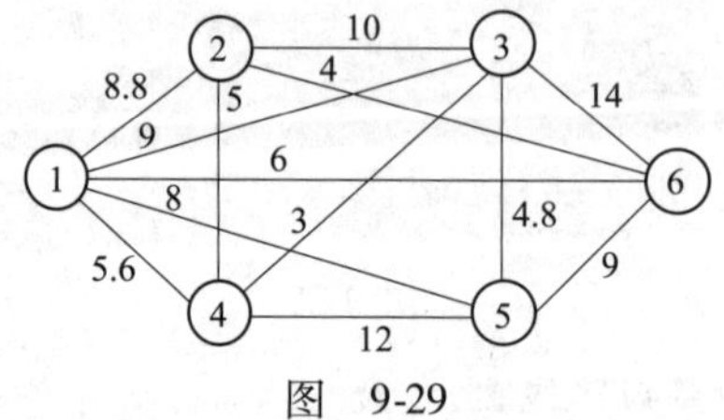

图 9-29

8. 某一个配送中心要给快餐店送快餐原料，应按照什么路线送货才能使送货时间最短？图 9-6 给出了配送中心到快餐店的交通图，图中 $v_1, v_2, v_3, v_4, v_5, v_6, v_7$ 表示 7 个地名，其中 v_1 表示配送中心，v_7 表示快餐店，点之间的连线(边)表示两地之间的道路，边所赋的权数表示开车送原料通过这段道路所需要的时间(单位：min)。

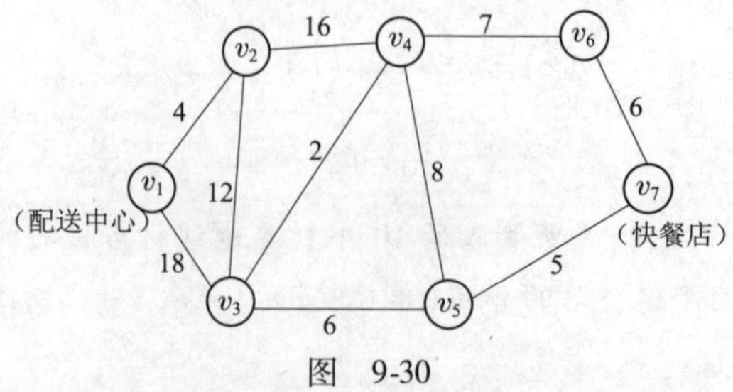

图 9-30

9. 某电力公司要沿道路为8个居民点架设输电网络，连接8个居民点的道路图如图9-7所示，其中 $v_1, v_2, \cdots, v_8$ 表示8个居民点，图中的边表示可架设输电网络的道路，边上的赋权数为这条道路的长度(单位:km)，请设计一个输电网络，联通这8个居民点，并使总的输电线路长度为最短。

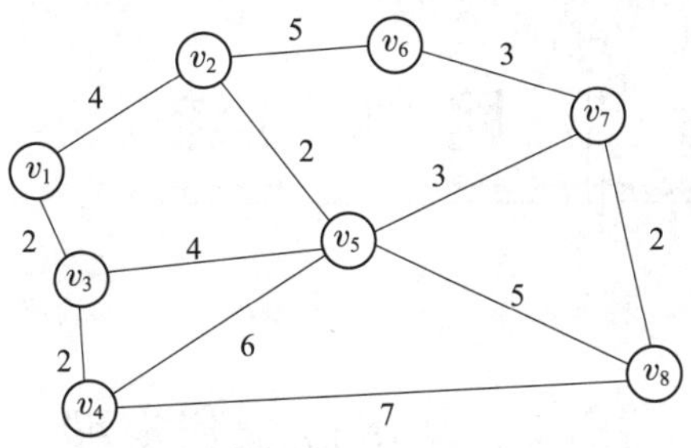

图 9-31

10. 某工厂办公室拟在三天内举行六项活动，每项活动各需半天时间。厂办拟请10名厂级干部参加这些活动，见表9-5中"√"所示。已知活动 *A* 须安排在第一天上午，活动 *F* 须安排在第三天下午，活动 *B* 只能安排在下午，而每名厂级干部都希望每条最多参加一项活动，厂办应如何安排这六项活动的日程?

表 9-5

活 动	干 部									
	1	2	3	4	5	6	7	8	9	10
A	√	√	√		√				√	√
B	√			√				√	√	
C		√			√	√	√			√
D	√				√			√		
E				√		√	√			
F			√	√			√		√	√

11. 图9-32是世界某六大城市之间的航线，边上的数字为票价(单位:百美元)，用 Floyd 算法设计任意两城市之间票价最便宜的路线表。

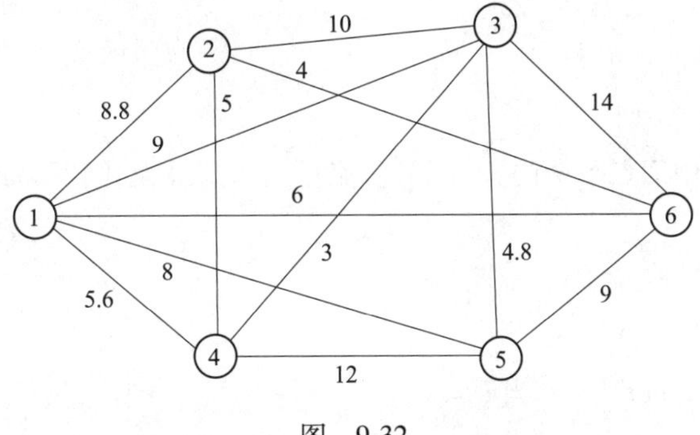

图 9-32

第10章 网络的流

10.1 基本概念和定理

一、容量网络

(1)容量:有向图中,每条弧上给出的最大通过能力(即加在每条弧上的最大可能负载)称为该弧的容量。记为 $c(v_i,v_j)$ 或 c_{ij},也常记为 b_{ij}。

(2)容量网络:对所有的弧都给出了容量的有向网络,记为 $D=(V,E,C)$ 或 $D=(V,E,B)$。

二、流与可行流

1. 流

(1)弧上的流:网络中加在弧上的负载量。记为 f_{ij} 或 x_{ij}。

(2)图上的流:加在网络中各条弧上的一组负载量(即定义在弧集上的一个函数)。记为 $f=\{f(v_i,v_j)\}=\{f_{ij}\}$ 或 $X=\{x_{ij}\}$。

2. 零流

若网络上所有弧上的流均为0,即对所有的 i 和 j,都有 $f_{ij}=0$,则称相应的图上的流为零流。

3. 可行流

在容量网络上,满足容量限制条件和中间点平衡条件(连续性定理)的图上的流。即:

(1)容量限制条件:$0\leqslant f_{ij}\leqslant c_{ij}$。

(2)中间点平衡条件:$\sum\limits_{(v_i,v_j)} f_{ij} = \sum\limits_{(v_j,v_i)} f_{ji}$

问题:零流是不是可行流?

4. 最大流

在满足容量限制和中间点平衡的条件下,使流量 f_{ij} 达到最大,则网络最大流问题的线性规划表达式如下:

$$\text{Max } v(f)$$

$$\text{s.t. } 0 \leqslant f_{ij} \leqslant c_{ij} \quad (v_i,v_j) \in E$$

$$\sum_{(i,j)\in A} f_{ij} - \sum_{(j,i)\in A} f_{ji} = \begin{cases} v(f) & \text{当 } i = s \\ 0 & \text{当 } i \neq s,t \\ -v(f) & \text{当 } i = t \end{cases}$$

其中,$v(f)$ 为网络中从起点 s 到终点 t 的流量。

一、割

1. 定义

设 $V_1 \subset V$ 是网络 $G=(V,E)$ 顶点集合 V 的一个子集，$\overline{V_1}=\frac{V}{V_1}$，并且满足 $s \in V_1, t \in \overline{V_1}$。用 $K=(V_1,\overline{V_1})$ 表示起点在 V_1 中，终点在 $\overline{V_1}$ 中的全体有向边的集合，即

$$K=\{(v_i,v_j) \mid v_i \in V_1, v_j \in \overline{V_1}\}$$

我们把边集 $K=(V_1,\overline{V_1})$ 称为网络 G 的一个割。

2. 割集的容量

把 K 中所有边的容量之和用 $c(V_1,\overline{V_1})$ 或用 $c(K)$ 表示，于是 $c(V_1,\overline{V_1}) = \sum_{(i,j)} c_{ij}$ 称为割 K 的容量。

3. 最小割

容量最小的割称为最小割。

二、增广链

设网络 $D=(V,E,C)$ 中有一可行流 $f=\{f_{ij}\}$，按每条弧上流量的多少，可将弧分为饱和弧、非饱和弧、零流弧、非零流弧四种类型。

饱和弧 $f_{ij}=c_{ij}$；

非饱和弧 $f_{ij}<c_{ij}$；

零流弧行 $f_{ij}=0$；

非零流弧 $f_{ij}>0$。

在图 10-1 中，(v_s,v_1)，(v_1,v_2)，(v_2,v_4) 是饱和弧，也是非零流弧，(v_4,v_3) 是零流弧，其他各弧均为非饱和弧，也是非零流弧。

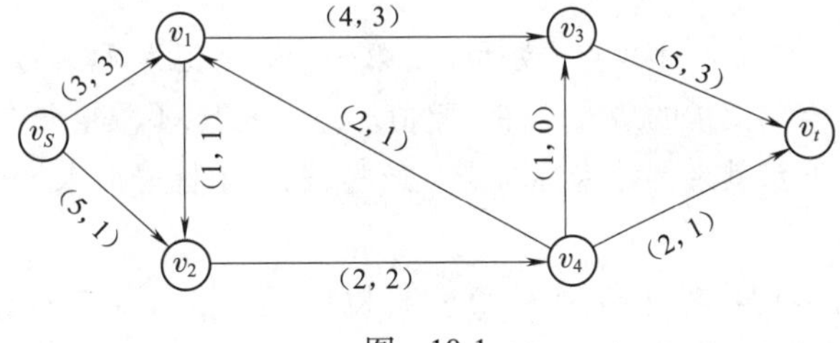

图　10-1

在容量网络 G 中，若 μ 是从 v_s 到 v_t 的一条链，沿此方向 μ 上的各弧可分为两类：一类是与链的方向一致的弧，称为前向弧，前向弧的全体记为 μ^+；另一类是与链的方向相反的弧，称为后向弧，后向弧的全体记为 μ^-。图 10-1 所示，在链 $\mu=\{v_s,v_2,v_1,v_4,v_3,v_t\}$ 中，$\mu^+=\{(v_s,v_2),(v_4,v_3),(v_3,v_t)\}$，$\mu^-=\{(v_1,v_2),(v_4,v_1)\}$。

对于可行流 f，μ 是一条从 v_s 到 v_t 的链，如果 μ^+ 中的每条弧均为非饱和弧，且 μ^- 中的每条弧均为非零流弧，则称链 μ 是关于 f 的增广链。上述条件也可用其反义来表达：正向饱和弧和反向零流弧都不是增广链。图 10-1 中 $\mu_1=\{v_s,v_2,v_1,v_3,v_t\}$ 就是一条增广链，而 $\mu_2=\{v_s,v_1,v_3,v_4,v_t\}$ 却不是增广链。因此，若 μ 是一条增广链，那么在 μ 上可以增加一定的流量，从而增加可行流的

流值。

图 10-1 中这条增广链($\mu_1=\{v_s,v_2,v_1,v_3,v_t\}$)可以沿正向弧增加流量,即增广链上存在增大输送能力的潜力,相应地,逆向弧上减小流量,以保持中间节点的流量平衡。例如,对所有前问弧增加流量 1 个单位;对所有后向弧减少流量 1 个单位,也就是说,沿增广链方向调整 1 个单位流量,变成新流 $f_{S2}=1+1=2$,$f_{3t}=3+1=4$,$f_{12}=1-1=0$,$f_{13}=3+1=4$,则新网络流仍是可行流,但总流量 $v(f)$ 增加了 1 个单位。增广链的这个性质提示我们,可以利用增广链来调整当前流,以求最大流。若可行流 f 不存在增广链,那么它就不能再调整增大,就可断定它就是最大流。

增广链起的作用有两个:一是检验目前的可行流是否是最大流,如果不是最大流,如何通过增广链找到更大的可行流?增广链起的作用与线性规划中检验数起的作用相同。

三、最大流最小割

最大流最小割定理:任一容量网络 G 中,最大流的流量等于最小割集的容量。

求解最大流最小割用最大流标号法,其算法思路是通过最大流找最小截集。根据增广链和割集的概念及定理,判断一个可行流 f 是否为最大流,即:

(1)判断能否找出 v_s 到 v_t 的增广链,若能,则说明 f 不是最大流;否则 f 就是最大流。

(2)判断 $v(f)$ 是否等于最小割。若相等,则 f 是最大流,否则不是最大流。下面将介绍寻求最大流最小割的 Ford-Fulkerson 标号算法。

10.2 Ford-Fulkerson 标号算法

该算法于 1956 年由 Ford 和 Fulkerson 提出,故称为 Ford-Fulkerson 标号算法。其算法核心是判断是否存在增广链,并将其找出。

1. 算法步骤

第 1 步:标号过程。

首先给 v_s 标号$(0,\infty)$,因 v_s 是发点,故括弧中第一个数字记为 0。括弧中第二个数字表示从上一标号点到这个标号点的流量的最大允许调整值。v_s 为发点,不限定允许调整量,故为 $+\infty$。此时,v_s 是标号而未检查的点,其余都是未标号点。通常,取一个标号而未检查的点 v_i,对一切未标号的点 v_j。

(1)对于前向弧(v_i,v_j),若非饱和,则给点 v_j 标以$(v_i,l(v_j))$,其中 $l(v_j)=\min\{l(v_j),(c_{ij}-f_{ij})\}$,此时 v_j 成为标号而未检查的点。

(2)对于后向弧(v_j,v_i),若非零流,则给点 v_j 标以$(-v_i,l(v_j))$,其中,$l(v_j)=\min\{l(v_i),f_{ji}\}$,此时 v_j 成为标号而未检查的点。

于是 v_i 成为标号已检查的点。重复上述步骤,一旦 v_t 被标上号,表明找到一条从 v_s 到 v_t 的增广链 μ,转入第(2)步。

第 2 步:调整过程。

利用 v_t 的标号和 v_s 中各点的标号中的第一分量,从 v_t 反向追踪到 v_s,得到一条从 v_s 到 v_t 的增广链 μ,按以下方法在增广链 μ 上进行调整,增加流量,得到新的可行流 f'。

当$(v_i,v_j)\in\mu^+$时,$f_{ij}<c_{ij}$;当$(v_i,v_j)\in\mu^-$时,$f_{ji}>0$,此时,取调整量 $\theta=\mathrm{Min}\{\mathrm{Min}(c_{ij}-f_{ij}),\min\limits_{\mu^+}f_{ji}\}$

做调整

$$f'_{ij}=\begin{cases}f_{ij}+\theta & (v_i,v_j)\in\mu^+\\ f_{ij}-\theta & (v_i,v_j)\in\mu^-\\ f_{ij} & (v_i,v_j)\notin\mu\end{cases}$$

则调整之后仍为可行流,流值比原来的可行流流量增大了 $\theta(\theta>0)$。抹掉图上所有标号,重新进入标号过程。

第 3 步:写出最小割集$(V_s^*,\overline{V_s^*})$和最大流 $f^*=\{f_{ij}^*\}$ 的流量 $V(f^*)=C(V_s^*,\overline{V_s^*})$,计算结束。

2. 应用举例

【例 10.1】 用 Ford-Fulkerson 标号法求图 10-2 所示的网络最大流,括号中第一个数字是容量,第二个数字是流量。

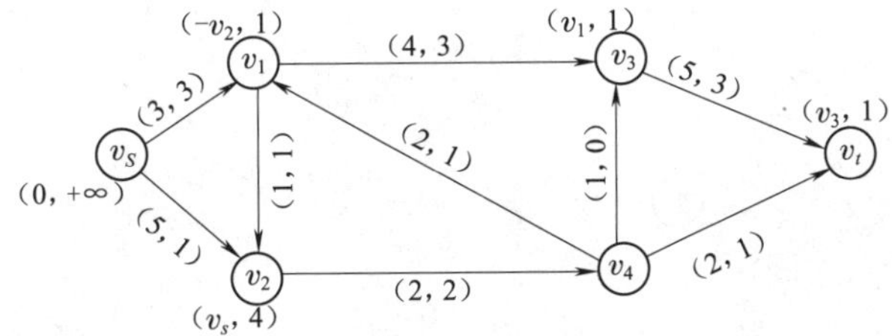

图　10-2

解　①标号过程。

首先给 v_s 标以$(0,+\infty)$。

检查点 v_s:

弧(v_s,v_1),$f_{s1}=c_{s1}=3$,为饱和弧,所以对 v_1 不标号。

弧(v_s,v_2),$f_{s2}<c_{s2}$,为非饱和弧,所以给点 v_2 标号,$v_2(v_s,L(v_2))$,其中:

$$L(v_2)=\min\{+\infty,(c_{s2}-f_{s2})\}=\min\{+\infty,(5-1)\}=4$$

检查点 v_2:

弧(v_2,v_4),$f_{24}=c_{24}=2$,为饱和弧,所以对 v_2 不标号。

弧(v_1,v_2),$f_{12}=1>0$,为非零流弧,所以给点 v_1 标号,$v_1[-v_2,L(v_1)]$,其中:

$$L(v_1)=\min\{L(v_2),f_{12}\}=\min\{4,1\}=1$$

检查点 v_1:

弧(v_1,v_3),$f_{13}<c_{13}$,为非饱和弧,所以给点 v_3 标号,$v_3[v_1,L(v_3)]$,其中:

$$L(v_3)=\min\{L(v_1),(c_{13}-f_{13})\}=\min\{1,(4-3)\}=1$$

弧(v_4,v_1),$f_{41}=1>0$,为非零流弧,所以给点 v_4 标号,$v_4[-v_1,L(v_4)]$,其中:

$$L(v_4)=\min\{L(v_1),f_{41}\}=\min\{1,1\}=1$$

检查点 v_3:

弧(v_3,v_t),$f_{3t}<c_{3t}$,为非饱和弧,所以给点 v_t 标号,$v_t[v_3,L(v_t)]$,其中:

$$L(v_t)=\min\{L(v_3),(c_{3t}-f_{3t})\}=\min\{1,(5-3)\}=1$$

由于 v_t 已标号,不需再检查 v_4。

②调整过程。

利用各点已标号的第一分量,从 v_t 反向追踪得增广链 $\mu^+=\{(v_s,v_2),(v_1,v_3),(v_3,v_t)\}$,$\mu^-=\{(v_1,v_2)\}$。

由 v_t 标号的第二分量知 $\theta=1$,于是在 μ 上进行调整

$$f'_{ij}=\begin{cases} f'_{s2}=f_{s2}+\theta=1+1=2 & (v_s,v_2)\in\mu^+ \\ f'_{13}=f_{13}+\theta=3+1=4 & (v_1,v_3)\in\mu^+ \\ f'_{3t}=f_{3t}+\theta=3+1=4 & (v_3,v_t)\in\mu^+ \\ f'_{12}=f_{12}-\theta=1-1=0 & (v_s,v_2)\in\mu^- \\ f_{ij} & (v_i,v_j)\notin\mu \end{cases}$$

调整后的可行流如图 10-3 所示。对这个新的可行流重新在图中标号,寻找新的增广链。

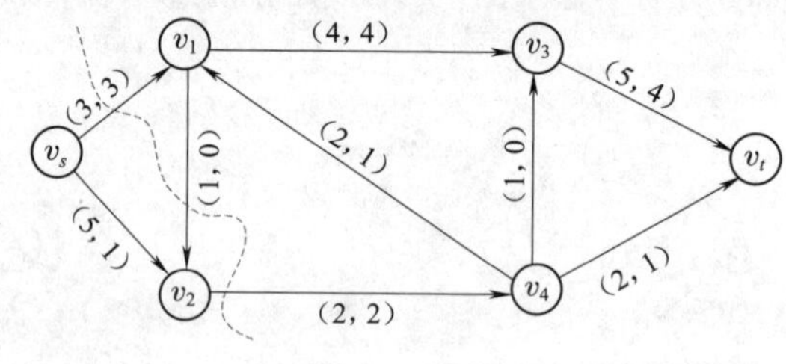

图 10-3

③再标号。

同上述第①步标号,可见,当给 v_2 标号$(v_s,3)$后,无法再进行下去。因此,目前所得到的可行流就是最大流,最小割集为$(V_s^*,\overline{V_s^*})=\{(v_s,v_1),(v_2,v_4)\}$,最大流为 $V(f^*)=C(V_s^*,\overline{V_s^*})=c_{s1}+c_{24}=3+2=5$。

从上例可以看出,最小割集中各弧的容量总和构成最大流问题的瓶颈。在实际问题中,为提高网络的总流量,必须首先着力于改善最小割集中各弧的弧容量。

10.3 最小费用最大流

在前面最大流问题中,每一个可行流在现实生活中还对应着一定的费用,许多情况下优化目标不但要求流量尽可能大,还要求费用尽可能小。在一个网络中每条弧在"容量"和"费用"两个限制条件下,寻求 v_s 到 v_t 的最大流,使该最大流在所有最大流中费用达到最小。

给出网络 $D=(V,E,C,B)$,其中 C 是容量,B 是费用,即对于每条弧(v_i,v_j),有容量 $c_{ij}\geqslant 0$,有费用 $b_{ij}\geqslant 0$。对于 D 的一个可行流 $f=\{f_{ij}\}$,定义其费用为 $b(f)=\sum\limits_{(v_i,v_j)} b_{ij}f_{ij}$。

下面我们介绍求解最小费用最大流问题的方法,其基本思想是在寻求最大流的算法过程中,不但通过增广链使流量逐步增加,还要考虑费用的约束,即每次可行流的调整都使费用增加最小。

寻求最大流的方法是从一个可行流出发,找出增广链,通过增广链上弧的流量的调整,使流量不断增加,如此循环进行,一直到找不出增广链,从而得到最大流。在最大流增加的过程中,流的费用也会变化,前向弧上增加流量,从而增加费用;后向弧上减小流量,从而减小费用。

当沿着可行流 f 的一条增广链 μ,以 θ 调整 f,得到新的可行流 f'时,$b(f')$ 比 $b(f)$ 增加

$$b(f')-b(f)=\sum_{\langle v_i,v_j\rangle\in\mu^+}b_{ij}\theta-\sum_{\langle v_i,v_j\rangle\in\mu^-}b_{ij}\theta=(\sum_{\langle v_i,v_j\rangle\in\mu^+}b_{ij}-\sum_{\langle v_i,v_j\rangle\in\mu^-}b_{ij})\theta \quad (10\text{-}1)$$

$\theta=1$ 时,费用的增加量是 $\sum_{\langle v_i,v_j\rangle\in\mu^+}b_{ij}-\sum_{\langle v_i,v_j\rangle\in\mu^-}b_{ij}$,这个数值反映了增广链的好坏,这个数值越小,这条增广链就越好。

我们把 $\sum_{\langle v_i,v_j\rangle\in\mu^+}b_{ij}-\sum_{\langle v_i,v_j\rangle\in\mu^-}b_{ij}$ 称为增广链 μ 的费用。

若 f 是流值为 $v(f)$ 的所有可行流中费用最小者,而 μ 是关于 f 的费用最小的增广链,那么沿 μ 去调整可行流 f,得到可行流 f',新可行流就是流值为 $v(f)+\theta$ 的所有可行流中费用最小的可行流。

上法分析寻求到一种寻找最小费用最大流的方法,即确定一个最小费用可行流,然后找出最小费用增广链,按照最小费用增广链调整可行流,直到找不出增广链为止,这样得到的可行流即为最小费用最大流。由于 $b_{ij}\geqslant 0$,故零流($f_{ij}=0$)是流值为 0 的可行流中的费用最小者,因此零流总可以作为我们的初始点。剩下的任务是寻找最小费用增广链。如何寻找最小费用增广链呢?

为了寻找最小费用增广链,我们以原可行流 f 为基础,构造一个新赋权图 $D(f)=(V,E(f),W)$。$D(f)$ 的顶点为原网络 D 的顶点 V,把 D 中的每条弧 $\langle v_i,v_j\rangle\in A$ 变为两条方向相反的两条弧 $\langle v_i,v_j\rangle$,$\langle v_j,v_i\rangle$,形成弧集合 $A(f)$。弧的赋权原则如下:

对于弧 $\langle v_i,v_j\rangle$,有 $w_{ij}=\begin{cases}b_{ij}, & f_{ij}<c_{ij}\\ +\infty, & f_{ij}=c_{ij}\end{cases}$

对于弧 $\langle v_j,v_i\rangle$,有 $w_{ji}=\begin{cases}-b_{ij}, & f_{ij}>0\\ +\infty, & f_{ij}=0\end{cases}$

当然,长度为 $+\infty$ 的弧可以略去。

显然,原网络中的增广链对应子 $D(f)$ 中的路:原网络中的最小费用增广链对应于 $D(f)$ 中的 $v_s\to v_t$ 最短路。这样最小费用增广链的寻找即变成 $D(f)$ 中最短路问题的寻找,而最短路问题我们已经给出了算法,因此最小费用增广链问题即已解决。

由以上讨论可得出求最小费用最大流的算法:

(1)取零流为初始最小费用可行流,记为 $f(0)$。

(2)若第 k 步得到最小费用可行流 $f(k)$,则构造一个新赋权图 $D(f(k))$,在 $D(f(k))$ 中寻求从 $v_s\to v_t$ 最短路。若不存在最短路,则目前的可行流 $F(k)$ 即为网络 D 的最小费用最大流;若存在最短路,则在原网络 D 中得到了相应的最小费用增广链 μ,对 $F(k)$ 进行调整,调整量为 $\theta=\min\{\min_{\mu^+}(c_{ij}-f_{ij}^{(k)}),\min(f_{ij}^{(k)})\}$。

(3)调整方法如下:

$$f_{ij}(k+1)=\begin{cases}b_{ij}(k)+\theta, & (v_i,v_j)\in\mu^+\\ b_{ij}(k)-\theta, & (v_i,v_j)\in\mu^-\end{cases}$$

重复进行上述步骤,直到找不出增广链为止。

【例 10.2】求图 10-4 的最小费用最大流,弧旁的数字为(b_{ij},c_{ij})。

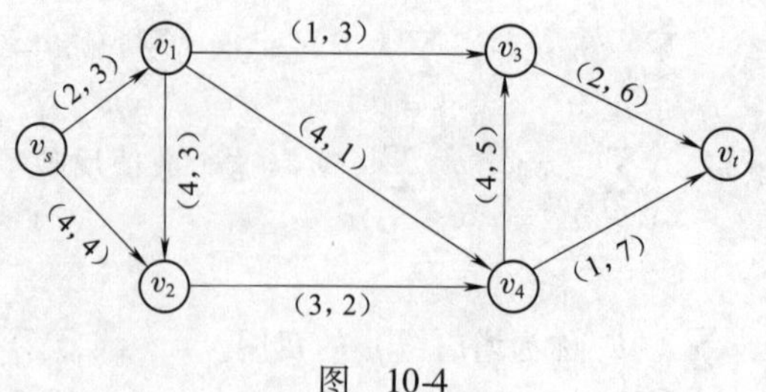

图 10-4

解 (1)取$f(0)=0$为初始可行流。弧旁的数字为(b_{ij},c_{ij},f_{ij}),如图 10-5 所示。

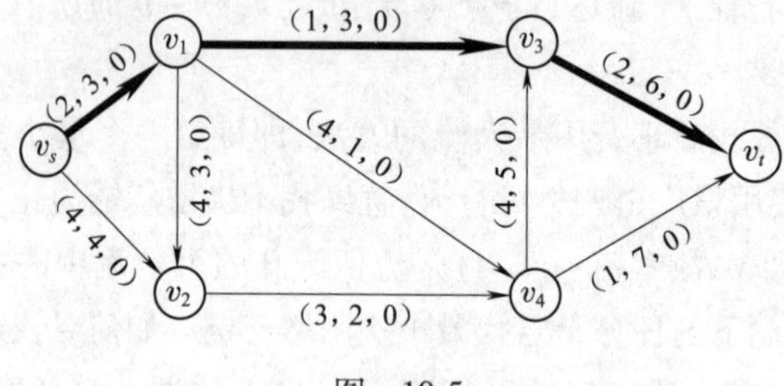

图 10-5

在零流中,每条弧只能做前向弧,因此新赋权网络$D(f(0))$,如图 10-6 所示。

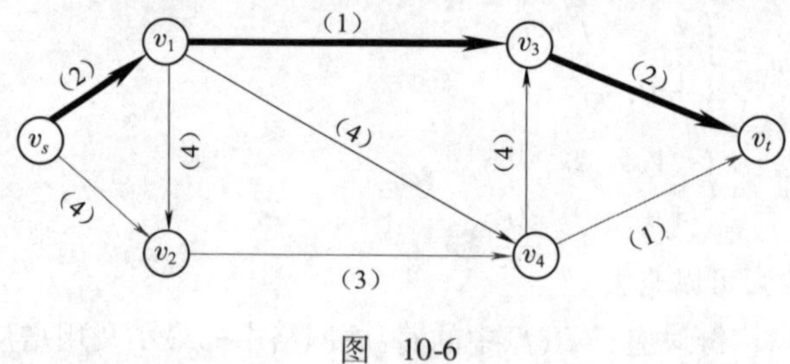

图 10-6

$D(f(0))$中最短路如图 10-6 中的粗线所示,由此找到最小费用增广链,如图 10-5 中粗线所示。

利用最小费用增广链对可行流进行调整,调整后的新流如图 10-7 所示。

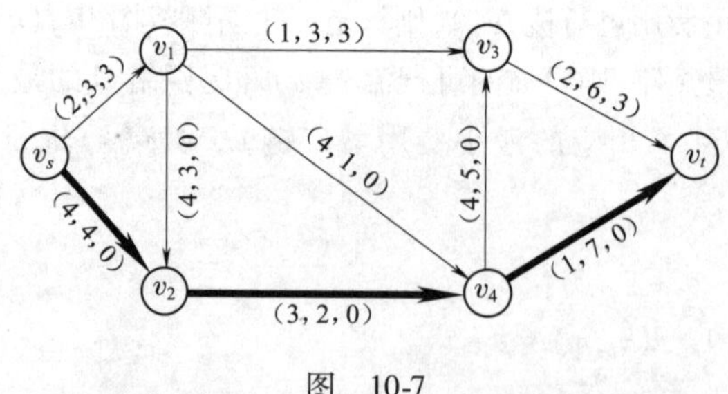

图 10-7

(2)继续进行可行流的调整。

在图 10-7 中$v_s \to v_1$,$v_1 \to v_3$只能作为后向弧:$v_3 \to v_t$既可以作为前向弧,也可以作为后向弧,其他弧只能做前向弧。因此,新赋权网络如图 10-8 所示。

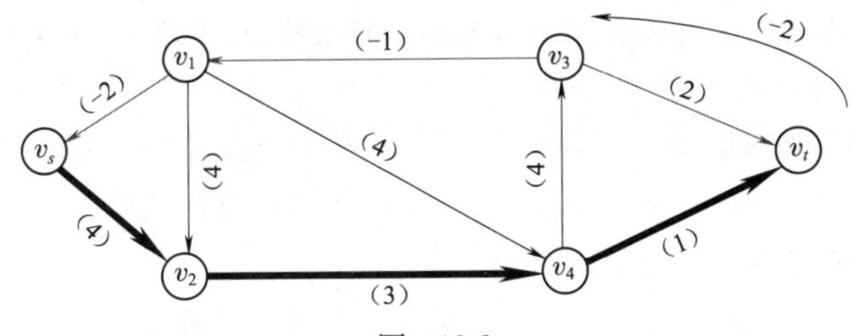

图　10-8

图 10-8 中的最短路如粗线所示，因此找到最小费用增广链，如图 10-7 中粗线所示。

利用最小费用增广链对可行流进行调整，调整后的新流如图 10-9 所示。

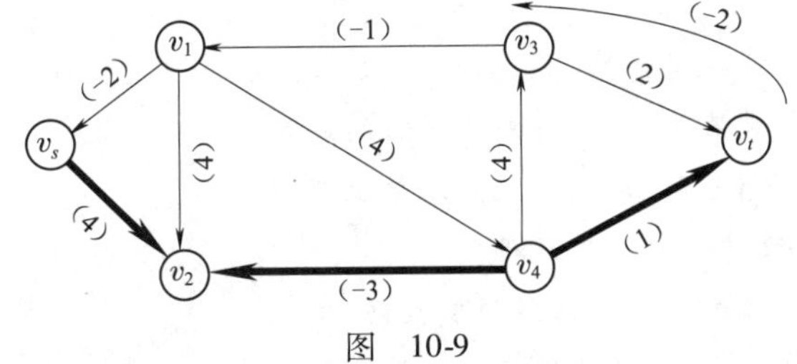

图　10-9

(3)继续进行可行流调整。

以图 10-9 中的可行流为基础，得到新赋权网络，如图 10-10 所示。

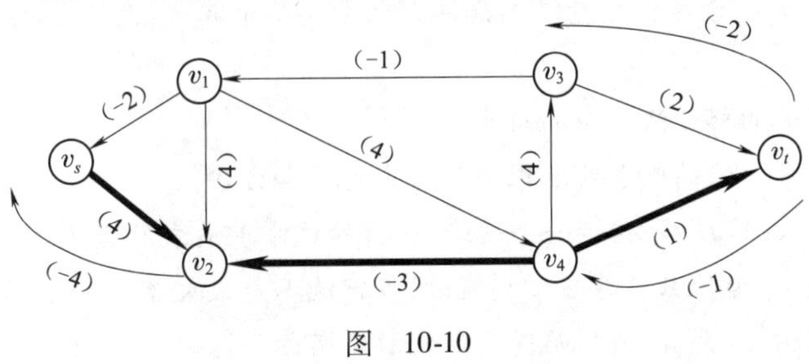

图　10-10

图 10-10 已经找不出 $v_s \to v_t$ 的路，因此也没增广链了，即图 10-9 所示的可行流为最小费用最大流，流值 $v(f)=5$，其费用为 31。

习　　题

一、填空题

1. 可行流 f^* 是最大流，当且仅当不存在关于 f^* 的________。

2. 增广链上前向弧为非饱和弧，后向弧为________弧。

二、选择题

1. 关于带收发点的容量网络中从发点到收点的一条增广链，以下叙述正确的是(　　)。

　A. 增广链上不能有零流边

　B. 增广链上的有向边的方向必须是从发点指向收点的

　C. 增广链上与发点到收点方向一致的有向边不能是饱和边，相反方向的有向边不能是零流边

　D. 增广链上的有向边，必须都是不饱和边

2. 某人要从西安搭乘汽车去北京,他希望选择一条线路,经过转乘,使得车费最少。此问题可以转化为(　　)。

A. 最小生成树问题求解　　B. 最大流量问题求解

C. 最小费用最大流问题求解　　D. 最短路问题求解

3. 图论的经典问题包括(　　)。(多选)

A. 最短路问题　　B. 最小树问题

C. 最大流问题　　D. 最优布局问题

4. 关于最大流量问题,以下叙述(　　)正确。

A. 一个容量网络的最大流是唯一确定的

B. 达到最大流的方案是唯一的

C. 当用标号法求最大流时,可能得到不同的最大流方案

D. 当最大流方案不唯一时,得到的最大流量应相同

5. 关于可行流,以下叙述(　　)不正确。

A. 可行流的流量大于零而小于容量限制条件

B. 在网络的任一中间点,可行流满足流入量 = 流出量

C. 各条有向边上的流量均为零的流是一个可行流

D. 可行流的流量小于等于容量限制条件而大于或等于零

三、简答题

1. 试述寻求最大流的标号法的步骤与方法。
2. 简述最小费用最大流的概念及其求解的基本思想和方法。
3. 通常用记号 $D=(V,E,C)$ 表示一个网络,试解释这个表达式的含义。
4. 在最大流问题中,为什么当存在增广链时,可行流不是最大流?
5. 列举最小支撑树、最大流、最短路等问题能解决实际问题。

四、计算题

1. 如图 10-11 所示,建立求 v_1 到 v_6 的最大流问题的线性规划数学模型。

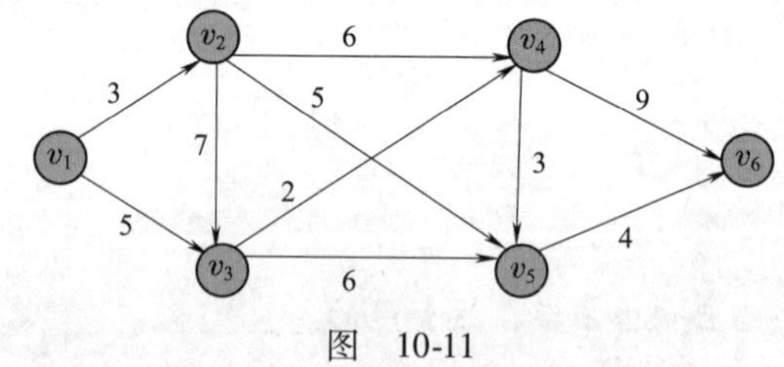

图　10-11

2. 如图 10-12 所示。(1) 求 v_1 到 v_{10} 的最大流及最大流量;(2) 求最小割集和最小割量。

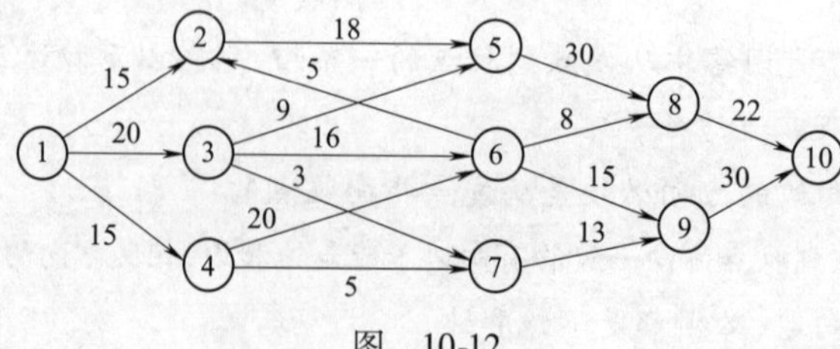

图　10-12

3. 用标号法求出图 10-13 中网络的最大流、最大流的流量和最小割，图中弧旁的数字为容量。

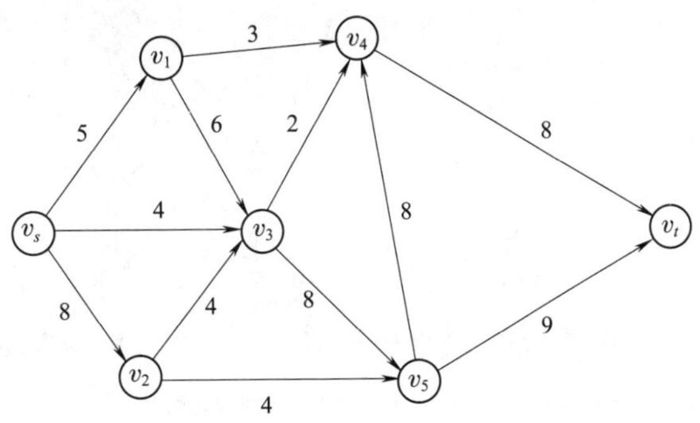

图　10-13

4. 求出图 10-14 中容量网络的最大流和最小割，图中弧旁的数字为容量。

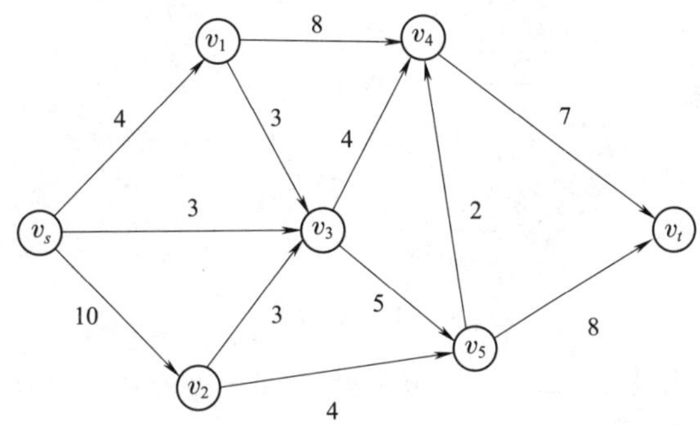

图　10-14

5. 求出图 10-15 中容量网络从 s 到 t 的最大流和最小割，弧旁的权值为弧容量。

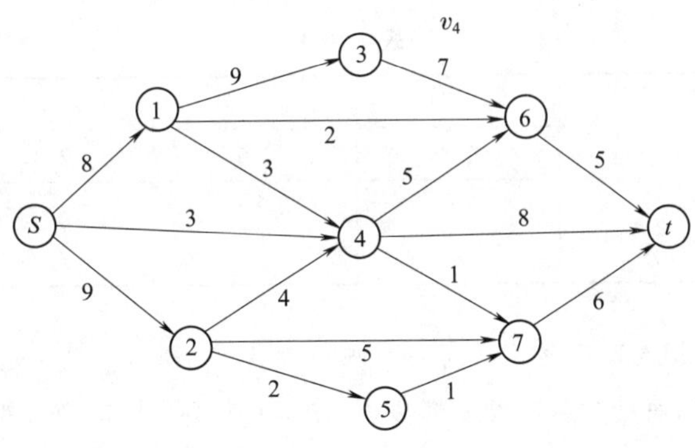

图　10-15

6. 将三个天然气田 A_1、A_2、A_3 的天然气输送到两个地区 C_1、C_2，中途有两个加压站 B_1、B_2，天然气管线如图 10-16 所示。输气管道单位时间的最大通过量 c_{ij} 及单位流量的费用 d_{ij} 标在弧上 (c_{ij}, d_{ij})。求：(1) 流量为 22 的最小费用流；(2) 最小费用最大流。

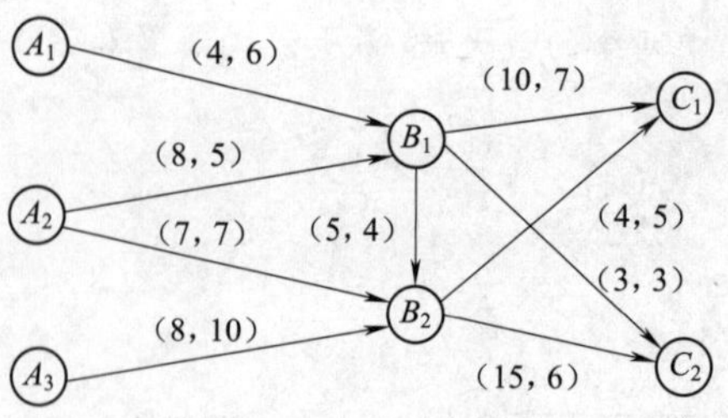

图 10-16

7. 某地区的公路网如图 10-17 所示，图中的 $v_1, v_2, \cdots, v_6$ 为地点，边为公路，边上所赋的权数为该段公路的流量（单位为千辆/小时），请求出 v_1 到 v_6 的最大流量。

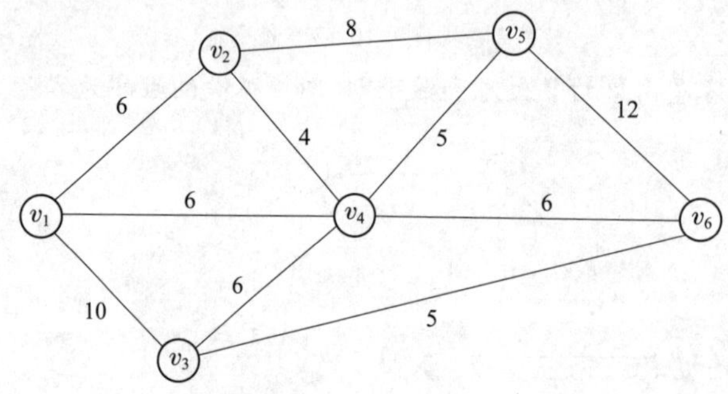

图 10-17

8. 某台机器可连续工作 4 年，也可于每年末卖掉，换一台新的。已知于各年初购置一台新机器的价格及不同役龄机器年末的处理价见表 10-1。新机器第一年运行及维修费为 0.3 万元，使用 1～3 年后的机器每年运行及维修费用分别为 0.8 万元、1.5 万元、2 万元。请确定该机器的最优更新策略，使 4 年内购买、更换、运行维修的总费用为最少。

表 10-1

j	第一年	第二年	第三年	第四年
年初购置价	2.5	2.6	2.8	3.1
使用 j 年的机器处理价（即第 j 年末机器处理价）	2.0	1.6	1.3	1.1

9. 要从三个仓库 A_1、A_2、A_3 运送某种商品到四个市场 B_1、B_2、B_3、B_4 去。已知仓库的供应量分别为 20 件、20 件、100 件，市场的需求量分别为 20 件、20 件、60 件、20 件，表 10-2 给出了各仓库到各市场运送线路的最大运输量，请问利用现有的供应和运输渠道能否满足市场的需求？

表 10-2

仓　库	市　场			
	B_1	B_2	B_3	B_4
A_1	30	10	—	40
A_2	—	—	10	50
A_3	20	10	40	5

10. 设图 10-18 是某汽车公司的 6 个零配件加工厂，边上的数字为两点间的距离(单位:km)。现要在 6 个工厂中选一个建装配车间。(1)应选哪个工厂使零配件的运输最方便?(2)装配一辆汽车 6 个零配件加工厂所提供零件重量分别是 0.5,0.6,0.8,1.3,1.6,1.7(单位:t)，运价为 2 元/(t·km)。应选哪个工厂使总运费最小?

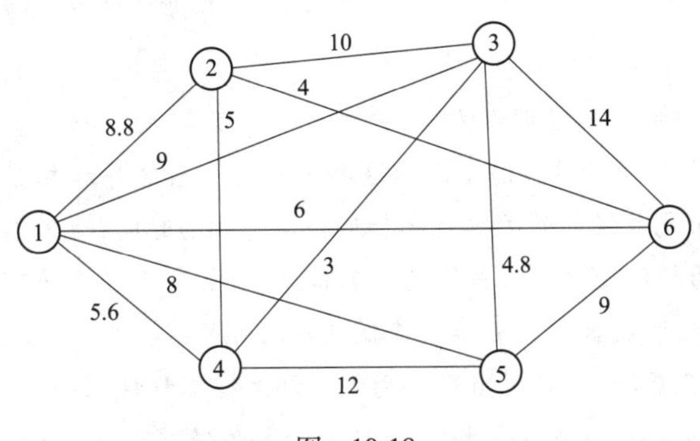

图 10-18

11. 邮递员投递区域的街道分布如图 10-19 所示，图中数字为街道长度(单位:km)，画"○"处为邮局所在地。试为邮递员设计一条最佳的投递路线，使其每天完成投递任务并返回邮局所经历的路线最短。

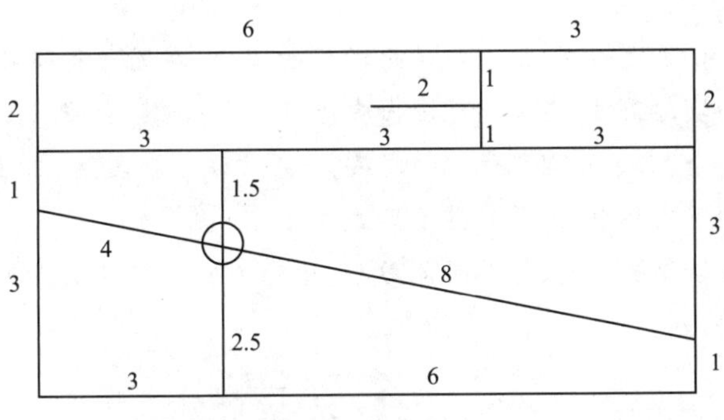

图 10-19

第 11 章　排序与统筹方法

统筹方法是一种科学的计划管理新方法,它的基本原理是:把一项大型工程分许多工序(工作作业、活动任务),利用统筹图(网络图)来反映这些工序的先后顺序和相互关系;在此基础上进行网络的分析和计算,找出完成任务的关键所在和可利用的机动时间;为工期的缩短、资源和成本的节约提供科学的依据,为组织管理工作提供有用的信息;使管理人员更合理地、科学地进行组织和管理,以实现加快工程进度,提高工作效率和降低成本的目的。

早在 20 世纪 50 年代后期,美国就出现了两种制订大型工程计划的新方法。这就是计划评审技术(Program Evaluation and Review Technique,PERT)和关键路线法(Critical Path Method,CPM)。计划评审技术是美国海军规划局为制订北极星导弹核潜艇研制计划而研究发展起来的;关键路线法是美国杜邦公司在兰德公司的协助下,为编制工程最优总进度计划而研究发展起来的。这两种方法后来在计划管理、生产组织、军事活动的组织等方面得到了广泛的应用,并且取得了显著成效。

我国早在 20 世纪 60 年代初期,由于钱学森教授的倡导,在国防科研项目中开始采用。华罗庚教授结合我国推行的实际条件,在全国范围内宣传推广,并取其"统筹兼顾,合理安排"的主要思想称其为统筹方法。如今,由于管理现代化的发展,统筹方法已在国防、工业、农业、交通和科研等方面的组织管理中得到了实际应用,并取得了显著成效。

应用统筹方法包括绘制统筹图、计算时间参数、确定关键路线及最少工程费方案的制定等环节,下面分别讨论这些内容。

11.1　排序

本小节将利用车间作业计划模型对排序问题进行讲解。车间作业计划是指一个工厂生产工序的计划和安排,作为一个工厂生产管理者,常常要处理一些各个零件在一些机床上加工的先后次序问题,使得在满足加工工艺流程(即各种机器加工零件的先后关系有具体要求)的前提下,通过各个零件在各台机床加工次序上的合理安排,完成这批零件加工任务所需的总时间最少,能最早地将这批零件交付使用,或者使得各加工零件在车间里停留的平均时间最短。

一、一台机器、n 个零件的排序问题

【例 11.1】某车间只有一台高精度的磨床,常常出现很多零件同时要求这台磨床加工的情况,现有六个零件同时要求加工,加工完即送往其他车间,这六个零件加工所需时间见表 11-1。

表 11-1

零件	加工时间(h)	零件	加工时间(h)
1	1.8	4	0.9
2	2.0	5	1.3
3	0.5	6	1.5

问:应该按照什么样的加工顺序来加工这六个零件,才能使得这六个零件在车间里停留的平均时间为最少?

解 首先我们知道,不管按什么顺序来加工这六个零件,都需要用 8 个小时才能加工完所有的零件。

其次我们知道,由于各个零件加工时间不同,不同的加工顺序,使得这六个零件在车间里的平均停留时间是不一样的。

按照某个加工顺序加工零件时,某个零件在车间的停留时间应该等于在它前面加工的各零件的加工时间与这一零件本身的加工时间之和。如果我们用 P_i 表示安排在第 i 位加工的零件所需的时间,用 T_j 表示安排在第 j 位加工的零件在车间里总的停留时间,则有

$$T_j = P_1 + P_2 + \cdots + P_{j-1} + P_j = \sum_{i=1}^{j} P_i$$

这样我们可以计算出以先到先加工的原则按照 1,2,3,4,5,6 顺序加工零件,各零件在车间的停留时间见表 11-2。

表 11-2

零件	加工时间 P_i(h)	停留时间 T_j(h)	零件	加工时间 P_i(h)	停留时间 T_j(h)
1	1.8	1.8	4	0.9	5.2
2	2.0	3.8	5	1.3	6.5
3	0.5	4.3	6	1.5	8

按 1,2,3,4,5,6 顺序加工零件,各个零件平均停留时间为

$$\frac{1.8+3.8+4.3+5.2+6.5+8}{6} \approx 4.93(\text{h})$$

如果我们按照 3,2,4,5,6,1 顺序来加工零件,也可以计算出各零件在车间的停留时间,见表 11-3。

表 11-3

零件	加工时间 P_i(h)	停留时间 T_j(h)	零件	加工时间 P_i(h)	停留时间 T_j(h)
3	0.5	0.5	5	1.3	4.7
2	2.0	2.5	6	1.5	6.2
4	0.9	3.4	1	1.8	8

这样各零件平均停留时间为

$$\frac{0.5+2.5+3.4+4.7+6.2+8}{6} \approx 4.22(\text{h})$$

不同的加工顺序得到不同的各零件的平均停留时间,如何得到一个加工顺序使得各零件的平均停留时间最少呢?这就是我们最后要解决的优化问题

我们知道六个零件共有 $6! = 720$ 种不同的加工顺序,我们不能先求出这 720 种不同的加工顺序的各零件平均停留时间,然后加以比较,最后选定一个最优顺序,因为这样做工作量太大了。我们得设法找到一种简便的算法。

对于某种加工顺序,我们知道安排在第 j 位加工的零件在车间里总的停留时间为 T_j 为

$$T_j = \sum_{i=1}^{j} P_i$$

可知各个零件平均停留时间为

$$\begin{aligned}&T_1 + T_2 + T_3 + T_4 + T_5 + T_6\\&= P_1 + (P_1 + P_2) + (P_1 + P_2 + P_3) + (P_1 + P_2 + P_3 + P_4) +\\&\quad(P_1 + P_2 + P_3 + P_4 + P_5) + (P_1 + P_2 + P_3 + P_4 + P_5 + P_6)\\&= 6P_1 + 5P_2 + 4P_3 + 3P_4 + 2P_5 + P_6\end{aligned}$$

那么各个零件平均停留时间为

$$\frac{6P_1 + 5P_2 + 4P_3 + 3P_4 + 2P_5 + P_6}{6}$$

要使各个零件平均停留时间为最少,只要 $6P_1 + 5P_2 + 4P_3 + 3P_4 + 2P_5 + P_6$ 的值为最小即可,从上式可知,只要系数越大,配上加工时间越少的 P_i,即按照加工时间排出加工顺序,加工时间越少的零件排在越前面,加工时间越多的零件排在越后面,也就是按照 3,4,5,6,1,2 的顺序来加工零件,可使各个零件的平均停留时间为最少。按 3,4,5,6,1,2 的顺序来加工零件,各个零件的停留时间见表 11-4。

表 11-4

零件	加工时间 P_i(h)	停留时间 T_i(h)	零件	加工时间 P_i(h)	停留时间 T_i(h)
3	0.5	0.5	6	1.5	4.2
4	0.9	1.4	1	1.8	6.0
5	1.3	2.7	2	2.0	8

各个零件平均停留时间为

$$\frac{0.5 + 1.4 + 2.7 + 4.2 + 6.0 + 8}{6} \approx 3.8(\text{h})$$

这与用"先到先加工"顺序所需平均停留时间 4.93 h 相比较,有很大的改进。

对于一台机器、n 个零件的排序问题,我们按照加工时间从少到多排出加工零件的顺序就能使各个零件的平均停留时间为最少。

二、两台机器,*n* 个零件的排序问题

【例 11.2】 某工厂根据合同定做一些零件,这些零件要求先在车床上车削,然后再在磨床上加工,每台机器上各零件加工时间见表 11-5。

表　11-5

零件	车床(h)	磨床(h)	零件	车床(h)	磨床(h)
1	1.5	0.5	4	1.25	2.5
2	2.0	0.25	5	0.75	1.25
3	1.0	1.75			

问:应该如何安排这五个零件的先后加工顺序才能使这五个零件的总的加工时间为最少?

解　由于每个零件必须先进行车床加工,再进行磨床加工,所以在车床上加工零件的顺序与在磨床上加工零件的顺序是一样的。

如果这些零件在车床上和磨床上的加工顺序都为 1,2,3,4,5。我们用图 11-1 中的线条图来表示各零件加工的开始时间与完成时间,这种图是由一根时间轴和车床、磨床在每个时刻的状况的图形所构成。

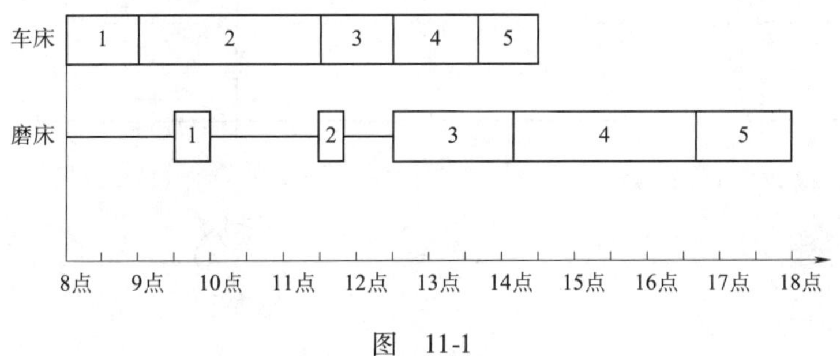

图　11-1

从图中可知,车床按 1,2,3,4,5 的顺序加工,零件从上午 8:00 起到 9:30 完成零件 1 的加工,紧接着开始加工零件 2 到 11:30 完成,紧接着加工零件 3 到了 12:30 完成……不间断地工作,直至下午 2:30 完成所有零件的车削工作,而磨床只有在 9:30 零件 1 车削完之后才开始对零件 1 加工到 10:00 完成;之后停工待料直至 11:30 零件 2 车削完时又开始对零件 2 的磨床加工,在 11:45 时完成;又是停工待料到 12:30,零件 3 车削完时开始对零件 3 进行磨床加工,14:15 完成;紧接着加工零件 4 于 16:45 完成,同时开始加工零件 5 于 18:00 完成,这样可知使用顺序 1,2,3,4,5 完成全部加工任务共需要 10 个小时(从 8:00 到 18:00)。

如果按 5,3,2,1,4 顺序来加工零件,也可以画出与其对应的线条图,如图 11-2 所示。

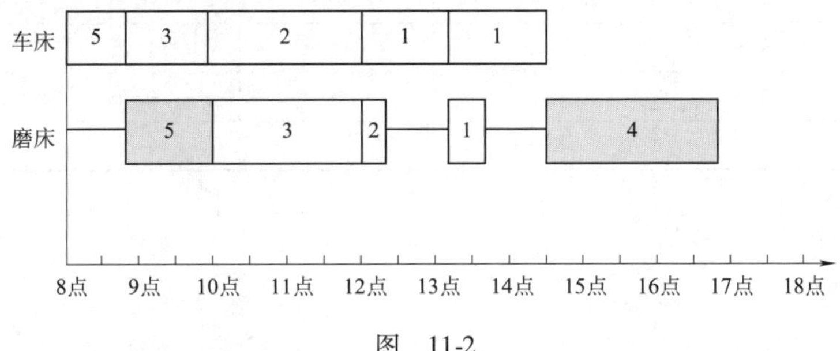

图　11-2

从图 11-2 可知,按 5,3,2,1,4 顺序加工零件,总加工时间只需要 9 小时,可见当若干零件必须在几台机器上加工时,零件加工的顺序会影响到完成全部零件的加工所需的总时间。

如何来确定一种加工顺序,使得完成全部零件加工任务所需的总时间最少呢?

从上面两种加工顺序的线条图,我们知道加工时间的延长主要是由于第二台机器磨床的停工待料所造成的,只要减少磨床的停工待料的时间,就能减少整个加工任务的总时间,为了减少磨床的停工待料,我们应该一方面把在车床上加工时间越短的零件,越早加工,减少磨床等待的时间,另一方面把在磨床上加工时间越短的零件,越晚加工,也就是说把在磨床上加工时间越长的零件,越早加工,以便充分利用前面的时间,这样我们得到了使完成全部零件加工任务所需总时间最少的零件排序方法。

我们在表 11-5 中找到所列出的最短加工时间是 0.25 h,它是第二道工序磨床加工零件 2 的所需时间,由于这个时间与磨床有关,故我们把零件 2 放在加工顺序的末尾,并在表中划去零件 2 所在行,见表 11-6。

表 11-6

零件	车床(第一工序)	磨床(第二工序)	零件	车床(第一工序)	磨床(第二工序)
1	1.5	0.5	4	1.25	2.5
~~2~~	~~2.0~~	~~0.25~~	5	0.75	1.25
3	1.0	1.75			

零件加工顺序如图 11-3 所示。

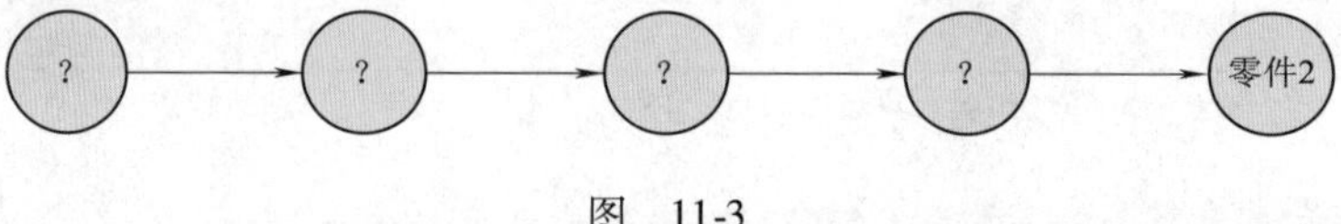

图 11-3

接着我们又找到最短加工时间为 0.5 h,这一时间与磨床有关,我们把磨床加工时间为 0.5 h 的零件 1 放到除第五外的加工顺序的末尾,即第四位加工,同时把表中的零件 1 所在行划去。

下一个最短的加工时间为 0.75 h,这个加工时间是车床(第一工序)加工零件 5 的所需时间,故我们把零件 5 排在加工顺序第一位上,并把零件 5 所在行划去,同样下一个最短加工时间为 1,这是车床加工零件 3 的所用时间,故把零件 3 加工顺序尽早往前排,排到第二位上,并划去零件 3 所在行,见表 11-7。

表 11-7

零件	车床(第一工序)	磨床(第二工序)	零件	车床(第一工序)	磨床(第二工序)
~~1~~	~~1.5~~	~~0.5~~	4	1.25	2.5
~~2~~	~~2.0~~	~~0.25~~	~~5~~	~~0.75~~	~~1.25~~
~~3~~	~~1.0~~	~~1.75~~			

零件加工顺序如图 11-4 所示。

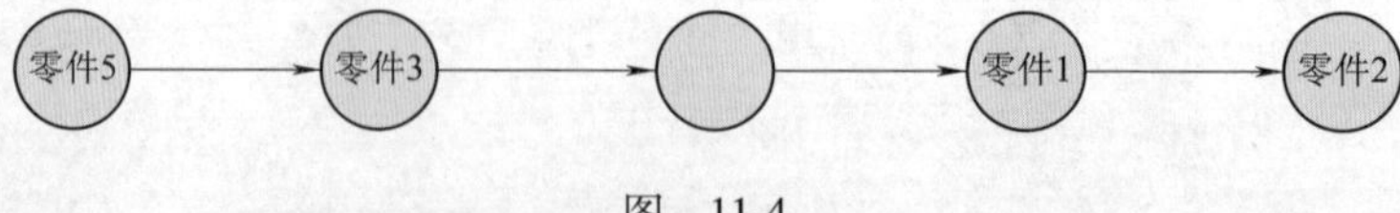

图 11-4

现在只剩下零件 4 没排序了,显然零件 4 只能在第三位加工了。

这样我们得到了最优加工顺序 5,3,4,1,2,线条图 11-5 显示了各零件在车床与磨床的加工时间的安排。

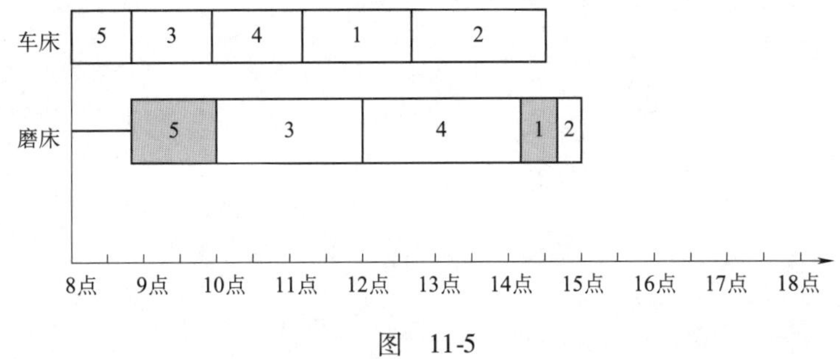

图　11-5

这样一共只需 7 个小时就全部完成了所有零件的加工，比“先到先加工”的顺序 1，2，3，4，5 要提前 3 个小时完成任务。

从例 11.2 可以归纳出关于两台机器 n 个零件的排序问题，使得全部任务的总时间最短的排序算法。

（1）在加工所需时间表上选出最短加工时间 t_{ij}，这是第 i 工序加工 j 零件所需时间，当 $i=1$ 时，将零件 j 的加工顺序尽量靠前，若 $i=2$ 时，将零件 j 的加工顺序尽量靠后。

（2）在表上划去零件 j 的所在行，回到步骤（1）。

11.2　统筹方法

一、计划网络图

计划网络图是确定一项大工程中多个工序间先后顺序的图示法，是由工序、事项和线路组成的。

1. 工序

工序是指为了完成工程项目，在工艺技术和组织管理上相对独立的工作或活动。这种工作或活动是在一定人力和物力参加下，经过一定时间才能完成的生产过程或活动过程。在网络图中用箭线（边）表示，如图 11-6 所示。

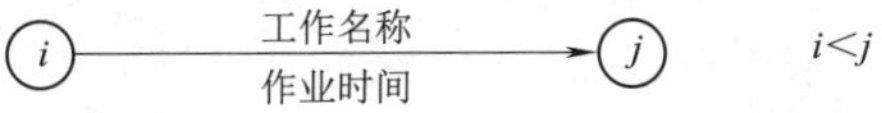

i —— 工作名称 / 作业时间 ——→ j　　　$i<j$

图　11-6

箭线的始点 i 表示工序开始，终点 j 表示工序结束。其中，要求顶点编号 $i<j$，但不一定连号。习惯上，在箭线上面标注该工序的名称或工序代号，可表示为 (i,j)。箭线下面标注该工序所需时间 $t(i,j)$。

对于相邻工序，如工序 a 与工序 b、c 相邻，工序 b、c 都需要在工序 a 完成后才能开工，如图 11-7所示。则称工序 a 为工序 b，c 的紧前工序；称工序 b、c 为工序 a 的紧后工序。

为了更好地体现工序之间的相互依存和相互制约的逻辑关系，在网络图中引入虚工序，它是指不需要人力、物力等资源和时间的一种虚拟工作。在图中用虚箭线表示。

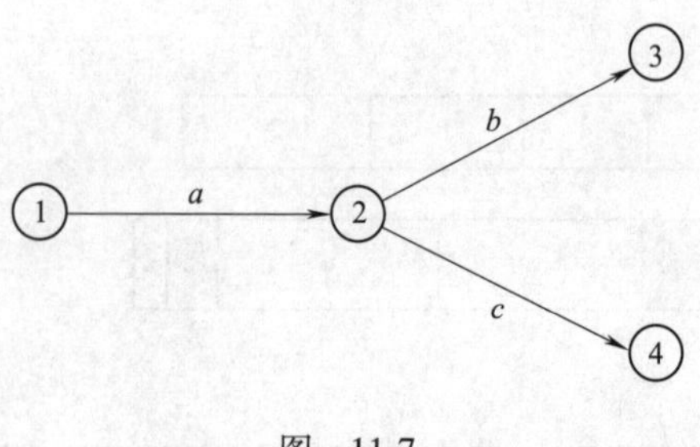

图 11-7

2. 事项

表示一道或多道工序的开工或完工的特定时间点称为事项。它只表示某项工序开始或结束的瞬时。在网络图中,一般用注有编号的圆圈节点来表示,如 ⓘ $\xrightarrow{k}$ ⓙ中的 ⓘ,ⓙ。每一项工序都应有自己专门的节点编号,同一编号不能重复使用。网络图的起点是始点事项,表示工程开工,它无先行工序,即没有射入箭线的事项。网络图的终点是终点事项,表示工程完工,它无后续工序,即没有射出箭线的事项。

【例 11.3】某工程有四道工序见表 11-8。

表 11-8

工序代号	工序名称	完成时间(天)	紧前工序
a	拆卸机器为甲乙两部分	2	—
b	修甲部分	3	*a*
c	修乙部分	4	*a*
d	组装	1	*b*,*c*

解 据题意,在组装前有修甲、乙两项工序,例如图 11-8(a)中工序(2,3)表示 *b*,*c* 两项工序,不是唯一的,应画成图 11-8(b)。

这样的表示方法,既不违反网络节点编号的规定,也符合工序之间先后次序的关系,由于虚工序的时间为零,也不会影响以后网络的分析计算。

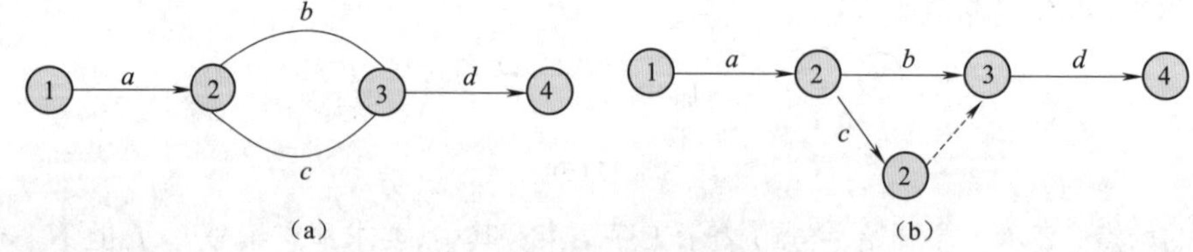

图 11-8

3. 路线

在网络图中,从始点开始,顺着箭线方向,通过一系列的工序和事项连续不断地到达网络终点的一条通路称为路线。而路线的长度是该路线上各项工序完成时间的总和。在一个网络图中,从始点到终点有许多条路线,每条路线长度都不相等,其中总时间最大的路线即最长的,称为关键路线,一般用双箭线表示。关键路线的路长就是整个工程的完工期。

关键路线上的工序称为关键工序。

【**例 11.4**】某工程网络图如图 11-9 所示,试找出关键路线。

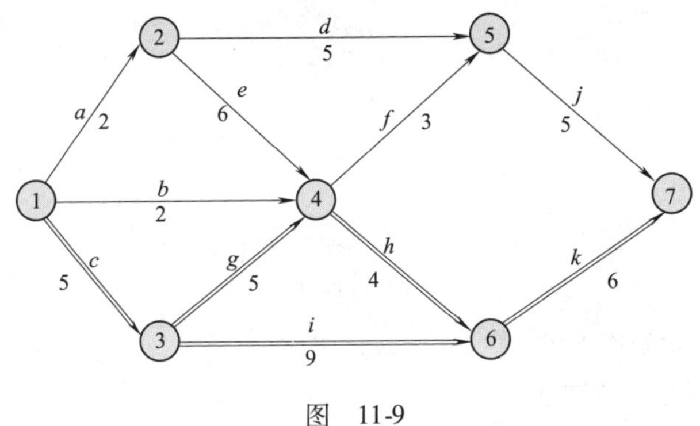

图　11-9

解　在图 11-9 中,从始点到终点共有七条路线,其中最长的路线有两条:

$①\xrightarrow{c}③\xrightarrow{g}④\xrightarrow{h}⑥\xrightarrow{k}⑦$,路长 $=5+5+4+6=20$。

$①\xrightarrow{c}③\xrightarrow{i}⑥\xrightarrow{k}⑦$,路长 $=5+9+6=20$。

在图上用双线标出。可见在网络图中关键路线可能不止一条。

由于关键路线长为 20,因此工期为 20 天。在关键路线上,如果有一道工序延误了时间,则整个工程的完工期就会推迟。

二、工程的分解及工序时间的确定

一般在绘制网络图前,要对工程项目进行调查。其目的是获得资料,然后通过研究分析,把一项工程分解为若干道工序,确定出各工序之间的先后次序及相互关系,以及完成各道工序所需要的时间。

工程分解时,根据需要,工序可以划分得粗一些,也可以划分得细一些。但划分后的每道工序都应具体明确,工序之间既要互相衔接,又要分工清楚。

工序完成时间,在本节是根据工时定额或具有该工序或同类工序的所需时间的统计资料来确定的。对于不具备上述资料的情形称为不确定型问题,我们将在第四节里讨论。

在将工程分解为若干道工序,确定了工序时间以及各工序之间的逻辑关系后,将最后结果列成表格。

三、绘制统筹图的主要规则

(1)根据工程分解表,一切没有紧前工序的工序规定由节点 1 开始,然后依先后顺序从左向右画出。

(2)节点按以下原则编号:如工序(i,j)存在,则 $i<j$。始点编号为 1,工程完成于编号最大的节点 n。这将使得任一条从始点至终点的路线是由一系列编号从小到大的事项所构成。

(3)工序(i,j)必须是唯一的。如果有两项或更多的工序从 i 开始,在 j 结束,为了不违反本规则,必须引入虚工序。

(4)网络中只能有一个始点和一个终点,所有无紧前工序的工序从始点开始,所有无后续工序的工序在终点结束。

(5)网络图中不应出现图 11-10 所示的回路。

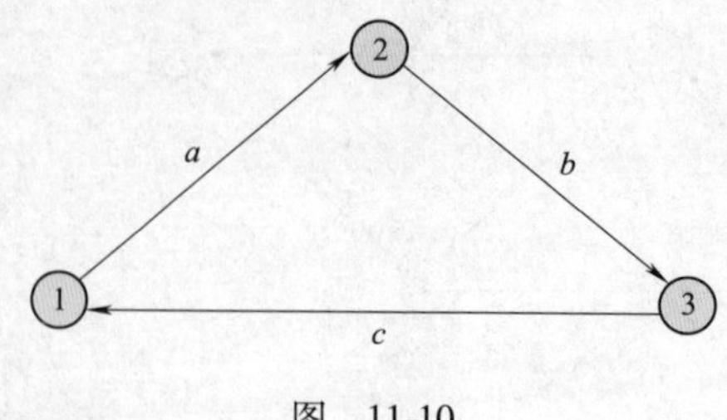

图 11-10

【例 11.5】有一埋水管道工程,可分解为八道工序,每道工序所需时间及先后关系见表11-9,根据表中的资料绘制计划网络图。

表 11-9

工序名称	工序代号	紧前工序	完成时间(天)
测量	*a*	—	1
挖土方	*b*	*a*	10
填路基	*c*	*b*	2
安装管道	*d*	*b*	5
清除杂物	*e*	*b*	1
路面施工	*f*	*c*,*d*	3
路肩施工	*g*	*c*,*e*	2
清理工地	*h*	*f*,*g*	1

解 绘制网络图,如图 11-11 所示。

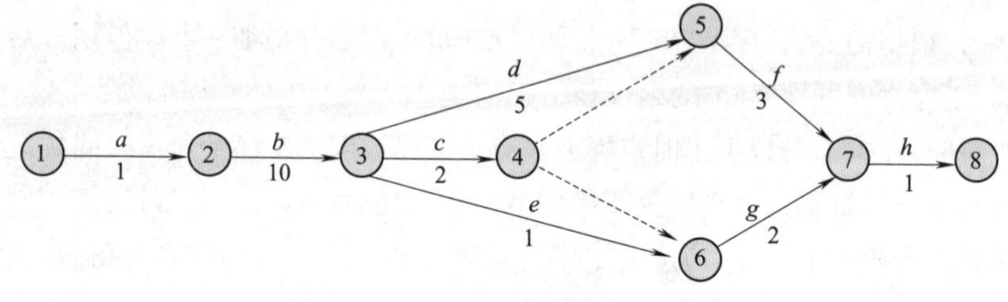

图 11-11

【例 11.6】某工程有 17 道工序,各工序间先后关系及完成时间见表 11-10,试绘制网络解绘制网络图。

表 11-10

工序	紧前工序	完成时间(天)	工序	紧前工序	完成时间(天)
a	—	10	*i*	*d*	2
b	—	30	*j*	*h*,*i*	6
c	*a*	2	*k*	*g*,*j*	6

续表

工序	紧前工序	完成时间(天)	工序	紧前工序	完成时间(天)
d	c	1	l	k	2
e	d	30	m	f,h,i	1
f	d	45	n	l,m	1
g	e	5	o	n	1
h	b,d	1	p	l,m	4
			q	n,p	1

解 绘制网络图,如图 11-12 所示。

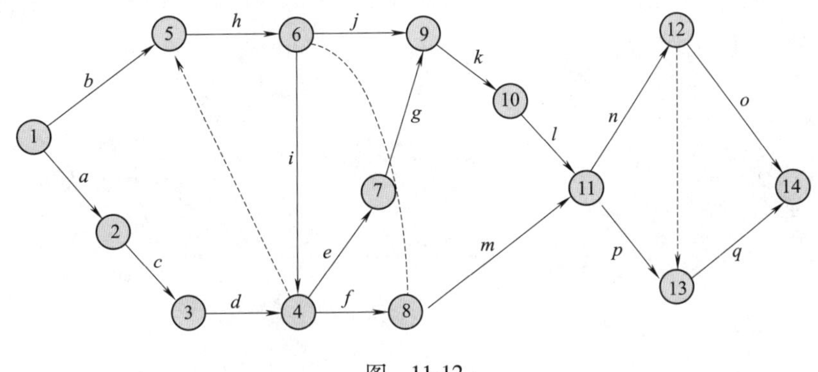

图 11-12

四、两种缩短工期的作业方式

(1)平行作业:两个或多个工序同时进行的作业方式。

(2)交叉作业:对相邻的几道工序,可以在一道工序未完成时,就开始紧后工序的工作。

【例 11.7】一台仪器的检修任务,要经过拆卸 a、修理 b、组装 c 三道工序,拆卸 a 工序全部完工后才能转入修理 b 工序,然后是组装工序 c,网络如图 11-13 所示。

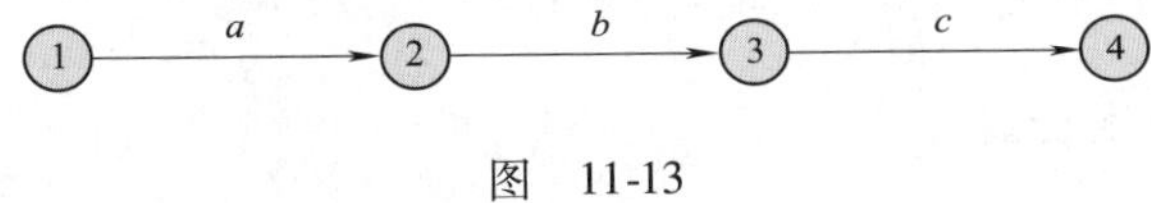

图 11-13

为缩短工期,可将一道工序变为多道工序同时进行。根据情况,将修理工序 b 分为修理 b_1 和 b_2 同时进行。利用虚工序,则网络如图 11-14 所示。

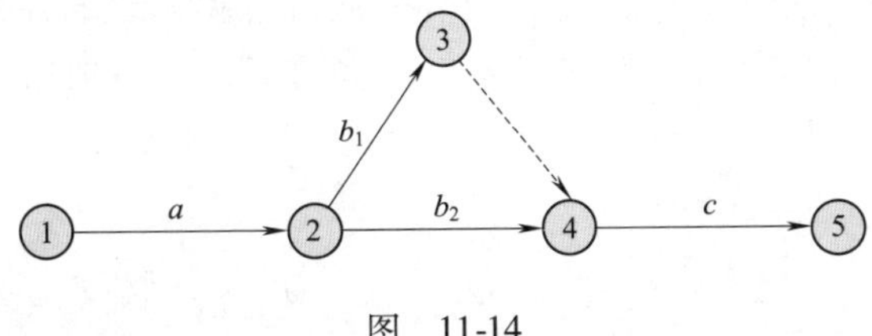

图 11-14

由于 b_1 或 b_2 的完成时间小于 b 的完成时间,所以总工期得以缩短。

【例 11.8】如果上例中的三道工序 a、b 和 c，每道工序都不能拆为可同时进行的几道小工序，但却都可以拆为两道先后完成的工序（如果仪器是由两个组件合成的）。设 $a=a_1+a_2$，$b=b_1+b_2$，$c=c_1+c_2$。当 a_1 完成后，即可进行 b_1，b_1 完成后即可进行 c_1。a、b、c 三种作业交叉进行，网络图如图 11-15 所示。显然，这种作业方式也将使工期缩短。

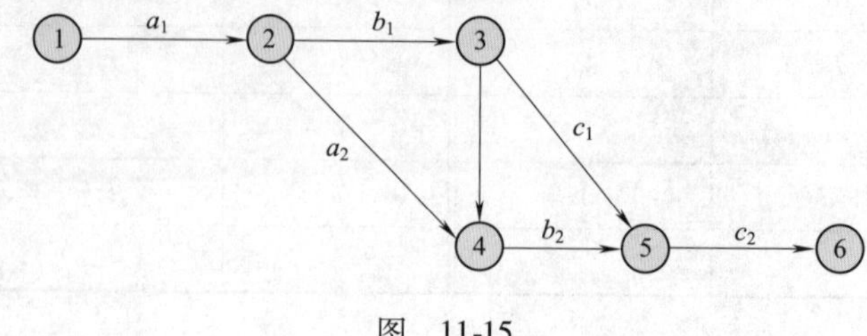

图 11-15

如果将工序 a、b、c 都分为三道，即 $a=a_1+a_2+a_3$，$b=b_1+b_2+b_3$，$c=c_1+c_2+c_3$，仍采取交叉作业，则网络如图 11-16 所示。

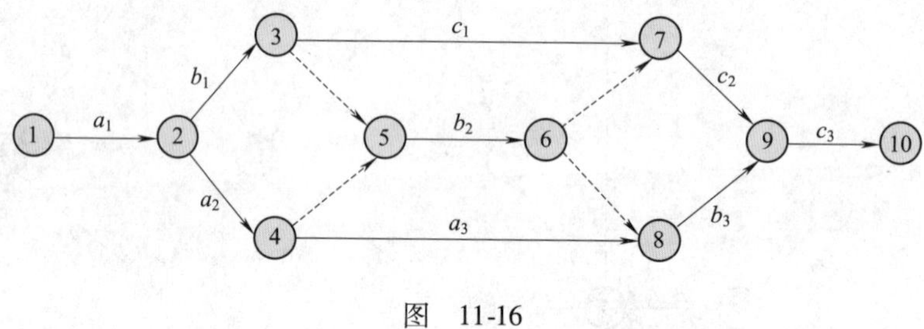

图 11-16

11.3 时间参数计算与关键路线

关键路线是若干项工序的集合，如果其中任一项工序超过预期完成的时间，则整个工程将拖延。这些工序比那些不在关键路线上的工序需要更严格的控制。对于简单的工程网络图，各工作之间关系一目了然，凭经验就可做出较好的安排。而对大型的工程网络图，由于工序繁多，关系错综复杂，应采用系统科学的方法来计算网络时间参数，以便管理决策人员合理地、科学地进行组织和管理。这个计算方法就是关键路线法，简称 CPM。

一、事项的时间参数计算

1. 事项最早时间

事项 j 的最早时间是指从始点事项起到此事项的最长路线的时间，即以此事项为起点的任一工序的最早可能开始时间。记为 $t_E(j)$。它的计算需从始点事项起，自左向右逐个事项推算。对于始点事项的最早时间通常定为零，即 $t_E(1)=0$。直至最后一个事项（终点事项）为止。可将计算出来的各事项的最早时间，写在事项的左下角方框内。用公式表示为

$$\begin{cases} t_E(1)=0 \\ t_E(j)=\mathrm{Max}\{t_E(i)+t(i,j) \mid j=2,\cdots,n\} \end{cases} \tag{11-1}$$

式中 $t_E(1)$——始点事项最早时间；

$t(i,j)$——工序 (i,j) 的工序时间；

n——终点事项的编号；

i——存在工序(i,j)的所有节点。

【例 11.9】 某网络部分图如图 11-17 所示，试求 $t_E(j)$。

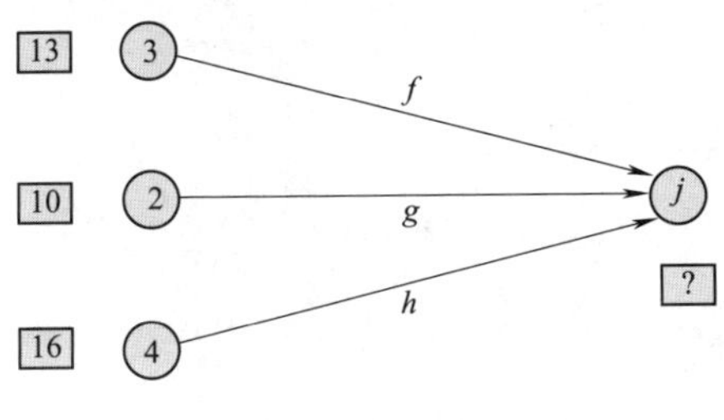

图　11-17

解　从 $t_E(2)$，$t_E(3)$，$t_E(4)$ 各加上到达事项 j 的工序时间，得

$$t_E(2)+t(2,j)=10+18=28$$

$$t_E(3)+t(3,j)=12+8=20$$

$$t_E(4)+t(4,j)=16+15=31$$

由式(11-1)知

$$t_E(j)=\text{Max}\{28,20,31\}=31$$

由于任一工序(i,j)的事项编号必有 $i<j$，所以事项最早时间计算过程必然是：首先确定始点事项(编号 1)的最早时间，然后依次确定较大编号的事项最早时间。或者说，对于任一事项 i，只要事项 1 至事项 $i-1$ 已计算出最早时间，则一定可计算出它的最早时间。这就为编写事项最早时间的计算机程序提供了很大的方便。

2. 事项最迟时间

事项 i 的最迟时间是指事项开始的最迟时间，即以此事项为终点的任一工序的最迟允许结束时间，晚于这个时间就会推迟整个工程的最早完工期，记为 $t_L(i)$。计算事项最迟时间，是从终点开始，自右向左逐个事项逆序计算，直至始点为止。终点事项的最迟时间一般设为它的最早时间，也就是工程的最早完成时间。将计算出的各事项最迟时间标注在事项右下方三角框内。用公式表示为

$$\begin{cases}t_L(n)=t_E(n)=T_E \\ t_L(i)=\text{Min}\{t_L(j)-t(i,j)\mid i=n-1,n-2,\cdots,1\}\end{cases} \tag{11-2}$$

式中　n——终点事项的编号；

T_E——工程最早完工期；

j——存在工序(i,j)的所有节点。

【例 11.10】 某网络部分图如图 11-18 所示，试求 $t_L(i)$。

解　根据公式得

$$\begin{aligned}t_L(i)&=\text{Min}\{t_L(8)-t(i,8),t_L(9)-t(i,9),t_L(10)-t(i,10)\}\\&=\text{Min}\{10-6,15-8,20-10\}=4\end{aligned}$$

有了事项的最早时间和最迟时间，就可以计算工序的时间参数了。

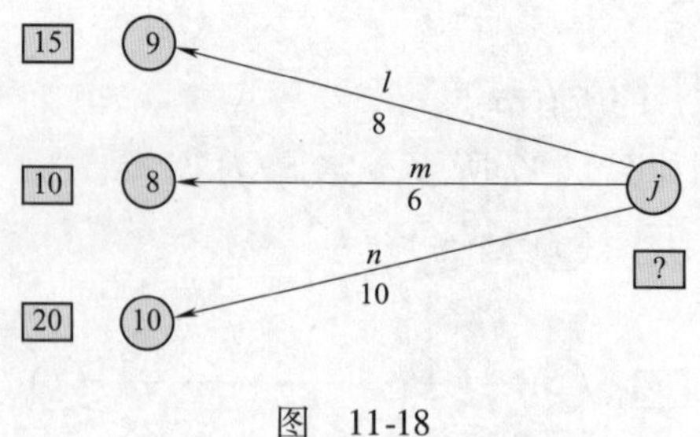

图 11-18

二、工序的时间参数计算

工序的时间参数包括最早开始时间、最迟开始时间、最早结束时间、最迟结束时间和时差等参数。下面给出这些参数表示的意义及计算公式。

1. 工序的最早开始时间

任何一道工序都必须在它的所有紧前工序都结束后才能开始,这个时刻就是工序的最早可能开始时间,记为 $t_{ES}(i,j)$。实际上,工序(i,j)的最早可能开始时间就等于事项 i 的最早时间,即

$$t_{ES}(i,j)=t_E(i)$$

2. 工序的最早结束时间

一道工序的最早结束时间,就是它的最早可能开始时间加上完成工序(i,j)所需要的时间,记为 $t_{EF}(i,j)$。用公式表示为

$$t_{EF}(i,j)=t_{ES}(i,j)+t(i,j)=t_E(i)+t(i,j) \tag{11-3}$$

3. 工序的最迟结束时间

在不影响整个工程完工期的前提下,工序最迟必须结束的时间,记为 $t_{LF}(i,j)$。实际上,工序(i,j)的最迟结束时间就是事项 j 的最迟时间,即

$$t_{LF}(i,j)=t_L(j)$$

4. 工序的最迟开始时间

在不影响紧后工序按期开工的前提下,工序(i,j)的最迟必须开始的时刻,称为工序的最迟开始时间,记为 $t_{LS}(i,j)$。它可以通过事项 j 的最迟时间减去完成工序(i,j)所需要的时间求出,即

$$t_{LS}(i,j)=t_L(j)-t(i,j)$$

或

$$t_{LS}(i,j)=t_{LF}(j)-t(i,j)$$

5. 工序的时差

(1)工序总时差。

在不影响工程最早完工期的前提下,工序完工期可以推迟的时间,记为 $R(i,j)$。计算公式为

$$R(i,j)=t_{LS}(i,j)-t_{ES}(i,j)=t_L(j)-t_E(i)-t(i,j) \tag{11-4}$$

$$R(i,j)=t_{LF}(i,j)-t_{EF}(i,j)=t_L(j)-t_E(i)-t(i,j) \tag{11-5}$$

工序的总时差是以不影响整个工程完工期为前提的,若工序(i,j)的总时差大于零,说明该工序从可能开工到必须完工这段时间内,除了完成工序本身所需作业时间外还有一段可浮动的时间,即工序的开工时间可适当的推迟。若总时差为零,说明工序的最早开始时间和最迟开始时间,最早结束时间和最迟结束时间相等,中间没有可浮动的时间,这样的工序就是关键工序。

(2)工序单时差。

在不影响紧后工序最早可能开始时间的前提下,工序最早可能结束时间可以推迟的时间,记为 $r(i,j)$。计算公式为

$$r(i,j)=t_E(i)-t(i,j) \tag{11-6}$$

如果某工序按总时差推迟开工,则可能使其后续工序的时差无法利用;但如果某工序仅按单时差推迟开工,则不影响任何后续工序时差的利用。

三、确定关键路线

前面已指出,关键路线是指决定工程完工期的从始点到终点的最长路线。确定关键路线常用的方法是计算网络中工序的总时差。总时差为零的工序,开始和结束的时间没有机动的余地,这些工序就是关键工序,关键工序组成的路线就是网络中的关键路线。

关键路线上所有工序的各种时差均为零,反之亦然。必须指出,关键路线上所有事项(节点)的时差均为零,但是时差为零的事项不一定都在关键路线上。

在一个网络图中,关键路线可能不止一条,但各条关键路线的长度必然相等。关键路线上的各个工序是整个工程的薄弱环节,也就是需要管理决策人员合理组织人力、物力,统筹安排以保证工程按期完工的关键部位。

显然,关键路线是相对的。原来的关键路线,一旦采取措施缩短了关键路线上的工序完成时间后,其路线长度缩短了,那么原来的非关键路线则可能转变成关键路线。

11.4　最少工程费方案的制定

在 11.2 节中通过网络时间参数的计算,求出了网络图的关键工序和关键路线,但制订工程计划不仅要考虑时间进度,还必须考虑充分利用资源和降低费用等目标。也就要按不同的目标要求寻求最优的方案。

确定最优方案即进行网络优化。所谓优化,就是根据预定目标,在满足既定条件的要求下,按某一衡量指标寻求最优方案。网络优化主要包括以下几方面的内容。

1. 时间优化

时间优化是指在资源有保证的条件下,寻求最短工期。可以采取技术措施,缩短关键工序作业时间;采取组织措施,利用非关键工序的人力、物力和财力,缩短关键工序作业时间。还可以调整网络结构,改变工序之间衔接关系,采用平行作业或交叉作业等方法,以达到缩短工期的目的。

2. 时间——资源优化

在考虑工程进度的同时,还要考虑如何合理地利用现有资源,并使工期最短。一般来说,一个工程,在一定时间内,所得到的资源总是有一定限度的。若计划需求量超过可能供给的限度,则计划就不可能实现,必须进行调整。正是由于这种资源的限制,某些工序不得不推迟进行。工序开始时间的推迟,一旦超出该工序总时差的机动范围,将导致整个工程工期的延迟。如何统筹安排工程进度,合理利用有限资源,就是时间－资源的优化要讨论的问题。一般的做法是:优先给关键工序提供所需资源;利用非关键工序的总时差,错开各工序的开始时间,均衡分配资源;在确实受到资源限制情况下,可适当地推迟工期。

3. 时间-费用优化

如果对某些可以压缩工时的工序采取了压缩措施，那么一方面要为此而付出费用，但另一方面则有可能因缩短工程工期而有所节省。这时，对哪些工序措施缩短工时，缩短多少，最为有利？下面来讨论这个问题。

为了缩短工序的作业时间，需要增加的费用称为直接费用。在一定条件下和一定范围内，工序的作业时间越短，直接费用越多。另外，加快工程进度，缩短工期可以节省管理费、设备租金等间接费用。

任何一项工程的总费用都是由直接费用和间接费用两大类组成的，即

$$工程总费用(C_t)=直接费用(C_1)+间接费用(C_2)$$

这几种费用与工期的关系可用图 11-19 表示。

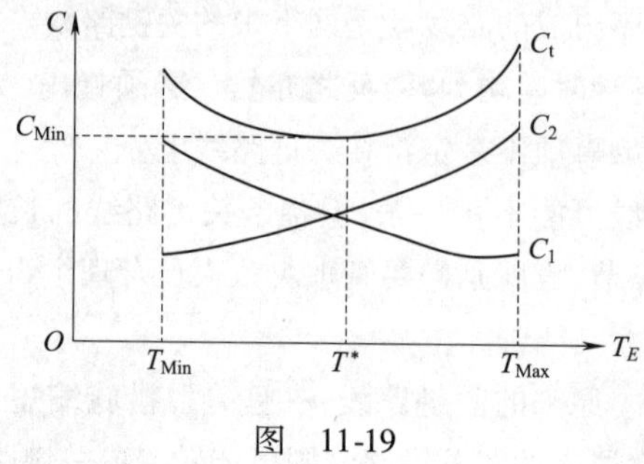

图 11-19

从图 11-19 的费用曲线中可以看出，存在工程总费用最低点 C_{Min} 及与其对应的最优工期，我们的目的就是要找出总费用最少和最优工期，即最低成本工期。

一般说来，间接费用 C_2 与工期 T 近似成正比关系。而直接费用 C_1 与工期 T 的关系是一种反比关系，但这种关系只是在一定范围内存在。为方便起见，假设费用与时间存在线性关系，如图 11-20所示。如果存在非线性关系，可以用分段线性关系近似代替。这样就可以计算出工序(i, j)每缩短一单位时间所增加的直接费用即费用斜率，记为 c_{ij}。其计算公式如下：

$$费用斜率(c_{ij})=\frac{赶工时间的工序直接费用-正常时间的工序直接费用}{正常完工所需时间-赶工完成时间} \tag{11-7}$$

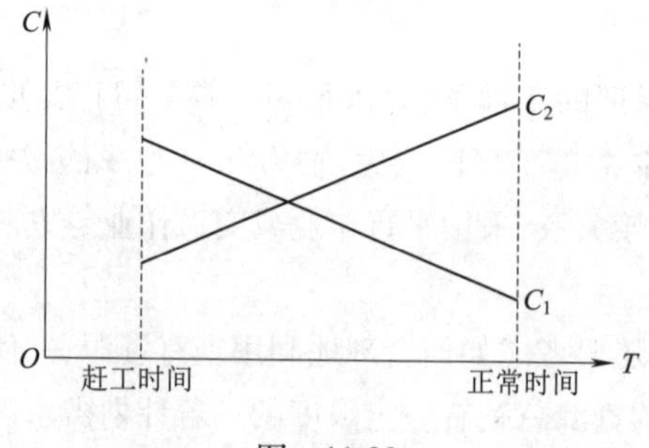

图 11-20

显然，费用斜率越大的工序，每缩短一单位时间，所花费用就越高。在考虑缩短工程的工期时，应当选择关键工序中费用斜率最低的组合，使总费用最少。

用关键路线法寻找缩短工期的最优方案即费用最低的方案可以列出线性规划模型求解。下面讨论如何建立该问题的线性规划模型，然后研究解这个问题的启发式算法。

定义：

t_{ij}——工序(i,j)的正常完工(计划)时间；

k_{ij}——工序(i,j)经过努力可以达到的最短完成(赶工)时间，$k_{ij} \leqslant t_{ij}$；并假定从k_{ij}到t_{ij}连续区间内的任何时间都可完成工序(i,j)；

x_{ij}——工序(i,j)的完成时间(决策变量)；

x_i——事项i的最早时间(决策变量)；

c——费用斜率；

T_E——指定工期。

当要求工期时间不迟于T_E时，问：各工序的完成时间x_{ij}为多少，才能使因缩短工期而增加的直接费用最小？这个问题的模型为

$$\text{Min } Z = \sum_{(i,j)} c_{ij}(t_{ij} - x_{ij});$$

$$\text{s. t.} \begin{cases} x_j - x_i \geqslant x_{ij}, \text{对一切}(i,j) \\ k_{ij} \leqslant x_{ij} \leqslant t_{ij}, \text{对一切}(i,j) \\ x_n \leqslant T_E \quad (\text{工期约束}) \\ x_i \geqslant 0, i = 1,2,\cdots,n \end{cases}$$

设f为单位时间的间接费用。

根据间接费用与工期成正比的关系，有$f \cdot x_n$，那么求总费用最低的最优工期和各工序最优完成时间的模型为

$$\text{Min } Z = f \cdot x_n + \sum_{(i,j)} c_{ij}(t_{ij} - x_{ij});$$

$$\text{s. t.} \begin{cases} x_j - x_i \geqslant x_{ij}, \text{对一切}(i,j) \\ k_{ij} \leqslant x_{ij} \leqslant t_{ij}, \text{对一切}(i,j) \\ x_i \geqslant 0, i = 1,2,\cdots,n \end{cases}$$

【例 11.11】某工程根据有关资料，计算出了费用斜率及其他数据见表 11-11，试制订该工程的最低成本的计划。

表　11-11

工序	紧前工序	正常完成时间 $t(i,j)$(天)	正常完工直接费用(×100 元)	赶工时间 $k(i,j)$(天)	费用斜率 (×100 元)
a	—	2	10	1	4
b	—	6	40	2	5
c	—	3	8	2	2
d	a	3	20	1	5
e	a	4	7	2	1
f	b	2	25	1	10
g	c	2	20	1	8
h	e,f,g	3	10	2	5
合计			140		
间接费用		5(×100 元/天)			

解 根据表 11-11,可绘出网络图 11-21。

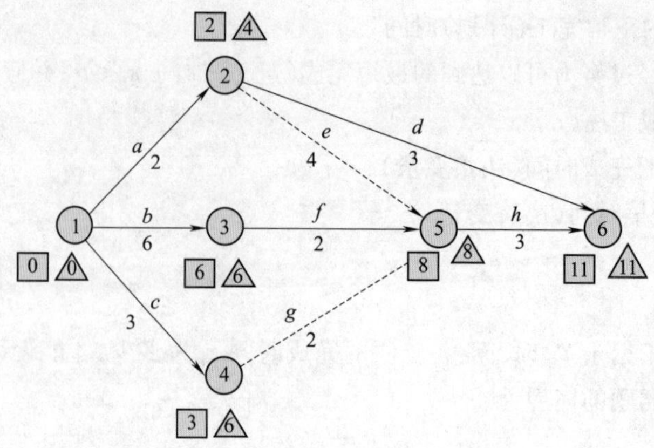

图 11-21

按正常时间完工需要 11 天,所需总费用为

$$C_t = 14\ 000 + 500 \times 11 = 19\ 500(\text{元})$$

要求找出各工序工时压缩的最优方案。

设 $x_1 = 0$,又已知 $f = 5(\times 100\ \text{元/天})$。该问题的线性规划模型为

$$\text{Min}\ \ Z = 5x_6 - 4x_{1,2} - 5x_{1,3} - 2x_{1,4} - 5x_{2,6} - x_{2,5} - 10x_{3,5} - 8x_{4,5} - 3x_{5,6}$$

$$\text{s. t.} \begin{cases} 1 \leqslant x_{1,2} \leqslant 2 \\ 2 \leqslant x_{1,3} \leqslant 6 \\ 2 \leqslant x_{1,4} \leqslant 3 \\ 1 \leqslant x_{2,6} \leqslant 3 \\ 2 \leqslant x_{2,5} \leqslant 4 \\ 1 \leqslant x_{3,5} \leqslant 2 \\ 1 \leqslant x_{4,5} \leqslant 2 \\ 2 \leqslant x_{5,6} \leqslant 3 \\ x_{1,2} - x_2 \leqslant 0 \\ x_{1,3} - x_3 \leqslant 0 \\ x_{1,4} - x_4 \leqslant 0 \\ x_{2,6} + x_2 - x_6 \leqslant 0 \\ x_{2,5} + x_2 - x_5 \leqslant 0 \\ x_{3,5} + x_3 - x_5 \leqslant 0 \\ x_{4,5} + x_4 - x_5 \leqslant 0 \\ x_{5,6} + x_5 - x_6 \leqslant 0 \\ x_i \geqslant 0, i = 1, 2, \cdots, n \end{cases}$$

可见,即使统筹网络比较小,所列线性规划模型规模也比较大。

下面介绍一种启发式方法求问题的较优解。

这一方法的基本思路如下:

(1)仅在关键路线上缩短工序的工时。

(2)首先选择费用斜率最低的工序来压缩。

(3)如果在某些工序工时缩短后,形成了多条关键路线,那么此后必须每条关键路线上都有工序的工时得到压缩,才能使工期进一步缩短。

(4)压缩时,在所有可压缩方案中应优先选取总费用最少的方案。

(5)压缩工期的日均直接费用不得超过日均间接费用,否则经济上就没有缩短工期的必要。

习　　题

一、计算题

1. 在一台车床上要加工 7 个零件,表 11-12 列出了它们的加工时间,请确定其加工顺序以使各零件在车间里停留的平均时间最短。

表　11-12

零件	1	2	3	4	5	6	7
p_i	10	11	2	8	14	6	5

2. 有 7 个零件,先要在钻床上钻孔,然后在磨床加工,表 11-13 列出了各个零件的加工时间,确定各零件加工顺序,以使总加工时间最短,并画出相应的线条图,各台机器的停工时间是多少?

表　11-13

零件	1	2	3	4	5	6	7
钻床	6.7	2.3	5.1	2.3	9.9	4.7	9.1
磨床	4.9	3.4	8.2	1.2	6.3	3.4	7.4

3. 指出图 11-22～图 11-24 所绘制的计划网络图中的错误,如能改正,请予改正。

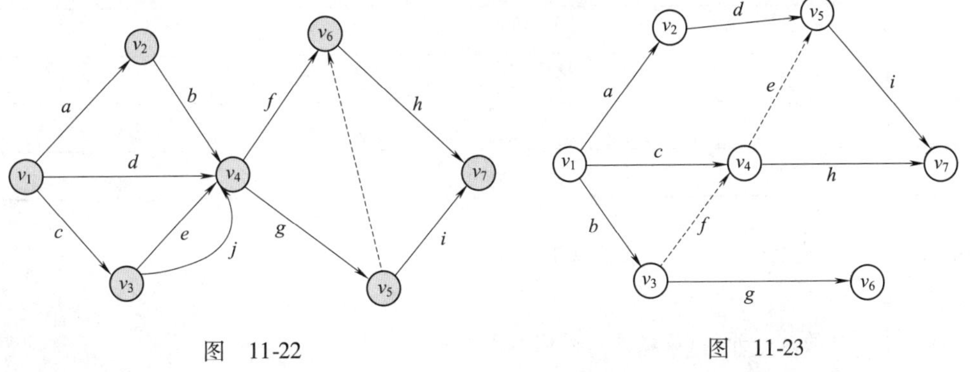

图　11-22　　　　图　11-23

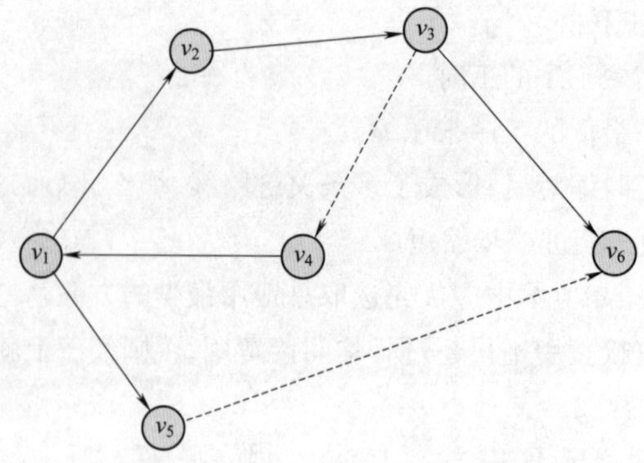

图 11-24

4. 根据表 11-14 绘制计划网络图。

表 11-14

工序	紧前工序	工序	紧前工序
A	—	E	B
B	—	F	C
C	A,B	G	D,E
D	A,B		

5. 以"习题四"为基础,提高调查与研究,对完成每个活动(工序)的时间做了三种统计,其详细资料如表 11-15 所示。请求出每个活动的最早开始时间、最晚开始时间、最早完成时间、最晚完成时间;找出关键工序、关键路线;并求出完成此工程项目所需的最少时间;如果要求以 98% 的概率来保证工作如期完成,应该在多少天以前就开始这项工作?

表 11-15

活动(工序)	乐观时间/天	最可能时间/天	悲观时间/天
A	1.5	2	3
B	3	4	6
C	3.5	5	6
D	3	4	5.5
E	2.5	3	4
F	1	2	4
G	2	4	5

6. 根据项目工序明细表 11-16 求解以下问题。

(1)画出网络图。

(2)计算工序的最早开始、最迟开始时间和总时差。

(3)找出关键路线和关键工序。

表　11-16

工序	A	B	C	D	E	F	G
紧前工序	—	A	A	B,C	C	D,E	D,E
工序时间(周)	9	6	12	19	6	7	8

7. 某项工程各道工序时间及每天需要的人力资源如图 11-25 所示，图中箭线上的英文字母表示工序代号，括号内数值是该工序的时差，箭线下左边数为工序工时，括号内数值为该工序每天需要的人力数。若人力资源限制每天只有 15 人，求此条件下工期最短的施工方案。

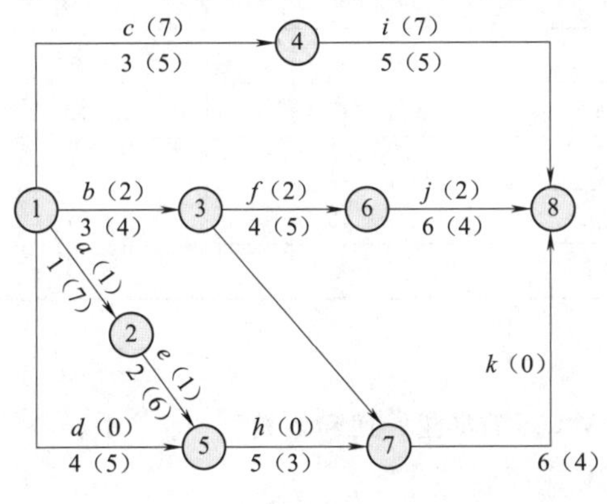

图　11-25

8. 已知表 11-17 所列的资料，试求该工程项目的最低成本的施工方案。（最低成本是指工程的总直接费用与总间接费用的总和为最少，总直接费用等于各工序的直接费用之和；总间接费用等于每天的间接费用与总施工工期的乘积）

表　11-17

工序代号	紧前工序	正常进度		赶工进度		每赶工一天所需要的反映/(元/天)
		工序时间/天	直接费用/元	工序时间/天	直接费用/元	
A	—	3	10	1	18	4
B	A	7	15	3	19	1
C	A	4	12	2	20	4
D	C	5	8	2	14	2
	间接费用为每天 4.5 元					

9. 表 11-18 给出了项目的工序明细表。

表　11-18

工序	A	B	C	D	E	F	G	H	I	J	K	L	M	N
紧前工序	—	—	—	A,B	B	B,C	E	D,G	E	E	H	F,J	I,K,L	F,J,L
工序时间(天)	8	5	7	12	8	17	16	8	14	5	10	23	15	12

(1)绘制项目网络图。

(2)在网络图上求工序的最早开始、最迟开始时间。

(3)用表格表示工序的最早最迟开始和完成时间、总时差和自由时差。

(4)找出所有关键路线及对应的关键工序。

(5)求项目的完工期。

10. 已知项目各工序的三种估计时间如表 11-19 所示。

表 11-19

工序	紧前工序	工序的三种估计时间(h)		
		a	m	b
A	—	9	10	12
B	A	6	8	10
C	A	13	15	16
D	B	8	9	11
E	B,C	15	17	20
F	D,E	9	12	14

求:

(1)绘制网络图并计算各工序的期望时间和方差。

(2)关键工序和关键路线。

(3)项目完工时间的期望值。

(4)假设完工期服从正态分布,项目在 56 h 内完工的概率是多少。

(5)使完工的概率为 0.98,最少需要多长时间。

11. 表 11-20 给出了工序的正常、应急的时间和成本。

表 11-20

工序	紧前工序	时间(天)		成本		时间的最大缩量(天)	应急增加成本(万元/天)
		正常	应急	正常	应急		
A		15	12	50	65	3	5
B	A	12	10	100	120	2	10
C	A	7	4	80	89	3	3
D	B,C	13	11	60	90	2	15
E	D	14	10	40	52	4	3
F	C	16	13	45	60	3	5
G	E,F	10	8	60	84	2	12

(1)绘制项目网络图,按正常时间计算完成项目的总成本和工期。

(2)按应急时间计算完成项目的总成本和工期。

(3)按应急时间的项目完工期,调整计划使总成本最低。

(4)已知项目缩短 1 天额外获得奖金 4 万元,减少间接费用 2.5 万元,求总成本最低的项目完工期。

12. 某工程根据有关资料,计算出了费用斜率如表 11-21 所示,试制订该工程的最低成本计划。

表　11-21

工序	紧前工序	正常时间完工（天）	正常完工直接费用（百元）	赶工时间（天）	费用斜率（百元）
A	—	10	30	7	4
B	—	5	10	4	2
C	B	3	15	2	2
D	A,C	4	20	3	3
E	A,C	5	25	3	3
F	D	6	32	3	5
G	E	5	8	2	1
H	F,G	5	9	4	4
合计			149		
间接费用		5（百元/天）			

13.(1)分别用节点图和箭线图绘制表 11-22 的项目网络图，并填写表中的紧前工序。

(2)用箭线法绘制表 11-23 的项目网络图，并填写表中的紧前工序。

表　11-22

工序	A	B	C	D	E	F	G
紧前工序							
紧后工序	D,E	G	E	G	G	G	—

表　11-23

工序	A	B	C	D	E	F	G	H	I	J	K	L	M
紧前工序	—	—	—	B	B	A,B	B	D,G	C,E,F,H	D,G	C,E	I	J,K,L
紧后工序													

第12章 排队论

12.1 概　述

在日常生活和工作中，人们常常会为了满足某种正常需求而选择排队等候。例如，顾客到商店购物、医院挂号、汽车加油、车间代加工的零件等诸多排队现象，这些现象都会或多或少诱发出排队等候的态势。此时，医院看病的病人和医生、加油站等候加油的汽车与加油泵、超市的顾客与结账柜台等都会衍生出不同种类的服务系统，我们把这些服务系统称为“排队系统”。

在排队系统中，一般包括两部分内容，即“服务设施”与“被服务系统”。服务设施可以是一个或多个，可以指人，如售货员、医院医生等；也可以是物，如加油泵、码头泊位等，有时我们也将此称为“服务台”。而进入排队系统要求得到服务的“顾客”即是“被服务系统”，这里的顾客也可以是指人或物，如到医院看病的病人、在加油站等待加油的车辆等。作为顾客总希望一到系统马上就能享受到服务，但客观情况并非如此。由于顾客的到达与服务设施的服务时间具有随机性，因此排队现象是不可避免的。因此，为了减少顾客的排队时长，服务系统可多开设服务设施，但这一举措必然将会增加其投资金额和运营成本，还可能导致服务设施在空闲时段内产生资源浪费的现象。

排队论是为了解决上述各类问题而发展起来的一种模型，其基本思想是1910年丹麦电话工程师A. K. 爱尔朗在解决自动电话设计问题时开始形成的，他提出了如何合理配置电话线路的数量，以尽可能多地减少用户的呼叫次数。如今，排队论已经广泛应用于运输行业、机器维修、库存控制等领域。

12.2 排队系统的基本概念

一、基本特征

排队系统一般可以描述为：顾客为了获得某项服务到达服务地点，若未能立即获得服务，则加入排队行列等候，待服务完毕之后则立即离开。

在排队系统中，把顾客的到达和离开称为排队系统的输入和输出；把服务者统称为服务设施或服务机构。下面将从三个方面对排队系统的特征进行描述。

1. 系统的输入过程

该过程是指顾客到达排队系统的情况。

(1)相继到达系统的时间间隔是确定性的还是随机性的。例如,自动装配线上待装配的部件到达各个工序的间隔时间是确定的,而到银行自动取款机前取款的客户的间隔时间则是随机的。事实上,多数排队系统的顾客到达都是随机的。若是随机的,则必须研究顾客相继到达的间隔时间所服从的概率分布,或者研究在一定的时间间隔内到达 $k(k=1,2,\cdots)$ 个顾客的概率有多大。一般来说,顾客相继到达排队系统的间隔时间所服从的概率分布有:①定长分布(D);②指数分布(M);③k 阶爱尔朗分布(E_k);④一般分布(G)。

如果间隔时间服从负指数分布,那么在一定的时间间隔内到达的顾客数服从泊松分布,这时称到达系统的顾客流为泊松流(或称最简单流)。这种情况是排队论研究的重点。

(2)顾客到达系统的方式是单个的,还是成批的。例如,到达宾馆服务台要求登记住宿的有单个到达的游客,也有成批到达的旅游团体。

(3)顾客源是有限集还是无限集。例如,工厂内待修的机器数显然是有限集,而到某航空售票处购票的顾客源则可以认为是无限的,因为一般并不存在一个最大的限制数。

2. 排队规则

该规则是指顾客来到排队系统后如何排队等候服务的规则。一般的排队规则有:

(1)FCFS(先到先服务):在这种规则下顾客按照到达的前后次序接受服务。一般的服务系统都使用这种排队规则。

(2)LCFS(晚到先服务):例如,乘电梯的顾客经常是后进先出的,货物装卸也是这种情况。

(3)SIRO(随机服务):是指服务者从等待的顾客中随机取其一进行服务,不管其到达的前后次序如何。例如,电话交换台接通呼唤电话就是如此。

(4)PR(优先权服务):例如,医院对病情严重的病人予以优先治疗。公交车上对老年人予以优先上车就座等。

3. 服务规则

该规则指顾客从接受服务到离开服务机构的情况。由于排队论研究的顾客接受完服务后就自行离开,因此系统的输出主要取决于排队系统对顾客的服务规则。系统的服务规则与系统内服务设施的数量、结构以及为顾客服务时间的分布均有关,主要内容有:

(1)服务台数量是单台服务还是多台服务的。

①在一个单服务台系统中,一个服务台为所有的顾客服务。例如,一个专科医生为前来就诊的病人看病。

②若为多服务台系统,那么它们的结构是平行排列的(并列),还是前后排列(串列)的,或者是混合排列的。例如,图12-1中(a)为单服务台系统,(b)为多服务台并列系统,(c)为多服务台串列系统,(d)为多服务台混合排列系统。

(2)服务的方式是对单个顾客进行的,还是对成批顾客进行的。例如,公共汽车对在站台等待的顾客是成批进行服务的。排队论主要研究单个服务的方式。

(3)对顾客的服务时间是确定的还是随机的。例如,自动冲洗汽车的装置对每辆汽车冲洗(服务)的时间是确定性的。但大多数情形服务时间是随机性的。对于随机性的服务时间需要知道它的概率分布。通常服务时间服从的概率分布有定长分布(D)、指数分布(M)、k 阶爱尔朗分布(E_k)等。

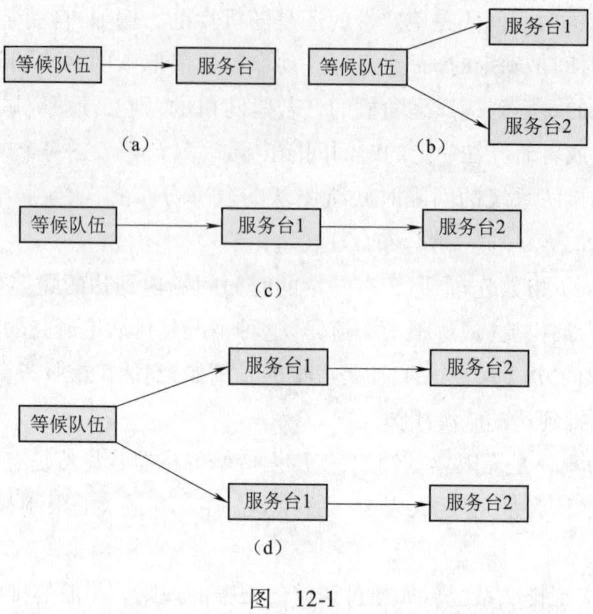

图 12-1

二、符号表示

按照排队系统的输入过程、排队规则和服务规则等特征的不同,可以构成不同的排队模型。国际通用符合形式是:

$$(A/B/C):(d/e/f)$$

式中 A——顾客相继到达间隔时间的分布;

B——服务时间的分布;

C——并列的服务台的数目;

d——排队系统的容量,即系统允许的最大顾客数;

e——顾客来源总体的数目;

f——服务规则。

例如,$(M/M/1):(\infty/\infty/\text{FCFS})$排队模型的特征是:到达间隔时间和服务时间服从指数分布,有一个服务机构,系统能容纳无限个顾客,顾客来源总体数目无限多,服务顺序是先到先服务。有时为了方便,如果 $d/e/f$ 为$\infty/\infty/\text{FCFS}$,则可全部省去或省去后两项,即上述模型可以写为 $M/M/1$ 模型或 $M/M/1/\infty$模型。

三、排队系统的衡量指标

一旦排队系统的模型建立起来,系统分析者就需要对排队系统的运行效率和服务质量进行研究和评估,以确定系统的结构是否合理,是否存在可以改进的替代方案等。

一个排队系统开始运行时,系统的运行状态很大程度上取决于系统的初始状态和运转时间。但经过一段时间以后,系统的状态将独立于初始状态和经历时间。这时我们称系统处于稳定状态。排队论主要研究系统处于稳定状态时的工作情况。在稳定状态下,系统的工作情况与时间 t 无关。以下衡量系统运行效率的工作指标也是以稳态系统为前提。

(1)平均队长 L_s 和平均排队长 L_q。

平均队长 L_s 指一个排队系统的顾客平均数(其中包括正在接受服务的顾客);

平均排队长 L_q 则是指系统中等待服务的顾客平均数。

(2)平均逗留时间 W_s 和平均等待时间 W_q。

平均逗留时间 W_s 指进入系统的顾客逗留时间的平均值(包括接受服务的时间);

平均等待时间 W_q 则是进入系统的顾客等待时间的平均值。

以上四个评价指标对顾客或排队系统的管理者都是非常重要的,通常称之为重要的运行指标。这几个运行指标值越小,说明系统排队越短,顾客等候时间越少,因此系统的性能就越好。

为了计算上述运行指标,还需要引入其他常用的数量指标。

①平均到达率 λ:指单位时间内到达服务系统的平均顾客数。

由 λ 的定义可知,$1/\lambda$ 为相邻两个顾客到达系统的平均间隔时间,比如 $\lambda=2$ 人/min 为平均到达率,那么相邻两个顾客到达的平均间隔时间 $1/\lambda=1/2$ min。

②平均服务率 μ:单位时间内被服务完毕后离开系统的平均顾客数。

同理,$1/\mu$ 表示每个顾客的平均服务时间。

③服务强度 ρ:指每个服务台单位时间内的平均服务时间。

一般有 $\rho=\dfrac{\lambda}{c\mu}$,其中 c 为系统中并列服务台的数目。

④$P_n=P(N=n)$:指系统的状态 N(即系统中的顾客数)为 n 的概率。

当 $n=0$ 时,P_0 为系统中的顾客数为 0(或系统所有服务台全都空闲)的概率。

在对一个排队系统作定量分析时,通常先要计算系统中的顾客数量 N 的概率分布 P_n,$n=1$,2,…,然后计算系统其他运行指标。由上述定义可知:

$$L_s=\sum_{n=1}^{\infty} np_n$$

$$L_q=\sum_{n=1}^{\infty}(n-c)p_n=\sum_{n=1}^{\infty} np_{c+n}$$

其中,c 为系统中并列服务台的数目。

⑤有效到达率 λ_e:指单位时间内进入服务系统的平均顾客数。

对于即时损失制的排队系统。顾客到达服务系统时,如果出现服务台已被占用,或者排队等待服务的人数超过规定数量时,会自动离开不再进入系统。此时到达系统的顾客不一定会全部进入系统。为此引入有效到达率的概念。有效到达率 λ_e 是单位时间内平均进入服务系统的顾客人数。显然,对于等候制的排队系统,平均到达率 λ 和有效到达率 λ_e 是一致的。当系统达到稳态时,如果系统的有效到达率为 λ_e,每个顾客平均服务时间为 $\dfrac{1}{\mu}$,则有下面的李特尔公式成立

$$\begin{cases} L_s=\lambda_e W_s \\ L_q=\lambda_e W_q \\ W_s=W_q+\dfrac{1}{\mu} \\ L_s=L_q+\dfrac{\lambda_e}{\mu} \end{cases} \tag{12-1}$$

由以上李特尔公式可知，在 L_s, L_q, W_s, W_q 四个运行指标中，只需知道其中的一个，其他三个就可由李特尔公式求得。

四、输入与输出

在排队论的讨论中，排队规则一般考虑 FCFS，服务机构考虑单个和多个两种情况。但是顾客的输入和输出则比较复杂，因为它们一般都是随机的。迄今为止，研究较多且取得较好结果的排队系统是：顾客的输入过程服从泊松分布，而服务时间服从负指数分布的排队系统。

1. 泊松过程

(1)定义：设 $N(t)$ 表示在 $[0,t]$ 时段内到达排队系统的顾客数，则对于每个给定的时刻 t，$N(t)$ 都是一个随机变量，而随机变量族 $\{N(t) \mid t \in (0, +\infty)\}$ 称为一个随机过程。若 $\{N(t)\}$ 满足下述三个条件，则称之为泊松过程。

①平稳性：在长度为 t 的时段内恰好到达 k 个顾客的概率 $P_k(t)$ 仅与时段长度有关，而与时段的起点无关。即对任意时刻 $a \in (0, +\infty)$，在时段 $[0,t]$ 或 $[a, a+t]$ 内，$P_k(t)$ 是一样的。其中 $k = 0,1,2,\cdots$。

②无后效性：在不相交的时段内到达的顾客数是相互独立的。即对任意时刻 $a \in (0, +\infty)$，在时段 $[a, a+t]$ 内到达的顾客数与 a 时刻以前来到多少个顾客无关。

③普通性：在充分小的时段内最多到达一个顾客。即不可能有两个以上的顾客同时到达。如果用 $\varphi(t)$ 表示在时段 $[0,t]$ 内有两个或两个以上顾客到达的概率，那么 $\varphi(t) = o(t)$，$o(t)$ 为当 $t \to 0$ 时比 t 高阶的无穷小。

泊松过程又称泊松流，在排队论中常称为简单流。

(2)性质：

性质 1 设 $\{N(t) \mid t \in (0, +\infty)\}$ 为泊松过程，$\lambda > 0$ 为单位时间内顾客的平均到达率，则 $N(t)$ 服从参数为 λt 的泊松分布，即有

$$P_k(t) = \frac{(\lambda t)^k}{k!} e^{-\lambda t}, \quad k = 0,1,2,\cdots$$

证明 设将长度为 t 的时段 $[0,t]$ 分为 n 等份。每一子时段长度 $\Delta t = \frac{t}{n}$ 为充分小。因为 $\{N(t)\}$ 为泊松过程，由平稳性可知，在每一个子时段 Δt 内来一个顾客的概率 $P_1(\Delta t)$ 都是一样的。易知当 Δt 充分小时，$\lambda \Delta t$ 既是 Δt 内到达排队系统的顾客数，也可以解释为 Δt 内来到一个顾客的概率。因此 $P_1(\Delta t) = \lambda \Delta t = \frac{\lambda t}{n}$。

由泊松过程的普通性可知，当 Δt 充分小时，在 Δt 内有两个或两个以上顾客到达的概率 $\varphi(\Delta t) \approx 0$。因此，在 Δt 内没有顾客到达的概率 $P_0(\Delta t) \approx 1 - \lambda \Delta t = 1 - \frac{\lambda t}{n}$。

再由无后效性可知，在 n 个子时段 Δt 内有顾客来到或没有顾客来到可看作 n 次重复独立试验。由二项概率公式可知，在 n 个 Δt，即长为 t 的时段 $[0,t]$ 内有 k 个顾客到达的概率为

$$P_k(t) = C_n^k \left(\frac{\lambda t}{n}\right)^k \left(1 - \frac{\lambda t}{n}\right)^{n-k}$$

当 $n \to \infty$ 时，$\Delta t \to 0$ 且

$$P_k(t)=\lim_{n\to\infty}C_n^k\left(\frac{\lambda t}{n}\right)^k\left(1-\frac{\lambda t}{n}\right)^{n-k}$$

$$=\lim_{n\to\infty}\frac{n(n-1)\cdots(n-k+1)}{k!}\frac{(\lambda t)^k}{n^k}\frac{\left(1-\frac{\lambda t}{n}\right)^n}{\left(1-\frac{\lambda t}{n}\right)^k}$$

$$=\frac{(\lambda t)^k}{k!}\lim_{n\to\infty}\left(1-\frac{\lambda t}{n}\right)^n=\frac{(\lambda t)^k}{k!}e^{-\lambda t}$$

所以 $P_k(t)=\frac{(\lambda t)^k}{k!}e^{-\lambda t},k=0,1,2,\cdots$

由泊松分布可知，$E(N(t))=\lambda t,\lambda=\frac{E(N(t))}{t}$为单位时间顾客的平均到达率，与$\lambda$的含义吻合。

性质2 若顾客输入过程$\{N(t)\}$为参数为λ的泊松流，那么顾客相继到达的间隔时间T必服从负指数分布，即 $F_T(t)=\begin{cases}1-e^{-\lambda t}, & t\geqslant 0\\ 0, & t<0\end{cases}$

证明 因为输入过程是泊松流，因此在t时段内至少有一个顾客到达的概率

$$p(N(t)\geqslant 1)=1-P_0(t)=1-e^{-\lambda t}$$

随机事件$\{T\leqslant t\}=\{N(t)\geqslant 1\}$，因此

$$F_T(t)=P(T<t)=P(N(t)\geqslant 1)=1-e^{-\lambda t},t\geqslant 0$$

所以顾客相继到达的间隔时间T服从负指数分布，其分布函数为

$$F_T(t)=\begin{cases}1-e^{-\lambda t}, & t\geqslant 0\\ 0, & t<0\end{cases}$$

由负指数分布可知，$E(t)=\frac{1}{\lambda}$。因此对某个泊松流$\{N(t)\}$，若顾客的平均到达率为λ，那么顾客相继到达的平均相隔时间为$\frac{1}{\lambda}$。

事实上，若顾客相继到达的间隔时间T服从负指数分布，同样可以证明顾客的输入必为泊松流。因此，“顾客流是泊松流”和“顾客到达的间隔时间相互独立且服从相同的负指数分布”是两种等价的描述方式。Kendall 记号中都用M表示。

2. 负指数分布的服务时间

下面研究系统的输出，即服务时间的概率分布。

设随机变量表示服务设施对每个顾客服务的时间，若V的概率密度是

$$f_V(t)=\begin{cases}\mu e^{-\mu\lambda}, & t\geqslant 0\\ 0, & t<0\end{cases}$$

则称V服从参数为μ的负指数分布。

易知V的分布函数为$f_V(t)=\begin{cases}1-e^{-\mu\lambda}, & t\geqslant 0\\ 0, & t<0\end{cases}$

且$E(V)=\frac{1}{\mu}$为每个顾客的平均服务时间。$\mu=\frac{1}{EV}$为单位时间顾客的平均服务数或单位时间

内服务完毕并自动离开系统的平均顾客数。

性质 3 设任一顾客的服务时间 V 服从参数为 μ 的负指数分布，则对任意 $a>0,t\geqslant 0$ 都有

$$P\{V\geqslant a+t \mid V\geqslant a\}=P\{V\geqslant t\}$$

证明

$$P\{V\geqslant a+t \mid V\geqslant a\}=\frac{P\{V\geqslant a+t,V\geqslant a\}}{P\{V\geqslant a\}}=\frac{P\{V\geqslant a+t\}}{P\{V\geqslant a\}}$$

$$=\frac{e^{-\mu(a+t)}}{e^{-\mu a}}=e^{-\mu t}=P\{V\geqslant t\}$$

性质 3 意味着，如果服务时间服从负指数分布，那么无论为一个顾客服务了多长的时间 a，剩余的服务时间的概率分布独立于已服务过的时间，仍为原来的负指数分布。称负指数分布的这种性质为无记忆性或马尔可夫性，只有负指数分布才具有这样的性质。

性质 4 若服务机构对顾客的服务时间 V 服从参数为 μ 的负指数分布，那么服务机构的输出，即在长度为 t 的时间内服务完毕并自行离开服务机构的顾客数 $\{L(t) \mid t\in(0,+\infty)\}$ 是一个泊松流，且 $L(t)$ 服从参数为 μt 的泊松分布，即有

$$P_h(t)=\frac{(\mu t)^k}{k!}e^{-\mu t},k=0,1,2,\cdots$$

由 $E(L(t))=\mu t,\mu=\dfrac{E(L(t))}{t}$ 为单位时间内平均服务顾客数或单位时间内顾客的平均离去率。

由泊松分布的性质可知，当 Δt 充分小，在 Δt 时段内恰有一个顾客离去的概率为 $\mu\Delta t$。没有顾客离去的概率为 $1-\mu\Delta t$，而有两个或两个以上顾客离去的概率 $\varphi(\Delta t)\approx 0$。

3. 爱尔朗分布

(1)定义：设 $V_1,V_2,\cdots,V_k$ 是 k 个相互独立的随机变量。服从相同参数值的负指数分布。那么 $V=V_1+V_2+\cdots+V_k$ 服从参数为 μ 的 k 阶爱尔朗分布。其概率密度为

$$f_k(t)=\begin{cases}\dfrac{\mu k\ (\mu kt)^{k-1}}{(k-1)!}, & t\geqslant 0\\ 0, & t<0\end{cases}\quad 记作\ V:E_k(\mu)。$$

易证：$E(V)=\dfrac{1}{\mu},D(V)=\dfrac{1}{k\mu^2}$。

(2)性质

爱尔朗分布可以近似各种分布：

①当 $k=1$，爱尔朗分布就是负指数分布。

②当 k 变大时，方差 $D(V)=\dfrac{1}{k\mu^2}$ 变小，V 的取值汇集于均值 $\dfrac{1}{\mu}$ 附近。此时爱尔朗分布近似于正态分布。

③当 $k\to\infty,D(V)\to 0$，V 趋于常数 $1/\mu$。此时爱尔朗分布近似于定长分布。

爱尔朗分布的实际意义是，假设一个排队系统里有 k 个串列服务台。每台服务时间 $V_i(i=1,2,\cdots,k)$ 相互独立，且都服从参数为 $k\mu$ 的负指数分布，那么 k 个服务台全部完成对一个顾客服务的时间 $V=\sum\limits_{i=0}^{k}V_i:E_k(\mu)$。

12.3 单服务台排队系统

一、$M/M/1/\infty/\infty$系统

标准的 $M/M/1$ 系统是指顾客源是无限的、按泊松流输入、输入强度为λ、服务时间服从负指数分布、服务强度为μ、只有一个服务台的等候制排队系统。系统按先到先服务的规则进行服务。当顾客来到系统时,若服务台已被占用,顾客就排队等待,等候空间无限制。

在分析标准的 $M/M/1$ 系统时,首先要求系统在任意时刻 t 的状态为 n(即系统中有 n 个顾客)的概率 $P_n(t)$。它决定了系统运行的特征。但是,要研究系统的随时间变化的状态的概率是非常麻烦的,同时也不便于应用。因此我们只研究系统处于稳定状态的情形。在稳态条件下,系统的工作情况和时间无关。这时 $P_n(t)$ 与 t 无关,可写成 P_n,并称为系统状态为 n 的概率。以下讨论的都是以稳态为前提的。

对 $M/M/1$ 系统来说,其状态是无限集合,即 $n \in S = \{0,1,2,\cdots\}$。我们可以用图 12-2 所示的状态转移率图来表明系统各状态之间的转移关系。

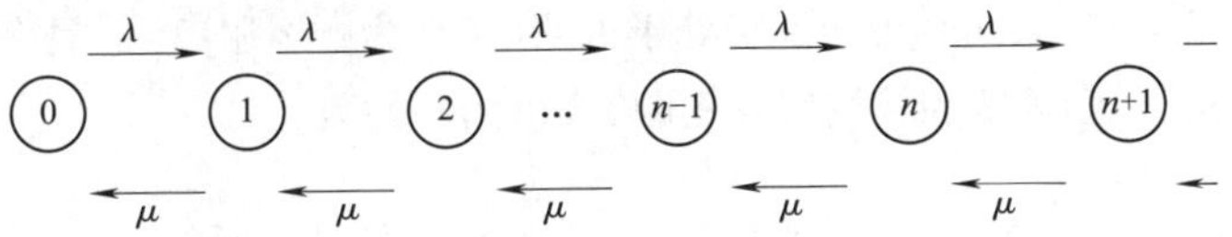

图 12-2

我们知道,在稳态条件下,对于每一个系统状态而言,进入或离开系统的顾客数保持平衡,或称系统的输入率和输出率相等。由图 12-2 可见,系统状态从 0 转移到 1 的转移率(或称系统从状态 0 进入状态 1 的输出率)为λP_0,而系统状态从 1 转移到 0 的转移率(或称系统从状态 1 进入状态 0 的输入率)为 μP_1。因此对状态 0 而言,必须满足以下平衡方程:

$$\lambda P_0 = \mu p_1$$

同样,对系统的任何状态 $n \geqslant 1$,系统状态从 n 转移到 $n+1$ 或 $n-1$ 的转移率(输出率)为 $\lambda P_n + \mu P_n$。而系统状态从 $n-1$ 或 $n+1$ 转移到 n 的转移率(输入率)为$\lambda P_{n-1} + \mu P_{n+1}$。由平衡条件可得

$$\lambda P_{n-1} + \mu P_{n+1} = (\lambda + \mu) P_n$$

由此可得关于 P_n 的差分方程

$$\begin{cases} \lambda P_0 = \mu P_1 \\ \lambda P_{n-1} + \mu P_{n+1} = (\lambda + \mu) P_n, n \geqslant 1 \end{cases}$$

并可解得 $P_1 = \dfrac{\lambda}{\mu} P_0, P_n = \left(\dfrac{\lambda}{\mu}\right)^n P_0, n \geqslant 1$。

若设 $\rho = \dfrac{\lambda}{\mu} < 1$(否则队列将排至无限远),则

$$\sum_{n=0}^{\infty} P_n = \sum_{n=0}^{\infty} \rho^n P_0 = P_0 \sum_{n=0}^{\infty} \rho^n = P_0 \frac{1}{1-\rho} = 1$$

可推得

$$P_0 = 1-\rho,\rho<1$$
$$P_n = (1-\rho)\rho^n, n\geqslant 1 \tag{12-2}$$

式(12-1)中的$\rho = \dfrac{\lambda}{\mu}$有其实际意义：

$\rho = \dfrac{\lambda}{\mu}$为平均到达率和平均服务率之比，即在相同时段内顾客到达的平均数与被服务完毕顾客的平均数之比。如果$\rho>1$，则排队等待服务的顾客数将随时间延续而越来越多。因此$\rho>1$的等待制系统一般不属于讨论之列。

当ρ表示为$\rho = \dfrac{\frac{1}{\mu}}{\frac{1}{\lambda}}$时，$\rho$表示顾客的平均服务时间和顾客到达的平均间隔时间之比，因此ρ是一个衡量整个系统工作强度的一个指标。通常称ρ为服务强度。ρ越接近于1，说明系统的服务强度越高，服务机构越忙。

在$\rho<1$的条件下，标准$M/M//1$系统的重要运行指标如下：

(1)P_0：系统空闲（即没有顾客来到系统要求服务）的概率。

由式(12-1)知$P_0=1-\rho$，同时可知系统处于忙期（正在为顾客服务）的概率$P=1-P_0=\rho$。

(2)L_s：系统队长（包括等待和接受服务的顾客数）的平均数。

$$\begin{aligned} L_s &= \sum_{n=0}^{\infty} nP_n = \sum_{n=0}^{\infty} n(1-\rho)\rho^n = (1-\rho)\sum_{n=0}^{\infty} n\rho^n \\ &= (1-\rho)\rho\sum_{n=0}^{\infty}\frac{\mathrm{d}}{\mathrm{d}\rho}(\rho^n) = (1-\rho)\rho\frac{\mathrm{d}}{\mathrm{d}\rho}\left(\sum_{n=0}^{\infty}\rho^n\right) = (1-\rho)\rho\frac{\mathrm{d}}{\mathrm{d}\rho}\left(\sum_{n=0}^{\infty}\frac{1}{1-\rho}\right) \\ &= (1-\rho)\rho\frac{1}{(1-\rho)^2} = \frac{\rho}{1-\rho} = \frac{\lambda}{\mu-\lambda} \end{aligned}$$

(3)L_q：系统排队长（系统内排队等待的顾客数）的平均数。

由李特尔公式(12-1)

$$L_q = L_s - \frac{\lambda}{\mu} = \frac{\lambda}{\mu-\lambda} - \frac{\lambda}{\mu} = \frac{\lambda^2}{\mu(\mu-\lambda)}$$

(4)W_s：每个顾客在系统中的平均逗留时间。

由李特尔公式(12-1)

$$W_s = \frac{L_s}{\lambda} = \frac{1}{\lambda}\frac{\lambda}{\mu-\lambda} = \frac{1}{\mu-\lambda}$$

(5)W_q：每个顾客在系统中的平均等待时间。

仍由李特尔公式(12-1)

$$W_q = \frac{L_q}{\lambda} = \frac{1}{\lambda}\frac{\lambda^2}{\mu(\mu-\lambda)} = \frac{\lambda}{\mu(\mu-\lambda)}$$

综合以上结果，可得标$M/M/1$系统的重要运行指标

$$P_0 = 1-\rho; P_n = (1-\rho)\rho^n$$

$$L_s = \frac{\lambda}{\mu-\lambda}; L_q = \frac{\lambda^2}{\mu(\mu-\lambda)}$$

$$W_s=\frac{1}{\mu-\lambda};W_q=\frac{\lambda}{\mu(\mu-\lambda)}$$

可以证明,在 $M/M/1$ 情形下,顾客在系统中的逗留时间 W 服从参数为 $\mu-\lambda$ 的负指数分布。其分布函数为

$$F_W(t)=P(W\leqslant t)=\begin{cases}1-e^{-(\mu-\lambda)t}, & t\geqslant 0\\ 0, & t<0\end{cases}$$

由上述分布也可推得,顾客的平均逗留时间为

$$W_s=E(W)=\frac{1}{\mu-\lambda}$$

【例 12.1】 某理发店只有一名理发师,来理发的顾客按泊松分布到达,平均每小时 4 人。理发时间服从负指数分布,平均需要 6 min。试求:

(1)理发店空闲的概率;

(2)店内有三个顾客的概率;

(3)店内至少有一个顾客的概率;

(4)店内顾客的平均数、等待服务的顾客的平均数;

(5)顾客在店内的平均逗留时间和平均等待时间;

(6)必须在店内消耗 15 min 以上的概率。

解　此为 $M/M/1$ 系统,已知

$$\lambda=\frac{4}{60}=\frac{1}{15}\text{人/min},\mu=\frac{1}{6}\text{人/min},\rho=\frac{\lambda}{\mu}=\frac{6}{15}=0.4$$

(1)$P_0=1-\rho=1-0.4=0.6$

(2)$P_3=(1-\rho)\rho^3=0.6\times 0.43=0.038\ 4$

(3)$P(n\geqslant 1)=1-P(n<1)=1-P_0=1-0.6=0.4$

(4)$L_s=\dfrac{\rho}{1-\rho}=\dfrac{0.4}{1-0.4}=0.667(\text{人})$

$L_q=L_s-\rho=0.667-0.4=0.267(\text{人})$

(5)$W_s=\dfrac{1}{\mu-\lambda}=\dfrac{1}{\dfrac{1}{6}-\dfrac{1}{15}}=10(\text{min})$

$W_q=W_s-\dfrac{1}{\mu}=10-6=4(\text{min})$

(6)设 W 表示顾客在系统中的逗留时间,则

$$P(W\geqslant 15)=1-P(W<15)=e^{-(\mu-\lambda)15}=e^{-1.5}=0.22$$

在 $M/M/1$ 情形下,顾客在系统中的等候时间 W 也是随机变量,其概率密度为

$$f_W(t)=\rho(\mu-\lambda)e^{-(\mu-\lambda)t},t>0$$

由于等候时间 W 以正概率 $1-\rho$ 取 0 值,即 $P(W=0)=P_0=1-\rho$,因此等候时间 W 兼具离散型和连续型机变量的某些性质。

不难验证:

$$W_q=E(W)=\int_0^{\infty}t\rho(\mu-\lambda)e^{-(\mu-\lambda)t}=\frac{\rho}{\mu(1-\rho)}=\frac{\lambda}{\mu(\mu-\lambda)}$$

二、$M/M/1/N/\infty$系统

假定一排队服务系统可容纳 N 个顾客。当系统中已有 N 个顾客时,第 $N+1$ 顾客到达后会被拒绝进入系统而自动离去。这种系统被称为有限等待空间,或容量有限的系统,这是一种混合制的排队系统。

对 $M/M/1/N$ 来说,系统状态是有限集合,即 $n\in S=\{0,1,2,\cdots,N\}$。可用图 12-3 所示状态转移率图表明系统状态之间的状态关系。

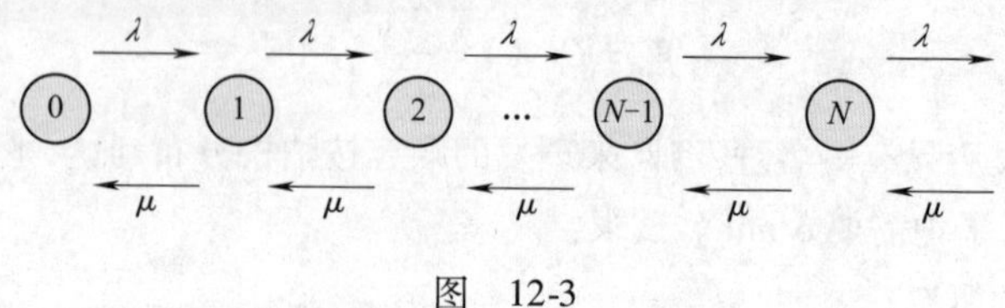

图 12-3

在稳态条件下,可得如下状态平衡方程

$$\begin{cases}\mu P_1=\lambda P_0\\ \mu P_{n+1}+\lambda P_{n-1}=(\lambda+\mu)P_n,1\leqslant n\leqslant N-1\\ \mu P_N=\lambda P_{N-1}\end{cases}$$

求解可得 $P_1=\dfrac{\lambda}{\mu}P_0,P_n=\left(\dfrac{\lambda}{\mu}\right)^nP_0,1\leqslant n\leqslant N$。

在对等待空间无限的情形,我们假定 $\rho=\dfrac{\lambda}{\mu}<1$,这不仅是实际问题的需要,也是无穷级数收敛所必需的。但在等待空间有限的情形下,这个条件就没有必要了。不过当 $\rho>1$ 时,被拒绝排队的顾客平均数为 λP_N,损失将是很大的。

由于 $\sum\limits_{n=0}^{N}P_n=\sum\limits_{n=0}^{N}\left(\dfrac{\lambda}{\mu}\right)^nP_0=P_0\sum\limits_{n=0}^{N}\rho^n=1$,所以

$$P_0=\frac{1}{\sum\limits_{n=0}^{N}\rho^n}=\frac{1-\rho}{1-\rho^{N+1}},\rho\neq1$$

$$P_n=\frac{1-\rho}{1-\rho^{N+1}}\cdot\rho^n,0\leqslant n\leqslant N$$

据此可以计算系统的有关运行指标。

(1)平均队长 L_s。

$$\begin{aligned}L_s&=\sum_{n=0}^{N}nP_n=\frac{1-\rho}{1-\rho^{N+1}}\sum_{n=0}^{N}n\rho^n=\frac{1-\rho}{1-\rho^{N+1}}\cdot\rho\sum_{n=0}^{N}\frac{\mathrm{d}}{\mathrm{d}\rho}(\rho^n)\\&=\frac{(1-\rho)\rho}{1-\rho^{N+1}}\cdot\frac{\mathrm{d}}{\mathrm{d}\rho}\left(\frac{1-\rho^{N+1}}{1-\rho}\right)=\frac{(1-\rho)\rho}{1-\rho^{N+1}}\cdot\frac{-(N+1)\rho^N(1-\rho)+(1-\rho^{N+1})}{(1-\rho)^2}\\&=\frac{\rho}{1-\rho}-\frac{(N+1)\rho^{N+1}}{1-\rho^{N+1}}\end{aligned}$$

与系统空间无限情况下 $L_s=\dfrac{\rho}{1-\rho}$比较,当等候空间有限,且 $\rho<1$ 时,系统中的平均顾客数明显减少。

而且当 $N\to\infty$ 时，$L_s=\frac{\rho}{1-\rho}-\frac{(N+1)\rho^{N+1}}{1-\rho^{N+1}}\to\frac{\rho}{1-\rho}$。

此时系统空间有限的情形转化为等候空间无限的情形。

我们知道，有限等待空间的排队系统是一种混合制的系统，当系统状态等于 N 时，新来的顾客会自动离去，因此，真正进入服务系统的顾客平均输入率是小于顾客平均到达率 λ 的有效到达率 λ_e。

显然 $\lambda_e=\lambda(1-P_N)$。

且不难验证 $1-P_0=\frac{\lambda_e}{\mu}$，因此由李特尔公式(12-1)可得以下结果。

(2)平均排队长。

$$L_q=L_s-\frac{\lambda_e}{\mu}=L_s-(1-P_0)$$

(3)平均逗留时间。

$$W_s=\frac{L_s}{\lambda_e}=\frac{L_s}{\lambda(1-P_N)}$$

(4)平均等候时间。

$$W_q=W_s-\frac{1}{\mu}$$

由此可把 $M/M/1/N/\infty$ 系统的主要运行指标归纳如下($\rho\neq1$)：

$$P_0=\frac{1-\rho}{1-\rho^{N+1}},P_N=\frac{1-\rho}{1-\rho^{N+1}}\cdot\rho^n,0\leqslant n\leqslant N$$

$$L_s=\frac{\rho}{1-\rho}-\frac{(N+1)\rho^{N+1}}{1-\rho^{N+1}},L_q=L_s-(1-P_0)$$

$$W_s=\frac{L_s}{\lambda(1-P_N)},W_q=W_s-\frac{1}{\mu}\quad \lambda_e=\lambda(1-P_N)=\mu(1-P_0)$$

【例 12.2】某机关接待室有一位对外接待人员，由于接待室内面积有限，只能安排三个座位供来访人员等候，一旦满座则后来者将不再进入等候。若来访人员按泊松流到达，平均间隔时间 80 min，接待时间服从负指数分布，平均接待时间为 50 min。试求任一来访人员的平均等待时间及该接待室潜在来访人员流失率。

解 这是一个 $M/M/1/N/\infty$ 系统，$N=3+1=4$。

已知 $\lambda=\frac{1}{80}$ 人/min，$\mu=\frac{1}{50}$ 人/min

$$\rho=\frac{\lambda}{\mu}=\frac{\frac{1}{80}}{\frac{1}{50}}=0.625$$

$$P_0=\frac{1-\rho}{1-\rho^{N+1}}=\frac{1-0.625}{1-0.625^5}=0.414\ 5$$

$$L_s=\frac{\rho}{1-\rho}-\frac{(N+1)\rho^{N+1}}{1-\rho^{N+1}}=\frac{0.625}{1-0.625}+\frac{5\times0.625^5}{1-0.625^5}=1.139\ 6(\text{人})$$

$$L_q=L_s-(1-P_0)=1.139\ 6-(1-0.414\ 5)=0.554\ 1(\text{人})$$

$$\lambda_e=\mu(1-P_0)=\frac{1}{50}(1-0.414\ 5)=0.011\ 7$$

来访人员的平均等待时间为

$$W_q = \frac{L_q}{\lambda_e} = \frac{0.554\ 1}{0.011\ 7} = 47(\text{min})$$

潜在来访人员的流失率,即系统满员的概率为

$$P_4 = \rho^4 P_0 = 0.625^4 \times 0.414\ 5 = 0.06 = 6\%$$

三、$M/M/1/\infty/m$ 系统

这种系统在工业生产中应用较多。如一个车间有几十台机器,当个别机器损坏时,再发生一台机器损坏的概率会明显改变。在顾客源为无限集的情况下,平均达到率是按全体顾客考虑的。而有限源的情形则是按每一个顾客来考虑的。

假设系统的顾客数为 m,当有 n 个顾客在排队系统内时,在服务系统以外新的潜在顾客减少为 $m-n$ 个。假定每个顾客在单位时间内来到排队系统的概率或平均次数都是相同的,那么系统外顾客对系统的平均到达率 $\lambda_n = (m-n)\lambda$。显然,该平均到达率随系统状态的变化而变化。

顾客源有限的排队系统也可以用状态转移图(见图 12-4)表示。

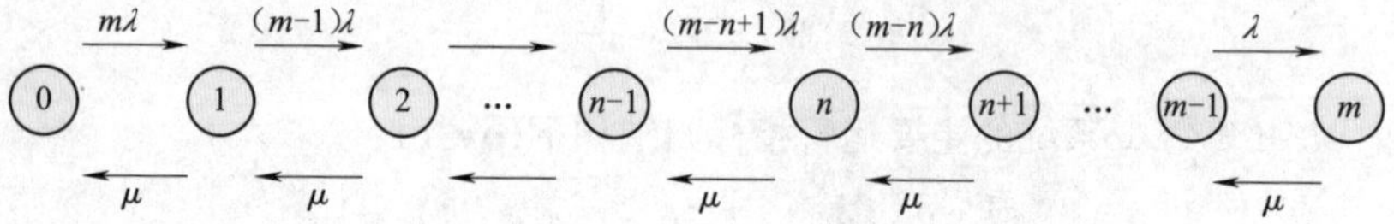

图 12-4

状态平衡方程

$$\begin{cases} \mu P_1 = m\lambda P_0 \\ \mu P_{n+1} + (m-n+1)\lambda P_{n-1} = [(m-n)\lambda + \mu]P_n, 1 \leqslant n \leqslant m \leqslant m-1 \\ \mu P_m = \lambda P_{m-1} \end{cases}$$

求解 $P_1 = \frac{m\lambda}{\mu}P_0, P_n = \frac{m!}{(m-n)!} \cdot \left(\frac{\lambda}{\mu}\right)^n \cdot P_0, 1 \leqslant n \leqslant m$。

因为 $\sum_{n=0}^{m} P_n = 1$,所以不要求 $\rho = \frac{\lambda}{\mu} < 1$。

由 $\sum_{n=0}^{m} P_n = \sum_{n=0}^{m} \frac{m!}{(m-n)!} \cdot \left(\frac{\lambda}{\mu}\right)^n \cdot P_0 = P_0 \sum_{n=0}^{m} \frac{m!}{(m-n)!} \cdot \left(\frac{\lambda}{\mu}\right)^n = 1$

所以

$$P_0 = \frac{1}{\sum_{n=0}^{m} \frac{m!}{(m-n)!} \cdot \left(\frac{\lambda}{\mu}\right)^n}$$

并由此推导出系统的各项运行指标。

(1)平均顾客数 L_s。

若系统内平均顾客数为 L_s,则系统外潜在平均顾客数为 $m-L_s$。对系统来说,其有效到达率 $\lambda_e = (m-L_s)\lambda$。又因为服务机构利用率 $1-P_0 = \frac{\lambda_e}{\mu}$,因此 $\mu(1-P_0) = (m-L_s)\lambda$,由此可以推导出系统内平均顾客数 $L_s = m - \frac{\mu}{\lambda}(1-P_0)$。

再由李特尔公式(12-1)可得以下结果。

(2)平均排队长。

$$L_q=L_s-\frac{\lambda_e}{\mu}=L_s-(1-P_0)$$

(3)平均逗留时间。

$$W_s=\frac{L_s}{\lambda_e}=\frac{L_s}{\lambda(m-L_s)}=\frac{m-\frac{\mu}{\lambda}(1-P_0)}{\mu(1-P_0)}=\frac{m}{\mu(1-P_0)}-\frac{1}{\lambda}$$

(4)平均等待时间。

$$W_q=W_s-\frac{1}{\mu}$$

由此可得如下主要运行指标的公式

$$P_0=\frac{1}{\sum_{n=0}^{m}\frac{m!}{\frac{m!}{(m-n)!}\cdot\left(\frac{\lambda}{\mu}\right)^n}},P_n=\frac{m!}{(m-n)!}\left(\frac{\lambda}{\mu}\right)^nP_0,1\leqslant n\leqslant m$$

$$L_s=m-\frac{\mu}{\lambda}(1-P_0),L_q=L_s-(1-P_0)$$

$$W_s=\frac{m}{\mu(1-P_0)}-\frac{1}{\lambda},W_q=W_s-\frac{1}{\mu}\lambda_e=(m-L_s)\lambda=\mu(1-P_0)$$

【例 12.3】设有一名工人负责照管六台自动机床,当机床需要加料,发生故障或刀具磨损时就自动停车,等待工人照管。设平均每台机床两次停车的间隔时间为 1 h,又设要工人平均照管的时间为 0.1 h,以上两者均服从负指数分布,试计算:

(1)工人空闲的概率;

(2)六台机床都出故障的概率;

(3)出故障的平均机床数;

(4)等待修理的平均机床数;

(5)平均停工的时间;

(6)平均等待修理的时间;

(7)机床设备利用率。

解 这是一个 $M/M/1/\infty/m$,系统,$m=6$,

$\lambda=1$ 台/h,$\mu=10$ 台/h,$\rho=\frac{\lambda}{\mu}=0.1$

$$P_0=\frac{1}{\sum_{n=0}^{m}\frac{m!}{\frac{m!}{(m-n)!}\cdot\left(\frac{\lambda}{\mu}\right)^n}}=\frac{1}{\sum_{n=0}^{6}\frac{6!}{(6-n)!}\cdot(0.1)^n}$$

$$=\frac{1}{1+\frac{6!}{5!}0.1^1+\frac{6!}{4!}0.1^2+\frac{6!}{3!}0.1^3+\frac{6!}{2!}0.1^4+\frac{6!}{1!}0.1^5+\frac{6!}{0!}0.1^6}$$

$$=\frac{1}{2.06392}=0.4845$$

$$P_6 = \frac{m!}{(m-n)!}\left(\frac{\lambda}{\mu}\right)^n P_0 = \frac{6!}{(6-6)!}(0.1)^6 \cdot 0.484\ 5 = 0.000\ 3$$

$$L_s = m - \frac{\mu}{\lambda}(1-P_0) = 6 - \frac{10}{1}(1-0.484\ 5) = 0.845(\text{台})$$

$$L_q = L_s - (1-P_0) = 0.845 - (1-0.484\ 5) = 0.329\ 5(\text{台})$$

$$W_s = \frac{m}{\mu(1-P_0)} - \frac{1}{\lambda} = \frac{6}{10(1-0.484\ 5)} - \frac{1}{1} = 0.163\ 9(\text{h}) = 4.835(\text{min})$$

$$W_q = W_s - \frac{1}{\mu} = 0.163\ 9 - \frac{1}{10} = 0.063\ 9(\text{h}) = 3.834(\text{min})$$

机器设备利用率 $\tau = \frac{m-L_s}{m} = \frac{6-0.845}{6} = 85.9\%$。

12.4 多服务台排队系统

一、$M/M/C/\infty/\infty$系统

标准 $M/M/C/\infty/\infty$系统的各种特征的规定与标准 $M/M/1$ 系统的规定相同。顾客的平均到达率为常数,每个服务台的平均服务率相同,同时规定各服务台的工作是相互独立的。就整个服务机构而言,平均服务率与系统状态有关,即

$$\mu_n = \begin{cases} c\mu, & n \geqslant c \\ n\mu, & n < c \end{cases}$$

同时系统的服务强度 $\rho = \frac{\lambda}{c\mu} < 1$,这样系统不会排成无限队列。

$M/M/C/\infty/\infty$系统的状态转移率图如图 12-5 所示。

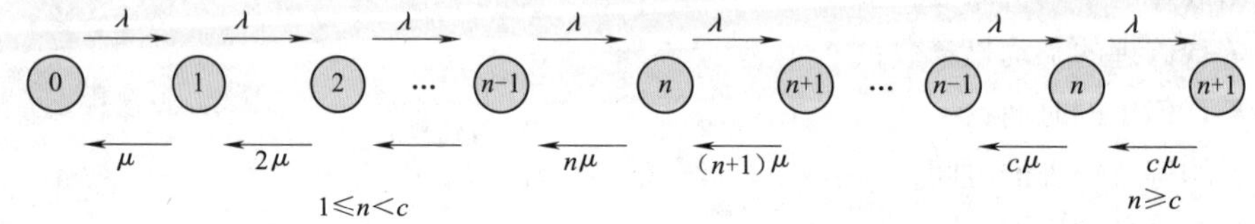

图 12-5

由图 12-5 可得

$$\begin{cases} \mu P_1 = \lambda P_0 \\ (n+1)\mu P_{n+1} + \lambda P_{n-1} = (\lambda + n\mu) P_n, \ 1 \leqslant n < c \\ c\mu P_{n+1} + \lambda P_{n-1} = (\lambda + c\mu) P_n, \qquad n \geqslant c \end{cases}$$

用递推法求解上述差分方程,可求得

$$P_0 = \left[\sum_{n=0}^{c-1} \frac{1}{n!}\left(\frac{\lambda}{\mu}\right)^n + \frac{\left(\frac{\lambda}{u}\right)^c}{c!\left(1 - \frac{\lambda}{c\mu}\right)} \right]^{-1}$$

$$P_n=\begin{cases}\dfrac{1}{n!}\left(\dfrac{\lambda}{\mu}\right)^n\cdot P_0, & n<c\\[2ex] \dfrac{1}{c!\ c^{n-c}}\left(\dfrac{\lambda}{\mu}\right)\cdot P_0, & n\geqslant c\end{cases}$$

系统的其他运行指标如下：

(1)平均排队长。

$$\begin{aligned}L_q &= \sum_{n=c}^{\infty}(n-c)P_n \xrightarrow[\text{令}\,n-c=k]{} \sum_{k=0}^{\infty}kP_{c+k} = \sum_{k=0}^{\infty}k\frac{\left(\dfrac{\lambda}{\mu}\right)^{c+k}}{c!ck}\cdot P_0\\ &= \frac{\left(\dfrac{\lambda}{\mu}\right)^c}{c!}P_0\sum_{k=0}^{\infty}k\left(\frac{\lambda}{c\mu}\right)^k = \frac{\left(\dfrac{\lambda}{\mu}\right)^c}{c!}P_0\sum_{k=0}^{\infty}k\rho^k\\ &= \frac{\left(\dfrac{\lambda}{\mu}\right)^c}{c!}P_0\cdot\rho\sum_{k=0}^{\infty}\frac{d}{d\rho}(\rho^k) = \frac{\left(\dfrac{\lambda}{\mu}\right)^c}{c!}P_0\cdot\rho\frac{d}{d\rho}\left(\frac{1}{1-\rho}\right)\\ &= \frac{\rho\left(\dfrac{\lambda}{\mu}\right)^c}{c!(1-\rho)^2}\cdot P_0 = \frac{\rho\,(c\rho)^c}{c!(1-\rho)^2}\cdot P_0\end{aligned}$$

再由李特尔公式(12-1)可得以下结果。

(2)平均队长 $L_s=L_q+\dfrac{\lambda}{\mu}$。

这是因为系统服务强度 $\rho=\dfrac{\lambda}{c\mu}$ 表示服务系统的平均利用率,或每台服务台平均服务的顾客数，所以 $\dfrac{\lambda}{\mu}=c\rho$ 表示服务系统平均服务的顾客数。

(3)平均等待时间 $W_q=\dfrac{L_q}{\lambda}$。

(4)平均逗留时间 $W_s=\dfrac{L_s}{\lambda}$。

综上所述,可得主要公式和运行指标如下：

$$P_0=\left[\sum_{n=0}^{c-1}\frac{1}{n!}\left(\frac{\lambda}{\mu}\right)^n+\frac{\left(\dfrac{\lambda}{u}\right)^c}{c!\left(1-\dfrac{\lambda}{c\mu}\right)}\right]^{-1}$$

$$P_n=\begin{cases}\dfrac{1}{n!}\left(\dfrac{\lambda}{\mu}\right)^n\cdot P_0, & n<c\\[2ex] \dfrac{1}{c!c^{n-c}}\left(\dfrac{\lambda}{\mu}\right)\cdot P_0, & n\geqslant c\end{cases}$$

$$L_q=\frac{\rho\,(c\rho)^c}{c!\ (1-\rho)^2}\cdot P_0L_s=L_q+\frac{\lambda}{\mu}$$

$$W_q=\frac{L_q}{\lambda}$$

$$W_s=\frac{L_s}{\lambda}$$

【例 12.4】某公司电话站有一台电话机，打电话的人按泊松分布到达，平均每小时 24 人。又假定每次电话的通话时间服从负指数分布，平均为 2 min。求该系统各项运行指标。又若打电话的人到达和通话时间的概率分布不变，而电话机加到两台时，系统的各项指标有什么变化？

解　本题为 $M/M/C$ 系统。

$\lambda=24$ 人/h，$\mu=30$ 人/h

当 $C=1$ 时，$\rho=\dfrac{\lambda}{\mu}=\dfrac{24}{30}=\dfrac{4}{5}=0.8$

(1) $P_0=1-\rho=1-0.8=0.2$

(2) $L_s=\dfrac{\lambda}{\mu-\lambda}=\dfrac{24}{30-24}=4$(人)

(3) $L_q=\dfrac{\lambda^2}{\mu(\mu-\lambda)}=\rho\cdot L_s=0.8\times4=3.2$(人)

(4) $W_s=\dfrac{1}{\mu-\lambda}=\dfrac{1}{30-24}=\dfrac{1}{6}(\text{h})=10(\text{min})$

(5) $W_s=\dfrac{1}{\mu(\mu-\lambda)}=\rho\cdot W_s=0.8\times10=8(\text{min})$

(6) 打电话需要等待的概率 $=1-P_0=1-0.2=0.8$

当 $C=2$ 时，$\rho=\dfrac{\lambda}{c\mu}=\dfrac{24}{2\times30}=0.4$

(1) $P_0=\left[\sum\limits_{n=0}^{c-1}\dfrac{1}{n!}\left(\dfrac{\lambda}{\mu}\right)^n+\dfrac{\left(\dfrac{\lambda}{u}\right)^c}{c!\left(1-\dfrac{\lambda}{c\mu}\right)}\right]^{-1}=\left[1+0.8+\dfrac{0.82}{2!(1-0.4)}\right]^{-1}=0.428\ 6$

(2) $L_q=\dfrac{\rho\ (c\rho)^c}{c!\ (1-\rho)^2}\cdot P_0=\dfrac{0.4\times0.8^2}{2!\ (1-0.4)^2}\cdot0.428\ 6=0.152\ 4$(人)

(3) $L_s=L_q+\dfrac{\lambda}{\mu}=0.152\ 4+0.8=0.952\ 4$(人)

(4) $W_q=\dfrac{L_q}{\lambda}=\dfrac{0.152\ 4}{24}=0.006\ 4(\text{h})=0.381\ 0(\text{min})$

(5) $W_s=\dfrac{L_s}{\lambda}=\dfrac{0.952\ 4}{24}=0.039\ 7(\text{h})=2.381\ 0(\text{min})$

(6) 打电话需要等待的概率 $=1-P_0-P_1=1-P_0-\left(\dfrac{\lambda}{\mu}\right)^1\cdot P_0=1-0.428\ 6-0.8\times0.428\ 6=0.228\ 5$

二、$M/M/C/N/\infty$系统

本系统中有 C 个服务台，所容纳的顾客逗留的最大容量为 N。当顾客来到系统而容纳不下时（即排队长已达 $N-C$），就会自动离去。所以这是一个混合制的多服务台排队系统。其状态转移率图如图 12-6 所示。

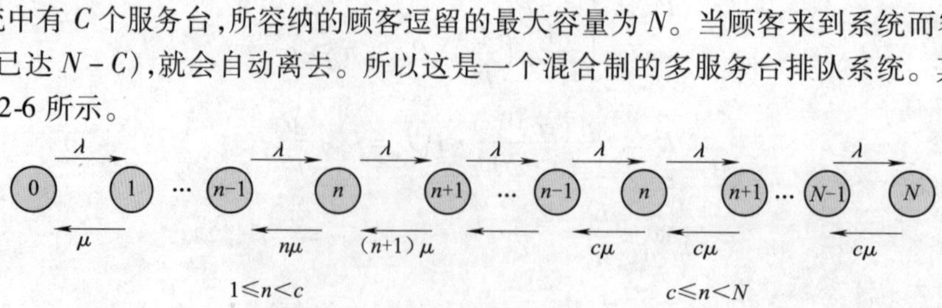

图　12-6

由上图可得

$$\begin{cases} \mu P_1 = \lambda P_0 \\ (n+1)\mu P_{n+1} + \lambda P_{n-1} = (\lambda + n\mu)P_n, & 1 \leqslant n < c \\ c\mu P_{n+1} + \lambda P_{n-1} = (\lambda + n\mu)P_n, & c \leqslant n < N \\ c\mu P_N = \lambda P_{N-1} \end{cases}$$

据此可得系统有关状态运行指标如下：

$$P_0 = \left[\sum_{n=0}^{c} \frac{1}{n!}(c\rho)^n + \frac{c^c}{c!} \cdot \frac{\rho(\rho^c - \rho^N)}{1-\rho} \right]^{-1}, \quad \rho \neq 1$$

$$P_n = \begin{cases} \dfrac{(c\rho)^n}{n!} \cdot P_0, & 1 \leqslant n < c \\ \dfrac{c^c}{c!}\rho^n \cdot P_0, & c \leqslant n \leqslant N \end{cases}$$

其中 $\rho = \dfrac{\lambda}{c\mu}$

其他运行指标如下：

(1) $L_q = \sum_{n=c}^{N-c}(n-c)P_n = \dfrac{(c\rho)^c \rho}{c!(1-\rho)^2}[1 - \rho^{N-c}(1-\rho)] \cdot P_0$

(2) $L_s = L_q + \dfrac{\lambda_c}{\mu} = L_q + \dfrac{\lambda(1-P_N)}{\mu} = L_q + c\rho(1-P_N)$

(3) $W_q = \dfrac{L_q}{\lambda_e} = \dfrac{L_q}{\lambda(1-P_N)}$

$$W_s = W_q + \frac{1}{\mu}$$

当 $N=C$，即系统最大容量 N 和服务台数 C 相等时，系统中将不存在可供等候的空位，混合制变成即时制。此时

$$P_0 = \left[\sum_{n=0}^{c} \frac{1}{n!}(c\rho)^n \right]^{-1}, P_n = \frac{(c\rho)^n}{n!} \cdot P_0, \quad 1 \leqslant n \leqslant N$$

$$L_q = 0, L_s = c\rho(1-Pc), W_q = 0, W_s = \frac{1}{\mu}$$

$M/M/C/N/\infty$ 系统的主要公式和运行指标如下：

$$P_0 = \left[\sum_{n=0}^{c} \frac{1}{n!}(c\rho)^n + \frac{c^c}{c!} \cdot \frac{\rho(\rho^c - \rho^N)}{1-\rho} \right]^{-1}, \quad \rho \neq 1$$

$$P_n = \begin{cases} \dfrac{(c\rho)^n}{n!} \cdot P_0, & 1 \leqslant n < c \\ \dfrac{c^c}{c!}\rho^n \cdot P_0, & c \leqslant n \leqslant N \end{cases} \qquad 其中\ \rho = \frac{\lambda}{c\mu}$$

$$L_q = \frac{(c\rho)^c \rho}{c!\ (1-\rho)^2}[1 - \rho^{N-c} - (N-c)\rho^{N-c}(1-\rho)] \cdot P_0$$

$$L_s = L_q + c\rho(1-P_N)$$

$$W_q = \frac{L_q}{\lambda_e} = \frac{L_q}{\lambda(1-P_N)}$$

$$W_s = W_q + \frac{1}{\mu}$$

$$\lambda_e = \lambda(1-P_N)$$

【例 12.5】 某风景区准备建造旅馆。顾客到达为泊松流，每天平均到 6 人，顾客平均逗留时间为 2 天。若该旅馆有 5 个房间，试分别计算每天客房平均占用数和满员概率。

解　这是一个 $M/M/C/N/\infty$系统，$C=N=5$ 为即时制，

$$\mu = \frac{1}{2}\text{人/天}, \lambda = 6\ \text{人/天}, c\rho = \frac{\lambda}{\mu} = 12, \rho = 6$$

$$P_0 = \left[\sum_{n=0}^{c} \frac{1}{n!}(cp)^n\right]^{-1} = \left[1 + 12 + \frac{12^2}{2!} + \frac{12^3}{3!} + \frac{12^4}{4!} + \frac{12^5}{5!}\right]^{-1} = 331\ 0.6^{-1} = 0.000\ 3$$

满员概率 $P_5 = \dfrac{(c\rho)^5}{5!} \cdot P_0 = \dfrac{12^5}{5!} \cdot 0.000\ 3 = 0.626\ 4$

$$L_s = c\rho(1 - Pc) = 12(1 - 0.626\ 4) = 4.483$$

三、$M/M/C/\infty/m$ 系统

本系统有 c 个服务台，顾客总数为 m 个，同时假定 $c<m$，系统的状态转移图如图 12-7 所示。

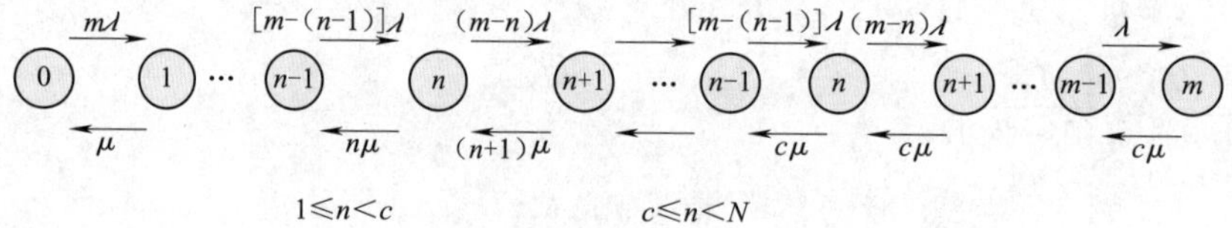

$m\lambda$ $[m-(n-1)]\lambda$ $(m-n)\lambda$ $[m-(n-1)]\lambda$ $(m-n)\lambda$ λ
0 1 … $n-1$ n $n+1$ … $n-1$ n $n+1$ … $m-1$ m
μ $n\mu$ $(n+1)\mu$ $c\mu$ $c\mu$ $c\mu$
$1 \leqslant n < c$　　$c \leqslant n < N$

图　12-7

其中顾客到达率λ也是按每个顾客来考虑的，即单位时间内每个顾客到达排队系统的概率或平均次数。因此当系统状态为 n 时，系统外顾客对系统的平均到达率$\lambda=(m-n)\lambda$。同时假定每个服务台工作是相互独立的，且每个服务台的平均服务率 μ 也相同。就整个服务机构而言，平均服务率也随系统状态变化而变化，即

$$\mu_n = \begin{cases} c\mu, c \leqslant n \leqslant m \\ n\mu, n < c \end{cases}$$

系统的状态概率为

$$P_0 = \left[\sum_{n=0}^{c} \binom{m}{n}\left(\frac{\lambda}{\mu}\right)^n + \sum_{n=c+1}^{m} \binom{m}{n} \frac{n!}{c!c^{n-c}} \left(\frac{\lambda}{\mu}\right)^n\right]^{-1}$$

$$P_n = \begin{cases} \binom{m}{n}\left(\frac{\lambda}{\mu}\right)^n P_0 & 1 \leqslant n < c \\ \binom{m}{n}\frac{n!}{c!\ c^{n-c}}\left(\frac{\lambda}{\mu}\right)^n P_0 & c \leqslant n \leqslant m \end{cases}$$

有效到达率$\lambda_e = (m - L_s)\lambda$

其他运行指标如下：

$$L_q = \sum_{n=c+1}^{m} (n-c)P_n$$

$$L_s = L_q + \frac{\lambda_e}{\mu} = L_q + [c - \sum_{n=0}^{c-1} (c-n)P_n]$$

$$W_s = \frac{L_s}{\lambda_e} = \frac{L_s}{\lambda(m-L_s)}$$

$$W_q = \frac{L_q}{\lambda_e} = \frac{L_q}{\lambda(m-L_s)}$$

【例 12.6】2 名工人看管 5 台机器,每台机器平均每 1 h 要修理一次,每次修理平均需要 15 min,设机器连续运转时间和修理时间均服从负指数分布,试求相关运行指标。

解 这是一个 $M/M/C/\infty/m$ 系统,其中 $C=2,m=5$

$\lambda=1$ 台/h,$\mu=4$ 台/h,$\frac{\lambda}{\mu}=\frac{1}{4}$,

$$P_0 = \left[\sum_{n=0}^{c} \binom{m}{n}\left(\frac{\lambda}{\mu}\right)^n + \sum_{n=c+1}^{m} \binom{m}{n}\frac{n!}{c!c^{n-c}}\left(\frac{\lambda}{\mu}\right)^n \right]^{-1}$$

$$= \left[\binom{5}{0}\left(\frac{1}{4}\right)^0 + \binom{5}{1}\left(\frac{1}{4}\right) + \binom{5}{2}\left(\frac{1}{4}\right)^2 + \binom{5}{3}\frac{3!}{2!2}\left(\frac{1}{4}\right)^3 + \binom{5}{4}\frac{4!}{2!2^2}\left(\frac{1}{4}\right)^4 + \binom{5}{5}\frac{5!}{2!2^3}\left(\frac{1}{4}\right)^5 \right]^{-1}$$

$= 0.314\,9$

同理,$P_1=0.394,P_2=0.197,P_3=0.074,P_4=0.018,P_5=0.002$

于是 $L_q = \sum_{n=c+1}^{m}(n-c)P_n = P_3+2P_4+3P_5 = 0.118$

$$L_s = L_q + [c - \sum_{n=0}^{c-1}(c-n)P_n] = L_q + c + 2P_0 - P_1 = 1.094$$

$$W_q = \frac{L_q}{\lambda(m-L_s)} = \frac{0.118}{5-1.094} = 0.03(\text{h})$$

$$W_s = \frac{L_s}{\lambda(m-L_s)} = \frac{1.094}{5-1.094} = 0.28(\text{h})$$

12.5 一般服务时间排队系统

在 12.3 节和 12.4 节,我们讨论了单服务台和多服务台排队系统在稳态条件下的运行指标和要性能指标的计算。在讨论中假设系统的输入过程为泊松流,而服务时间服从负指数分布。下面讨论服务时间服从任意分布的情形。为讨论问题方便,我们主要讨论单服务台的情况。

一、*M/G/*1 系统

*M/G/*1 系统假设对顾客的服务时间服从一般的概率分布,但其均值的方差都存在,其他各项条件和标准的 *M/M/*1 系统相同。

假设系统的平均到达率为λ,对任一顾客的服务时间 V 服从一般概率分布,且 $E(V)=\frac{1}{\mu}$,

$D(V)=\sigma^2$。服务强度$\rho=\dfrac{\lambda}{\mu}$,不论$V$服从什么分布,只要$\rho<1$,系统就能达到稳态,并有稳态概率$P_0=1-\rho$。

我们知道,在稳态条件下,李特尔公式(8-1)对任何系统都是成立的,只要求出L_s,L_q,W_s,W_q四个性能指标中的一个,其他三个就可以由李特尔公式求出。根据波拉切克-欣辛公式可以导出:

$$L_q=\frac{\rho^2+\lambda^2\sigma^2}{2(1-\rho)}$$

进而可由李特尔公式求出L_s,W_s,W_q,其中$\lambda_e=\lambda$。

【例 12.7】某储蓄所有一个服务窗口,顾客按泊松流分布平均每小时到达10人,为任一顾客办理存款,取款等业务的时间V(小时)服从$N(005,012)$。试求该储蓄所空闲的概率及其主要运行指标。

解 由题意这是$M/G/1$系统。

$$\lambda=10\text{ 人/h},E(V)=\frac{1}{\mu}=0.05\text{ h/人},D(V)=\sigma^2=0.01^2$$

$$\rho=\frac{\lambda}{\mu}=10\times0.05=0.5$$

因此

$$P_0=1-\rho=1-0.5=0.5$$

$$L_q=\frac{\rho^2+\lambda^2\sigma^2}{2(1-\rho)}=\frac{0.5^2+10^2+0.01^2}{2(1-0.5)}=0.26(\text{人})$$

$$L_s=L_q+\frac{\lambda}{\mu}=0.26+0.5=0.76(\text{人})$$

$$W_q=\frac{L_q}{\lambda}=\frac{0.26}{10}=0.026(\text{h})=1.56(\text{min})$$

$$W_s=\frac{L_s}{\lambda}=\frac{0.76}{10}=0.076(\text{h})=4.56(\text{min})$$

二、*M/D/1* 系统

本系统对顾客的服务时间是固定的常数,如自动装配线的插件机完成一项工作的时间是固定的常数,自动汽车冲洗台冲洗一辆汽车的时间也是常数。此时

$$E(V)=\frac{1}{\mu},D(V)=0$$

若服务强度$\rho=\dfrac{\lambda}{\mu}<1$,则由波拉切克-欣辛公式

$$L_q=\frac{\rho^2}{2(1-\rho)}$$

其他运行指标仍可由李特尔公式求出。

【例 12.8】某种试验仪器每次使用时间为3 min,实验者的来到过程为泊松过程,平均每小时来到18人,求此排队系统的运行指标。

解　此为 $M/D/1$ 系统。

$$\lambda=\frac{18}{60}=0.3\ 人/\text{min},\frac{1}{\mu}=3\ \text{min}/人,\rho=\frac{\lambda}{\mu}=0.3\times3=0.9$$

$$P_0=1-\rho=0.1$$

$$L_q=\frac{\rho^2}{2(1-\rho)}=\frac{0.9^2}{2(1-\rho)}=4.05(人)$$

$$L_s=L_q+\frac{\lambda}{\mu}=4.05+0.9=4.95(人)$$

$$W_q=\frac{L_q}{\lambda}=\frac{4.05}{0.3}=13.5(\text{min})$$

$$W_s=\frac{L_s}{\lambda}=\frac{4.05}{0.3}=16.5(\text{min})$$

三、*M/Er/1* 系统

$M/Er/1$ 系统的服务时间服从爱尔朗分布。由爱尔朗分布定义可知，如果某种随机变量 V 可表示为 k 个相互独立的，服从相同参数 $k\mu$ 的负指数分布的随机变量 $V_i(i=1,2,\cdots,k)$ 的和，那么 $V=\sum_{i=1}^{k}V_i$ 服从参数为 μ 的 k 阶爱尔朗分布。且 $E(V_i)=\frac{1}{k\mu},D(V_i)=\frac{1}{k^2\mu^2},i=1,2,\cdots,k,E(V)=\frac{1}{\mu},D(V)=\frac{1}{k\mu^2}$

若服务强度 $\rho=\frac{\lambda}{\mu}<1$，不难由波拉切克-欣辛公式求得

$$L_q=\frac{\rho^2+\lambda^2\frac{1}{k\mu^2}}{2(1-\rho)}=\frac{(k+1)\rho^2}{2k(1-\rho)}$$

其他指标可以由李特尔公式求得。

【例 12.9】一个办事员核对登记的申请表时，必须依此检查 8 张表格。核对每张表格要 1 min，顾客到达率为每小时 6 人，顾客到达间隔时间和抽查表格花费的时间服从负指数分布，求办事员空闲的概率和有关运行指标。

解　因为办事员核对每位申请者的申请表时必须依此检查 8 张表格，抽查每张表格花费的时间服从负指数分布，因此总的服务时间服从爱尔朗分布，此时，排队系统为 $M/Er/1$ 系统。

已知 $k=8,\lambda=6$ 人/小时，$E(V_i)=\frac{1}{k\mu}=1$ min/人，$\mu=\frac{1}{8}$人/min $=7.5$ 人/h

因此
$$\rho=\frac{\lambda}{\mu}=\frac{6}{7.5}=0.8$$

$$P_0=1-\rho=1-0.8=0.2$$

$$L_q=\frac{(k+1)\rho^2}{2k(1-\rho)}=\frac{(8+1)0.8^2}{2\times8(1-0.8)}=1.8(人)$$

$$L_s=L_q+\frac{\lambda}{\mu}=1.8+0.8=2.6(人)$$

$$W_q=\frac{L_q}{\lambda}=\frac{1.8}{6}=0.3(\text{h})=18(\text{min})$$

$$W_s=\frac{L_s}{\lambda}=\frac{2.6}{6}=0.433(\text{h})=26(\text{min})$$

习　题

一、填空题

1. 某协会一年365天接受顾客对产品质量的投诉，设投诉以$A=4$件/天的泊松流到达，该协会每天可处理5件，当天处理不完的将移交专门小组处理，不影响每天业务。则一年内________天无一案件申诉。

2. 假如到达排队系统的顾客来自两个方面，分别服从泊松分布，则这两部分顾客合起来的顾客流为________分布。

3. 在顾客到达分布相同的情况下，顾客的平均等待时间同服务时间分布的方差大小有关，当服务时间分布的方差越大时，顾客的平均等待时间就________。

4. 排队论研究的系统性态问题是指研究各种排队系统的概率规律性，主要研究队长分布、等待时间分布和忙期分布等统计指标，包括________和稳态两种情形。

二、判断题

1. 如果到达排队系统的顾客为泊松流，则依次到达两名顾客之间的间隔时间服从负指数分布。（　　）

2. 假如到达排队系统的顾客来自两个方面，分别服从泊松分布，则这两部分顾客合起来的顾客流仍为泊松分布。（　　）

3. 一个排队系统中，不管顾客到达和服务时间的情况如何，只要运行足够长时间，系统就将进入稳定状态。（　　）

4. 在机器发生故障的概率及工人修复一台机器的时间分布不变的条件下，由1名工人看管5台机器，或由3名工人联合看管15台机器时，机器因故障等待工人维修的平均时间不变。（　　）

5. 排队过程的基本组成部分为：顾客的到达、排队规则和服务机构的服务。（　　）

6. 判断$M/M/C/\infty/\infty$与$M/M/1/\infty/\infty$的区别在于系统中服务台的数量为C。（　　）

7. $M/G/1$模型中，系统中没有顾客的概率为$P_0=\frac{\lambda}{\mu}$。（　　）

8. 排队论是解决如何把排队时间控制到一定的限度内，在服务质量的提高和成本的降低之间取得平衡并找到最适当解的一门科学。（　　）

9. 服务时间是指顾客从开始接受服务到服务完成所花费的时间。（　　）

10. 排队规则只包括损失制和等待制。（　　）

11. $M/M/1/\infty/\infty$中，第三位1表示单通道。（　　）

12. 若到达排队系统的顾客为泊松流，则依次到达的两名顾客之间的间隔时间服从负指数分布。（　　）

13. 在顾客到达及机构服务时间的分布相同的情况下，对容量有限的排队系统，顾客的平均等待时间少于允许队长无限的系统。（　　）

三、选择题

1. 在标准$M/M/1$排队系统中，平均队长(L_s)、平均排队长(L_q)、平均逗留时间(W_s)、平均等待时间(W_q)之间的关系是(　　)。

A. $L_s > L_q$;$W_s < W_q$　　B. $L_s < L_q$;$W_s > W_q$

C. $L_s < L_q$;$W_s < W_q$　　D. $L_s > L_q$;$W_s > W_q$

2. 某售票处有3个售票口,顾客的到达服从泊松分布,平均每分钟到达$\lambda=0.9$人,3个窗口售票的时间都服从负指数分布,平均每分钟卖给$\mu=0.4$人,设可以归纳为$M/M/3$模型,则整个售票处空闲的概率、顾客到达后的等待概率分别为(　　)。

A. 0.074 3;0.56　　B. 0.074 3;0.19　　C. 0.743;0.19　　D. 0.734;0.56

3. 排队论研究的基本问题包括(　　)。(多选)

A. 系统性态问题　　B. 最优化问题　　C. 研究排队规则　　D. 统计推断问题

4. 排队论研究的最优化问题包括(　　)。(多选)

A. 最有目标　　B. 最大流

C. 最优运营(动态最优)　　D. 最优设计(静态优化)

5. $M/M/1/\infty/\infty$中,第二个M表示(　　)。

A. 顾客到达过程服从泊松流　　B. 顾客到达过程服从负指数分布

C. 服务时间服从一般分布　　D. 服务时间服从负指数分布

6. $M/M/C$模型中,系统中的平均顾客数L_s与排队顾客数L_q的数量关系为(　　)。

A. $L_s = L_q - \frac{\lambda}{\mu}$　　B. $L_s = L_q + \left(1 - \frac{\lambda}{\mu}\right)$

C. $L_s = L_q + \frac{\lambda}{\mu}$　　D. $L_s = L_q \times \left(1 - \frac{\lambda}{\mu}\right)$

7. 单服务台泊松分布到达、任意服务时间的排队模型记为(　　)。

A. $M/G/1$　　B. $M/G/C$　　C. $M/M/C$　　D. $M/M/1$

8. 某店有一个修理工人,顾客到达过程为泊松流,平均每小时3人,修理时间服从负指数分布,平均需19 min,则等待服务的顾客平均数、顾客平均等待修理的时间、一个顾客在店内逗留时间超过15 min的概率分别为(　　)。

A. 1;0.167;0.607　　B. 0.5;0333;0607

C. 1;0.333;0.472　　D. 0.5;0.167;0.607

9. 排队论研究的基本问题包括(　　)。(多选)

A. 统计推断问题　　B. 最优化问题　　C. 系统性态问题　　D. 研究排队规则

10. 排队论研究的最优化问题包括(　　)。(多选)

A. 最优运营(动态最优)　　B. 最优目标

C. 最大流　　D. 最优设计(静态优化)

四、计算题

1. 某店有一个修理工人,顾客到达过程为泊松流,平均每小时3人,修理时间服从负指数分布,平均需19 min,求:

(1)店内空闲的时间;

(2)有4个顾客的概率;

(3)至少有一个顾客的概率;

(4)店内顾客的平均数;

(5)等待服务的顾客数;

(6)平均等待修理的时间;

(7)一个顾客在店内逗留时间超过 15 min 的概率。

2. 设有一个医院门诊,只有一个值班医生。病人的到达过程为泊松流,平均到达时间间隔为 20 min,诊断时间服从负指数分布,平均需 12 min,求:

(1)病人到来不用等待的概率;

(2)门诊部内顾客的平均数;

(3)病人在门诊部的平均逗留时间;

(4)若病人在门诊部内的平均逗留时间超过 1 h,则医院方将考虑增加值班医生。问病人平均到达率为多少时,医院才会增加医生?

3. 某排队系统只有 1 名服务员,平均每小时有 4 名顾客到达,到达过程为泊松流,,服务时间服从负指数分布,平均需 6 min,由于场地限制,系统内最多不超过 3 名顾客,求:

(1)系统内没有顾客的概率;

(2)系统内顾客的平均数;

(3)排队等待服务的顾客数;

(4)顾客在系统中的平均花费时间;

(5)顾客平均排队时间。

4. 某街区医院门诊部只有一个医生值班,此门诊部备有 6 张椅子供患者等候应诊。当椅子坐满时,后来的患者就自动离去,不在进来。已知每小时有 4 名患者按泊松分布到达,每名患者的诊断时间服从负指数分布,平均 12 min,求:

(1)患者无须等待的概率;

(2)门诊部内患者平均数;

(3)需要等待的患者平均数;

(4)有效到达率;

(5)患者在门诊部逗留时间的平均值;

(6)患者等待就诊的平均时间;

(7)有多少患者因坐满而自动离去?

5. 某加油站有四台加油机,来加油的汽车按泊松分布到达,平均每小时到达 20 辆。四台加油机的加油时间服从负指数分布,每台加油机平均每小时可给 10 辆汽车加油。求:

(1)前来加油的汽车平均等待的时间;

(2)汽车来加油时,4 台油泵都在工作,这时汽车平均等待的时间。

6. 某售票处有 3 个售票口,顾客的到达服从泊松分布,平均每分钟到达$\lambda=0.9$(人),3 个窗口售票的时间都服从负指数分布,平均每分钟卖给$\mu=0.4$(人),设可以归纳为 $M/M/3$ 模型,试求:

(1)整个售票处空闲的概率;

(2)平均对长;

(3)平均逗留时间;

(4)平均等待时间;

(5)顾客到达后的等待概率。

7. 一个美容院有3张服务台，顾客平均到达率为5人/h，美容时间平均30 min，求：

(1) 美容院中没有顾客的概率；

(2) 只有一个服务台被占用的概率。

8. 某系统有3名服务员，每小时平均到达240名顾客，且到达服从泊松分布，服务时间服从负指数分布，平均需0.5 min，求：

(1) 整个系统内空闲的概率；

(2) 顾客等待服务的概率；

(3) 系统内等待服务的平均顾客数；

(4) 平均等待服务时间；

(5) 系统平均利用率；

(6) 若每小时顾客到达的顾客增至480名，服务员增至6名，分别计算上面的(1)～(5)的值。

9. 某服务系统有两个服务员，顾客到达服从泊松分布，平均每小时到达两名顾客。服务时间服从负指数分布，平均服务时间为30 min，又知系统内最多只能有3名顾客等待服务，当顾客到达时，若系统已满，则自动离开，不再进入系统。求：

(1) 系统空闲时间；

(2) 顾客损失率；

(3) 服务系统内等待服务的平均顾客数；

(4) 在服务系统内的平均顾客数；

(5) 顾客在系统内的平均逗留时间；

(6) 顾客在系统内的平均等待时间；

(7) 被占用的服务员的平均数。

10. 某车站售票口，已知顾客到达率为200人/h，售票员的服务率为40人/h，求：

(1) 工时利用率平均不能低于60%；

(2) 若要顾客等待平均时间不超过2 min，设几个窗口合适？

11. 某律师事物所咨询中心，前来咨询的顾客服从泊松分布，平均天到达50个顾客。各位被咨询律师回答顾客问题的时间是随机变量，服从负指数分布，每天平均接待10人。每位律师工作1天需支付100元，而每回答一名顾客的问题的咨询费为20元，试为该咨询中心确定每天工作的律师人数，以保证纯收入最多。

12. 某厂的原料仓库，平均每天有20车原料入库，原料车到达服从泊松分布，卸货率服从负指数分布，平均每人每天卸货5车，每个装卸工每天总费用50元，由于人手不够而影响当天装卸货物，导致每车的平均损失为每天200元，试问，工厂应安排几名装卸工，最节省开支？

13. 某公司医务室为职工检查身体，职工的到达服从泊松分布，每小时平均到达50人，若职工不能按时体检，造成的损失为每小时每人平均60元。体检所花时间服从负指数分布，平均每小时服务率为μ，每人的体检费用为30元，试确定使公司总支出最少的参数μ。

第 13 章　存 储 论

人们在生产和日常生活中将所需要的物资、食物、用品暂时存储起来，用以未来使用。这种存储物品的行为能够解决供应与需求之间的矛盾。人们在供应与需求之间加入了存储这一环节，能协调供需之间的不平衡。以此为研究对象，利用运筹学的方法，能够使得存储问题经济合理。

13.1　存储的概念及其要素

一、存储问题

存储问题是人们最常见又最需要研究的问题之一，常见的问题有：

(1)工厂生产需用原材料，如没有存储一定数量的原料，会发生停工待料现象；原料存储过多，除积压资金外，还需要支付一笔存储保管费用。如遇意外，原材料变质，则损失更大。

(2)在电子商务售货平台，若仓库存储量不足，会发生缺货，会失去销售机会而减少利润；如果存量过多，会造成商品积压，占用资金，还会占用仓库容积，造成成本过大。

(3)水电站在雨季到来之前，水库应该蓄水多少合适，就发电的需求来说，蓄水越多越好；就安全来说不宜过多，因为会造成水位猛涨，破坏水电站，造成巨大损失。

二、存储模型中的基本要素

存储模型必须也只能反映存储问题的基本特征。同存储模型有关的基本要素有需求、补充、存储策略和费用。

1. 需求(库存消耗)

存储的目的是为了满足需求。随着需求的发生，存储将减少。根据需求的时间特征，可将需求分为连续性需求和间断性需求。在连续性需求中，随着时间的变化，需求连续地发生，因而存储连续地减少；在间断性需求中，需求发生的时间极短，可以看作瞬时发生，因而存储的变化是跳跃式地减少。根据需求的数量特征，可将需求分为确定性需求和随机性需求。在确定性需求中，需求发生的时间和数量是确定的。如生产中对各种物料的需求，或在合同环境下对商品的需求，一般都是确定性需求。在随机性需求中，需求发生的时间或数量是不确定的。如在非合同环境中对产品或商品的独立性需求，很难在事先知道需求发生的时间及数量。对于随机性需求，要了解需求发生时间和数量的统计规律性。

2. 补充(库存增加)

通过补充来弥补因需求而减少的存储。没有补充，或补充不足、不及时，当存储耗尽时，就无法满足新的需求。从开始订货(发出内部生产指令或市场订货合同)到存储的实现(入库并处于随时可供输出以满足需求的状态)需要经历一段时间。这段时间可以分为两部分。

(1)开始订货到开始补充(开始生产或货物到达)为止的时间。这部分时间如从订货后何时开始补充的角度看,成为拖后时间;如从为了按时补充需要何时订货的角度看,称为提前时间。在同一存储问题中,拖后时间可能很短,以致可以忽略,此时可以认为补充能立即开始,拖后时间为零。如拖后时间较长,则它可能是确定性的,也可能是随机性的。

(2)开始补充到补充完毕为止的时间(即入库或生产时间)。这部分时间和拖后时间一样,可能很短(因此可以忽略),也可能很长;可能是确定的,也可能是随机的。

3. 存储策略

存储策略是指决定什么情况下对存储进行补充,以及补充数量的多少。下面是一些比较常见的存储策略。

(1)t - 循环策略:无论实际的存储状态如何,总是每隔一个固定的时间 t,补充一个固定的存储量 Q。

(2)(t,S) 策略:每隔一个固定的时间 t 补充一次,补充数量以补充一个固定的最大存储量 S 为准。因此,每次补充的数量是固定不变的,要视实际存储量而定。当存储(余额)为 I 时,补充数量为 $Q=S-I$。

(3)(s,S) 策略:当存储(余额)为 I 时,若 $I>s$,则不对存储进行补充;若 $I\leqslant s$,则对存储进行补充,补充数量 $Q=S-I$。补充后达到最大存储量 S。s 称为订货点(或保险存储量、安全存储量、警戒点等)。在很多情况下,实际存储量需要通过盘点才能得知。若每隔一个固定的时间 t 盘点一次,得知当时存储 I,然后根据 I 是否超过订货点 s,决定是否订货及订货多少,这样的策略称为(t,s,S)策略。

4. 费用

在存储论研究中,常以费用标准来评价和优选存储策略。为了正确地评价和优选存储策略,不同策略存储的费用计算必须符合可比性要求。最重要的可比性要求是时间可比和计算口径可比。经常考虑的费用项目有存储费、订货费、生产费、缺货费等。在实际计算存储策略的费用时,对于不同存储策略都是相同的费用可以省略。

各费用项目的构成和属性大致如下:

(1)存储费:存储物资的资金利息、保险以及使用仓库、保管物资、物资损坏变质等支出的费用,一般和物资存储数量及时间成比例。

(2)订货费:向外采购物资的费用。其构成有两类:一类是订购费用,如手续费、差旅费等,它与订货次数有关,而和订货数量无关;另一类是物资进货成本,如货款、运费等,它与订货数量有关。

(3)生产费:自行生产所需存储物资的费用。其构成有两类:一类是装配费用(准备结束费用),如组织或调整生产线的有关费用,它同组织生产的次数有关,而和每次生产的数量无关;另一类是与生产的数量有关的费用,如原材料和零配件成本、直接加工费等。

(4)缺货费:存储不能满足需求而造成的损失。例如,失去销售机会的损失,停工待料的损失,延期交货的额外支出,对需方的损失赔偿等。当不允许缺货时,可将缺货费作无穷大处理。

一个存储系统中,存储量因需求而减少,随补充而增加。在直角坐标系中,如以时间 T 为横轴,实际存储量 Q 为纵轴,则描述存储系统实际存储量动态变化规律的图像称为存储状态图。对于同一个存储问题,不同存储策略的存储状态图是不同的。存储状态图是存储论研究的重要工具。

13.2 确定型存储模型

一、模型一:不允许缺货,补充时间极短

为了便于描述和分析,对模型作如下假设:

(1)需求是连续均匀的,即需求速度(单位时间的需求量)R 是常数;

(2)补充可以瞬时实现,即补充时间(拖后时间和生产时间)近似为零;

(3)单位存储费(单位时间内单位存储物的存储费用)为C_1。由于不允许缺货,故单位缺货费(单位时间内每缺少一单位存储物的损失)C_2为无穷大。订货费(每订购一次的固定费用)为C_3。货物(存储物)单价为 K。

(4)采用 t - 循环策略。设补充间隔时间为 t,补充时存储已用尽,每次补充量(订货量)为 Q_0,则存储状态图如图 13-1 所示。

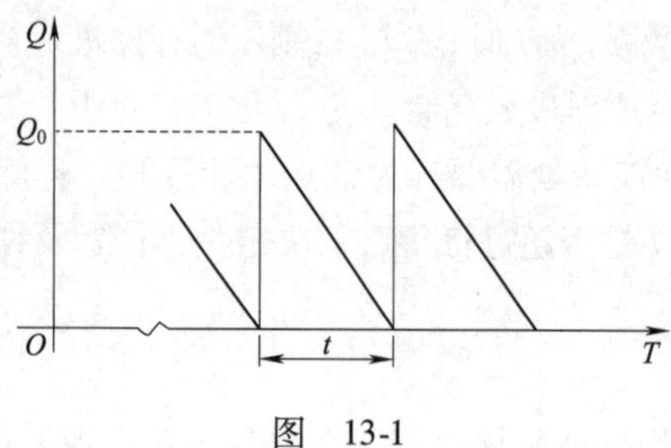

图 13-1

一次补充量 Q_0必须满足 t 时间内的需求,故$Q_0 = Rt$。因此,订货费为$C_3 + KRt$,而 t 时间内的平均订货费为$\frac{C_3}{t} + KR$。

由于需求时连续均匀的,故 t 时间内的平均存储量为

$$\frac{1}{t}\int_0^t RT\mathrm{d}T = \frac{1}{2}Rt$$

因此,t 时间内的平均存储费为$\frac{1}{2}C_1Rt$。

由于不允许缺货,故不考虑缺货费用。所以 t 时间内的平均总费用

$$C(t) = \frac{C_3}{t} + KR + \frac{1}{2}C_1Rt \tag{13-1}$$

$C(t)$随 t 的变化而变化,其图像如图 13-2 所示。从图 13-2 可见,当 $t = t^*$ 时,$C(t^*) = C^*$ 是 $C(t)$的最小值。

为了求得t^*,可解

$$\frac{\mathrm{d}C(t)}{\mathrm{d}t} = -\frac{C_3}{t^2} + \frac{1}{2}C_1R = 0$$

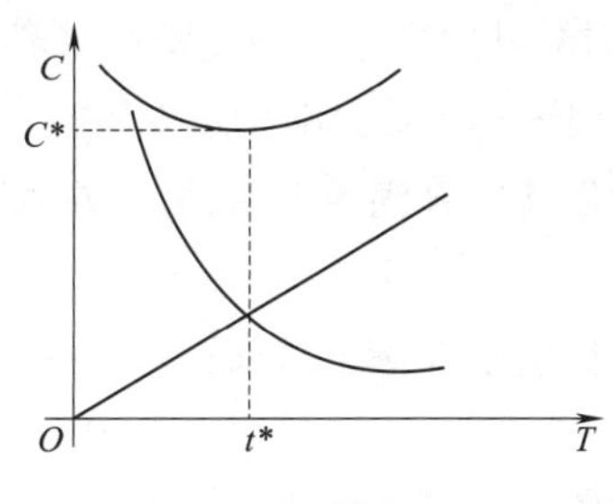

图　13-2

得
$$t^* = \sqrt{\frac{2C_3}{C_1 R}} \tag{13-2}$$

由此
$$Q^* = Rt^* = \sqrt{\frac{2C_3 R}{C_1}} \tag{13-3}$$

$$C^* = C(t^*) = \sqrt{2C_1 C_3 R} + KR \tag{13-4}$$

所以,按照 t-循环策略,应当每隔t^*时间补充存储量Q^*,这样平均总费用为C^*,是最经济的。

由于存储物单价 K 和补充量 Q 无关,它是一常数,因此,存储物总价 KQ 和存储策略的选择无关。为了分析和计算的方便,在求费用常数 $C(t)$时,常将这一项费用略去。略去这一项费用后

$$C^* = C(t^*) = \sqrt{2C_1 C_3 R} \tag{13-5}$$

模型一是存储论研究中最基本的模型,式(13-3)称为经济订购批量(economic ordering quantity,EOQ)公式,有时也称经济批量(economic lot size)公式。

【例 13.1】某企业每月需求电子元器件 1 000 件,每件 100 元,每月保管费为 1 元/件,每次订购费为 200 元。要求不允许缺货。假设该商品的进货可以随时实现。请确定最经济的订货策略。

解　根据题意知 $K=100$/件,$C_1=1$ 元/件 · 月,$C_3=200$ 元,$R=1\ 000$ 件/月。

由式(13-2)、式(13-3)和式(13-5),有

$$t^* = \sqrt{\frac{2C_3}{C_1 R}} = \sqrt{\frac{2\times 200}{1\times 1\ 000}} = 0.63(\text{月})$$

$$Q^* = Rt^* = 1\ 000\times 0.63 = 630(\text{件})$$

$$C^* = \sqrt{2C_1 C_3 R} + KR = \sqrt{2\times 1\times 200\times 1\ 000} + 100\times 1\ 000 = 100\ 632(\text{元/月})$$

二、模型二:允许缺货,补充时间较长

模型假设条件:

(1)需求是连续均匀的,即需求速度 R 为常数。

(2)补充需要一定时间。不考虑拖后时间,只考虑生产时间。即一旦需要,生产可立即开始,但生产需要一定周期。设生产时连续均匀的,即生产速度 P 为常数。同时,设 $P>R$。

(3)单位存储费为C_1,单位缺货费为C_2,订购费为C_3。不考虑货物价值。

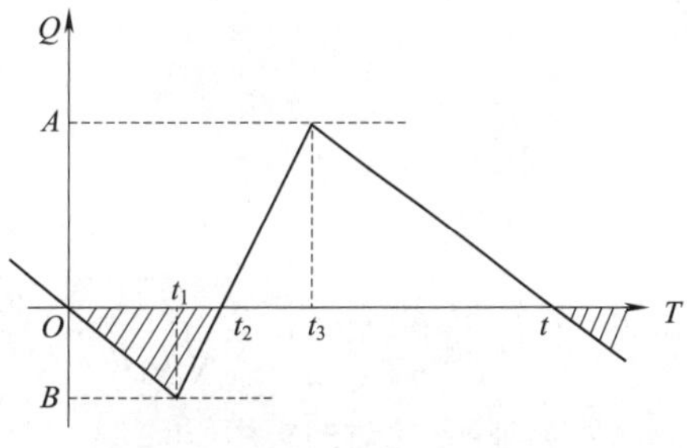

图　13-3

存储状态图如图 13-3 所示。

(1)$[0,t]$为一个存储周期,t_1时刻开始生产,t_3时刻结束生产。

(2)$[0,t_2]$时间内存储为零,t_1时刻达到最大缺货量B。

(3)$[t_1,t_2]$时间内产量一方面以速度R满足需求,另一方面以速度$(P-R)$补充$[0,t_1]$时间内的缺货,至t_2时刻缺货补足。

(4)$[t_2,t_3]$时间内产量一方面以速度R满足需求;另一方面以速度$(P-R)$增加存储。至t_3时刻达到最大存储量A,并停止生产。

(5)$[t_3,t]$时间内以存储满足需求,存储以速度R减少。至t时刻存储降为零,进入下一存储周期。

下面,根据模型假设条件和存储状态图,首先导出$[0,t]$时间内的平均总费用(即费用函数),然后确定最优存储策略。

从$[0,t_1]$看,最大缺货量$B=Rt_1$;从$[t_1,t_2]$看,最大缺货量$B=(P-R)(t_2-t_1)$。故有$Rt_1=(P-R)(t_2-t_1)$,从中解得

$$t_1=\frac{(P-R)}{P}t_2 \tag{13-6}$$

从$[t_2,t_3]$看,最大存储量$A=(P-R)(t_3-t_2)$;从$[t_3,t]$看,最大存储量$A=R(t-t_3)$。故有$(P-R)(t_3-t_2)=R(t-t_3)$,从中解得

$$t_3-t_2=\frac{R}{P}(t-t_2) \tag{13-7}$$

易知,在$[0,t]$时间内:

存储费为$\frac{1}{2}C_1(P-R)(t_3-t_2)(t-t_2)$;

缺货费为$\frac{1}{2}C_2Rt_1t_2$;

订购费(生产准备费)为C_3。

故$[0,t]$时间内平均总费用为

$$\frac{1}{t}\left[\frac{1}{2}C_1(P-R)(t_3-t_2)(t-t_2)+\frac{1}{2}C_2Rt_1t_2+C_3\right]$$

将式(13.6)和式(13.7)代入,整理后得

$$C(t,t_2)=\frac{(P-R)R}{2P}\left[C_1t-2C_1t_2+(C_1+C_2)\frac{t_2^2}{t}\right]+\frac{C_3}{t}$$

解方程组

$$\begin{cases}\dfrac{\partial C(t,t_2)}{\partial t}=0\\[2mm]\dfrac{\partial C(t,t_2)}{\partial t_2}=0\end{cases}$$

可得

$$t^*=\sqrt{\frac{2C_3}{C_1R}}\cdot\sqrt{\frac{C_1+C_2}{C_2}}\cdot\sqrt{\frac{P}{P-R}}\text{及}t_2^*=\left(\frac{C_1}{C_1+C_2}\right)t^* \tag{13-8}$$

容易证明,此时的费用$C(t^*,t_2^*)$是费用函数$C(t,t_2)$的最小值。

因此,模型二的最优存储策略各参数值为

最优存储周期　$$t^* = \sqrt{\frac{2C_3}{C_1R}} \cdot \sqrt{\frac{C_1+C_2}{C_2}} \cdot \sqrt{\frac{P}{P-R}} \tag{13-9}$$

经济生产批量　$$Q^* = Rt^* = \sqrt{\frac{2C_3R}{C_1}} \cdot \sqrt{\frac{C_1+C_2}{C_2}} \cdot \sqrt{\frac{P}{P-R}} \tag{13-10}$$

缺货补足时间　$$t_2^* = \frac{C_1}{C_1+C_2}t^* \tag{13-11}$$

缺货补足时间　$$t_1^* = \frac{P-R}{P}t_2^* \tag{13-12}$$

结束生产时间　$$t_3^* = \frac{P}{R}t^* + \left(1-\frac{R}{P}\right)t_2^* \tag{13-13}$$

最大存储量　$$A^* = R(t^* - t_3^*) \tag{13-14}$$

最大缺货量　$$B^* = Rt_1^* \tag{13-15}$$

平均总费用　$$C^* = 2C_3/t^* \tag{13-16}$$

【例 13.2】 企业生产某种产品，正常生产条件下可生产 10 件/天。根据供货合同，需按 7 件/天供货。存储费每件 0.13 元/天，缺货费每件 0.5 元/天，每次生产准备费用为 80 元，求最优存储策略。

解　依题意，符合模型二的条件，且 $P=10$ 件/天，$R=7$ 件/天，$C_1=0.13$ 元/天 · 件，$C_2=0.5$元/天 · 件，$C_3=80$ 元/次。

利用式(13-9)至式(13-16)，可得

$$t^* = \sqrt{\frac{2\times80}{0.13\times7}} \cdot \sqrt{\frac{0.13+0.5}{0.5}} \cdot \sqrt{\frac{10}{10-7}} = 27.6(\text{天})$$

$$Q^* = 7\times27.6 = 193.2(\text{件})$$

$$t_2^* = \frac{0.13}{0.13+0.5}\times27.6 = 5.5(\text{天})$$

$$t_3^* = \frac{7}{10}\times27.6 + \left(1-\frac{7}{10}\right)\times5.5 = 21.0(\text{天})$$

$$A^* = 7\times(27.6-21) = 46.2(\text{件})$$

$$B^* = 7\times1.7 = 11.9(\text{件})$$

$$C^* = 2\times80\div27.6 = 5.8(\text{元/天})$$

三、模型三：不允许缺货，补充时间较长

模型三的存储状态图如图 13-4 所示。

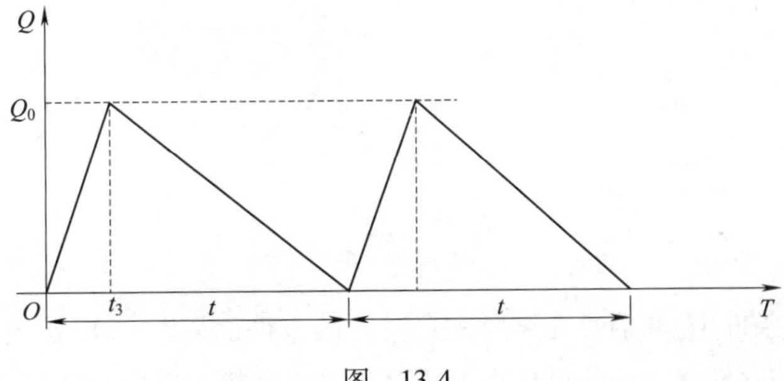

图　13-4

在模型二的假设条件中，取消允许缺货条件（即设$C_2 \to \infty, t_2 = 0$），就成为模型三。因此，模型三的存储状态图和最优存储策略可以从模型二直接导出。

最优存储策略各参数：

最优存储周期
$$t^* = \sqrt{\frac{2C_3P}{C_1R(P-R)}} \tag{13-17}$$

经济生产批量
$$Q^* = Rt^* = \sqrt{\frac{2C_3RP}{C_1(P-R)}} \tag{13-18}$$

结束生产时间
$$t_3^* = \frac{R}{P}t^* \tag{13-19}$$

最大存储量
$$A^* = R(t^* - t_3^*) = \frac{R(P-R)}{P}t^* \tag{13-20}$$

平均总费用
$$C^* = 2C_3/t^* \tag{13-21}$$

【例 13.3】 商店经销某商品，月需求量为 30 件，需求速度为常数。该商品每件进价 300 元，月存储费为进价的 2%。向工厂订购该商品时订购费每次 20 元，订购后需 5 天才开始到货，到货速度为常数，即 2 件/天。求最优存储策略。

解 本例特点是补充除需要入库时间（相当于生产时间）外，还需要考虑拖后时间。因此，订购时间应在存储降为零之前的第 5 天。除此之外，本例和模型三的假设条件完全一致。

根据题意，有 $P=2$ 件/天，$R=1$ 件/天，$C_1 = 300 \times 2\% \times \frac{1}{30} = 0.2$ 元/天·件，$C_3 = 20$ 元/次，$t_0 = 5$ 天，$L = 1 \times 5 = 5$ 件。代入式(13-17)～式(13-21)可算得：

$t^* = 20$ 天，$Q^* = 20$ 件，$A^* = 10$ 件，$t_3^* = 10$ 天，$C^* = 2$ 元

在本例中，L 称为订货点，其意义是每当发现存储量降到 L 或者更低时就订购。在存储管理中，称这样的存储策略为"定点订货"。类似地，称每隔一个固定时间就订货的存储策略为"定时订货"，称每次订购量不变的存储策略为"定量订货"。

四、模型四：允许缺货，补充时间极短

模型四的存储状态图如图 13-6 所示。

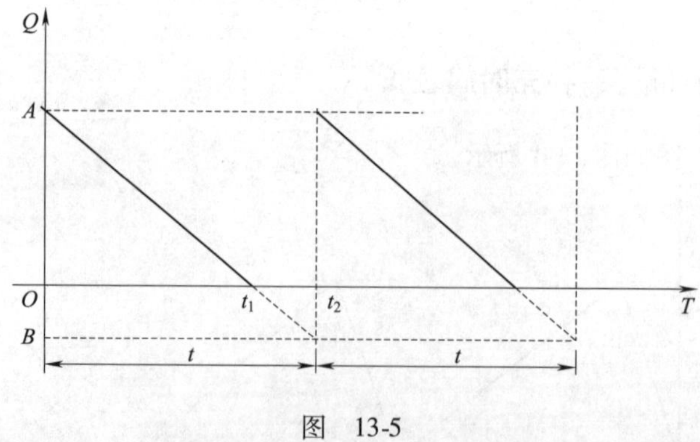

图 13-5

在模型二的假设条件中，取消补充需要一定时间的条件（即 $P \to \infty$），就成为模型四。因此，和模型三一样，模型四的存储状态图和最优存储策略也可以从模型二中直接导出。

最优存储策略各参数：

最优存储周期

$$t^* = \sqrt{\frac{2c_3(C_1+C_2)}{C_1C_2R}} \tag{13-22}$$

经济生产批量

$$Q^* = Rt^* = \sqrt{\frac{2RC_3(C_1+C_2)}{C_1 \cdot C_2}} \tag{13-23}$$

生产时间

$$t_p^* = t_1 = t_2 = t_3 = \frac{C_1}{C_1+C_2}t^* \tag{13-24}$$

最大存储量

$$A^* = \frac{C_2R}{C_1+C_2}t^* = \sqrt{\frac{2C_2C_3R}{C_1(C_1+C_2)}} \tag{13-25}$$

最大缺货量

$$B^* = \frac{C_1R}{C_1+C_2}t^* = \sqrt{\frac{2C_1C_3R}{C_2(C_1+C_2)}} \tag{13-26}$$

平均总费用

$$C^* = \frac{2C_3}{t^*} \tag{13-27}$$

对于确定型存储问题，上述四个模型是最基本的模型。其中，模型一、模型三、模型四又可看作模型二的特殊情况。在每个模型的最优存储策略的各个参数中，最优存储周期t^*是最基本的参数，其他各个参数和它的关系在各个模型中都是相同的。根据模型假设条件的不同，各个模型的最优存储周期t^*之间也有明显的规律性。因子$\left(\frac{C_1+C_2}{c_2}\right)$对应了是否允许缺货的假设条件，因子$\left(\frac{P}{P-R}\right)$对应了补充是否需要时间的假设条件。

一个存储问题是否允许缺货或补充是否需要时间，完全取决于对实际问题的处理角度，不存在绝对意义上的不允许缺货或绝对意义上的补充不需要时间。如果缺货引起的后果或损失十分严重，则从管理的角度应当提出不允许缺货的建模要求；否则，可视为允许缺货的情况。至于缺货损失的估计，应当力求全面和精确。如果补充需要的时间相对于存储周期是微不足道的，则可考虑补充不需要时间的假设条件；否则，需要考虑补充时间。在考虑补充时间时，必须分清拖后时间和生产时间，两者在概念上是不同的。

五、模型五：价格与订货批量有关的存储模型

为了鼓励大批量订货，供方常对需方实行价格优惠。订货批量越大，货物价格就越便宜。模型五除含有这样的价格刺激机制外，其他假设条件和模型一相同。

一般地，设订货批量为Q，对应的货物单价为$K(Q)$。当$Q_{i-1} \leqslant Q < Q_i$时，$K(Q)=K_i(i=1,2,\cdots,n)$。其中，$Q_i$为价格折扣的某个分界点，且$0 \leqslant Q_0 < Q_1 < \cdots < Q_n$，$K_1 > K_2 > \cdots > K_n$。

由式(13-1)，在一个存储周期内模型五的平均总费用(费用函数)为

$$C(t) = \frac{1}{2}C_1Rt + \frac{C_3}{t} + Rt(Q)$$

其中，$Q=Rt$。当$Q_{i-1} \leqslant Q = Rt < Q_i$时，$K(Q)=K_i$，$i=1,2,\cdots,n$。

$C(t)$为关于t的分段函数。为了了解它的性质，以$n=3$为例，画出其图像，如图 13-6 所示。

从图 13-6 可见，如不考虑货物总价$RK(Q)$，则最小费用点为$\tilde{t}$未必真是最小费用点。因此，推广到一般情况，模型五的最小平均总费用订购批量Q^*可按如下步骤来确定：

(1)计算 $\tilde{Q}=R\tilde{t}=\sqrt{\dfrac{2C_3R}{C_1}}$。若 $Q_{j-1}\leqslant\tilde{Q}<Q_j$,则平均总费用 $\tilde{C}=\sqrt{2C_1C_3R}+RK_j$。

(2)计算 $C^{(i)}=\dfrac{1}{2}C_1R\cdot\dfrac{Q_i}{R}+\dfrac{C_3R}{Q_i}+RK_i=\dfrac{1}{2}C_1Q_i+\dfrac{C_3R}{Q_i}+RK_i,i=j,j+1,\cdots,n$。

(3)若 $\text{Min}\{\tilde{C},C^j,C^{(j+1)},\cdots,C^{(n)}\}=C^*$,则 C^* 对应的批量为最小费用订购批量 Q^*。相应的,和最小费用 C^* 对应的订购周期 $t^*=Q^*/R$。

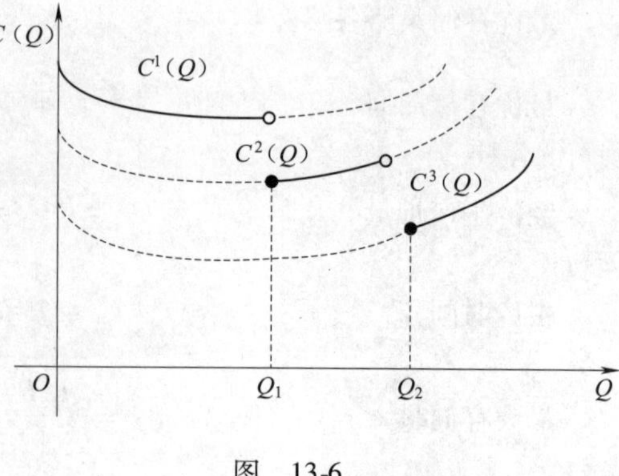

图 13-6

【例 13.4】工厂每周需要零配件 32 箱,存储费每箱每周 1 元,每次订购费 25 元,不允许缺货。零配件进货时,(1)订货量 1～9 箱时,每箱 12 元;(2)订货量 10 ～49 箱时,每箱 10 元;(3)订货量 50 ～99 箱时,每箱 9.5 元;(4)订货量 100 箱及以上时,每箱 9 元。求最优存储策略。

解 $\tilde{Q}=\sqrt{\dfrac{2C_3R}{C_1}}=\sqrt{\dfrac{2\times25\times32}{1}}=40$(箱)

因 $\tilde{Q}=40$ 在 10～49 之间,故每箱价格为 $K_2=10$ 元,平均总费用

$$\tilde{C}=\sqrt{2C_1C_3R}+RK_2=\sqrt{2\times1\times25\times32}+32\times10=360(\text{元/周})$$

又因为

$$C^{(3)}=\frac{1}{2}\times1\times50+\frac{25\times32}{50}+32\times9.5=345(\text{元})$$

$$C^{(4)}=\frac{1}{2}\times1\times100+\frac{25\times32}{100}+32\times9=346(\text{元})$$

$$\text{Min}\{360,345,346\}=345=C^{(3)}$$

故最优订货批量 $Q^*=50$ 箱,最小费用 $C^*=345$ 元/周,订购周期 $t^*=Q^*/R=50/32\approx1.56$(周)$\approx$ 11(天)。

13.3 单周期的随机型存储模型

在随机型存储问题中,常见的随机性因素是需求和拖后时间。它们的统计规律性往往需要通过历史统计资料的频率分布来估计。对于随机型存储问题,有几种基本的订货策略。例如,按决定是否订货的条件划分,有订购点订货法和定期订货法;按订货量的决定方法划分,有定量订货法和补充订货法。应用时,可以将上述基本订货法组合起来,构成适当的存储策略。在对存储策略进行评价时,常采用损失期望值最小或获利润期望值最大的准则。

本节讲述单周期的存储模型。周期中只能提出一次订货,发生短缺时也不允许再提出订货,周期结束后,剩余货可以处理。

一、模型六:需求是离散随机变量

报童问题:报童每天售出的报纸份数 r 是一个离散随机变量,其概率 $P(r)$ 已知。报童每售出

一份报纸能赚 k 元；如售剩报纸，每剩一份赔 h 元。问报童每天应准备多少份报纸？

报童每天售出 r 份报纸的概率为 $P(r)$，$\sum_{r=0}^{\infty} P(r) = 1$。

设报童每天准备 Q 份报纸。现采用损失期望值最小准则来确定 Q。

当供过于求（$r \leqslant Q$）时，因报纸售剩而遭到的损失期望值为

$$\sum_{r=0}^{Q} h(Q-r)P(r)$$

当供不应求（$r > Q$）时，因失去销售机会而少赚钱的损失期望值为

$$\sum_{r=Q+1}^{\infty} k(r-Q)P(r)$$

因此，当每天准备 Q 份报纸时，报童每天总的损失期望值为

$$C(Q) = h\sum_{r=0}^{Q}(Q-r)P(r) + k\sum_{r=Q+1}^{\infty}(r-Q)P(r)$$

由于 $C(Q)$ 是离散的，故采用边际分析法：

$$\begin{aligned}
\Delta C(Q) &= C(Q+1) - C(Q) \\
&= h\sum_{r=0}^{Q+1}(Q+1-r)P(r) + k\sum_{r=Q+2}^{\infty}(r-Q-1)P(r) - \\
&\quad h\sum_{r=0}^{Q}(Q-r)P(r) - k\sum_{r=Q+1}^{\infty}(r-Q)P(r) \\
&= \left[h\sum_{r=0}^{Q}(Q+1-r)P(r) - h\sum_{r=0}^{Q}(Q-r)P(r)\right] - \\
&\quad \left[k\sum_{r=Q+1}^{\infty}(r-Q)P(r) - k\sum_{r=Q+1}^{\infty}(r-Q-1)P(r)\right] \\
&= h\sum_{r=0}^{Q}P(r) - k\sum_{r=Q+1}^{\infty}P(r) = h\sum_{r=0}^{Q}P(r) - k\left[1-\sum_{r=0}^{Q}P(r)\right] \\
&= (k+h)\left[\sum_{r=0}^{Q}P(r) - \frac{k}{k+h}\right]
\end{aligned}$$

记 $F(Q) = \sum_{r=0}^{Q}P(r)$，$N = \dfrac{k}{k+h}$，$N$ 称为损益转折概率，则

$\Delta C(Q) = (k+h)[F(Q) - N]$

显然，$\Delta C(Q)$ 和 $[F(Q)-N]$ 同号，且 $\Delta C(Q)$ 关于 Q 严格单调递增。

由于 $F(\infty) = \sum_{r=0}^{\infty}P(r) = 1$，故当 $Q \to \infty$ 时，$\Delta C(Q) \to h > 0$。

由于 $\Delta C(0) = C(1) - C(0) = (k+h)[P(0)-N]$，故 $\Delta C(0)$ 和 $[P(0)-N]$ 同号。

若 $P(0) < N$，则 $\Delta C(0) < 0$。此时，由上面分析可知，随着 Q 的增大，$\Delta(Q)$ 从负值逐渐增大至正值，也即 $C(Q)$ 先下降至某最小值再逐渐增大。设 $Q = Q^*$ 时，$C(Q^*) = \min\limits_{0 \leqslant Q < \infty} C(Q)$，则对于 Q^* 有

$$\begin{cases} \Delta C(Q^*-1) < 0 \\ \Delta C(Q^*) \geqslant 0 \end{cases}$$

因此，Q^* 可由下面关系式确定

$$F(Q^*-1) < N \leqslant F(Q^*)$$

若 $P(0) \geqslant N$，则 $\Delta C(0) \geqslant 0$。此时，和 $P(0) < N$ 时类似，$\Delta C(Q) \geqslant 0$（$Q = 0,1,2,\cdots$），即 $C(Q)$

是关于 Q 不断递增的。因此，$C(Q)$ 的最小值是 $C(0)$，即 $Q^*=0$。但 $N \leqslant P(0)=F(0)=\sum_{r=0}^{0}P(r)$，故这种情况下，$Q^*=0$ 的确定仍可采用上面的关系式。

综上所述，模型六的最佳订购量 Q^* 可由下面关系式来确定：

$$\sum_{r=0}^{Q-1}P(r)<\frac{k}{k+h}\leqslant\sum_{r=0}^{Q}P(r) \tag{13-28}$$

如果采用获利期望值最大准则，可以证明确定最佳订购量 Q^* 的关系仍是式(13-28)。

【例 13.5】某工厂将从国外进口 150 台设备。这种设备有一个关键部件，其备件必须在进口设备时同时购买，不能单独订购。该中设备订购单价为 500 元，无备件时导致的停产损失和修复费用合计为 10 000 元。根据有关资料计算，在计划使用期内，150 台设备因关键部件损坏而需要 r 个备件的概率 $P(r)$ 见表 13-1。问：工厂应为这些设备同时购买多少关键部件的备件？

表 13-1

r	0	1	2	3	4	5	6	7	8	9	9 以上
$P(r)$	0.47	0.20	0.07	0.05	0.05	0.03	0.03	0.03	0.03	0.02	0.02

解 当某设备的关键部件损坏时，如有备件替换，则可避免 10 000 元的损失，故边际收益 $k=10\ 000-500=9\ 500$(元)；当备件多余时，每多余一个备件将造成 500 元的浪费，故边际损失 $h=500$ 元。因此，损益转折率

$$N=\frac{k}{k+h}=\frac{9\ 500}{9\ 500+500}=0.95$$

根据表 13-1，计算备件需要量 r 的累积概率 $F(Q)=\sum_{r=0}^{Q}P(r)$

$$\sum_{r=0}^{7}P(r)=0.93<N=0.95<\sum_{r=0}^{8}P(r)=0.96$$

因此，$Q^*=8$，即工厂应同时购买 8 个关键部件，可使损失期望值最小。

【例 13.6】某商品每件进价 40 元，售价 73 元。商品过期后将削价为每件 20 元并一定可以售出。已知该商品销售量 r 服从泊松分布

$$P(r)=\frac{e^{-\lambda}\cdot\lambda^{r}}{r!}$$

根据以往经验，平均销售量 $\lambda=6$ 件。问：商店应采购多少件该商品？

解 每件商品销售赢利(边际效益)$k=73-40=33$(元)，滞销损失(边际损失)$h=40-20=20$(元)。损益转折率 $N=\frac{33}{33+20}=0.623$。

销售量 r 累积概率 $F(Q)=\sum_{r=0}^{Q}\frac{e^{-6}\cdot 6^{r}}{r!}$。查泊松分布累积概率值表可得

$$F(6)=0.606\ 3<0.623<F(7)=0.744\ 0$$

所以，商店应采购 7 件该商品，可使损失期望值最小。

模型六是最简单、最基本的随机型存储模型，常用来解决独立的一次性订货问题。

二、模型七：需求是连续的随机变量

设单位货物进价为 k，售价为 p，存储费为 C_1。又设货物需求 r 是连续型随机变量，其密度函数

为 $\Phi(r)$，分布函数为 $F(a)=\int_0^a\Phi(r)\mathrm{d}r(a>0)$ 。问：货物的订购量（或生产量）Q 为何值时，能使盈利期望值最大？

当订货量为 Q、需求量为 r 时，实际销售量为 $\min[r,Q]$，因而实际销售收入为 $p\cdot\mathrm{Min}[r,Q]$；

进货成本为 kQ；

货物存储费为$C_1(Q)=\begin{cases}C_1(Q-r), & r\leqslant Q\\ 0, & r>Q\end{cases}$

因此，若记订购量 Q 时的赢利为 $W(Q)$，则

$$W(Q)=p\cdot\mathrm{Min}\{r,Q\}-kQ-C_1(Q)$$

而盈利期望值

$$\begin{aligned}E[W(Q)]&=[\int_0^Q pr\Phi(r)\mathrm{d}r+\int_Q^\infty pQ\Phi(r)\mathrm{d}r]-kQ-\int_0^Q C_1(Q-r)\Phi(r)\mathrm{d}r\\&=\int_0^\infty pr\Phi(r)\mathrm{d}r-\int_Q^\infty pr\Phi(r)\mathrm{d}r+\int_Q^\infty pQ\Phi(r)\mathrm{d}r-kQ-\int_0^Q C_1(Q-r)\Phi(r)\mathrm{d}r\\&=pE(r)-[\int_Q^\infty p(r-Q)\Phi(r)\mathrm{d}r+\int_0^Q C_1(Q-r)\Phi(r)\mathrm{d}r+kQ]\end{aligned}$$

容易知道，第一项 $pE(r)=p\int_0^\infty r\Phi(r)\mathrm{d}r$ 为平均赢利，同订购量 Q 无关，是一常数；

中括号内第一项为缺货损失期望值（只考虑失去销售机会而未实现的收入）；第二项为滞销损失期望值（只考虑存储费支出）；第三项为货物进货成本。因此，中括号内三项表示损失期望值（含货物进货成本）。

记 $E[C(Q)]=\int_Q^\infty p(r-Q)\Phi(r)\mathrm{d}r+\int_0^Q C_1(Q-r)\Phi(r)\mathrm{d}r+kQ$，则有等式

$$E[W(Q)]+E[C(Q)]=pE(r)$$

从这个等式可以看到，模型七和模型六一样，无论订购量 Q 为何值，盈利期望值和损失期望值之和总是一个常数，即平均盈利 $pE(r)$。这是这类问题的固有性质。根据这一性质，原问题 $\mathrm{Max}\ E[W(Q)]$ 可转化为问题 $\mathrm{Min}\ E[C(Q)]$。下面求解问题 $\mathrm{Min}\ E[C(Q)]$。

$$\begin{aligned}\frac{\mathrm{d}E[C(Q)]}{\mathrm{d}Q}&=\frac{\mathrm{d}}{\mathrm{d}Q}[\int_Q^\infty p(r-Q)\Phi(r)\mathrm{d}r+\int_0^Q C_1(Q-r)\Phi(r)\mathrm{d}r+kQ]\\&=C_1\int_0^Q\Phi(r)\mathrm{d}r-p\int_Q^\infty\Phi(r)\mathrm{d}r+k\\&=(C_1+p)\int_0^Q\Phi(r)\mathrm{d}r-(p-k)\end{aligned}$$

令$\frac{\mathrm{d}E[C(Q)]}{\mathrm{d}Q}=0$，得

$$F(Q)=\int_0^Q\Phi(r)\mathrm{d}r=\frac{p-k}{p+C_1}\tag{13-29}$$

由式(13-29)确定的 Q 记为Q^*，Q^* 为 $E[C(Q)]$的驻点。容易证明，Q^* 为 $E[C(Q)]$的最小值点，也即 $E[W(Q)]$的最大值点。所以，Q^* 就是最佳订货量。

当 $p-k<0$ 时，式(13-29)不成立。但这种情况表示订购货物无利可图($p<k$)，故不应生产或订购，即$Q^*=0$。

当缺货损失不只是考虑销售收入的减少(如还要考虑赔偿需方损失等)时,单位缺货费$C_2>p$,此时,只需要在前面推导过程中用C_2代替p即可。所以,这种情况下Q^*由下式确定:

$$F(Q)=\int_0^Q\Phi(r)\mathrm{d}r=\frac{C_2-k}{C_2+C_1} \tag{13-30}$$

模型七和模型六一样,都是一次性订购问题。在多阶段订购问题中,由于需求r是随机变量,所以,在每一阶段开始时,很可能存在期初存储量(上一阶段未能售出的货物)。设本阶段期初存储量为I,则除进货成本将减少kI外,其他均和模型七相同。所以,对于多阶段订购问题,可以采用(t,S)存储策略。即由式(13-30)确定Q^*(Q^*相当于最大存储量S),若$I\geqslant Q^*$,本阶段不订货;若$I<Q^*$,本阶段订货,订货量$Q=Q^*-I$,以使订货后本阶段存储量达到Q^*。采用这种定期订货,但订货量不定的存储策略,可使损失期望值最小(或获利期望值最大)。

【例 13.7】工厂生产某产品,成本 220 元/t,售价 320 元,每月存储费 10 元。月销售量为正态分布,平均值为 60 t,标准差为 3 t。问:该厂应每月生产该产品多少,可使获利的期望值最大?

解 根据题意,$k=220,p=320,C_1=10$。销售量$r\sim N(60,3^2)$。

由式(13-29),有

$$F(Q)=\int_0^{\frac{Q-60}{3}}\frac{1}{\sqrt{2\pi}}\mathrm{e}^{\frac{r^2}{2}}dr=\frac{p-k}{p+C_1}=\frac{320-220}{320+10}=0.3030$$

从正态分布的累计值表查得

$$\frac{Q-60}{3}=-0.515$$

从中解得

$$Q^*=58.455\approx 58.5$$

因此,工厂每月应生产这种产品约 58.5 t,可使期望损失最小。

13.4 其他的随机型存储模型

问题:货物单位成本为k,单位存储费为C_1,单位缺货费为C_2,每次订购费为C_3,期初存储为I。需求r为连续随机变量,其概率分布已知。采用(s,S)存储策略。问每次订货量Q如何确定,才能使损失期望值最小?

一、模型八:需求 r 为连续随机变量的 (s,S) 存储策略

模型中需求r为连续随机变量,密度函数为$\Phi(r)$,$\int_0^\infty\Phi(r)\mathrm{d}r=1$。分布函数为$F(a)=\int_0^a\Phi(r)\mathrm{d}r(a>0)$。

首先考虑最大存储量S。

当期初存储量不足订货点,即$I<s$时,需要订货,订货量$Q=S-I$。和模型七类似,本阶段损失期望值为

$$C(S)=C_3+k(S-I)+\int_0^S C_1(S-r)\Phi(r)\mathrm{d}r+\int_S^\infty C_2(r-S)\Phi(r)\mathrm{d}r$$

解 $$\frac{\mathrm{d}C(S)}{\mathrm{d}S}=k+C_1\int_0^S\Phi(r)\mathrm{d}r-C_2\int_S^\infty\Phi(r)\mathrm{d}r=0$$

得
$$F(S) = \int_0^S \Phi(r)\,\mathrm{d}r = \frac{C_2 - k}{C_2 + C_1} \tag{13-31}$$

由于缺货损失至少包括失去销售机会的损失，而售价又高于成本，所以，一般情况下有

$$0 < N = \frac{C_2 - k}{C_2 + C_1} < 1$$

容易证明，满足式(13-31)的S^*是 $C(S)$ 的最小值点。所以，最大存储量S^*可由式(13-31)确定。并且，应当注意到，S^*的确定和订货点 s 无关。

再考虑订货点 s。此时，最大存储量S^*已经确定。根据订货点 s 的意义，当期初存储 $I = s$ 时，不订货所造成的损失期望值应当不超过订货所造成的损失期望值，因此有

$$\begin{aligned} & C_1\int_0^s (s - r)\Phi(r)\,\mathrm{d}r + C_2\int_s^{\infty}(r - s)\Phi(r)\,\mathrm{d}r \\ \leqslant\ & C_3 + k(S^* - s) + C_1\int_0^{S^*}(S^* - r)\Phi(r)\,\mathrm{d}r + C_2\int_{S^*}^{\infty}(r - S^*)\Phi(r)\,\mathrm{d}r \end{aligned}$$

即

$$\begin{aligned} & ks + C_1\int_0^s (s - r)\Phi(r)\,\mathrm{d}r + C_2\int_s^{\infty}(r - s)\Phi(r)\,\mathrm{d}r \\ \leqslant\ & C_3 + kS^* + C_1\int_0^{S^*}(S^* - r)\Phi(r)\,\mathrm{d}r + C_2\int_{S^*}^{\infty}(r - S^*)\Phi(r)\,\mathrm{d}r \end{aligned} \tag{13-32}$$

当 $s = S^*$ 时，式(13-32)显然成立，但问题的目的是要选取一个使式(13-32)成立的尽可能小的 s 值。分析式(13-32)中左边各项随 s 变化而变化的特点，比S^*小的 s 是可能存在的。设使式(13-32)成立的最小的 s 为s^*，则s^*为(s,S)存储策略中的订货点 s。

二、模型九：需求 r 为离散随机变量的(s,S)存储策略

模型中需求 r 为离散随机变量。$r = r_i$的概率 $P(r_i)$已知，$0 < P(r_i) < 1\ (i = 1,2,\cdots,m)$，且 $\sum\limits_{i=1}^{m} P(r_i) = 1, 0 < r_i < r_{i+1}, i = 1,2,\cdots,m-1$。

由于 r 是离散取值，为了简单，订货点 s 和最大存储量 S 的值只在$r_1, r_2, \cdots, r_m$中选取。当 $S = r_i$ 时，记 $S = S_i$，即$S_i = r_i\ (i = 1,2,\cdots,m)$。

除了需求为离散随机变量外，模型九和模型八的其他条件都相同。因此，两个模型的存储策略的制定过程基本原理是相同的。

当 $I < s$ 时，本阶段损失期望值（即订货费、存储费和缺货费期望值之和）

$$C(S) = C_3 + k(S - I) + \sum_{r \leqslant S} C_1(S - r)P(r) + \sum_{r > S} C_2(r - S)P(r)$$

当 $S = S_i = r_i\ (i = 1,2,\cdots,m)$时，考查 $\Delta C(S_i)$。

$$\begin{aligned} \Delta C(S_i) &= C(S_{i+1}) - C(S_i) \\ &= k\Delta S_i + C_1\Delta S_i \cdot \sum_{r \leqslant S_i} P(r) - C_2\Delta S_i \cdot \sum_{r > S_i} P(r) \\ &= k\Delta S_i + C_1\Delta S_i \cdot \sum_{r \leqslant S_i} P(r) - C_2\Delta S_i \cdot \Big[1 - \sum_{r \leqslant S_i} P(r)\Big] \\ &= \Big[\sum_{r \leqslant S_i} P(r) - \frac{C_2 - k}{C_2 + C_1}\Big](C_1 + C_2)\Delta S_i \end{aligned}$$

记 $F(S_i) = \sum_{r \leqslant S_i} P(r)(i = 1,2,\cdots,m)$，$N = \dfrac{C_2 - k}{C_2 + C_1}$，则

$$\Delta C(S_i) = [F(S_i) - N](C_1 + C_2)\Delta S_i, i = 1,2,\cdots,m-1$$

由于 $(C_1 + C_2)\Delta S_i > 0$ 及 $F(S_i)$ 关于 i 严格单调增加的性质，可以知道 $\Delta C(S_i)$ 和 $[F(S_i) - N]$ 同号，且关于 i 严格单调增加。参考模型八的探讨，一般有 $0 < N < 1$。

在实际问题中，一般 $P(r_1)$ 和 $P(r_m)$ 均较小。不妨设 $F(S_1) = P(r_1) < N$，以及 $F(S_{m-1}) = 1 - P(r_m) > N$，即 $P(r_m) < 1 - N$。此时，

$$\begin{aligned}\Delta C(S_1) &= [F(S_1) - N](C_1 + C_2)\Delta S_1 \\ &= [P(r_1) - N](C_1 + C_2)\Delta S_1 < 0 \\ \Delta C(S_{m-1}) &= [F(S_{m-1}) - N](C_1 + C_2)\Delta S_{m-1} \\ &= [1 - P(r_m) - N](C_1 + C_2)\Delta S_{m-1} > 0\end{aligned}$$

所以，由 $\Delta C(S_i)$ 关于 i 的严格单调增加性质可知，随着 i 的增加，$\Delta C(S_i)$ 先取负值，然后变为正值。也随着 i 的增加，$\Delta C(S_i)$ 先是不断变小，至某一最小值后，最不断变大。因此，若 $S^* = S_i{}^* = r_i{}^*$，使 $\Delta C(S_i)$ 取最小值，则必使下列关系式同时成立。

$$\Delta C(S_i{}^* - 1) < 0 \text{ 和 } \Delta C(S_i{}^*) \geqslant 0$$

由此得

$$\sum_{r \leqslant S_i^* - 1} P(r) < N = \frac{C_2 - k}{C_2 + C_1} \leqslant \sum_{r \leqslant S_i^*} P(r) \tag{13-33}$$

特殊情况下，有可能 $P(r_1)$ 或 $P(r_m)$ 较大。

若 $F(S_1) = P(r_1) > N$，即 $\Delta C(S_1) > 0$，则易知，对于任意 $i(i = 1,2,\cdots,m-1)$ 均有 $\Delta C(S_i) > 0$，故 $S^* = S_1 = r_1$。但由于 $N < F(S_1) = \sum_{r \leqslant S_1} P(r)$ 可知，这种情况可看作式(13-33)的一种极端情况(由于 $P(r_1)$)较大，所以，这种货物需求较小的可能性较大，即特别难销)。

若 $F(S_{m-1}) = 1 - P(r_m) < N$，即 $\Delta C(S_{m-1}) < 0$，则易知，对于任意 $i(i = 1,2,\cdots,m-1)$ 均有 $\Delta C(S_i) < 0$，故 $S^* = S_m = r_m$。但由于 $F(S_{m-1}) < N$ 及 $N < 1 = F(S_m)$，这种情况可看作式(13-33)的另一种极端情况(由于 $P(r_m)$)较大，所以，这种货物需求较大的可能性较大，即特别好销)。

综上所述，当需求为离散随机变量时，最经济的最大存储量 S^* 可由式(13-33)确定，满足式(13-33)的 $S_i{}^* = r_i{}^* = S^*$。

和模型八的原理相同，订货点 S^* 为满足下式的 s 中的最小者

$$\begin{aligned}&\sum_{r \leqslant s} C_1(s - r)P(r) + \sum_{r > s} C_2(r - s)P(r) \\ &\leqslant C_3 + k(S^* - s) + \sum_{r \leqslant S^*} C_1(S^* - r)P(r) + \sum_{r > s^*} C_2(r - S^*)P(r)\end{aligned}$$

即

$$\begin{aligned}&ks + \sum_{r \leqslant s} C_1(s - r)P(r) + \sum_{r > s} C_2(r - s)P(r) \\ &\leqslant C_3 + kS^* + \sum_{r \leqslant S^*} C_1(S^* - r)P(r) + \sum_{r > s^*} C_2(r - S^*)P(r)\end{aligned} \tag{13-34}$$

当 $s = S^*$ 时，式(13-34)显然成立，所以，满足式(13-34)的 s 是一定存在的。但问题的目的是要选择满足式(13-34)的最小的 s 作为订货点 s^*。分析式(13-34)中左边各项依 s 变化而变化的特

点，比s^*小的 s 是可能存在的。设使式(13-34)成立的最小的 s 为s^*，则s^*为(s,S)存储策略中的订货点 s。

模型八和模型九采用(s,S)存储策略，当期初存储 $I \geqslant s$ 时，本阶段不订货；当 $I < s$ 时，本阶段订货，订货量 $Q = S - I$，即补足最大存储量 S。在实际使用这种存储策略时，当存储不易清点，因而实际存储量很难随时得知时，可将存储分两堆存放。一堆数量为 s，其余的另放一堆。平时从后一堆取货以满足需求。当后一堆取完，需要动用前一堆时，期末就订货；如至期末，前一堆仍未动用，则本阶段不订货。因此，这种存储策略俗称双堆法（或两堆法）。

【例 13.8】石油公司经销某种燃料油。已知该燃料每月销售量 r（单位：kg）服从指数分布，密度函数

$$\Phi(r)\begin{cases}0.000\,001\,\mathrm{e}^{-0.000\,001r}, & r \geqslant 0 \\ 0, & r < 0\end{cases}$$

该燃料油进价 $k = 1.40$ 元/kg，不需要考虑订购费和存储费，即$C_3 = 0$ 和$C_1 = 0$。当缺货时需从其他石油公司购进，市场价为 1.60 元/kg，即$C_2 = 1.60$ 元/kg。试制定(s,S)存储策略。

解　由式(13-31)有

$$\int_0^S \Phi(r)\,\mathrm{d}r = \int_0^S 0.000\,001\,\mathrm{e}^{-0.000\,001r}\,\mathrm{d}r = \frac{C_2 - k}{C_2 + C_1} = \frac{1.60 - 1.40}{1.60 + 0} = 0.125$$

解之，得$S^* = 133\,500$ kg

由式(13.32)，因$C_1 = C_3 = 0$，$C_2 = 1.60$，$S^* = 133\,500$，故有

$$1.4s + 1.6\int_s^{\infty}(r - s)\Phi(r)\,\mathrm{d}r \leqslant 1.4 \times 133\,500 + 1.6\int_{133\,500}^{\infty}(r - 133\,500)\Phi(r)\,\mathrm{d}r$$

上式有唯一解

$$s^* = S^* = 133\,500$$

（此时，上式左右两边相等。若 s 变小，上式左边将增大，但右边仍为一定数，所以，不可能有小于$s^* = 133\,500$ 的 s 能满足上式）。因此，石油公司对该燃料油应采取$(s,S) = (133\,500, 133\,500)$的存储策略，即当库存燃料油减少到 133 500 kg 时，应订购，使库存重新达到133 500 kg。本例$s^* = S^*$，是由于$C_1 = C_3 = 0$，频繁补充和较大存储都不会增加费用。

【例 13.9】商店销售某种商品。每月销售量 r（件）为离散随机变量，其概率为

$$P(r=100) = 0.1,\ P(r=110) = 0.2,\ P(r=120) = 0.3$$
$$P(r=130) = 0.2,\ P(r=140) = 0.1,\ P(r=150) = 0.1$$

订货费$C_3 = 100$ 元，每次商品进货成本 $k = 500$ 元。一个月中，每次商品存储费$C_1 = 10$ 元，缺货费（销售损失等）$C_2 = 800$ 元，求(s,S)存储策略。

解　由式(13-33)，$N = \dfrac{800 - 500}{800 + 10} = 0.37$。

又
$$P(r=100) + P(r=110) = 0.3 < 0.37$$
$$P(r=100) + P(r=110) + P(r=120) = 0.6 > 0.37$$

所以$S^* = 120$ 件。

因为 $s \leqslant S^* = 120$，所以 s 只可能是 100，110 或 120。由于 s 要尽可能小，故先将 $s = 100$ 代入式(13-34)检验。

对于本例,式(13-34)右边为

$$
\begin{aligned}
&100 + 500 \times 120 + \sum_{r \leqslant 120} 10(120 - r)P(r) + \sum_{r > 120} 800(r - 120)P(r) \\
&= 100 + 600\,00 + 10(20 \times 0.1 + 10 \times 0.2 + 0 \times 0.3) + \\
&\quad 800(10 \times 0.2 + 20 \times 0.1 + 30 \times 0.1) \\
&= 657\,40
\end{aligned}
$$

所以,式(13-34)为

$$500s + \sum_{r \leqslant s} 10(s - r)P(r) + \sum_{r > s} 800(r - s)P(r) \leqslant 657\,40$$

将 $s = 100$ 代入,得　　左边 $= 684\,00 >$ 右边 $= 657\,40$

再将 $s = 110$ 代入,得　　左边 $= 662\,10 >$ 右边 $= 657\,40$

再将 $s = 120$ 代入,得　　左边 $= 656\,40 <$ 右边 $= 657\,40$

所以 $s^* = 120$ 件。

通过例 13.8 和例 13.9 可以看出,要想从式(13-32)和式(13-34)中直接解除订货点 s^* 是十分困难的。但是,对于实际问题,当最大存储量 s^* 确定后,只要记住订货点 s^* 的三个性质,在数值上确定 s^* 是不困难的。s^* 的三个性质是:

(1)$s^* \leqslant S^*$。

(2)s^* 满足式(13-32)或式(13-34)。

(3)s^* 是所有满足式(13-32)或式(13-34)的 s 中最小的。对于需求是离散随机变量的情况,可以按 $r_1, r_2, \cdots, r_j = S^*$ 的顺序,逐个代入式(13-34)中检验,首先满足式(13-34)的 r_i($i \in \{1,2,\cdots,j\}$)即为订货点 s^*;对于需求是连续随机变量的情况,可以存在问题允许的精度上,将区间 $[0, S^*]$ n 等分。设等分点依次为 $d_0(=0), d_1, \cdots, d_n(=S^*)$,然后将各等分点依次逐个代入式(13-32)检验,首先满足式(13-32)的 $d_i = \frac{i}{n}S^*$,即为订货点 s^*。当然,无论两种情况中的哪一种,在逐个检验前,如能根据已知数据将式(13-32)或式(13-34)尽可能地化简(至少,关系式右边和订货点 s 无关,是可以算出的),对于减少检验时的计算量是很有好处的。

习　题

计算题

1. 某厂按合同每年需要提供 R 个产品,不允许缺货。假设每一周期工厂需装配费为 C_3 元,存储费每年每单位产品为 C_1 元,问:全年应分几批供货才能使装配费、存储费两者之和最少?

2. 某建筑工地每月需用水泥 800 t,每吨定价 2 000 元,不可缺货。设每吨每月保管费率为 0.2%,每次订购费为 300 元,求最佳订货批量。

3. 某厂每月需甲产品 100 件,每月生产率为 500 件,每批装配费为 5 元,每月每件产品存储费为 0.4 元,求最优的订货批量。

4. 对某种电子元件每月需求量为 4 000 件,每件成本为 150 元,每年的存储费为成本的 10%,每次订购费为 500 元。求允许缺货(缺货费为 10 元/(件·年))条件下的最优存储策略。

5. 某产品每月需求量为 8 件,生产准备费用为 100 元,存储费为 5 元/(月·件)。在不允许缺货的条件下，比较生产速度分别为每月 20 件和 40 件两种情况下的经济批量。

6. 某厂每年需某种元件 5 000 个，每次订购费 $C_3 = 500$ 元，保管费每件每年 $C_1 = 10$ 元，不允许缺货。元件单价 K 随采购数量不同而有变化。求该元件的每次订购量。

7. 某服装销售商在某年春季欲销售某种流行时装。据估计，该时装可能的销售量见表 13-2。

表　13-2

需求量 r	150	160	170	180	190
$P(r)$	0.05	0.10	0.5	0.3	0.05

该款式时装每套进价 180 元，售价 200 元。因隔季会过时，故在季末需低价抛售完，较有把握的抛售价格为每套 120 元。问：该服装销售商在季度初时一次性进货多少为好？

8. 某店拟出售甲商品，每单位甲商品成本 50 元，售价 70 元。如不能售出必须减价为 40 元，减价后一定可以售出。已知收获量 r 的概率服从泊松分布

$$P(r) = \frac{e^{-\lambda} \cdot \lambda^{r}}{r!}(\lambda \text{为平均售出数})$$

根据以往经验，平均售出数为 6 单位（$\lambda = 6$）。问该店订购量应为多少单位。

9. 某公司利用塑料作原料制成产品出售，已知每箱塑料购价为 800 元，订购费 $C_3 = 60$ 元，存储费每箱 $C_1 = 40$ 元，缺货费每箱 $C_2 = 1\ 015$ 元，原有存储量 $I = 10$ 箱。已知对原料需求的概率

$$P(r=30\text{ 箱}) = 0.20, P(r=40\text{ 箱}) = 0.20$$

$$P(r=50\text{ 箱}) = 0.40, P(r=60\text{ 箱}) = 0.20$$

求该公司订原料的最佳订购量。

10. 某市石油公司，下设几个售油站。石油存放在郊区大型油库里，需要时用汽车将油送至售油站。该公司希望确定一种补充存储的策略，以确定应存储的油量。该公司经营石油品种较多，其中销售量较多的一种是柴油，因之希望先确定柴油的存储策略。经调查后知每月柴油出售量服从指数分布，平均每月为一百万升。其密度为：

$$f(r)\begin{cases} 0.000\ 001\ e^{-0.000\ 001 r}, & r \geq 0 \\ 0, & r < 0 \end{cases}$$

柴油每升 2 元，不需订购费。由于油库归该公司管辖，油池灌满与未灌满时的管理费用实际上没有多少差别，故可以认为存储费用为零。如缺货就从邻市调用，缺货费每升 3 元。求柴油的存储策略。

第14章 决策论

决策是人们在政治、经济、技术和日常生活中普遍存在的一种选择方案的行为。决策是管理中经常发生的一种活动。决策就是决定的意思。人们在日常的生活和工作中,处处都会遇到一些问题,而解决这些问题的办法,往往不止一种,当然都想选择一种最好的办法,使问题得到满意的解快,决策是对未来行为确定目标,根据当前和未来的环境和条件,从多种可行方案中选择最优或满意方案的分析判断过程。例如,某工厂计划生产一种新产品,但对市场的销路不太清楚,存在销路好、一般、差三种可能,相应的收益也就可能是获利较多、获利较少或者亏损,这种产品是否投产就是一个决策问题。工厂负责人作出这种产品投产或不投产的决定就是决策。

诺贝尔奖获得者西蒙有一句名言"管理就是决策"。决策在现代管理中具有重要意义。在现代社会中,随着社会生产力的巨大增长和科学技术的迅速进步,各种经济部门和组织的规模越来越大,它们之间的社会联系越来越广泛和复杂,竞争也越来越激烈。个人、企业、部门、地区乃至国家,经常面临许多需作出决策的问题。决策者能否作出正确的决策是至关重要的,就一个企业来讲,而对千变万化的外部境况,如果对生产的方向、机构的设置、新产品开发、人员的培训、计划的安排和调度等方面能及时作出符合实际的决策,这企业就能获得较大的经济效益,在激烈的竞争中不仅能够立于不败之地,而且能发展壮大。如果决案失误,企业就要亏本、衰败甚至倒闭。所以,在错综复杂的问题中,如果不掌握科学的决策方法,盲目进行决策,不但达不到预期目标,甚至会造成不可弥补的重大损失。预期目标的实现,来源于正确的决策。

在人类几千年的历史记载中,有不少著名的决策范例。把决策作为一科学加以研究形成决策科学则只有三四十年的历史。决策科学在现代的产品设计、企业经营管理、建设项目管理、城市规划、地质勘探和军事工作等领域得到日益广泛的应用。

决策理论的成就主要是在决策方法(即从多方案中选取最优或满意方案的方法),至于对目标的确定和计量、方案的拟制、价值标准系统的确定和计量等方面的问题还没有很好地解决。因此本章的内容主要是阐述定量决策分析的一些方法。

14.1 决策的程序、要素和分类

一、决策程序

决策程序大致包括六个阶段。

1. 明确问题

根据实际提出的问题,决策者必须搜集、整理和分析有关的大量资料,搞清问题的背景、性质、特征、范围和条件等情况，进而找出问题的症结所在。

2. 规定目标

对于已经明确的问题，针对问题的症结所在，决策者要确定问题必须达到的目标。目标要定得明确，如有可能，尽量做到目标能够计量。

3. 拟制方案

根据确定的目标，决策者需拟制各种可供选择的方案。对各个方案可能产生的结果要进行估计。

4. 比较方案

根据目标的要求和决策者的价值标准，并对各种拟制的方案进行评价和比较，分清各方案的优劣。

5. 选定方案

在比较的基础上，决策者需对各方案的优劣进行综合分析与全面衡量，从中选定最优或满意方案。

6. 执行方案

选定方案不是决策过程完全结束，因为问题是否提得准确，目标是否定得正确，方案是否最优或满意，还必须在方案的贯彻执行中加以检验。如果实现的目标与原来的目标没多大差异，说明决策基本正确，否则就必须对问题、目标和方案重新进行研究，作较大的补充或修正。因此，方案的执行可以认为是决策过程的继续。

二、决策问题的要素

1. 要素

任何决策问题都由以下要素构成决策模型。

(1)决策者。其任务是进行决策。

(2)客观出现的状态(事件)，这一般是指不以决策者意志为转移的客观上出现的状态，称为自然状态，如市场销路、天气好坏等。

(3)可供选择的方案(策略)。该要素为可控因素。

(4)评价准则是衡量方案，包括目的、目标、属性正确性的标准。

(5)在某一状态下选取某一策略产生的结果，如获得的收益或损失。

(6)决策者的价值观，如决策者对货币额或不同风险程度的主观价值观念。

2. 决策矩阵

一般地，设离散型决策问题有 n 种自然状态(事件)，状态(事件)集记为 I，$I=\{S_1,S_2,\cdots,S_n\}$；m 种可能采取的方案(策略)，方案(策略)集记为 D。$D=\{A_1,A_2,\cdots,A_m\}$。对应于方案A_i和状态S_i的结果值记为a_{ij}，结果集记为 C。$C=\{a_{ij}\mid i=1,2,\cdots,m;j=1,2,\cdots,n\}$。$a_{ij}$可代表收益，亦可代表支出。于是，决策问题中有关信息可用表 14-1 所示。

表 14-1 就是决策矩阵，根据矩阵中元素所表示的含义不同，可称为收益矩阵、损失矩阵、风险矩阵、后悔值矩阵等。

表 14-1

方案	状态					
	S_1	S_2	…	S_j	S_n	S_n
A_1	a_{11}	a_{12}	…	a_{ij}	…	a_{1n}
A_2	a_{21}	a_{22}	…	a_{2j}	…	a_{2n}
…	…	…	…	a_{3j}	…	…
A_i	a_{i1}	a_{i2}	…	a_{4j}	…	a_{in}
…	…	…	…	a_{5j}	…	…
A_m	a_{m1}	a_{m2}	…	a_{6j}	…	a_{mn}

三、决策的分类

按决策环境可将决策问题分为确定型决策、风险型决策和不确定型决策。确定型决策是指决策者对决策环境(自然状态)完全了解,且决策环境是完全确定的,即只有一种自然状态,所以一种方案只有一种确定的结果,作出的选择结果也是确定的。风险型决策是指决策环境(自然状态)不是完全确定的,而各自然状态发生的概率是已知的。不确定型决策是指决策环境(自然状态)不完全确定,并且决策者对各自然状态发生的概率一无所知,只能凭决策者的主观倾向进行决策。确定型决策利用运筹学其他分支的计算方法(如求解线性规划的单纯形法等)就能找到最优策略(最优解)。本章将着重讨论风险型决策和不确定型决策。

另外,如无特殊说明,我们下面讨论的决策问题,只考虑决策目标是使效益最大,其他情况请读者自行参照处理。

14.2 不确定型决策

决策者在不确定型决策问题中所获得信息的确定程度最差,只知道可能出现的自然状态,各种自然状态出现的概率无法确定,只能根据自己对事物的态度进行分析和决策。不同决策人对自己的决策是否“满意”有不同的判别准则,对同一问题可能有不同的选择结果,决策带有相当程度的主观随意性。

不确定型决策问题应具备如下四个条件:

(1)决策问题存在着可以量化的决策目标(收益较大或损失较小)。

(2)决策问题存在两个或两个以上自然状态,即状态集 I 的元素至少为两个。

(3)决策目标的实现着存在两个或两个以上的可行方案,即方案集 D 的元素至少是两个。

(4)不同方案在不同状态下的损益值(损失或收益)可以计算出来。

由于无法得知各状态发生的概率,所以只能采取一些不必知道状态概率的决策方法。下面介绍几种常用的方法。

【例 14.1】设某工厂按批生产某产品并按批销售,每件产品的成本为 30 元,批发价格为每件 35 元,若每周生产的产品当月销售不完,则每件损失 1 元。工厂每投产一批是 10 件,最大月生产能力是 40 件,决策者可选择的生产方案为 0,10,20,30,40 五种,假设决策者对其产品的需求情况一无所知,试问这时决策者应如何决策,才能使每月的利润最大。

解 这个问题可用决策矩阵来描述,决策者可选的行动方案有五种,这是它的方案集合,记作 $D=\{A_1, A_2, A_3, A_4, A_5\}$;经分析,他可断定将发生五种销售情况,即销量为0,10,20,30,40,但不知它们发生的概率,这是状态集,记作 $S=\{S_1, S_2, S_3, S_4, S_5\}$,每个方案在各自然状态下(以下简称"方案状态"对)都可以计算出相应的收益值,将这些数据汇总在矩阵中,如表 14-2 所示。下面讨论决策者是如何应用决策准则进行决策的。

表 14-2

单位:元

方案 A_i	状态 S_j				
	$0(S_1)$	$10(S_2)$	$20(S_3)$	$30(S_4)$	$40(S_5)$
$0(A_1)$	0	0	0	0	0
$10(A_2)$	-10	50	50	50	50
$20(A_3)$	-20	40	100	100	100
$30(A_4)$	-30	30	90	150	150
$40(A_5)$	-40	20	80	140	200

一、等可能性准则

等可能性准则(Laplace 准则)是 19 世纪数学家 Laplace 提出的。他认为:当一个人面临着某自然状态集合,在没有什么确定理由来说明这一状态比哪一状态有更多发生机会时,只能认为各自然状态发生的机会是均等的,即

$$P(S_1)=P(S_2)=\cdots=P(S_n)=\frac{1}{n}$$

因此,各方案的效益期望值有

$$E(A_i)=\frac{1}{n}\sum_{j=1}^{n}a_{ij},i=1,2,\cdots,m$$

而最优方案A_i^*应满足

$$E(A_i^*)=\underset{1<i<m}{\mathrm{Max}}\{E(A_i)\}$$

例 14.1 中,设 $P(S_1)=P(S_2)=P(S_3)=P(S_4)=P(S_5)=\frac{1}{5}$,则

$$E(A_1)=\frac{1}{5}(0+0+0+0+0)=0$$

$$E(A_2)=\frac{1}{5}(-10+50+50+50+50)=38$$

$$E(A_3)=\frac{1}{5}(-20+40+100+100+100)=64$$

$$E(A_4)=\frac{1}{5}(-30+30+90+150+150)=78$$

$$E(A_5)=\frac{1}{5}=(-40+20+80+140+200)=80$$

可将 $E(A_1)$ 至 $E(A_5)$ 填入表 14-3 中最右侧,见表 14-3。

由于 max{0,38,64,78,80} =80 = $E(A_5)$,因此A_5为最优方案。即每月生产 40 件,可使每月获利期望值最大。

二、悲观主义 MaxMin 准则

表 14-3 单位:元

方案 A_i	状态 S_j					$E(A_I)$
	0	10	20	30	40	
0	0	0	0	0	0	0
10	-10	50	50	50	50	38
20	-20	40	100	100	100	64
30	-30	30	90	150	150	78
40	-40	20	80	140	200	80←max

表 14-4 单位:元

方案 A_i	状态 S_j					min
	0	10	20	30	40	
0	0	0	0	0	0	0←max
10	-10	50	50	50	50	-10
20	-20	40	100	100	100	-20
30	-30	30	90	150	150	-30
40	-40	20	80	140	200	-40

根据 MaxMin 决策准则有:Max =(0, -10, -20, -30, -40)=0,它对应的方案为 A_1,A_1 即为决策者应选的方案,在这里是“什么也不生产”。上述计算方式表示为

$$A_i^* \rightarrow \underset{i}{\text{Max}}\ \underset{j}{\text{Min}}(a_{ij})$$

三、乐观主义 MaxMax 准则

持乐观主义(MaxMax)决策准则的决策者对待风险的态度与悲观主义者不同,当他面临情况不明的决策问题时,他认为无论采取什么方案,结果都是最好的。决策者在收益矩阵各方案的“方案-状态”对的结果中选出最大者,记在表的最右列,再从该列数值中选择最大者。以它对应的方案为决策方案,见表 14-5。

表 14-5 单位:元

方案 A_i	状态S_j					max
	0	10	20	30	40	
0	0	0	0	0	0	0
10	-10	50	50	50	50	50
20	-20	40	100	100	100	100
30	-30	30	90	150	150	150
40	-40	20	80	140	200	200←max

根据 MaxMax 决策准则，有

$$\text{Max}\{0,50,100,150,200\}=200$$

它对应的方案为A_5，即每月生产 40 件。用公式表示为

$$A_i^* = \underset{i}{\text{Max}}\underset{j}{\text{Max}}(a_{ij})$$

四、折中主义准则(乐观系数准则)

有的决策者认为用 MaxMin 决策准则或 MaxMax 决策准则来处理问题太极端了，于是提出把这两种决策准则加以综合的折中主义准则。

令 a 为乐观系数，且 $0\ll\alpha\ll1$，并用以下关系式表示

$$H(A_i)=\alpha\underset{j}{\text{Max}}\{a_{ij}\}+(1-\alpha)\underset{j}{\text{Min}}\{a_{ij}\},i=1,2,\cdots,m。$$

式中，$\underset{j}{\max}\{a_{ij}\}$、$\underset{j}{\min}\{a_{ij}\}$分别表示第 i 个方案可能得到的最大收益值与最小收益值。设 $\alpha=\dfrac{1}{3}$，将计算所得 $H(A_i)$值记在表 14-6 的右端。

表 14-6 单位：元

方案 A_i	状态S_j					$H(A_i)$
	0	10	20	30	40	
0	0	0	0	0	0	0
10	-10	50	50	50	50	50
20	-20	40	100	100	100	100
30	-30	30	90	150	150	150
40	-40	20	80	140	200	40←max

然后选择$A_i^*=\underset{i}{\max}\{H(A_i)\}$。

例 14.1 的决策方案为

$$\text{Max}\{0,10,20,30,40\}=40$$

它对应方案为A_5，即每月生产 40 件为最优方案。

五、最小机会损失准则

最小机会损失准则亦称最小遗憾值准则或 savage 准则、后悔值准则。首先将收益矩阵中各元素变换为每一“方案状态”对的机会损失值(遗憾值、后悔值)，其含义是：如果效益最大的状态发生，由于决策者没有选用收益最大的方案而形成的损失值，即失去的收益值。若发生 k 状态，各方案收益为 a_{ik}，$i=1,2,\cdots,5$，其中最大者为

$$a_{ik}=\text{Max}\{a_{ik}\}$$

这时各方案的机会损失值为

$$R_{ik}=\{\text{Max}\{a_{ik}\}-a_{ik}\},i=1,2,\cdots,5$$

例 1 中，R_{ik}计算结果如表 14-7 所示。

将各方案的最大机会损失值写在表 14-7 的最右列，从所有最大机会损失中选取最小值。它对应的方案为决策方案用公式表示为

$$A_i^* = \underset{i}{\mathrm{Min}}\ \underset{j}{\mathrm{Max}} R_{ij}$$

本例的决策方案为:Min{200,150,100,50,40}=40,即本例中 A_5 方案,即每月生产40件为最优方案。

表 14-7 单位:元

方案5效益值	0	10	20	30	40	max R_{ij}
0	0	50	100	150	200	200
10	10	0	50	100	150	150
20	20	10	0	50	100	100
30	30	20	10	0	50	50
40	40	30	20	10	0	40←min

14.3 风险型决策

风险型决策是指在决策问题中,决策者除了知道未来可能出现哪些自然状态外,还知道各自然状态出现的概率。决策者往往通过调查,根据过去的经验或主观估计等途径获得这些概率。根据获得概率的途径不同,决策中的概率可分为客观概率和主观概率。客观概率是指有历史先例的事件发生的概率,是对大量随机事件进行统计分析得到的。主观概率是当某事件的发生概率缺乏历史统计资料时,由决策人自己或借助于咨询机构凭经验进行估计得出的。实际上,主观概率也是人们在长期实践基础上得出的,并非纯主观的随意猜想。

离散型风险决策问题,存在着不止一种自然状态,状态集 $I=\{S_1,S_2,\cdots,S_n\}(n\geqslant 2)$;自然状态看作随机变量 S,其概率分布 $P(S=S_j)=P(S_j)(j=1,2,\cdots,n)$, $\sum_{i=1}^{n} P(S_j)=1$ 为已知,所以这种决策也称随机型决策或统计型决策。

风险型决策矩阵一般见表14-8。

表 14-8

方 案	S_1	S_2	…	S_j	…	S_n
	$P(S_1)$	$P(S_2)$	…	$P(S_j)$	…	$P(S_n)$
A_1	a_{11}	a_{12}	…	a_{1i}	…	a_{1n}
A_2	a_{21}	a_{22}	…	a_{2j}	…	a_{2n}
⋮	⋮	⋮	⋮	⋮	⋮	⋮
A_i	a_{i1}	a_{i2}	…	a_{ij}	…	a_{in}
⋮	⋮	⋮	⋮	⋮	⋮	⋮
A_m	a_{m1}	a_{m2}	…	a_{mj}	…	a_{mn}

一、决策准则

对于这种类型的决策问题,常用的有两种决策准则:最大可能性准则和最大期望值准则。

1. 最大可能性准则

最大可能性准则的基本思想是将风险决策问题,化为确定型决策问题。一个事件,其概率越大,发生的可能性越大。故可以从各个状态中选择一个概率最大的状态,据此进行决策。

【例 14.2】 某公司预订在某日举行展销会,获利大小除与举办规模大小有关外,还与天气好坏有关。根据天气形势预计,该日天气可能出现三种情况:晴的概率为 0.1,多云的概率为 0.6,下雨的概率为 0.3。其效益情况如表 14-9 所示,试用最大可能性准则决策采用何种规模举行展销会。

解　从表 14-9 中可看出,天气多云的概率为 0.6,大于其他两种自然状态发生的概率,根据最大可能性准则,只考虑"多云"这种状态下的决策。显然

$$\text{Max}\{25,27,15\} = 27 \to A_2。$$

表　14-9　　单位:万元

方　案	S_1(晴)	S_2(多云)	S_3(晴)
	$P(S_1)=0.1$	$P(S_2)=0.6$	$P(S_3)=0.3$
A_1(大规模)	50	25	-1
A_2(中规模)	35	27	1
A_3(小规模)	20	15	2

采用方案A_2,即中规模展销为最优方案。一般地,先取状态S_j为决策的唯一状态,S_j^*满足

$$P(S_j^*) = \underset{S_j \in I}{\text{Max}}\{P(S_j)\}$$

在一组自然状态中,当某一状态出现的概率比其他状态出现的概率大得多,而相应的收益值相差不大时,宜采用最大可能性准则进行决策。

2. 期望值准则

期望值准则是把每个方案的期望值 $E(A_i)$ 求出来,加以比较,然后根据期望值的大小确定最优方案。

对于表 14-8 所示的离散型风险决策矩阵,各方案的收益期望值为

$$E(A_i) = \sum_{j=1}^{n} P(S_j)\, a_{ij}, i = 1,2,\cdots,m$$

最优方案满足

$$E(A_i^*) = \underset{1 \leqslant i \leqslant m}{\text{Max}}\{E(A_i)\}$$

另外,若有两个方案的效益期望值相等且最大,这时如果决策者偏于保守,则可能在两者之间选择风险小的方案为最优方案,即比较两方案的标准差,取标准差较小的方案。反之,如果决策者偏于冒险,则可能取风险较大的,即标准差较大的方案。

【例 14.3】 某公司对一生产问题进行决策,有关资料如表 14-10 所示,试用期望值准则进行决策。

表　14-10　　单位:万元

方　案	S_1	S_2	S_3	效益期望值
	$P(S_1)=0.3$	$P(S_2)=0.5$	$P(S_3)=0.2$	$E(A_i)$
A_1	2	4	6	3.8
A_2	1	3	2	2.2
A_3	1	5	5	3.8
A_4	2	3	2	2.5

解 计算各方案的收益期望值

$$E(A_1)=0.3\times2+0.5\times4+0.2\times6=3.8$$
$$E(A_2)=0.3\times1+0.5\times3+0.2\times2=2.2$$
$$E(A_3)=0.3\times1+0.5\times5+0.2\times5=3.8$$
$$E(A_4)=0.3\times2+0.5\times3+0.2\times2=2.5$$

可将 $E(A_1)$ 至 $E(A_4)$ 填入表 14-10 中最右侧。

根据最大收益期望值准则，有 $\text{Max}\{3.8,2.2,3.8,2.5\}=3.8$

由计算结果可知，$E(A_1)=E(A_3)=3.8$，A 方案标准差 $\sigma(A_1)=1.4<A_3$，方案标准差 $\sigma(A_3)=1.838$，故保守决策者将选择 A_1 方案。

期望值准则适用于一次决策、多次重复执行的情况，是求平均意义下的最大值。

二、决策树法

简单的离散型风险决策，常用前面介绍的矩阵形式予以表达和分析。但对与较为复杂的离散型风险决策却很不方便，这时可采用形象直观的决策树法。

用决策树进行决策，是解决离散型的风险决策问题的一种主要方法，它是将决策过程中各种可供选择的方案、可能出现的自然状态及概率和产生的结果，用一个像树枝的图形表示出来，同时将各方案的效益期望值也标在这棵树上。把一个复杂的多层次的决策问题形象化，以便于决策者分析、对比和选择，作出正确决策。

决策树的组成及绘制方法如图 14-1 所示。

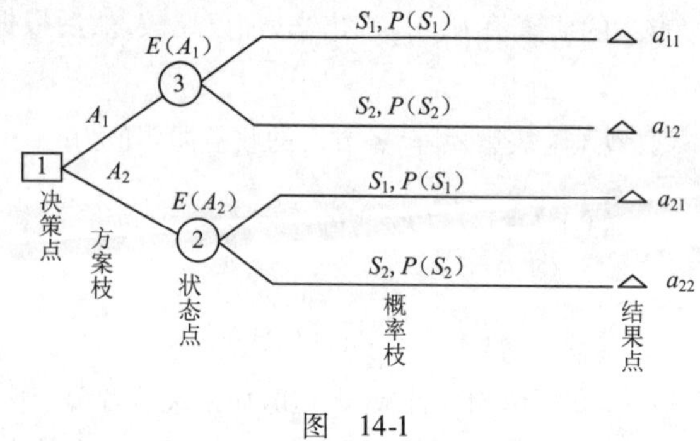

图 14-1

(1)先从一个方框作为出发点，称为决策点。

(2)从决策点引出若干条直线或折线，表示该决策点有若干可供选择的方案(策略)，称为方案分枝或策略分枝。

(3)在方案分枝的末端画一圆圈，称为自然状态节点或事件节点，亦可称为机会点。

(4)从状态节点再引出若干条直线或折线，表示可能发生的各种自然状态(事件)，称为状态(事件)分枝或概率分枝，亦称机会分枝。

(5)在概率分枝的末端画一个小三角形，称为结果点或决策终点。

决策树中数据及文字表达方式：一般情况下，方案名称写在方案枝的上方或下方；自然状态及概率标在概率枝的上方或下方；每个方案不同状态下的损益值标在结果点的右侧；各方案的损益期望值标在各方案的自然状态节点上方；最优方案期望值标在决策点上方；对决策点和自然状态节点编号的顺序是由左至右,由上而下按不同编号类型分别编写;当决策问题属多级决策时,应在相应概率枝上引人新的决策点。

决策树法的解题步骤:

(1)列出方案。通过资料的整理和分析,明确决策问题,列出所有可行方案。

(2)根据方案绘制决策树。决策树按从左到右的顺序绘制。

(3)计算各方案的期望值。计算时从决策树最右端的结果点开始。

(4)方案选择即决策。在各决策点上比较各方案的收益期望值,以其中最大者为最优方案。在被舍弃的方案分枝上打上双截号或叉号表示剪枝。

1. 单级决策问题

单级决策问题是指只包含一项决策的问题,在决策树中只有一个决策点,决策准则是期望值准则。

【例 14.4】某工厂可生产三种型号的产品A_1、A_2和A_3,由于采取的工艺、材料不同,成本也不同,每种产品销售都可能出现两种情况:一种是产销对路销售量大(S_1);另一种是产销不对路销售量小(S_2),所得效益值见表 14-11,试用决策树进行决策。

表　14-11　　单位:万元

方　案	S_1(销量大)	S_2(销量小)
	$P(S_1)=0.4$	$P(S_2)=0.6$
A_1	100	-20
A_2	75	10
A_3	50	30

解　(1)画出决策树如图 14-2 所示。

(2)计算各自然状态点的效益期望值,从右到左计算。

$$E(2)=0.4\times100+0.6\times(-20)=28$$
$$E(3)=0.4\times75+0.6\times(10)=36$$
$$E(4)=0.4\times50+0.6\times30=38$$

(3)将各效益期望值标在相应的自然状态点上方,然后进行比较决策。由于$E(A_3)$最大,因此,生产A_3产品为最优方案,并把最优策略的期望值标在决策点上方,对其他方案剪枝。

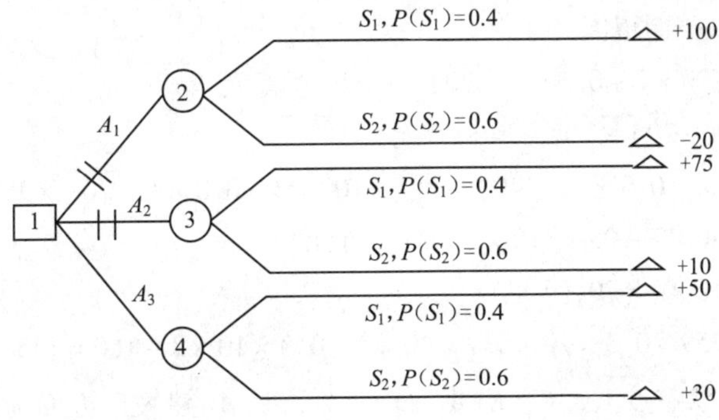

图　14-2

【例 14.5】某公司为生产一种产品需要建设一个工厂,建厂有两方案:一个是建大厂,投资 300 万元;一个是建小厂,投资 160 万元。大厂或小厂用于生产该产品的期限都是 10 年。根据市场预测,在该产品生产的十年期限内,前三年销路好的概率为 0.7,而如果前三年销路好,后七年销路好的概率为 0.9。如果前三年销路差,则后七年销路肯定差。在十年期限内,两个方案每年收益见表 14-12。现在要求用决策树方法,根据十年的净收益(总收益 - 投资)期望值的大小确定哪个方案较好。

表 14-12 单位:万元

方 案	销路好	销路差
建大厂 A_1	100	-20
建小厂 A_2	40	10

解 设 S_1 表示前三年销路好,S_2 表示前三年销路差;T_1 表示后七年销路好,T_2 表示后七年销路差;那么有 $P(S_1)=0.7$,$P(S_2)=0.3$,$P(T_1|S_1)=0.9$,$P(T_2|S_1)=0.1$,$P(T_1|S_2)=0$,$P(T_2|S_2)=1$。

画出决策树如图 14-3 所示。

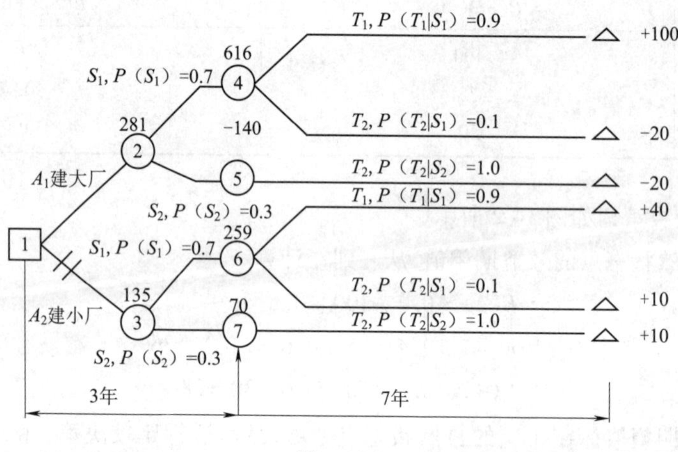

图 14-3

计算各状态点的收益期望值

$E(4)=0.9\times100\times7+0.1\times(-20)\times7=616$(万元)

$E(5)=1.0\times(-20)\times7=-140$(万元)

$E(2)=0.7\times66+0.3\times(-140)+0.7\times100\times3+0.3\times(-20)\times3-300=281$(万元)

$E(6)=0.9\times40\times7+0.1\times10\times7=259$(万元)

$E(7)=1.0\times10\times7=70$(万元)

$E(3)=0.7\times259+0.3\times70+0.7\times40\times3+0.3\times10\times3-160=135$(万元)

(4)将期望值标在状态点上,由于 $E(A_1)>E(A_2)$,故 A_1 建大厂方案为较优方案,剪掉 A_2 方案枝。

2. 多级决策问题

多级决策是指从右依次作出两项或两项以上决策的问题，反映在决策树中，有两个或两个以上的决策点，画多级决策树和计算各状态点的期望值与单级决策问题没有本质区别，只是比较复杂，计算量大些罢了。

【例 14.6】 再考虑例 14.5 的问题，现在假定还有第三个方案，即先建小厂，若销路好，则三年后扩成大厂，扩建投资 140 万元。扩建后该产品只生产七年，每年收益与第一方案建大厂相同，这个方案与第一方案相比，哪个净收益更好？

解 第一和第二方案在例 14.5 中已比较过，第一方案（建大厂）好。在绘制本问题决策树时，略去第二方案（建小厂）“树枝”和第一方案（建大厂）的一部分“树枝”，只保留建大厂方案的方案枝及状态点②。

（1）据题意及上述考虑，画出决策树如图 14-4 所示。

（2）计算各状态点的收益期望值。

$$E(2)=281(\text{万元})(\text{由例 14.5 知})$$

$$E(6)=0.9\times100\times7+0.1\times(-20)\times7-140=476(\text{万元})$$

$$E(7)=0.9\times40\times7+0.1\times10\times7=259(\text{万元})$$

因 $E(6)>E(7)$，所以扩建方案较好，此为第一次决策。将状态点 6 的期望值 $E(6)=476$ 写在决策点 4 上，故

$$E(4)=E(6)=476(\text{万元})$$

$$E(5)=1.0\times10\times7=70(\text{万元})$$

$$E(3)=0.7\times476+0.3\times70+0.7\times40\times3+0.3\times10\times3-160=287(\text{万元})$$

（3）方案选择。因 $E(3)>E(2)$，所以第三方案优于第一方案。第一方案剪枝，即最优方案为：先建小厂，若销路好，三年后再扩建成大厂，十年的净收益期望值为 287 万元。

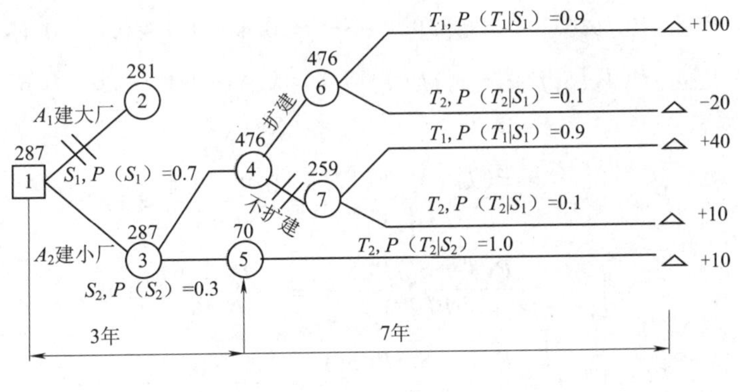

图　14-4

3. 有补充信息的决策问题（贝叶斯决策）

决策是否正确与信息有密切的关系，决策者在决策过程中获得信息越多，对未来状态出现的概率的估计或预测就越准确，据以作出的决策也就越可靠。但为了获得较多的信息，需要进行调查、试验和咨询等。这往往要花费一笔费用。为了衡量花费这笔费用是否值得，有必要对信息本

身的价值进行计算。

取得补充信息后,会使原来的期望值发生变化。当决策目标为收益最大时,期望值会变大,如果为取得补充信息而付出的费用超过了这个变化值,那么就没有必要收集这些信息了。

在例14-4决策过程中,所依据的状态概率 $P(S_1)$,$P(S_2)$,是在方案实施前给定的,即为先验概率。该厂为了使决策更有把握,减少风险,决定组织一个市场调研组,对该厂所产三种产品在市场上受顾客欢迎的程度进行调研,然后进行研究,修正原来的概率,修正后的概率即为后验概率。

这个小组可能得到两种报告:一是受顾客欢迎 T_1;二是不受顾客欢迎 T_2。这两种报告也有可能不是如实地反映市场情况,当然这种概率较小,本例中经分析确定的条件概率 $P(T_i \mid S_j)$ 见表14-13。如 $P(T_1 \mid S_1)=0.9$,即表示市场真实情况是受欢迎,得到的报告也是受欢迎的概率为0.9。

表 14-13

报 告	市场情况	
	S_1	S_2
T_1	0.9	0.15
T_2	0.1	0.85

我们进行市场调研的目的,是得到条件概率 $P(S_j \mid T_i)$,并以此作为修正后的状态概率,根据贝叶斯(Bayes)公式,可有

$$P(S_j \mid T_i) = \frac{P(S_j)P(T_i \mid S_j)}{P(T_i)} = \frac{P(S_j)P(T_i \mid S_j)}{\sum_{j=1}^{2} P(S_j)P(T_i \mid S_j)}$$

我们用全概率公式先算出

$$P(T_1) = P(S_1)P(T_1 \mid S_1) + P(S_2)P(T_1 \mid S_2) = 0.4 \times 0.9 + 0.6 \times 0.15 = 0.45$$

$$P(T_2) = P(S_1)P(T_2 \mid S_1) + P(S_2)P(T_2 \mid S_2) = 0.4 \times 0.1 + 0.6 \times 0.85 = 0.55$$

再求

$$P(S_1 \mid T_1) = \frac{P(T_1 \mid S_1)P(S_1)}{P(T_1)} = \frac{0.9 \times 0.4}{0.45} = 0.8$$

$$P(S_2 \mid T_1) = \frac{P(T_1 \mid S_2)P(S_2)}{P(T_1)} = \frac{0.15 \times 0.6}{0.45} = 0.2$$

$$P(S_1 \mid T_2) = \frac{P(T_2 \mid S_1)P(S_1)}{P(T_2)} = \frac{0.1 \times 0.4}{0.55} = 0.072\ 7$$

$$P(S_2 \mid T_2) = \frac{P(T_2 \mid S_2)P(S_2)}{P(T_2)} = \frac{0.85 \times 0.6}{0.55} = 0.927\ 3$$

以上这些数据求出后,即可画出决策树,如图14-5所示。

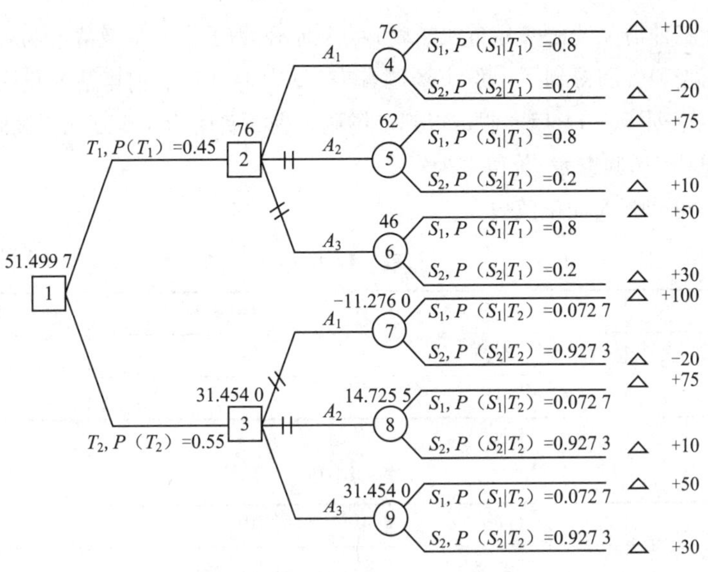

图 14-5

计算状态点 4 至状态点 9 的效益期望值,分别标注在图 14-5 中各相应的状态点上方,然后决策点 2 和决策点 3 进行考虑。从图上可以看出,最优方案分别是A_1和A_3。

下面再来讨论状态点 1,状态点 1 的效益期望值为

$$E(1) = 76 \times 0.45 + 31.454\ 0 \times 0.55 = 51.499\ 7$$

这个值即是通过市场调研后,可获得的效益期望值,显然比原来未经过市场调研期望值 38 大。只从效益期望值看,当然进行市场调研比不调研好,但若进行调研所花费用超过了效益期望值增加的部分,那么进行市场调研就不合算了。假设例 14.4 中调研所需费用为 7 000 元,这时,增加一个决策点,将调研与不调研两个方案画在同一棵树上,形成多级决策的情况,如图 14-6 所示。

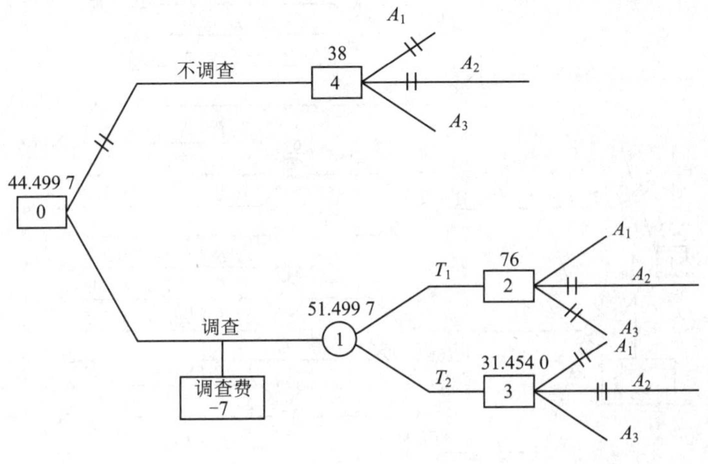

图 14-6

由于 $E(0) = E(1) - 7 = 44.4997 > E(4)$,故进行市场调研好。

在进行市场调研的情况下,当得到的报告为受欢迎 T_1 时,则选择 A_1 为最优方案;如果得到的报告为不受欢迎 T_2 时,则选择 A_3 为最优方案。

【例 14.7】某工厂计划生产一种新产品,产品的销售情况有好(S_1)、中(S_2)、差(S_3)三种,据

已往的经验，估计三种情况的概率分布和如表 14-14 所示，为了进一步摸清市场对这种产品的需求情况，工厂通过调查和咨询得到了一份市场调查表（见表 14-15）。销售情况也有好（T_1）、中（T_2）和差（T_3）种，其概率列于表 14-15。假定得到市场调查表的费用为 0.6 万元。试问：

（1）补充信息（市场调查表）价值多少？

（2）如何决策可使利润期望值最大？

表 14-14

状态（S_j）	好（S_1）	中（S_2）	差（S_3）
概率 $P(S_j)$	0.25	0.30	0.45
利润（万元）	15	1	-6

表 14-15

$P(T_i \mid S_j)$	好（S_1）	中（S_2）	差（S_3）
好（T_1）	0.65	0.25	0.10
中（T_2）	0.25	0.45	0.15
差（T_3）	0.10	0.30	0.75

解 （1）画决策树如图 14-7。

（2）全概率 $P(T_i)$，后验概率 $P(S_j \mid T_i)$ 及收益期望值计算。

由图 14-7 可知，要计算调查后的各个期望值，必须先计算全概率 $P(T_i)$ 和后验概率 $P(S_j \mid T_i)$。计算概率 $P(T_i)$ 可把先验概率 $P(S_j)$ 和条件概率 $P(T_i \mid S_j)$ 代入如下全概率公式求得：

$P(T_i) = P(S_1)P(T_i \mid S_1) + P(S_2)P(T_i \mid S_2) + P(S_3)P(T_i \mid S_3)$（其结果见表 14-16）

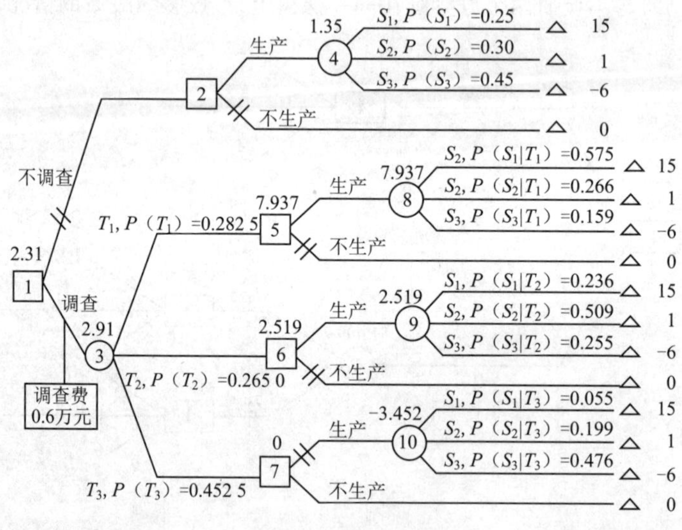

图 14-7

计算后验概率 $P(S_j \mid T_i)$，用贝叶斯公式

$$P(S_j \mid T_i) = \frac{P(T_i \mid S_j)P(S_j)}{P(T_i)}$$

将上述有关概率值代入贝叶斯公式得表 14-17。

表　14-16

T_i	S_1	S_2	S_3	$P(T_i)$
T_1	0.162 5	0.075 0	0.045 0	0.282 5
T_2	0.062 5	0.135 0	0.067 5	0.265 0
T_3	0.025 0	0.090 0	0.337 5	0.452 5

表　14-17

T_i	S_1	S_2	S_3	
T_1	0.575	0.266	0.159	
T_2	0.236	0.509	0.255	
T_3	0.055	0.199	0.746	

把 $P(T_i)$ 和 $P(S_j \mid T_i)$ 的数值写入决策树有关位置后，就可以计算各状态点的期望值和在各决策点上进行决策。

(3)方案选择。根据图 14-7、决策点 1 的期望值 $E(1) = E(3) - 0.6$（调查费）$=2.31$，并对决策树中被舍弃方案剪枝。

由上可知，补充信息的价值 $V=2.91-1.35=1.56$（万元），取得市场调查表这个补充信息的费用是 0.6 万元，因此取得补充信息是值得的，最优策略是进行市场调查，如果调查结果是新产品销路好或中则进行生产，否则就不生产。这个策略获得的期望利润为 2.31 万元。

14.4　灵敏度分析和风险分析

一、灵敏度分析

1. 灵敏度分析的意义

通常在风险型决策模型中，自然状态的概率和损益值往往由估计或预测得到，不可能十分正确。此外，实际情况也在不断地变化。现需分析为决策所用的数据可在多大范围内变动，原最优方案继续有效。进行这种分析称为灵敏度分析。

【例 14.8】 假设有外表完全相同的木盒 100 只，将其分为两组，一组内装白球，有 70 盒，另一组内装黑球，有 30 盒。现从这 100 盒中任取一盒，请你猜，如这盒内装的是白球，猜对了得 500 分，猜错了罚 200 分；如这盒内装的是黑球，猜对了得 1 000 分，猜错了罚 150 分。为使期望得分最多，应选哪一方案？有关数据如表 14-18 所示。

表 14-18

状态 S_j	白 S_1	黑 S_2
	$P(S_1)=0.7$	$P(S_2)=0.3$
猜　白 A_1	500	-200
猜　黑 A_2	-150	1 000

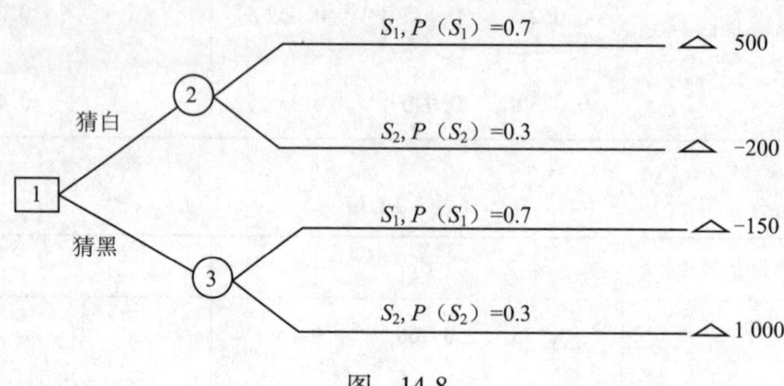

图　14-8

解：先画出决策树，如图 14-8 所示，计算各方案期望值。"猜白"的期望值为

$$E(2)=0.7\times500+0.3(-200)=290$$

"猜黑"的期望值为

$$E(3)=0.7\times(-150)+0.3\times1\,000=195$$

经比较可知"猜白"方案是最优，现假定出现白球的概率 $P(S_1)$ 从 0.7 变为 0.8。

这时各方案的期望值如下：

"猜白"的期望值为

$$E(2)=0.8\times500+0.2(-200)=360$$

"猜黑"的期望值为

$$E(3)=0.8\times(-150)+0.2\times1\,000=80$$

可见，猜白方案仍是最优。再假定出现白球的概率从 0.7 变为 0.6。

这时各方案的期望值如下：

"猜白"的期望值为

$$E(2)=0.6\times500+0.4\times(-200)=220$$

"猜黑"的期望值为

$$E(3)=0.6\times(-150)+0.4\times1\,000=310$$

现在的最优方案不是猜白，而是猜黑了，可见由于各自然状态发生的概率的变化，可引起最优方案的改变。那么，转折点如何确定？

2. 转折概率

设 P 为出现白球的概率，$(1-P)$ 为出现黑球的概率。当这两个方案的期望值相等时，即

$$P\times500+(1-P)\times(-200)=P\times(-150)+(1-P)\times1\,000$$

求得 $P=0.65$，称它为转折概率。即当 $P>0.65$ 时，猜白是最优方案；当 $P<0.65$ 时，猜黑是最优方案，P 可表示为

$$P=\frac{a_{12}-a_{22}}{a_{11}-a_{22}+a_{21}-a_{11}}$$

若这些数据在某允许范围内变动，而最优方案保持不变，这方案就是比较稳定的。

反之，这些数据在某允许范围内稍加变动，则最优方案就有变化，这方案就是不稳定的，由此可以知道哪些变量是非常敏感的变量，哪些变量不太敏感，以及最优方案不变条件下，这些变量允许变化的范围。

二、风险分析

1. 风险分析的意义

所谓风险，通常是指方案实施结果的不确定性。这种不确定型是由方案遇到的未来环境的随机性所造成的，风险型决策中每个可行方案都存在着风险，只不过是各方案的风险大小不同而已。风险是形成决策者“偏好”或“反对”等各种价值观念的客观原因，因此，评价各方案的风险大小，用它来辅助决策有着十分重要的实际意义。

2. 风险程度的度量

对于风险型决策，计算风险大小的理论依据是：随机变量与其数学期望值（即均值）的偏离程度。其值越大，则风险程度越大，随机变量 X 的偏离程度通常用方差或标准差来表示，即

$$\sigma^2(X)=E(X^2)-[E(X)]^2$$

$$\sigma(X)=\sqrt{E(X^2)-[E(X)]^2}$$

对于离散型随机变量，其方差和标准差为

$$\sigma^2(A_i)=\sum_{j=1}^{n}(a_{ij}-E(A_i))^2P(S_j)$$

$$\sigma(A_i)=\sqrt{\sum_{j=1}^{n}(a_{ij}-E(A_i))^2P(S_j)}$$

式中　a_{ij}——A_i 为方案在 S_j状态下的结果（收益值）。

利用方差和标准差来衡量风险，评价结论一致。本节仅就标准差展开讨论。

当风险型决策中各方案的收益期望值相等时，比较各方案标准差即可确定各方案的风险大小；当各方案的收益期望值不相等时，用上式不一定能评价出各方案的风险大小，需引入变异（差）系数，用变异（差）系数来确定方案的相对风险的大小。其计算公式为

$$V=\frac{\sigma(A_i)}{E(A_i)}$$

式中　V——变异（差）系 ，其值越大，风险越大。

其余符号含义同前。

【例 14.9】 在例 14.3 中，已算出四个方案的期望值（见表 14-19），试计算标准差和异系数，并比较四个方案风险的大小。

表　14-19

方案	S_1	S_2	S_3	效益期望值	标准差	变异系数
	$P(S_1)=0.3$	$P(S_2)=0.5$	$P(S_3)=0.2$	$E(A_i)$	$\sigma(A_i)$	$V(A_i)$
A_1	2	4	6	3.8	1.4	0.368
A_2	1	3	2	2.2	0.872	0.396
A_3	1	5	5	3.8	1.833	0.482
A_4	2	3	2	2.5	0.5	0.2

解　(1)计算各方案标准差

$$\sigma(A_1)=\sqrt{(2-3.8)^2\times0.3+(4-3.8)^2\times0.5+(6-3.8)^2\times0.2}=1.4$$
$$\sigma(A_2)=\sqrt{(1-2.2)^2\times0.3+(3-2.2)^2\times0.5+(2-2.2)^2\times0.2}=0.872$$
$$\sigma(A_3)=\sqrt{(1-3.8)^2\times0.3+(5-3.8)^2\times0.5+(5-3.8)^2\times0.2}=1.833$$
$$\sigma(A_4)=\sqrt{(2-2.5)^2\times0.3+(3-2.5)^2\times0.5+(2-2.5)^2\times0.2}=0.5$$

计算各方案变异(差)系数

$$V(A_1)=\frac{1.4}{3.8}=0.368,V(A_2)=\frac{0.872}{2.2}=0.396$$
$$V(A_3)=\frac{1.833}{3.8}=0.482,V(A_4)=\frac{0.5}{2.5}=0.2$$

将$\sigma(A_1)$和$V(A_i)$的计算结果列于表14-19最右列,由计算结果可见,由于$V(A_3)>V(A_2)>V(A_1)>V(A_4)$,故方案$A_3$风险最大,其次是方案$A_2$,再次是方案$A_1$,风险最小的是方案$A_4$。该例中$E(A_1)=E(A_3)$,故可直接利用$\sigma(A_i)$判别风险大小。因为$\sigma(A_3)>\sigma(A_1)$,故可知。$A_3$方案风险大于$A_1$方案风险。与上述结论一致。

当然,风险方案的选择由于每个方案均存在风险,而不同决策者由于本身所处的环境、条件等不同,对风险可能有不同的态度或价值观念,从而对同一风险决策问题作出不同的选择。

14.5 效用理论在决策中的应用

一、效用及效用值

效用的概念首先是由伯努利(D. Bernoulli)提出的,他认为人们对其钱财的真实价值的考虑与他的钱财拥有量之间存在对数关系,如图14-9所示。这就是伯努利的货币效用函数。经济管理学家将效用作为指标,用它来衡量人们对某些事物的主观价值、态度、偏好、倾向等。例如,在风险情况下进行决策,决策者对风险的态度是不同的。用效用指标来量化决策者对待风险的态度,可以测定出每个决策者对待风险态度的效用曲线(函数)。

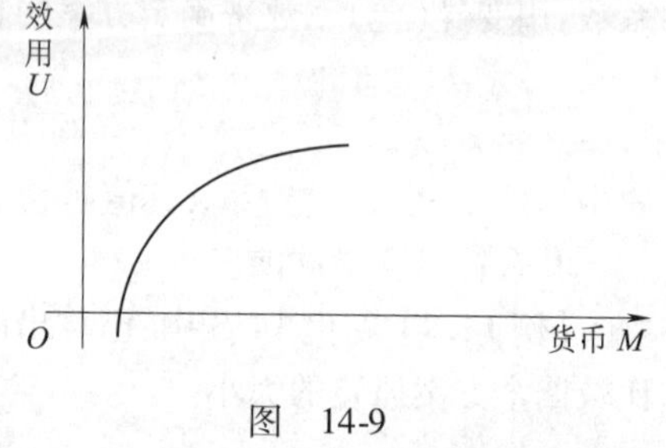

图 14-9

效用在决策分析中是一个较常用的概念。为了说明它的含义,先举一个例子。某一个投资机会,有两个方案可供选择。方案一是投资10万元,有50%的可能获得20万元利润,50%的可能损失10万元;方案二是投资10万元,有100%的可能获得2万元的利润。方案一、二的利润期望值分别为5万元和2万元。如用期望值准则决策,最优方案是方案一。如果投资者甲和乙,甲投资者资本雄厚,一旦决策失误,损失掉10万元,对他来说后果不算严重,他很可能采取方案一投资;乙投资者资金单薄,如采用方案一投资,风险很大,一旦损失掉投资的10万元,后果十分严重,他只能采用第二种方案。由此可见,不同的决策者由于他的处境、条件等的不同,对于相同的期望值会有不同的反应和估价。随着环境和条件等变化,即使是同一个决策者,对同一期望值的反应和估价也会变化。这种决策者对于利益或损失的反应和估价,即对待风险的态度,称为效用。效用的数量表示通常是效用值，它的大小规定在 0 与 1 之间，一般可规定，凡对决策者最爱好、最倾向、最愿意的事物的效用值赋于 1；而最不爱好、最不倾向、最不愿意的事物的效用值赋于 0；也可以用其他数值范围，如(100～0)。这如同水的冰点可以用 0 ℃表示或用 32 ℉表示。效用是无量纲指标，通过效用这个指标可将某些难于量化但有质的差别的事物给予量化。

为了叙述方便，假定决策目标是求收益最大，这时确定效用值的方法是：把最大收益期望值的效用值定为 1，最小收益期望值的效用值定为 0，然后决策分析人员向决策者提出一系列问题，根据决策者的回答确定不同收益期望值的效用值。

二、效用曲线的确定

确定效用曲线可采用对比提问法。

设决策者面临两种可选方案：A_1、A_2。A_2表示他可无风险地得到一笔收益x_2；A_1表示他以概率 P 得到一笔收益x_1，或以概率$(1-P)$获得收益x_3；且$x_1>x_2>x_3$，设 $U(x_i)$表示获得收益x_i的效用值。若在某条件下，决策者认为x_1，x_2两方案等价，可表示为

$$PU(x_1)+(1-P)U(x_3)=U(x_2) \tag{14-1}$$

确切地讲，决策者认为x_2的效用值等价于x_1，x_3的效用期望值。于是可用对比提问法来测定决策者的风险效用曲线。每次取 $P=0.5$，固定x_1，x_3，利用$0.5U(x_1)+0.5(x_3)=U(x_2)$提问三次，改变$x_2$三次，确定三点，即可绘出决策者的效用曲线。

【例 14.10】为生产某种新产品需建新工厂，有两个基建方案：一是建大厂，二是建小厂。大厂需要投资 300 万元，小厂需要投资 160 万元。两者使用期都为 10 年。估计在此期间，产品销路好的可能性是 0.7，两个方案的年度收益值见表 14-20。试绘出其效用曲线。

解　(1)计算各方案在各自然状态下 10 年的净收益。

建大厂方案，在销路好的情况下，其净收益值为

$$100\times10-300=700(万元)$$

而在销路差的情况下，其净收益为

$$-20\times10-300=-500(万元)$$

建小厂方案，在销路好的情况下，其净收益为

$$40\times10-160=240(万元)$$

而在销路差的情况下，其净收益为

$$10\times10-160=-60(元)$$

由上述计算可见，该决策问题，最大收益值为 700 万元，最小收益(最大损失)值为 -500 万元。

(2)求出决策人的效用曲线。

设 $U(x)$代表收益为 x 的效用值，于是设$x_1=700$ 万元，$x_3=-500$ 万元，于是 $U(x_1)=U(700)=1$，$U(x_3)=U(-500)=0$。利用下式提问

$$0.5U(x_1=700)+0.5U(x_3=-500)=U(x_2) \tag{14-2}$$

第一问：“你认为x_2取何值时，式(14-2)成立？”若回答为：“在$x_2=-100$ 时”，那么

$$U(-100)=0.5\times1+0.5\times0=0.5$$

即$x_2=-100$ 时的效用值 $U(x_2=-100)=0.5$，在坐标系中给出了第一点$(-100,0.5)$，如图 14-10 所

示,利用

$$0.5U(x_1=700)+0.5U(x_2=-100)=U(x_2') \tag{14-3}$$

提第二问:"你认为x_2'取何值时,式(14.3)成立?"若回答为"在$x_2'=130$时",那么

$$U(x_2=130)=0.5\times1+0.5\times0.5=0.75$$

即$x_2=130$时的效用值$U(x_2=130)=0.75$,在坐标中绘出了第二点(130,0.75),如图14-10所示。利用

$$0.5U(x_2=-100)+0.5U(x_3=-500)=U(x_2'') \tag{14-4}$$

提第三问:"你认为x_2''取何值时,式(14.4)成立↑",若回答为"在$x_2''=-350$时",那么

$$U(x_2=-350)=0.5\times0.5+0.5\times0=0.25$$

即$x_2''=-350$时的效用值$U(x_2''=-350)=0.25$,在坐标中绘出了第三点(-350,0.25)。这样就可以绘制出这决策者对风险的效用曲线,如图14-10所示,该曲线以收益值为横坐标,效用值为纵坐标。对于本例,在坐标系中标出(-500,0),(-350,0.25),(-100,0.5),(130,0.75),和(700,1)各点,并连成(或用计算机拟合成)光滑的曲线,就得到决策者的效用曲线,如图14-10所示。得到效用曲线后,就可根据效用曲线进行决策。

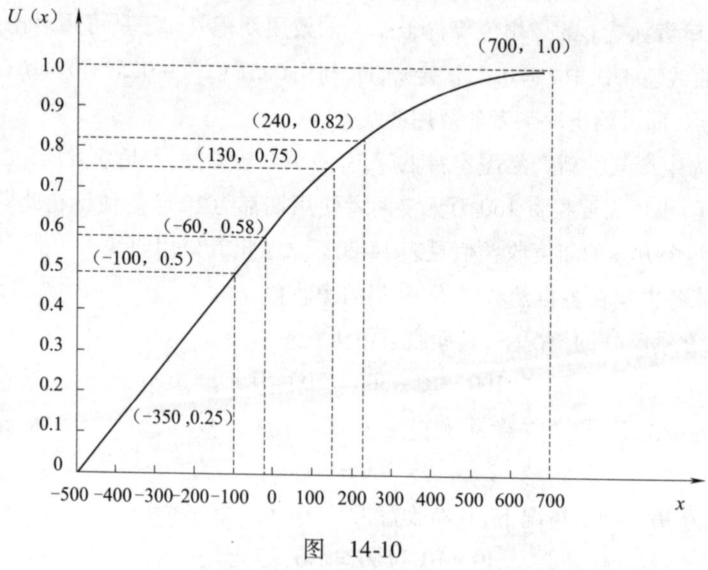

图 14-10

三、效用曲线类型

从以上向决策者提问及回答的情况来看,不同的决策者会选择不同的x_2,x_2',x_2''的值使式(14-2)、(14-3)、(14-4)成立,这就能得到不同形状的效用曲线,并表示了不同决策者对待风险的态度。效用曲线反映了结果与效用值之间的对应关系。对于不同人,不同决策问题,效用曲线也不同,一般可分为保守型、中间型、冒险型三种,其对应的曲线如图14-11所示。

(1)曲线l_1所代表的决策人的特点是:他对肯定得到的某一损益值的效用,经常大于他对带有风险的相等损益期望值的效用。当收益值增大时,效用值增大较缓慢;当收益值减少时,效用值减少较快。这说明决策者对利益的反应较迟缓,而对损失较敏感,是一个不求大利、避免风险的保守型决策者。曲线l_1是一条向上凸(向下凹)的曲线。

(2)曲线l_3所代表的决策人的特点是:他对带有风险的相等的损益期望值的效用经常大于肯定得到的某一损益值的效用,这种决策者对利益的反应较敏感,对损失较迟,他是一个谋求大利、敢冒风险的冒险型决策者。曲线l_3是一条向下凸(向上凹)的曲线。

(3)介于两者之间的曲线(直线)l_2表明,收益的效用值与收益的期望值成正比。此种类型决策者按效用期望值和按收益期望值进行决策,会得到同样的决策方案。这类决策者是完全按照期望值大小来决策的人,他是一个介于保守型和冒险型之间的中间型决策者。曲线l_2是一条直线。

以上是三种典型类型,某一决策者可能兼有三种类型,如图 14-12 所示,通过大量的调查,可以认为大多数决策者属于保守型,少数属于其他类型。

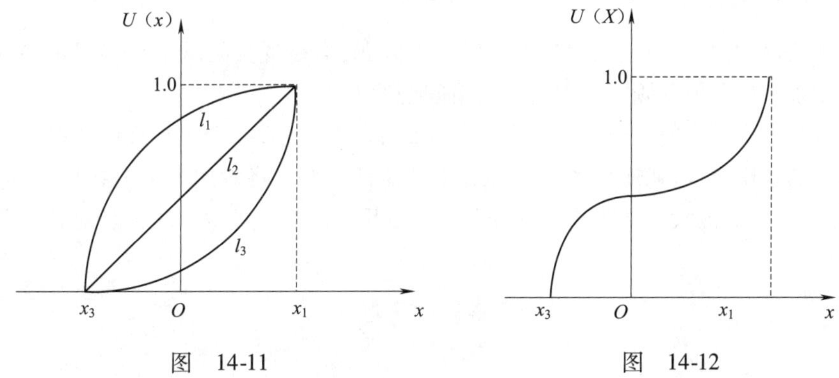

图　14-11　　　　图　14-12

四、效用值决策准则

对于离散型风险决策问题,在用决策树方法决策时,采用的是期望值准则。如前所述,不同决策者对同一期望值,或同一决策者在不同时期和条件下,对同一期望值有着不同的效用。为了反应决策者对待风险的态度在决策中的影响,必须把各收益值用它的效用值代替,然后计算效用值的期望值,以它作为决策的准则,这就是效用值准则。

【例 14.11】利用例 14.10 资料及效用曲线,用 10 年积累收益值减各方案投资额的净收益作为决策目标,适用效用值准则作出决策。

解　(1)画出决策树,如图 14-13 所示。

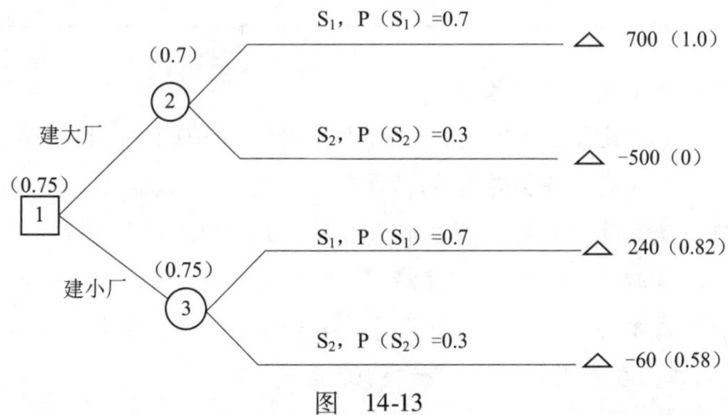

图　14-13

(2)绘出决策者的效用曲线,如图 14-10 所示,并求各收益值对应的效用值,标在结果点收益值右侧括号()内。

(3)计算各状态点的计算效用期望值。状态点2的效用期望值为

$$0.7\times1.0+0.3\times0=0.7$$

状态点3的效用期望值为

$$0.7\times0.82+0.3\times0.58=0.75$$

将效用值写在相应的自然状态点上方。

(4)选择方案,由于 $0.75>0.7$,所以根据效用期望值进行决策时,应选建小厂为最优方案,并将舍弃方案剪枝。

五、多目标决策中的加权效用值准则

本章在此之前的内容,讨论的都是单目标决策问题,但在现实问题中很多都是多目标决策问题。这里介绍加权效用值准则求解多目标决策问题的方法。

加权效用值准则首先把多目标分成多个独立的单目标,把每一个单目标的数据化为决策者的以0到1表示的效用值,这就使得各单目标有了可比性。然后将效用值乘上各自的权数后相加,得出加权效用值,以它的大小作为决策的准则。各效用值的权数可根据决策者对各个单目标的重视程度来确定。

习 题

计算题

1. 考虑表14-20所示的利润矩阵(表中数字矩阵为利润)。

表 14-20

方案	状态				
	E_1	E_2	E_3	E_4	E_5
S_1	12	8	2	-2	18
S_2	3	16	10	9	2
S_3	1	15	14	10	-3
S_4	17	22	10	12	0

分别用以下四种决策准则求最优策略:

(1)等可能性准则;(2)最大最小准则;(3)折中准则(取 $\lambda=0.5$);(4)后悔值准则。

2. 某空调生产厂家要决定今年夏季空调产量问题。已知在正常的夏季气温条件下该空调可卖出12万台,在较热与降雨量较大的条件下市场需求为15万台和10万台。假定该空调价格随天气程度有所变化,在雨量较大、正常、较热的气候条件下空调价格分别为2 200元、2 500元和2 800元,已知每台空调成本为1 800元。如果夏季没有售完每台空调损失400元。在没有关于气温准确预报的条件下,工厂要对空调产量进行决策。

(1)建立利润矩阵表;

(2)分别用乐观法、悲观法、等可能法及最小后悔值法对生产量作出决策。

3. 某工厂正在考虑是现在还是明年扩大生产规模问题.由于可能出现的市场需求情况不一样,预期

利润也不同。已知市场需求高(E_1)、中(E_2)、低(E_3)的概率及不同方案时的预期利润,见表 14-21。

表 14-21 (单位:万元)

方案	E_1	E_2	E_3
	$P(E_1)=0.2$	$P(E_2)=0.5$	$P(E_3)=0.3$
现在扩大	10	8	-1
明年扩大	8	6	1

对该厂来说损失 1 万元效用值 0,获利 10 万元效用值为 1,对以下事件效用值无差别:①肯定得 8 万元或 0.9 概率得 10 万元和 0.1 概率失去 1 万元;②肯定得 6 万元或 0.8 概率得 10 万元和 0.2 概率失去 1 万元;③肯定得 1 万元或 0.25 概率得 10 万元和 0.75 概率失去 1 万元。

(1)建立效用值表;

(2)分别根据实际盈利额和效用值按期值法确定最优决策。

4. 根据已往的资料,一家超级商场每天所需面包数(当天市场需求量)可能是下列当中的某一个:100,150,200,250,300,但其概率分布未知。如果一个面包当天卖不掉,则可在当天结束时以每个 0.5 元的价格处理掉。新鲜面包每个售价 1.2 元,进价 0.9 元,假设进货量限制在需求量中的某一个。

(1)建立面包进货问题的损益矩阵;

(2)分别用处理不确定型决策问题的各种方法确定进货量。

5. 某公司需要决定建大厂还是建小厂来生产一种新产品,该产品的市场寿命为 10 年,建大工厂的投资费用为 280 万元,建小厂的投资为 140 万元。10 年内销售状况的离散分布状态如下:高要求量的可能性为 0.5;中等需求量的可能性为 0.3;低需求量的可能性为 0.2。

公司进行了成本—产量—利润分析,在工厂规模和市场容量的组合下,它们的条件收益如下:(1)大工厂,高需求,每年获利 100 万元。(2)大工厂,中等需求,每年获利 60 万元。(3)大工厂,低需求,由于开工不足,引起亏损 20 万元。(4)小工厂,高需求,每年获利 25 万元(供不应求引起销售损失较大)。(5)小工厂,中需求,每年获利 45 万元(销售损失引起的费用较低)。(6)小工厂,低需求,每年获利 55 万元(因工厂规模与市场容量配合得好)。

用决策树方法进行决策。

6. 公司有 10 万元多余资金。如用于开发某个项目估计成功率为 95%,成功时一年可获利 15%,但一旦失败,有全部丧失资金风险。如把资金存放到银行中,则可稳得年利 4%。为获得更多的信息,该公司求助于咨询公司,咨询费为 800 元,但咨询意见只是提供参考。距过去咨询公司类似 200 例咨询意见实施结果见表 14-22,试用决策树法分析:

(1)该公司是否值得求助于咨询公司;

(2)该公司多余资金该如何使用?

表 14-22

咨询意见	投资成功	投资失败	合 计
可以投资	150 次	6 次	156 次
不宜投资	22 次	22 次	44 次
合 计	172	28	200 次

参考文献

[1] 张毅刚,赵光权,刘旺.单片机原理及应用[M].3版.北京:高等教育出版社,2016.

[2] 张毅刚.单片机原理及应用[M].北京:高等教育出版社,2004.

[3] 林立,张俊亮.单片机原理及应用:基于Proteus和Keil C[M].4版.北京:电子工业出版社,2018.

[4] 黄勤.单片机原理及应用[M].北京:清华大学出版社,2010.

[5] 张志良.80C51单片机实用教程:基于Keil C和Proteus[M].北京:高等教育出版社,2016.

[6] 郭石川,赵莉.星级发散思维训练[M].上海:少年儿童出版社,2009.

[7] 袁新生,邵大宏,郁时炼.LINGO和Excel在数学建模中的应用[M].北京:科学出版社,2007.

[8] 林健良.运筹学及实验[M].广州:华南理工大学出版社,2005.

[9] 邢光军.实用运筹学案例、方法及应用[M].北京:人民邮电出版社,2015.

[10] 王泽文.数学实验与数学建模案例[M].北京:高等教育出版社,2012.

[11] 张杰,郭丽杰,周硕,等.运筹学模型及其应用[M].北京:清华大学出版社,2012.

[12] 曹裕,陈劲.创新思维与创新管理[M].北京:清华大学出版社,2017.

责任编辑：张松涛　包　宁
封面设计：郑春鹏

普通高等教育“十四五”规划教材

管　理　运　筹　学

GUANLI YUNCHOUXUE

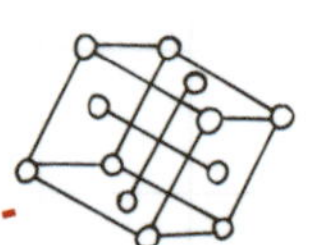

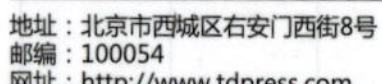

中国铁道出版社有限公司
CHINA RAILWAY PUBLISHING HOUSE CO., LTD.
地址：北京市西城区右安门西街8号
邮编：100054
网址：http://www.tdpress.com

ISBN 978-7-113-28283-7
定价：49.00元